十七史說 通鑑劄記

劉體智 著
沈逸波 標點

上海古籍出版社

圖書在版編目（CIP）數據

十七史説；通鑒劄記 / 劉體智著；沈逸波標點
.—上海：上海古籍出版社，2020.9
ISBN 978-7-5325-9729-1

Ⅰ.①十… Ⅱ.①劉… ②沈… Ⅲ.①史評—中國—古代 ②中國歷史—古代史—編年體 ③《資治通鑒》—研究 Ⅳ.① K204.1 ② K204.3

中國版本圖書館 CIP 數據核字（2020）第 160276 號

十七史説　通鑒劄記

劉體智　著

沈逸波　標點

上海古籍出版社出版發行

（上海瑞金二路 272 號　郵政編碼 200020）

（1）網址：www.guji.com.cn

（2）E-mail：guji1@guji.com.cn

（3）易文網網址：www.ewen.co

上海展强印刷有限公司印刷

開本 889×1194　1/16　印張 22.75　插頁 5　字數 480,000

2020 年 9 月第 1 版　2020 年 9 月第 1 次印刷

ISBN 978-7-5325-9729-1

K·2890　定價：128.00 元

如有質量問題，請與承印公司聯繫

電話：021-66366565

前言

本書爲《辟園四種》第一種《十七史説》和第二種《通鑒劄記》的合刊本。作者劉體智（1878—1962），字晦之，晚號善齋老人，安徽廬江人。系晚清重臣四川總督劉秉璋第四子。曾任晚清户部郎中、大清銀行安徽總辦。一九一九年任中國實業銀行上海分行經理，旋任該行總經理，一九三五年去職。一九六二年任上海文史館館員，直至病逝。

劉體智生平富於收藏文物、古籍，尤以甲骨和鐘鼎收藏世罕其比。善小學，工詩文，精考據，旁通蒙古史。著有《説文諧聲》、《説文切韻》、《説文類聚》、《尚書傳箋》、《禮記注疏》、《元史會注》等專著，刊行者有《善齋吉金録》、《小校經閣金文拓本》、《辟園四種》等。

《辟園四種》包括了《十七史説》、《通鑒劄記》、《續歷代年表》、《異辭録》等四部史學著作，是劉體智寄居上海時的讀史劄記。其自序云：「辟園翁好讀書，手不釋卷。光宣之際，盱衡當世，益究心于史事，每有所觸，皆筆之於書。國變之後，寄跡滬上，閒居課讀，則爲排比往跡，旁貫異文，究學甄微，無所不至，積日既久，得《十七史説》、《通鑒劄記》、《續歷代年表》、《異辭録》四種。」（見民國石印本緒言）

據劉氏後人考證，「辟園」是劉體智仲兄劉體仁的別號，因不願與袁世凱合作，劉體仁「辟園」意寓「避袁」。《辟園四種》是劉體智爲免受袁世凱迫害，僞託其兄之號而作的「家塾史學課本」（見民國石印本緒言），而其兄劉體仁已隱居，無患當世。

《十七史説》和《通鑒劄記》是研究兩宋以前古代歷史的讀史劄記姊妹篇。《十七史説》四卷，一五二篇，始於《史記》，止於《新五代史》。該書以正史原來標題爲目録，以論帶史，由該卷史事引發考辨和議論，史論見長。《通鑒劄記》，十六卷，一六一篇，通篇選自司馬光《資治通鑒》。該書以史事爲標題，以史帶論，在標題中體現了對史事的論點，史實詳贍。從兩本讀史劄記的内容分析，其體例上的編撰差異是由於研究的分析展開方式不同造成的。兩書合計三一三篇，在研究歷史事件的歷史時期跨度，在「鑒於既往，引喻當時，以俟後來」（見民國石印本緒言）的評史論史價值理念，在「觀治道之隆汙，人才之盛衰，民風之升降，以及禮樂兵刑之大，典章文物之繁」（見民國石印本緒言）的以史爲鏡的思想認識等諸多方面完全一致。

《十七史説》和《通鑒劄記》繼承了乾嘉史學治史方法並在義理上有創新。《十七史説》和《通鑒劄記》是劉體智史學研究的代表作，沿用和繼承了乾嘉史學的考史劄記體例，在綜合比較、重在議論上更接近於趙翼的《廿二史劄記》。劉體智「觀治道之汙，人才之盛衰，民風之升降」，與趙翼將史實考論定格在「古今風會之遞變，政事之屢更，有關於治亂興衰之故者，亦隨所見附著之」（見「廿二史劄記小引」）是異曲同工的。當然，辟園史學在「廣參互證，追根求源」的考證成就與乾嘉史學大師相比是難望項背的。但是，劉體智在義理引領下的史識、洞見卻可圈可點並非個案。如《通鑒劄記》卷一開首「秦之強不由於衛鞅」與「秦孝公用衛鞅欲複河西地」、「秦未得客卿之益」等三條讓人耳目一新，顛覆了商鞅強秦和秦用客卿提高了政治、經濟和軍事實力的通説；又如《十七史説》卷一「五帝本紀」條，在目錄即開宗明義「古史縱不盡實，不宜輕議」。該條在記述了「太昊時，龍馬負圖出於河，黄帝騎龍上天，陶唐氏蓂莢生庭」後，斷然指出「在科學發明時代，豈容有此神話」！對古史記載差錯能作出客觀分析，「蓋古史皆書于竹帛，易致錯誤，較之傳抄複刻殆有甚焉。諸子各有師説，記載不免互異」。比較歐美科學家將今日學理證僞「舊約」、「新約」，指出「英法古史荒唐何異於中國」，從而得出結論「爲學之道」，豈特研理宜精，自重之道亦不可不慎！這樣的義理、視野和洞識遠在乾嘉史學諸儒之上了！

《十七史説》和《通鑒劄記》不拘泥於歷史文獻的瑣碎考證、訓詁名物和典章辨析，而重視義理剖析、正本清源和歷史洞察正是辟園史學鮮明的價值和意義所在。劉體智身處清末民初，親身經歷了政治更替和社會變革，辟園史學議論重點在於治亂新替的背後原因分析，體現了較爲強烈的從歷史經驗教訓獲取匡時良策的經世傾向，具有中西文化衝突背景下鮮明的時代特徵，雖然其思想認識總體上崇尚儒家文化，還是較爲保守和傳統的。劉體智本有深厚的家學淵源。辟園史學在義理和識見更恪守乾嘉皖學傳統，風流餘韻抑或還蘊籍著先義理後考據辭章的桐城派文脈。

《辟園四種》最早有民國石印本，知者不多。一九七七年中新書局影印了原刻本。一九九三年廣陵古籍刻印社影印再版《辟園四種》線裝十五冊。二〇〇四年北京圖書館影印出版《通鑒劄記》平裝二冊。

劉體智是近代上海著名的大收藏家、大銀行家兼大學問家。筆者晚學後輩，對業跨商學、學貫中西的前輩先賢素懷景仰，能標點此書以發揚光大實屬榮幸。本次標點以石印本爲底本，參酌「十七史」和《資治通鑒》，比事質疑，逐條校對，勘誤錯字，補正脱衍，而於論述文字一仍其舊。

雖懷崇敬，埋首潛心，限於學識，疏誤失當掛漏之處恐在所難免，敬祈讀者惠正指教爲幸！

沈逸波

二〇二〇年六月十六日

十七史說

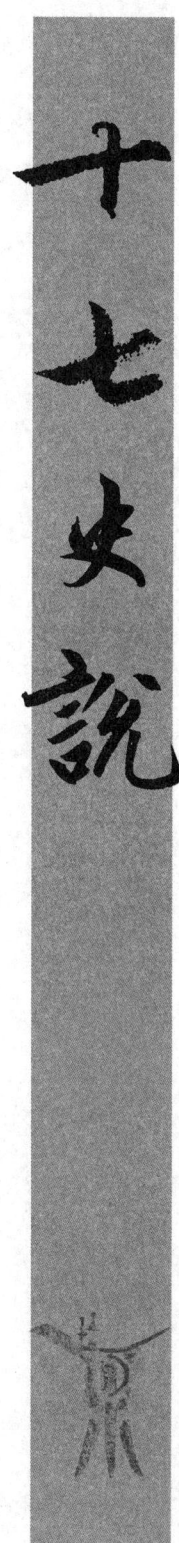

十七史説目録

卷四

十七史說卷一目録

史記

五帝本紀一則言古史縱不盡實，不宜輕議。…………五
夏本紀一則論中興之理。…………五
周本紀二則一論信義之宜重，二論政體變更之利弊。…………六
秦本紀一則言政俗日趨於利便，非人力所能爲。…………八
秦始皇本紀三則一言偃武修文之虚名實禍；二論闢地殖民之功；三言焚書猶沿處士黨同伐異之惡習。…………八
燕召公世家一則論恢復之道。…………一一
衛康叔世家一則譏逋逃藪。…………一二
宋微子世家一則論恃强必亡。…………一二
鄭世家一則論救時之相。…………一三
趙世家一則言變法之因時制宜。…………一四
魏世家一則言迷信之易破。…………一五
韓世家一則論興土木之禍。…………一五
田敬仲完世家一則言黜陟之能使人激厲。…………一六
孔子世家一則論正名。…………一六
陳涉世家一則言詐力之不可久。…………一七
韓非列傳一則言人不可忘本國。…………一八
吴起列傳二則言棄險之失計。…………一九

十七史說卷一

學者多稱五帝，尚矣。然《尚書》獨載堯以來；而百家言黃帝，其文不雅馴，薦紳先生難言之。《史記》卷一《五帝本紀》

今古之際，君子有甚不得已焉者，非篤於古而戾於時也。帝王世紀，百家所述，其事多不近人情，然自古相傳未之有改。苟非悖德越禮之事而猶有説以處之，則夫華囂謭薄之士，義拘詞泥，馳逐於膚末，挾一罅之見，鰓鰓然尺寸以相繩者，其亦可以不必矣。五帝以前，固無論矣。太昊時，龍馬負圖出於河，黃帝騎龍上天，陶唐氏蓂莢生庭。在科學發明時代，豈容有此神話？蒼頡見鳥獸蹄迒之迹而制字，與六書多有未合。越裳來朝，以輿地求之遐方，似猶未達。焚廩、捐階、浚井，事容有之，理殊難解。古史所述，文不雅馴，非窮神達化不能定其源流。作史之難，豈待言哉。蓋古史皆書於竹簡，易致錯誤，較之傳鈔複刻殆有甚焉。諸子各有師説，紀載不免互異。今觀周秦諸子所談古事，各有差別。儒者之學，自堯舜以至孟軻，謂之道統。然孔子云「好古，敏以求之」。曰敏曰求，則非拘執明矣。孟子之言更爲明顯，所謂「説《詩》者，不以文害辭」，「盡信《書》則不如無《書》」也。史學不講久矣，淺陋者暖姝自足，奉一先生庸俗之書，辟固迂鄙而不通其理，甚或據稗官小説之文而以爲實事。多聞之士，苦其寙也。又雜摭旁稱以炫其博，而蒐討隱辟，得其單詞隻義，有所藉口，乃與正經正史相訾嗷。粗之擇也而捨其精，華之掇也而遺其實，其無與於學問一也。歐美科學家常以今日學理證《舊約》、《新約》之附會，然《舊約》、《新約》猶太之文也，英法古史荒唐何異於中國，其國人未有苟訾者，君子觀於此而知爲學之道。豈特研理之宜精哉，自重之道亦不可不慎已。

帝太康失國，昆弟五人，須于洛汭，作《五子之歌》。太康崩，弟中康立，是爲帝中康。中康崩，子帝相立。帝相崩，子帝少康立。《史記》卷二《夏本紀》

魄力之所能以弱敵强，常資乎不屈之途，其人精神之有餘地所首賴焉。使其君庸闇無能爲之，臣者又皆闒茸巽懦，不足以任大事，則雖據數千里之地，擁百萬之衆，往往爲人所制而不能振。使其君爲大有爲之君，又得材武之臣以爲之佐，英華之發，蘊蓄而成。雖喪亂之餘，猶可轉敗以爲功，乘時而復起。自古及今有明徵已。吾嘗讀史至夏少康中興，未嘗不嘆再造之功，卓絶千古，非越勾踐、漢光武之所能幾及也。勾踐困於會稽，衆尚六千，地猶未削。吴師既去，仍一古侯國，猶足自立。光武初興，人心思漢，王莽、更始、赤眉諸暴徒爲之先驅，其時適可以有爲。勾踐乘勢，光武乘時，乃時勢之造英雄，非英雄之造時勢也。若少康之時，國已亡矣，衆已盡矣，强梗之姦盤據於内數十餘年，布其爪牙於四方，姦人日伺於其側，寢食幾爲不安。紀綱未定之日，勢迫而事有難期，豪傑亦艱於措理，於此而欲得民之心，爲民之望，不恃有駕馭之才，而恃有保赤誠求之隱。史稱少康能布其德，兆其謀，收其餘衆，撫其官職。雖其設施之善，籌劃之詳，史書未能悉記，然以今考古，凡有仍及虞、斟灌、斟尋之屬皆收爲我用，聯合不爲不力矣。靡及女艾，一時英傑，遇合不爲不奇矣。經營四十年，遂能誅戮元凶，光復舊物。嗚乎，偉哉！吾因之又有感焉。晉宋兩朝渡江之後，東有江淮，西有巴蜀，南有閩越，北有徐宿，其地非止一成也。王敦、蘇峻之亂，交廣之役，用兵常不下十數萬，宗澤所降之盜，其數過十餘萬，劉、張、韓、岳之兵亦各擁數萬不等，其兵非止一旅也。陶侃、祖逖、温嶠、郗鑒、岳飛、韓世忠、吴璘、吴玠之倫，雖未知與古人何若，要皆撥亂反正之材也。地足以自强，兵足以勝敵，人才足與謀國，元帝、高宗竟不能用。於是，功名之士張皇目前，不足慮長久。儒者局於故見，循士大夫之議，以言外夷爲恥，而早自引嫌，無惑乎言戰言和言守，紛紛然屢易其術，而無益於事也。史書艷稱其事，動曰「中興」，不復論列其時勢而量決其是非，惟知龎然自大，馴至國境之日蹙，使斯世不得復還於文物之治，豈不以此也歟。

褒姒不好笑，幽王欲其笑萬方，故不笑。幽王爲烽燧大鼓，有寇至則舉烽火。諸侯悉至，至而無寇，褒姒乃大笑。幽王説之，爲數舉烽火。其後不信，諸侯益亦不至。申侯與繒、西夷犬戎攻幽王，幽王舉烽火徵兵，兵莫至。遂殺幽王驪山下。《史記》卷四《周本紀》

幽王之世，去成周盛時未遠，井牧之田、卒伍之兵、郊關之限、溝洫之防如故也。北伐玁狁，南征荆楚，東取淮夷之威猶在也。吾不知天下有道何以萬舉而萬成，一或不慎則亡也忽焉。自今觀之，則信之道得焉爾。理之允者，無所疑於心。令之允者，無所貳於民。非慮一事之不可復也，人主以一人之身而行詐虞之術於天下，天下之大遂悉用詐欺之術以對一人。以一敵萬，其始見以爲有可勝，其終常患於不可欺，而君心之二三，後雖有至信，彼且以爲復然者，亦終於必亡而已矣。幽王之舉烽火，猶其顯而易見者也。

平王之時，周室衰微，諸侯彊并弱，齊、楚、秦、晉始大，政由方伯。《史記》卷四《周本紀》

夫人論事，當有先睹乎名之所自起，而效之所自成。若因一時之利弊矯之過甚，遂至狃於所偏而莫知是正。此一隅之説，非通方之論也。故外重之弊必至於諸侯力政，强侵弱，衆暴寡。矯而使之内重，其弊又至於權臣僭竊，無復有所牽制。復矯而去之，則諸侯擁兵之禍又起。徒紛紛焉，彼有所更，此有所易，而其弊如故。匪惟如故，抑又甚焉。當其初，天下之人皆知其弊，朝夕謀之，其禍猶不至於猝發。及至變更之後，人心快於一時，不復計其後患，而無形之禍往往潛伏而不可救。天下之事類此者多矣，外重内重之弊，猶其顯焉者也。古之時，封建徧於天下，未聞有末大不掉之患也。平王避犬戎難，以岐西之地賜秦，自是齊、晉、秦、楚争爲盟主。外重而内無以制，天子擁虚位於上，以至於亡。秦人承其後，收天下之兵聚之咸陽，以弱天下而操之於内。然陳涉以謫戍之徒，奮臂大呼，殺守劫令。子嬰孤立，卒死人手，爲天下笑。漢興，大封功臣，廣立宗子，以矯秦枉。數年之間，反者九起，延及景帝之世，遂有吴楚七國之禍。後乃謀臣獻策，離削自守。至於曹魏以後，益懲外重之弊，侵削諸侯而四方微弱。劉淵、石勒、慕容廆、李特、蒲洪、姚弋仲之倫相繼而起，常爲大患。權臣又因之以操縱於内，自司馬懿父子效曹操之故智，以狐媚取天下。劉裕繼之。以至於陳，殺主廢君，如摧枯而振槁。流風被於北魏，高歡、宇文泰、楊堅，亦人人舜禹矣。唐又懲内重之弊，分四方之地，盡以沿邊爲節度府。開元之後，强兵悍將横於外，不奉天子之命。迄於五代，朱梁攘於前，石晉、郭周奪於後，皆起一旅之師而取天下如反掌之易，得非諸侯盛强之咎歟？蘇子由曰：「此數君者，其所以制其内外輕重之際，皆有以自取其亂。」又曰：「秦漢之間，不求其勢之本末而更相懲戒，以就一偏之利，故其禍循環無窮而不可解。」誠哉，斯言也。抑吾又有説焉。周之封建定於武周，秦之郡縣設於始皇，魏之峻迫藩國始於文帝，唐之沿邊節度府設於貞觀。然諸侯之相侵伐也，不始於成周而始於春秋戰國，藩鎮之抗王命也，不起於貞觀而起於天寶興元。即秦魏之亂不作於始皇、文帝而於二世、子嬰、高貴、常道之時，猝然而發，則非法之不善明矣。使上有仁智之君，所舉爲方伯、連帥者亦皆賢人君子，方伯連帥又各舉其類布於四方，以爲守尉，則雖外重可也。即不然，天子端拱於上，財賦職於司徒，軍旅屬於司馬，刑獄掌於司寇，司徒、司馬、司寇又舉其賢者以爲治粟内史、校尉、將軍、廷尉。而天下之三老掌教化，嗇夫職聽訟、收賦税，游徼禁盗賊者又皆賢士大夫，以與民相休息，則雖内重亦無不可也。《書》曰：「在知人，在安民。」此之謂也。一代之治，必其綱常人紀既敗而後國隨之，其繼世而代興者，常襲故而復其初，則謂之革命可也，謂之沿舊亦可也。故制度隨時而遞新，綱常則萬古以爲重。綜天地之始終，貫百王之沿革，皆莫能外焉。謀人家國者，宜考歷代興亡之迹，而觀閭井民情之難静而易動也，因俯仰上下，思古今風俗之所以異，而籌政本之所宜，斯爲得之。如去一時之弊，就一偏之利，適足以速其亂而已矣。

十二年，作爲咸陽，築冀闕，秦徙都之。并諸小鄉聚，集爲大縣，縣一令，四十一縣。爲田開阡陌。東地渡洛。十四年，初爲賦。《史記》卷五《秦本紀》

風氣有自然之事，雖造化不能故秘神奇。當其時之未至也，前人不能預擬其後，以料事於未然。及其時之既至也，後人亦不能曲狥乎前，而安其法於不變。惟明達之才深明乎古往今來之遞換，而斟酌以化裁之，又洞悉乎天下九州之利病而變通以神明之，故其心思、智慮之所及，有以利於生民。而上自朝廷宗廟以達於閨門閭里之内，品式具備，昭然之化，天地運而四時行，日星明而江河流。周公之作洛邑，制《周禮》，乃克當之，而未可以企及者也。夫一國之大典，祖宗之定制，舉之先王，行之已久，雖有聖哲不敢輕議。以三代之仁君，治三代之天下，大經大法之所在，固不能加乎往昔，而所以相其時宜，適其世道，以使當代之民安之，必斷然以爲一朝之制度。至今日求之於殘編斷簡，存什一於千百，觀大略所在，猶可想見其當然而追按其時事，豈易言哉。秦孝公舉數百年封建井田成法，一旦而改爲郡縣阡陌，在當時之人觀之，所謂裂冠毁冕、拔本塞源者非與？然而封建井田之變而爲郡縣阡陌也，猶之乎滄海之變爲桑田也。令行之後，足以驚人耳目，而震蕩其心思，固也。及夫郡縣阡陌之後，而又欲返之井田封建也，是猶欲移江河而行之山也。雖有令焉，有必不可行者。何也？民利便之也。蓋民之趨於利便也，如水之走下也。彼始未嘗利便焉，故安於迂拙而不辭。今吾日示之以機事而導之以機心，而欲使復結繩之治，其可乎？秦孝公之法較之周公之制，行之爲尤遠，非孝公之賢乎周公，世風之趨勢使然也。至今日天下大勢之所趨，將終於此耶，抑等而下之耶？弗可知也已。

收天下兵聚之咸陽，銷以爲鍾鐻，金人十二，重各千石，置廷宫中。《史記》卷六《秦始皇本紀》

嘗觀虞夏商周之時，何其愛民之深，憂民之切，而爲天下萬世之計也。有井牧之田，又有卒伍以齊之，所以先事而爲之地。有溝樹之固，又有郊關以限之。所以常時而爲之備。有巡鼜之警，又有壺㯋以守之，所以思患而爲之防。故其民常有歡欣之狀，見於《詩》、《書》。平王東遷，周道始衰，然猶有文侯之命而告之以「視爾師」、「簡恤爾都」。其言慎而不葸，哀而不傷，臨事而能畏，凜然有怵惕恐懼之心，故孔子猶有取焉。古之盛時，何嘗忘戰哉。溯秦之先，蜚廉、惡來，世濟其惡，嬴氏之祀幾絶。非子受封，僅附庸耳。犬戎伐周，襄公將兵搏戰甚力。平王東徙，乃賜以岐周之地。傳至繆公，東征强晉，西霸戎夷，累世相傳，以兵力自雄於境内。孝公定令，有軍功者各以率受賞，棄禮義，上首功，遂以併吞二周，廓除六國，肆然而爲帝。則秦之興非有以勞定國之功也，兵焉耳矣。其傳世也，非有德之長人、功之及人也，兵焉耳矣。其取天下也，非若三代之君積德累仁至於數十世也，兵焉耳矣。三代之取天下也，以德。天下既定，猶懼有變，時爲之計。秦以兵力取天下，天下之人非心服秦也，畏其兵也。一旦自去其兵，人將曰「是可畏者，今已無之」矣，則其謀之也，豈待辭之畢哉。盜以械劫人而取其貨，既得所欲，釋其械而不顧，則主人雖懦亦將執而縛之。何也？其所恃以劫人者已無足恃也。吾嘗觀紛擾之時，人心思亂，一動而不可猝止，草澤之雄皆思乘間抵隙以逞其欲而快其志，然未若秦時之盛也。高帝曰：「大丈夫不當如是耶？」項羽曰：「彼可取而代也。」皆有覬覦而動之勢。陳勝農夫，輟耕而歎。張耳、陳餘虚名之士耳，尚不欲見小辱而死一吏。當是時，秦之威未嘗詘也，勢未嘗衰也。雍州之勢，崤函之固，自若也。之數人者視滅秦之易，若一反掌之間。夫秦之滅魏，張耳、陳餘皆在大梁。王翦破楚之歲，項梁之年已長，未必不在軍也。當其先則奔走逃命而不暇，及其後則並起而亡秦。豈昔之愚而今之勇鋭哉，一以當方張之强寇，一以當失勢之獨夫，其所遇者異也。

使將軍蒙恬發兵三十萬人北擊胡，略取河南地。發諸嘗逋亡人、贅壻、賈人略取陸梁地，爲桂林、象郡、南海，以適遣戍。西北斥逐匈奴。自榆中並河以東，屬之陰山，以爲三十四縣，城河上爲塞。又使蒙恬渡河取高闕、陶山、北假中，築亭障以逐戎人。徙謫，實之初縣。《史記》卷六《秦始皇本紀》

昔聖人之用兵也，皆有不得已之道在焉。蚩尤作亂，黄帝徵師。苗民不恭，舜禹伐罪。葛伯仇餉，成湯始征。玁狁孔熾，宣王北伐。其所以興師致討者，皆爲其侵吾之境而擾吾之民。侵吾之境是欲得吾土地也，擾吾之民是欲臣僕我也。聖人以爲非用兵以與之戰，則不足以保疆土而安民生，故因而征之，使吾民有一日之勞而有百年之逸，有一戰之危而有萬世之安。聖人之書編諸簡册，儒者抱其遺文，踵前禮後，尊之爲經，重之爲史。及見秦、漢所措建，戾我所聞，遂相與排擯之，以爲不足道也。然戰國之時，天下冠蓋之國七，而三國邊於戎狄，皆築城置塞以爲固，則其事不可謂不急。中山負齊之彊，侵暴韓地，繫累趙民。義渠大敗秦師，則其兵不可謂之不精。戰國之末，匈奴始大，則其勢不可謂不雄。及秦之滅匈奴，又乘勢而南渡河，悉復故地，則其志不可謂不大。困高帝，嫚呂后，則其仇不可謂不深。趙佗稱帝，衛滿亡命，西域又數困辱漢使，則其備不可謂不多。使當此之時，非有秦皇、漢武之雄略，轉戰逐北以與之敵，必將折北而不救，吾恐天子之蒙塵不在晉宋而在秦漢，匈奴之稱帝不在劉淵而在冒頓也。故聖人之澤雖漸堙没，而學者猶誦習之不衰。霸王之流風餘韻苟有存者，縱能亘千百年而享其利，則以其君爲秦皇漢武也而叢詬厲。此亦書生結習所不能改者矣。蓋天下之事，有公私，有功罪，固有兩不相妨者。今有大盜日爲殺人越貨之事，有司將捕而致之於法，里之豪者亦糾衆要之於途，將奪其所有。人莫不謂有司之愛民，而疑豪者之爲利。蓋有司之心，公也，固有功而無過。里之豪者，其心私也，而論其事則未嘗無功。黄帝、舜禹、商湯、周宣之所以稱爲聖，稱爲賢，而秦皇漢武之所以不逮者，正以其私也。私其一己之威也，私其盡臣畜於我也。然論其功，則與黄帝、舜禹、商湯、周宣無以異。夫論事者，當論其事之是非，不當因其人之不賢，遂并其事之是者而亦没之。論人者，當論其人之邪正，不當因其事之偶得，遂并其人之惡而亦掩之。中國之地東至於海，西至於崆峒，南至於江，北逐葷粥，此固黄帝之所立國也。迄今閩粤之區，衣冠之族，林林總總，日生於其地而日繁。淮南王安所云深林叢竹之險，蝮蛇猛獸之毒，愚戇輕薄之俗，則無復見者。其開闢之功，非秦皇漢武乎。自是以後，所謂南蠻、北狄者，失其依據，勢不得不逡巡辟易而不能復居舊地，參雜於中夏之民間，其廓清搜討之功乃足以與前千餘歲之黄帝、舜禹、商湯、周宣諸帝王相提並論，且以後至今千餘歲之中邈無儔焉，其功非有不可磨滅者在哉！若因其勞民傷財之事爲千古之罪人，遂忘其擴地殖民之大業，則亦一孔之見而已矣。

請史官非秦紀皆燒之。非博士官所職，天下敢有藏《詩》、《書》、百家語者，棄市。《史記》卷六《秦始皇本紀》

帝王有遞傳之心，雖聖人不能矜言創造，故王者受命，縱能變易前世之制度，以明己之得統，示天下有所尊，至於勝國之禮樂猶不敢有所改焉，而爲之立其後嗣，守其遺文，使子孫毋忘其所始。其大者載於典册，本無闕遺，淵源有自，不可没也。至其細無所考，有非左右史之所紀而後稍夷，至於微而失傳，非新王之故滅其跡也，乃勢使然也。李斯請史官非秦紀皆燒之，《詩》、《書》、百家非博士官所職，敢有藏者，棄市。此猶戰國曲學異端、黨同伐異之所爲，夫豈帝王之度哉。

昭王於破燕之後即位，卑身厚幣以招賢者。《史記》卷三十四《燕召公世家》

天下之事有若破壞而不可禦，卒能崛然興起以博天下之大功者，其道有二，安民、知人而已。嘗觀危亂之秋，軍覆於外，民叛於内，大臣相視而莫敢自前，士庶人瞻顧而不肯用命，紛紛擾攘，忽忽而不知所定。當此之時，强敵在側，情僞錯出，事機倏變，舉手厝足，動有牽觸，其勢若無所能爲者。然苟有明君代起，愛民如子弟，親之如骨肉，使之優游悦懌於上之恩澤而欲爲之馳驅，英特之士皆在籠絡之中，舉艱鉅難勝之任特付諸羣策羣力，初不煩我經綸，惟是揖讓雍容以駕馭之，不覺隱然盡入範圍，悉委命於上而思有以自見，綜合衆國以參其勢，深謀遠慮以待其變，遥睎高矚，擢摘幽隱，而窮極其變幻，批郤抵瑕，握乎其機，剛柔疾徐，隨所施而無不當，則雖破敗之餘常能振其威聲，以争雄於天下。燕立國於北荒，自召公受封以來，上世之事不多見於史。戰國之際，惟僖公二十三年，齊伐我，取桑丘。易王元年，齊伐我，取十城。在七國之中最爲弱小，壤與齊接，屢被齊兵。不幸有子之亂，齊師又至，以强大之齊加弱小之燕，如牛僨於豚上。王死於亂，國幾以滅。昭王承其後，苦心勞志二十餘年，遂使史不數見之燕報累世之仇怨，勝萬乘之强齊，威聲振於天下，與秦、楚、趙、魏並爲七雄。否則，昭王立於破燕之後，與宋王偃走温幾無以異，豈待刺客行而後秦兵入境哉。古之王者盡忠補過，率資力於輔佐，至於心所獨期，皆自闢區宇，嶤然而特起，意量之殊，邈曠古今，不相沿襲，而後乎我者胥食其利焉。堯舜相傳以至文武，固所謂道統也，而遽蹈循途軌，爲其所爲，猶不甘也。惜乎昭王雖賢，無獨立之質，僅一郭隗以爲佐，隗亦不能副其意。昭王弔死問孤，與百姓共甘苦，安民之事也。卑禮厚幣以招賢者，知人之事也。隗僅勸以致士，知其一而不知其二。故趙燕之士最著者不過樂毅而已，劇辛而已。樂毅雖命世之才，仍不出一將之智。劇辛敗死，亡卒喪師，更無論矣。不然，擅燕之地，用燕之衆，漸之以仁，摩之以義，二十年之内且將南面而制天下，奚止於一勝之功乎。

平侯八年卒，子嗣君立。《史記》卷三十七《衛康叔世家》

衛居冀、兖、豫三州之中，抱河控濟，以形勢雄四方。用兵者恒扼此以制敵，故其民好氣任俠，行險徼幸，自古著稱。其地曠衍，形錯齊、魯、陳、鄭之間，賓客商賈四遠而至，事龐人雜，盜賊易於竄逸而刑獄亦因以滋繁。爲之上者，苟非廉敏通達之材，往往不能舉其事。衛之嗣君庶乎得治術焉。夫盜有類别，即罪有重輕，有逸盜，有逋盜。畏罪竄匿山涯水角，得一隅之地以安其身，苟且偷生，終身伏匿不敢復出，謂之逸盜。得罪出奔，夤緣要結形勢之地，資其力以爲奥援，致身於富貴，優游倘徉於通都大邑之中，竟不能按其罪而致之獄，謂之逋盜。故逸盜之罪雖大，可以釋而不問，任其自生於天地之間。逋盜之罪雖小，不可以縱而不誅，使宵小之徒潛生詭詐之心，不畏國法。惟深明治術者爲能分之耳。余讀史至衛嗣君無可書之事，《國策》載其以左氏易胥靡。緬懷今古，未嘗不歎齊慶封、梁蕭綜之罪，惜國無明君，不能舉而致之於法。而勾吴、北魏染夷狄之風，曾魏惠王之不若也。夫胥靡之罪不至於死，不至於死則終其身爲胥靡可也，改行以待君之恩命可也。即逃罪於外，亦無不可也。乃亡之魏，魏大衛小，魏强衛弱，魏衆衛寡，彼其心固挾一徼幸之心，恃魏以爲固，知衛無如魏何，即無如己何也。又不知其幾費經營，始得結納於宫禁之中，爲魏王之后治病。衛服屬三晉，魏王之后固儼然君夫人也。已得見於君夫人，則不特衛不能禍己，己且將有以禍衛矣。夫胥靡有罪而逃亡，罪一；挾大國以自重，罪二；有所恃以傲其君，罪三。以一人之身而有三必死之罪，此衛君所以椎心切齒而必得之以爲快，雖失十左氏而不惜也。嗚呼！國際之間何公理之可言，而弱小之於强大抑又甚焉。魏之於衛，平時既以大國自居，已乃庇其逃犯而引用之，此人情之所難堪，而嗣君卒能有所割棄以使之不得不從。人見其捨地而無所顧惜，莫不責其失疆土之非計，而不知法紀之肅，其所保全者大也。余因衛君之事因而知國無大小，苟善用之，則雖百里之地可以獨立於大國之間；不善用之，雖地方數千里，帶甲百萬，亦無益也。齊景公、梁武帝一世之雄，又乘全盛之勢，方欲厲兵秣馬以與天下争衡，區區一逃亡之臣，竟不能制。賢哉，嗣君其過人遠矣。然而叛臣者，天理所不容。吴、魏二國違天道，染夷俗，納叛臣，不久而亡亦隨之。逆天行事，究何益哉。

宋君偃自立爲王。東敗齊，取五城。南敗楚，取地三百里。西敗魏軍，乃與齊、魏爲敵國。齊湣王與魏、楚代宋，殺王偃，遂滅宋而三分其地。《史記》卷三十八《宋微子世家》

恃强必亡，非强之足以亡人國也，亡於其恃之一心。當是時，其君侈然自居於上而無震惕之心，其臣民歡然相得於下而不足以供指麾之用，君臣上下心目之中無復有所顧忌，視其鄰國皆小於己者也。蠻夷無識者也，糧草單竭者也，滑然有離德者也。雖事機至迫而淡泊相忘，概簡賤之，不屑與絜長短，故兵驕而不知訓，將惰而不知警，器械窳而不知修，財用匱而不知理，其强盛之氣早已衰竭而無餘。而鄰國之人，畏其强盛，反懼而相親，以相親之兵待輕敵之人，其勢鮮有不亡也。其亡也，雖亡於强，仍亡於弱也。昔宋王偃滅滕伐薛，敗齊、楚、魏之兵，欲霸天下。齊閔王伐之，王偃走死。閔王克宋，南割强楚，西侵三晉，欲攻天子，吞二周，燕將樂毅率兵伐齊，遂入臨淄，閔王亦死。天下多謂宋、齊二國以强亡，實則二國之亡非亡於强，亡於恃强而弱，弱而亡也。古今成大業者，不惟有超世之才，據全盛之勢，而尤恃乎戒慎恐懼之思。古之聖王處要事如危，制小事如鉅，非謂一事之足爲成敗，而君心怠肆，固成敗之所由出也。文王三分天下有其二，以服事殷。武王伐紂，諸侯不期而會者八百，猶帥師而退，以爲未可。當其功之未成也，常惴惴然以天下爲己任，大懼統業之將墜而徐爲之計，不敢輕於一試，僥倖以成功。況以宋、齊無道之君，當戰國之時，羣雄角逐，互相猜忌，勢鈞而利啗者有矣，慴以威而責其割者有矣，或好始而釁終，或昵彼而仇此，振患釋紛而陰遂我所圖，助人攻戰而實藉資要利，所争在彼而禍集於我，惟恐他國之得利，失其均勢，以益增其强，而爲鄰邦之害。今二國既得滅國倍地之利，又有破軍殺將之功，不於此時慄慄危懼、休士息民以待天下之變，乃欲以一服八，遽與天下争雄，此楚、魏之所以從齊、秦，趙、韓、魏之所以合燕也。當此之時，二國之兵縱足以包舉天下，其後亦不免於禍。何者？天下之事未有自恃其强而其强可以常保者。秦始皇混一宇内，如狂風掃落葉，隋文帝取周若拾遺，舉陳若鴻毛，易世之後，内亂一作，四方並起，卒有魚爛瓦解之患。當其先以一國之力與天下争雄而有餘，及其後以天下之力制一匹夫而不足，可懼也哉！

鄭相子産卒，鄭人皆哭泣，悲之如亡親戚。子産者，鄭成公少子也。爲人仁愛人，事君忠厚。孔子嘗過鄭，與子産如兄弟云。及聞子産死，孔子爲泣曰：「古之遺愛也！」《史記》卷四十二《鄭世家》

春秋時名卿以功業著者衆矣，而一準以古大臣之經濟，恒不數數覯，此非必無才智之過也。性情學問之際，其醖釀不深，斯設施鮮當，主勢日替，而或慢易之，民氣日囂，而復激揚之，故雖勳猷爛如，識者早議其樹立已疏而折衷之非是也。夫相臣之任以代元后而總百官，將使主之仁心克廣而下之風俗攸同也。故古大臣柄國，將必有帝天吾君、父母斯人責焉，則夫體上帝春生秋肅之意以覆幬乎羣黎，所爲輔孱國而稱救時相者，度非以撝謙著君子光也。子産相鄭，正晉楚爭霸迭爲消長時也，受晉厚禮，復楚侵地，誅周亂臣，曾不以鄭之弱小而稍自貶抑，人亦莫不敬而重之，非德之至者而能若是乎？

遂胡服招騎射。《史記》卷四十三《趙世家》

岳武穆曰：「以官軍攻水賊難，以水賊攻水賊易。」吾爲之轉一語曰：「以中國攻夷狄難，以夷狄攻夷狄易。」以夷狄攻夷狄，奈何？審夷狄之勢，必先察夷狄之情。察夷狄之情，必先知夷狄之形與事。有夷狄之所長而中國之所短，有夷狄之所短而中國之所長。以我之長當彼之短者爲上，如黄帝遷徙往來，以師兵爲衛，北逐葷粥是也。以我之長形彼之短者次之，如舜禹舞干，七旬而有苗格是也。用彼之長補我之短者又次之，如趙武靈胡服騎射以教百姓是也。夫天下之變，莫知所届，雖聖者不能預防。事起法之弊者，必盡易其故。四夷之禍自黄帝、舜、禹而有之，至戰國時而益亟，此不得不變者也。趙之立國，東有中山，北有林胡，西有樓煩，幾於四境皆胡，一或不慎，幾何不胥而爲夷哉。況我用車用步，而彼用騎。以車當騎，猶舉鉅挺以擊鼷鼠也。以步當騎，猶跛履而追捷足也。於此而欲顓己守故，執舊聞以揆量國事，惡足以當飄忽之虜哉。武靈與肥義謀胡服胡騎以教百姓，不數年間，林胡貢馬，中山獻邑，疆土日闢，國勢日强，終其身，國無胡患，威震夷狄，有功華夏豈少也歟。或曰：「徒不敵騎，固矣。然兜鍪鎧甲，古有軍服，何必從胡？」曰：胡之驍捷固其生性使然，抑其服輕便有以助之也。中國古制，武弁大冠韎韋跗注，僅足以章身已耳。如以周禮，戎服習胡人騎射，匪惟馳驟往來動多牽制，不足以矜據鞍顧盼之雄，吾恐挽强命中之時，射馬射人亦難以使之盡其技也。冶金以爲鐘，斲桐以爲琴，截竹以爲管，依古譜而奏之，伶人樂工蓋可學而能矣。至於感陰陽、動萬物而辨治理之盛衰，則伶倫、夔、曠之外，蓋無幾人，以其神解妙會，無法之可傳，不能據成跡以求之也。故欲學其事，必先學其理。毋操毋忘，反覆浸灌而漸而進焉，以契乎其微而幾於自然，然後吾之意與彼之意相翕合，而吾乃隨其意之所嚮措焉而皆得其安。使徒章摹而節仿之，其精神意象焉有合者？武靈因時制宜，推行盡利，豈得輕議其非哉。當是時，山東諸國兵力相爭疆埸之間，一此一彼，迄無暇日，惟武靈抱尊王之志，極攘狄之心，設騎射之備，變中國之俗，才略之雄在戰國爲僅見，惜所親信者惟一肥義，所共國事者惟一李兑，所與斷機務者惟一公子成。士之通經術、識義理者，趙無人焉，不然武靈功業得一賢人爲之佐，五伯不足六也。

任西門豹守鄴而河内稱治。《史記》卷四十四《魏世家》

天下有愚人之事，吾日欲教斯人以出於迷惑之中，而苦於無從教之也。今而知天下之理也愈大，其爲事也愈簡，固無不可以教之也。彼自有無待於教之一事顯然知之，而於此一事則茫然昧之，是未知彼一事與此一事有相等之故，一揭其真相，而愚人者無所售其欺，受愚者有以見其真矣。譬如水深火熱，人入其内無不死者，西河之俗致人於死而以爲送嫁，投人於水而以爲享河伯。至殘極酷之政，假神權而施諸無辜，莫非爲斂財之計，巫嫗師弟以至三老、廷掾與豪長者，皆因緣爲利者也。爲鄴令者，苟加以禁令，小民何知，被誘已久，將不以爲除暴而以爲侮神，不以爲德反以爲怨。蓋令爲民所習見，神爲民所未見。民雖畏令，而玩於習見者之徒顯勢，猶不若畏神而震於不見者之有陰威也。拂民之性以行之，縱獲解乎衆，將事倍而功半。順民之意以試之，如頑獷之輩莫不有可反而相用之機，即叔季之民亦莫不有可因而利導之路，唯所用之無不如志耳。民意維何？求福於河伯也，可以媚河伯之事宜無不爲也。彼見嫁女於河伯而色喜，則令巫嫗師弟往告河伯易一佳者而更喜可知也。彼見投女於河而信以爲嫁，則見三老、廷掾與豪長者之入水送嫁而更信可知也。迨巫嫗師弟一去不返，三老廷掾與豪長者叩頭流血，蚩蚩之氓始恍然於向之投女於水者非嫁婦也，乃殺人也。巫嫗師弟、三老廷掾與豪長者致死於人以爲樂，一經覺察則與殺人越貨無以異。他日聞之如聞盜至，不待令長之家喻而户曉。受愚者有以見其真，愚人者自無所施其欺矣。夫巫醫之事，雖未嘗大戾於古，而各狃所習，里異而家不同。其沿自古而統天下無異者，獨斂財爲然。然拂民之性與律所宜禁而不得爲者，猶自恣也。豹之所爲，特舉西河之民返其本性耳，而民莫不皆感歎而稱美。雖仁政之所被有以漸磨其耳目，灑練其意志，而是非邪正之蓄於人心者，固未嘗亡也。蓋以一心通萬物之窮，雖用有難徧及者，體足以函之，惟已先自居於全而後能救人之偏。苟人心之不亡，雖久衰莫振之俗，不難愧厲而匡換之，而先王大道又何難以漸復哉。

二十五年旱，作高門。《史記》卷四十五《韓世家》

韓在六國之中最爲弱小，民無二歲之食，卒不過二十萬。外有虎狼之秦日伺於旁，以睨其釁，雖勵精圖治，惟日孜孜，猶懼不免。況當大旱之後，賢相申不害新逝未久，宜陽大都一朝失守，國用空匱，民鮮偫餘，不於此時先其所急，務材訓農以濟困乏，秣馬厲兵以保疆宇，乃作此無益之高門，勞民傷財，莫此爲甚。高門成而昭侯卒，昭侯卒而韓益不振，卒先六國而亡，不亦宜乎。嗟乎，自古亡國之君，其病國殃民如出一轍。夏之末也，則有鑿山穿林。商之末也，則有瓊室玉門。秦之末也，則有阿房驪山。隋之末也，則有東京宮室。宋之末也，則有艮嶽。當全盛之時，履至尊之位，勞萬民之力，興土木之功，猶不旋踵而遽滅，況昭侯之世，强鄰壓境，兵革不休，士民疲敝而猶作此，以速其亡也。哀哉，杜牧之曰：「前人不自哀，而後人哀之，後人哀之而不鑒之，將使後人復哀後人也。」余讀史至此，未嘗不廢書三歎也。

威王初即位以來，委政卿大夫。九年之間，諸侯並伐，國人不治。於是威王召即墨大夫而語之曰：「自子之居墨也，毀言日至。然吾使人視即墨，田野闢，民人給，官無留事，東方以寧。是子不事吾左右以求譽也。」封之萬家。召阿大夫語之曰：「自子之守阿，譽言日聞。然使視阿，田野不闢，民貧苦。昔日趙攻甄，子弗能救。衛取薛陵，子弗知。是子以幣厚吾左右以求譽也。」是日，烹阿大夫，及左右嘗譽阿者。於是齊國震懼，人人不敢飾非，務盡其誠。齊國大治，諸侯聞之，莫敢致兵於齊。《史記》卷四十六《田敬仲完世家》

刑賞者，威福所寄，而好惡者，性命之同。爲人上者，馭世之柄，王道不越乎人情。明君有不自用其情之心，而使天下有各得其情之象。於是天下之事治，而一己之情亦盡矣。當此之時，雖有百弊之叢生，固不必百爲之盡飭也。惟進退一二人，其事若出於人人之意外，其情宛合乎人之意中，其事適乎乎衆論之僉同，其情實出於一人之獨斷，則慕義無窮，不覺形乎風俗而成爲治道矣。齊威王賞一即墨大夫，烹一阿大夫，齊國之民未嘗身親其利害，而於鄰國諸侯尤無與焉。乃以是之故，舉國風從，諸侯賓服，有主治之責、勸懲之用，顧可忽乎哉！

衛君欲得孔子爲政。子路曰：「衛君待子而爲政，子將奚先？」孔子曰：「必也正名乎。」《史記》卷四十七《孔子世家》

天下之重莫如名實，以治事程序言之，其實爲有利於天下；以世情習慣言之，非惟其實有利於天下，雖其名之所存，亦天下之所惕也。故深識之士其爲政也，不以人之所緩爲緩，而置其所緩者；不以人之所急爲急，而慮其所急者。武王下車，先封列國。高帝即位，遽定朝儀。此非遠於人情，誠明其故有不得而苟者爾。孔子之意，子路猶不之知，况餘子耶。

吴廣素愛人，士卒多爲用者。將尉醉，廣故數言欲亡，忿恚尉，令辱之，以激怒其衆。尉果笞廣。尉劍挺，廣起，奪而殺尉。陳勝佐之，并殺兩尉。召令徒屬曰：「公等遇雨，皆已失期，失期當斬。藉第令毋斬，而戍死者固十六七。且壯士不死即已，死即舉大名耳。王侯將相寧有種乎！」徒屬皆曰：「敬有命。」乃詐稱公子扶蘇、項燕，從民欲也。袒右，稱大楚。爲壇而盟，祭以尉首。陳勝自立爲將軍，吴廣爲都尉。攻大澤鄉，收而攻蘄。蘄下，乃令符離人葛嬰將兵攻蘄以東。攻銍、酇、苦、柘、譙，皆下之。行收兵。比至陳，車六七百乘，騎千餘，卒數萬人，攻陳。《史記》卷四十八《陳涉世家》

匹夫而有天下者，自舜禹已然，下此者勿論已。漢起於亭長，唐興於太原守，宋拔於卒伍，明始於盜賊。後此者更可知已。王侯將相本無所謂種，固不可以甿隸之人、遷徙之徒少陳勝、吴廣而謂其無天子之德也。當暴秦之世，坐法者斬，誹謗者族，偶語者棄市，民不聊生，朝夕惴惴焉，以待死之至。勝廣之起，固不可不謂之興兵誅暴也，然而敗死不旋踵，何哉？蓋古人有言，能爲器長，勿爲禍先。歷代創業之君，皆生於亂世，不能安其生業，無已而與於亂。事始惟救死之不暇，繼而得寸則寸，得尺則尺，積而久焉，擴充其力以得成其業，固有莫之爲而爲，莫之致而致者。當其未遇之先，雖生無道之世，爲無告之民，初未嘗遽生異心，欲以一夫而作難於天下，使億兆之民輾轉於水深火熱之中。已得一身乘其便，故人知其志，天鑒其衷，而當時首禍之人自勝、廣而下如漢之黄巾，隋之李密，元之韓山童、劉福通，亦終不能成大事。此中亦有天道焉，非人力所能爲也。論兵不厭詐。秦得天下之道，專以横人之計恫愒諸侯。或曰韓獻宜陽，梁效河外，趙割河間。或曰楚秦爲昆弟之國，韓梁稱東藩之臣，然後良將精兵隨其後，遂并天下。勝之詐稱扶蘇、項燕爲天下倡，廣之行卜以及丹書魚腹、篝火狐鳴得以聚衆至萬，徇地至陳，且使天下騷然稱王者六七，竟由是以亡秦，未始非計之得。然而詐者乃用兵之術，非有天下之道也。用兵之詐術乃兵法之一端，亦非兵法之大要也。當是時，秦非小弱也，百戰之士猶在也，雍州之地、殽函之固自若也。勝、廣之屬，以適戍之衆，鋤(擾)〔櫌〕棘矜之兵與之相較，殆不如鄒之於楚所可操之在我者，惟捨其生命與敵人決勝負於須臾，有一與一，相争不兩立之情，徼倖於一勝，所可恃以敵彼者，六國之地，萬衆瓦解，皆不戰而自歸，并力西進使秦首尾不能顧，有必亡之勢，決死以待敵，宣惠以安民，應設之策，應行之事，固有在於詐之外者，而非可以僅恃乎此以爲能事也。且夫謀大事者，成則王，敗則寇，克則卿，否則烹，古今之常理也。冒不測之險，行非常之舉，成不世之功，幸而身享其成，其勢不得不存永保富貴之心，爲蕃殖子孫之計，作誅鋤異己之謀，亦盡人之常情也。故漢滅韓、彭之族，宋釋高、石之兵，明興胡、藍之獄，其心皆顯而易見。高帝且明言之曰：「吾今而知天子之貴也。」豈不昭然若揭哉。觀勝、廣勳績卓卓可紀，惜其心累於境，羈於此而奪於彼也。甫至陳，席尚未煖，敵猶在前，不知身之處於死地，朝不保暮，而惟殿屋帷帳之崇，夥頤而自得，襄彊稱楚則殺之，葛嬰立王則又殺之，武臣據趙則徙繫其家族，故人懷二心，不并力以擊秦，徒狥地自廣，爲因利乘便之計。於是上行下效，互爲争奪以相殘賊，誅殺相仍，内鬨不已，一戰而敗，遂殞其身，不亦宜乎？

韓王始不用韓非，及急，乃遣非使秦。秦王悦之，未信用。李斯、姚賈害之。秦王下吏治非，李斯使人遺非藥使自殺。《史記》卷六十三《韓非列傳》

吾嘗謂君子之不以所惡廢鄉，不以小惡而欲覆宗國者，蓋將以保其身，非徒以爲義之所在而已也。戰國之時，衛鞅、甘茂、張儀、范雎之徒，挾其刑名富强之術而治爲佞慧縱恣之論，偏謬雜揉，無有實際，不得志於宗國，挾策而走，飾辯辭，適讎國，掉三寸之舌，説以己國之情實而啖之以利，因宗國之有隙遂挾爲己功，而馳名於天下，及至功成事立。此數人者各不安其位，重者，執縛係引，掠立迫恐以至於死；輕者，亦辭位而去，伏匿而不敢出，奔走而不敢返，苟延殘息以自保。論者咸謂秦不仁，而不知此數人者之有以自取之也。何者？秦之用卿非以秦人不足用而求於諸侯也，特欲伺諸侯之隙以逞吾欲，則其事出於乘時取利之計，而非有虚心求士之心。夫乘時者，時過則境遷；取利者，利得而志滿。又見之數人者，不悦於其君，尚欲乘間以圖報，將難乎爲之君矣。此所以殺之、逐之、廢之而不恤也。韓非見數人之貴顯，得其游談之術，憧憧皇皇，思致己所有於人，敢爲忍心害理之言而無疑。雖然，秦之用鞅也、儀也、雎也，猶醫之視堇也。使其毒無至於殺人，猶或用之以治病。今韓旦暮亡，魏人獻地，敝楚弱趙，奄奄一息，秦病良已，何用堇爲？則刀鋸斧鉞何嫌何疑而不加之於非哉。叔孫昭子謂桐門右師「卑其大夫而賤其宗，是賤其身也」。公山不狃曰：「君子不適讎國，未臣而有伐之，奔命焉，死之可也。所託也則隱。」嘗讀而思之，自古及今捨其宗國而爲人用，未有克保首領以没者，幸而免焉，子孫亦必不昌。彼樂毅之不欲謀燕，廉頗之無功於楚，豈惟其義之動人哉，其保身之哲亦未易幾也。

魏武侯浮西河而下，中流，顧而謂吴起曰：「美哉，山河之固，此魏國之寶也。」起對曰：「在德不在險。」《史記》卷六十五《吴起列傳》

夫人祇此一心而天之與我皆備，自與世爲緣，而虚靈之用日事於褋揉，欲其依乎本然之宅而不他，此勢之必不能者也。故小人之言雖有時合乎經訓，若爲可聽，然終不可據以爲實。人主不悟，致爲所惑，足以禍天下國家而有餘。夫言者，心之聲。小人之言，君子猶或用之，用之猶足濟事，故曰「不以人廢言也」。若返其道以行之，故爲高論，飾非以爲是，撓曲以爲直，以求説人，適足惑衆，雖一言喪邦可也。吴起爲魏西河守，武侯以「山河之固」爲魏國之寶，起對以「在德不在險」。夫六經之書言德者多矣，未嘗與險並論之。《易》曰「王公設險以守其國」，又曰：「重門擊柝以待暴客。」《詩》曰：「大邦維翰。」《書》曰：「以蕃王室。」又曰：「乃有室大競。」孔門之徒何嘗言棄險哉。蓋風氣既開，人情易動。雖聖人在上，有不容不先事豫防者。故三代之世，有井牧之田，有伍兩之兵，有溝樹之固，有郊關之限，而起乃易言之曰「在德不在險」，不亦悖乎？且起之言曰：「三苗氏左洞庭，右彭蠡，德不修，禹滅之。夏桀之居，左河濟，右泰華，伊闕在其南，羊腸在其北，修政不仁，湯放之。商紂之國，左孟門，右太行，常山在其北，大河經其南，修政不德，武王殺之。」夫三苗之亡，亡於不用帝命，非亡於洞庭、彭蠡也。夏桀之亡，亡於武傷百姓，非亡於河濟泰華、伊闕羊腸也。商紂之亡，亡於自絶於天，結怨於民，非亡於鹿門、太行、常山也。向使三苗用命，桀惠此百姓，商未絶於天而釋怨於民，則雖有洞庭、彭蠡、河、濟、泰、華、伊闕、羊腸、大行、常山、大河，不亡可也。惟其無德而恃險，其亡也亡於無德，非亡於險。起之言豈足聽哉。厥後公子卬一敗，惠王遽獻西河之地於秦，韓、燕、魏、趙蹈其覆轍，今日五城，明日十城，自底於滅，未始非起一言階之厲也。

魏置相，相田文。吴起不悦，謂田文曰：「請與子論功，可乎？」田文曰：「可。」起曰：「將三軍，使士卒樂死，敵國不敢謀，子孰與起？」文曰：「不如子。」起曰：「治百官，親萬民，實府庫，子孰與起？」文曰：「不如子。」起曰：「守西河而秦兵不敢東鄉，韓趙賓從，子孰與起？」文曰：「不如子。」起曰：「此（子）三者，〔子〕皆出吾下，而位加吾上，何也？」文曰：「主少國疑，大臣未附，百姓不信，方是之時，屬之于子，屬之于我乎？」起默然良久，曰：「屬之子矣。」文曰：「此乃吾所以居子之上也。」吴起乃自知弗如田文。《史記》卷六十五《吴起列傳》

功名之際而能不好勝者，古今無一二人。即此一二人之心，其實不好勝者，畢生無一二念也。故吾儒之實學所學必期於有用，但使受任而共信，緩急足恃，不必取人之長以相益，不必飾己之短以相覆，則坐鎮雍容亦自關治亂安危之數，安能恃其材武而欲凌駕其上，遂取而代之哉。夫人情有所制於天之分，既以其在天而失之，有所歉於人之量。又以其在人而忘之，迨一旦而物我參觀，了了如見，即令其自行解釋而無從，亦幾幾乎不容自誣焉。質性謙謹之士，固無論學術之所及與否，動以己弗如人爲對，即素有驕僻傲人之習，而驚顧難安之情亦可見矣。

伍員大破楚軍於豫章，乘勝而前，五戰遂至郢。楚昭王出奔，子胥求昭王，既不得，乃掘楚平王墓，出其尸，鞭之三百。《史記》卷六十六《伍子胥列傳》

《禮》曰：「父之仇，不與共戴天。兄弟之仇，不反兵。交游之仇，不同國。」是爲親屬報讎者，乃天地之倫理而絶不可有私見存也。自倫理亡而私見勝，其背親忘仇者無論矣。即有時挾其不平之氣，求爲踰分之償，似欲措柱綱常，風天下以孝弟之道，而豈知滅倫悖理莫此爲甚。無他，因其一念之激，失厥輕重之衡，而其事遂爲覆戴之所不能容者矣。伍員報父之仇，其仇即其君也。論其常，則君與父並重，何報之足言？論其變，則殘賊之人謂之獨夫，豈能因獨夫之罪而遷怒於一國之人？一國之人何罪而遭塗炭，士卒何罪而受屠戮，宫闈何罪而被污辱？甚至死者既死，其身已腐朽零落，猶肆其刑誅。亡者既亡，其人已顛沛流離，猶施其迫逐，言者寒心，聞者側目，謂非員快一時之意有以致之歟？春秋之時，倫常之變，本末殊未能分，輕重尤倒置。父子之恩不可忘也，君臣之義如之何其廢之？員通材偉抱，挾其所長以適齊晉之國，未嘗不表暴於世也，而悞於報復之一解，悍然以犯上作亂爲能事，終亦不克自全。及使於齊，屬其子於鮑氏，仍移其族於中夏禮義之國，悔之晚矣。

因孝公寵臣景監以求見孝公。《史記》卷六十八《商君鞅列傳》

天下之患，莫甚於小人之顯暴其勢以相傾，而謂人才不容，捨我而他進也。吾人之身亦莫患於出處之稍濡其迹，而使後日雖欲自拔而不能。商君之敗，職是之由。彼以羈旅之身，無仇於公族，抑何所圖而劓公子虔，黥公孫賈，毋乃因寵臣進身之故，受彼黨之唆使而爲之耶？鞅既羅禍，後數十年而有范睢至秦，放逐四貴，蹈鞅覆轍。其後不容於秦，而功名所從出之途亦有疑焉。孔子之拒王孫賈，絕彌子瑕，孟子不與右師言，豈惟守身之法哉，抑處世之道也。

卒定變法之令。令民爲什伍，而相收司連坐。不告姦者腰斬。告姦者與斬敵首同賞，匿姦者與降敵同罰。民有二男以上不自異者，倍其賦。有軍功者，各以率受上爵。爲私鬭者，各以輕重被刑大小。僇力本業，耕織致粟帛多者復其身。事末利及怠而貧者，舉以爲收孥。宗室非有軍功論，不得爲屬籍。明尊卑爵秩等級，各以差次名田宅，臣妾衣服以家次。有功者顯榮，無功者雖富無所芬華。《史記》卷六十八《商君鞅列傳》

衛鞅相秦，定變法之令，爲什伍之法，立告姦之賞，嚴私鬭之刑，重本業輕末利，行之十年，鄉國大治，秦國强於天下。余謂不然。秦之强非由於鞅；鞅之術，亦不足以强秦，亡秦者鞅也。夫鞅入秦之先，秦之强已震於天下。周安王元年，伐魏陽狐。陽狐郭在魏州元城東北三十里，是時西河之外皆爲魏境，秦兵越魏都安邑而東至元城界，其兵之深入可知。十一年，伐韓宜陽，取六邑。十二年，及晉戰於武城。晉，魏也。十三年，秦侵晉。十五年，伐蜀取南鄭。顯王六年，敗三晉之師於石門，斬首六萬。王賜以黼黻之服。七年，及魏戰於少梁，獲魏公孫座。雍梁之地，民風果勁，自古已然。三置晉君，一救郢禍，秦之强豈待於鞅哉。鞅之相秦也，久遏而思伸希功之亟就，不務德而淫刑以逞，凌轢公室，殘傷百姓。公族貴卿無一人得以安其生，閭閻小民亦朝夕惴惴待命，惟恐及禍。又譎魏公子卬而覆其軍，使天下之人皆知秦之詐，人人憤怒。夫秦之亡，豈不亡於天子孤立無輔，人民怨叛哉？昭王詐楚而囚其王，楚人皆悲如哀親戚，諸侯自是不直秦。六國雖平，旋並起而爲亂。趙高説二世誅滅大臣及宗室公子十二人，僇死咸陽市。天子危弱，卒死高手。秦之亡，昭王啓之，趙高成之。然誅公族、詐諸侯，始之者非鞅而誰？且鞅之爲法，賞告姦而收連坐，重本業而輕末利，尤爲天下後世之禍，不可不辨。先王之教，惟以《詩》、《書》、《禮》、《樂》陶淑斯民，姦宄之人，人人共惡，不待賞而民莫不告，不待罰而民莫敢匿。自鞅立爲賞罰，人畏連坐之罪，上下相匿，姦宄更不勝其多。在鞅之意，深慮民心之不可恃，而行一切之法，以爲民知有法，則有所忌於上。彼秦國之民見商君之法皆有迹可徵，宜舞智以禦之，陰用其實而陽避其名。於是民知有法，益無所忌於上。何也？彼謹相避於法之中，而法所不及之地，儘有藏身之固焉。范雎間其親臣，蘇代殺其大將，當其未發，君臣上下莫有知之，鞅爲之也。先王之制，國有六職，太宰以九職任萬民，農、工、商居其三，相爲並重。鞅逞其私意，誘三晉之民耕秦地，遂貴農而賤工商。自是而後，工商遂賤，非愚陋之人莫肯以此爲業。國之六職遂缺其二，鞅爲之也。夫唐、虞之後涉夏、殷、周三代，暴君、令辟更作，盡壞革興，相乘除於千數百年之久，人人蹈循其軌迹而莫敢議其後。唯鞅創爲高論，使市井無賴之徒存倖進之心。民到於今，猶被其禍，亦鞅爲之也。彼公子虔之徒固逆料立法無過久之時，行政亦無不變之體，皆潛身候之，以乘其間而抵其隙，鞅卒以是亡其身。爲法之弊一至於此，至死始知，不亦晚乎？

衡人日夜務以秦權恐喝諸侯，以求割地。《史記》卷六十九《蘇秦列傳》

宋以天下之大不能禦一契丹，致歲幣數十萬，安坐而自斃。蘇明允悲之，故論六國而暢言之曰：「秦以攻取之外，小則獲邑，大則得城。秦之所得，與戰勝所得者，其實百倍。諸侯之所亡，與戰敗而亡者，其實亦百倍。」此非切中宋之失乎？然而，宋之失非六國之失也。六國之時，雖有割地之事，其實秦之所得較之戰勝而得者十無其一，諸侯所亡較之戰敗而亡者亦十無其一。此六國自取破滅之一端，而六國之破滅要不在是。吾謂六國之敗，在於不知秦之情勢，而受秦之欺耳。顯王四十一年，秦取魏蒲陽，既而歸之。張儀因説魏王，秦遇魏厚，魏不可無禮於秦，使入上郡十五城以謝秦。赧王二年，秦王患齊、楚之和親，使張儀見楚王，請獻商於之地六百里，説楚絶齊。當是時，魏得秦一邑，何不以一邑與秦，使施報相當乎？又何不遲之數年，視秦伐魏與否，驗儀言之虛實乎？楚王如信儀耶，何不從陳軫之言，先得地而後絶齊乎？如不信耶，何不縛儀而致之於齊，與之謀共伐秦乎？赧王四年，張儀説楚事秦。又説韓曰：「莫如事秦以攻楚。」説齊則曰：「秦、楚爲昆弟之國，韓獻宜陽，梁效河外，趙王入朝。」説趙則曰：「楚秦爲昆弟之國，韓梁稱東藩之臣，齊獻魚鹽之地。」説燕則曰：「趙效河間。」如當時六國之君遣一介之使以訪諸鄰境，則儀術立敗，固不必有臧武仲之智而後能洞燭其奸情也。悲夫！諸侯之君皆據數千里之地，擁數十萬之衆，足以自帝而有餘。又明知虎狼之秦，朝夕引領舉踵，日伺於吾之側而欲乘其便，乃優游逸豫，不復探鄰國之情實而預爲之備。有地而不知守，有兵而不知用。一讕以甘言則翕然信之，而不計其事之有無，情之虛實。一怵以危語則任其虛喝驕矜，俯首帖耳，而不敢稍與之抗。其亡也宜哉！明允僅蔽以賂秦之罪，是猶知其一，不知其二也。又曰：「苟以天下之大而從六國破亡之故事，是又在六國下矣。」明允憂時之意不可想見也哉。

山東之士被甲蒙胄以會戰，秦人捐甲徒裼以趨敵。《史記》卷七十《張儀列傳》

古之善用兵者，以氣爲主。故其心常思危而後安，其身常致死而後生。悲夫六國之卒十倍於秦，而氣之不充，卒不免於亡也。昔人有言：兵，死地也；將，死官也。知其必死而無偷生之意則氣壯，氣壯則戰勝而可以得生。冀其得生而有畏死之心則氣餒，氣餒則戰敗，而終不免於死。古之軍師常有百萬之衆潰敗至於不可禦者，未必其將之懦、兵之怯也，皆其氣之不充也。余讀《史記·六國世家》，見其謀臣之衆，勇將之多，甲兵之利，土地之廣，不必合從爲一，皆足以制秦而無有不足，一戰之後斬首常十餘萬，又非兵之不能赴敵也。伏尸流血卒底於亡，何哉？及讀《張儀傳》説韓王之言，而後恍然知其故矣。儀之言曰：「山東之士被甲蒙楯以會戰，秦人捐甲徒裼以趨敵。」夫孔子有言：「臨事而懼，好謀而成。」子之所慎，戰居其一。聖人之於戰事，其處之固如是之慎也。冉有用矛於齊師，能入其軍，孔子以爲義。孟之反奔而殿，孔子表其不伐。聖人於戰鬬之勇者，其許之又如是之甚也。汪錡死於郎，孔子美其勿殤。聖人於執干戈死社稷者，其原之又如是之厚也。夫如是，人人有必死之心，而後自趨於敵而不畏。人人自趨於敵而不畏，而後得免於死。悲夫！被甲蒙楯，山東之士之所以敗；捐甲徒裼，秦人之所以勝也。夫秦據西周之地，自穆公以來常欲稱雄於天下，屢爲晉所扼而不得前。閉關自守以待天下之變，數救楚之禍以使之撓晉於南。值其後，晉室三分，諸侯勢弱，秦遂乘其勢而東出，磨牙利爪以攫諸侯之國而鯨吞之，此其志豈小也哉。爲諸侯者，誠於此時東合齊、宋，南約楚，西連韓、魏，北結燕、趙，西向以與秦爭，則大善矣。即不然，盡一國之力，合境内之衆，用頗、牧以爲將，簡技擊武卒以爲兵，奮力决鬬，有死之心，無生之氣，吾懼秦人之食不下咽也，奈何徒恃被甲蒙楯以爲固哉。蘇明允曰「有如此之勢，而爲秦人積威之所刼」。斯言也，吾則信之。

秦聞公子在趙，日夜出兵東伐魏。魏王患之，使使往請公子。公子恐其怒之，乃誡門下士：「有敢爲魏王使通者，死。」賓客皆背魏之趙，莫敢勸公子歸。毛公、薛公兩人往見公子曰：「公子所以重於趙，名聞諸侯者，徒以有魏也。

今秦攻魏，魏急而公子不恤，使秦破大梁而夷先王之宗廟，公子當何面目立天下乎？」語未及卒，公子立變色，告車促駕歸救魏。魏王見公子，相與泣，而以上將軍印授公子，公子遂將。魏安釐王三十年，公子使使遍告諸侯。諸侯聞公子將，各遣將將兵救魏。公子率五國之師破秦兵於河外，走蒙驁。遂乘勝逐秦軍至函谷關，抑秦兵，秦兵不敢出。

《史記》卷七十七《信陵君列傳》

古之人所以重其宗國，雖去國之後，猶奔命焉。而死之者，豈徒以爲義之所在，而亦所以自重之道也。昔周之衰，諸侯放恣，不奉朝請，各君其國。無天子以握其綱，先君無祿，嗣子即位，公族之無寵者常相率而出奔於鄰國。鄰國之君輒禮貌相待，傾爵位以使之貴，單財貨以使之富，不敢輕視。降至戰國，孟嘗、信陵之徒，諸侯爭相迎奉，亦名重於天下。及周之亡，而姬姜之族遂不見於史册。迨至秦滅六國之後，而齊之諸田，楚之昭、屈、景降至輿隸，無復前此之尊貴。後世之人以爲周世諸侯猶重世族，至秦始輕，而不知周世諸侯之重公族，非重公族也，重其國也。吾於孟嘗、信陵之事不禁慨然而有感焉。春秋戰國之時，其勢尚不能統一。大國之人欲要約小國以使之從己，小國之人欲得大國之援以爲己助，大小相等，勢均力敵，欲結之以爲援，其心固有所欲，而其勢則有所求。有欲則相敬，有求則相親，故公族在境，不得不倚之爲重。何則？彼公族者，固其大臣，國人之所親信而欲爲之用，可以結爲我助。又安知其不得返國，操其國政而爲我鄰國之君也？雖欲不重，烏得而不重！若其國既覆，則亡國之餘耳，奚足以重哉。孟嘗在薛，信陵在趙，皆爲諸侯之望。孟嘗君國亡嗣絶，而信陵君獨能以功名終者，則以孟嘗君惑於馮驩相梁之言，而以梁爲一窟，信陵君聽毛公、薛公之言而返魏也。夫君子持躬接物必知其本，而審其所由。見人之禮貌於己，必推原其所以然之故，而不侈然自以爲能。使信陵君當秦、趙搆兵之時，非奪魏兵以爲用，則亦赴鬬以死已耳。雖以趙故死，趙王未必奉鄗邑以與其子，而秦、韓之使亦未必至也，則其得力於魏豈少也哉。得魏而名成，失魏則名亦將裂。假而不返，國亡嗣絶，將與孟嘗君無以異。何也？希一身之榮樂，置宗國之事於度外，乃覆載之所不容，此中亦有天道焉，固不必有强國之在其側也。

王不如遠交而近攻，得寸則王之寸也，得尺亦王之尺也。《史記》卷七十九《范雎列傳》

史稱秦用范雎遠交近攻之術以取韓、魏，威楚、趙，遂并天下。是不然。秦用遠交近攻之術不始於范雎，雎亦未嘗以其術强秦。吾以爲亡秦之罪則衛鞅爲首，而雎次之。何者？秦處關隴，齊處淄澠，韓、魏横阻其間，兵力不及不待智者而後知也。秦惠王患齊、楚從親，使張儀誘楚，北罵齊王，則惠王之時已有交齊之意。昭王即位，使涇陽君質於齊，既而秦稱西帝，立齊爲東帝，則穰侯爲政未嘗忘情於齊也。燕昭王伐齊，秦尉斯離帥師與三晉之師會之。當是時，諸侯害湣王之强暴，假手於燕，非秦主兵也。濟西之戰，秦師即還，非深入也。穰侯使客卿竈取剛壽以廣陶邑，略其邊鄙，非動衆也。秦之於齊恒欲結爲遠助，豈待睢哉。秦於韓、魏也則不然，韓阻轘轅，魏扼黽隘，交相爲用而日伺於旁。秦欲東出則韓、魏抗其前，秦欲西封則韓、魏又承其後，此其事在春秋之時秦穆公三置晉君則已知之。三晉既分，秦人屢用兵於魏，則亦知之。衛鞅誘公子卬取河西，則亦知之。甘茂取宜陽，則亦知之。穰侯爲政，取蒲阪、晉陽、封陵，取穰，取宛，取武遂，取河東，取安邑，取温，莫非韓、魏之地。解之戰，伊闕之戰，夏山之戰，華陽之戰，韓、魏之兵死於秦者數十百萬。秦之於韓、魏，父子兄弟蹀血於原野，百戰以與之争，豈待睢哉。睢入秦，習知昭王不親國事，政在穰侯，遂以遠交爲名，熒惑王之觀聽，乘間以入。睢以睘睘無比佽之行，治舉世無親之學，僑居羈旅之地，遭逢賞識之人，求之數十年而始得一遇，則其皇皇懇懇，必有不堪言狀者，苟可以行其術而保其位，自不惜爲違心之語，以售其欺。彼固知己之術淺，僅足以欺不親國事之王，易以爲人所測也。又惡夫穰侯之權重，恐一旦而爲其所制也。於是又爲彊公室、杜私門之説，易一辭而進，遂以廢太后，逐穰侯，屏高陵、華陽、涇陽於關外。險哉，睢也。長平之敗，蘇代説之曰：「趙亡，則秦王王矣。武安君爲三公，君雖欲無爲之下，固不得已矣。不如因而割之，無以爲武安功。」睢因言於王而許之，武安君卒以不得其死。夫趙亡秦王，固秦之利也。代反以此説睢，代之言如子貢之説陳恒。然則睢之視秦與陳恒之於齊，又奚以異哉？厥後趙高用其説以殺諸公子與大臣，章邯懲其禍而降楚，秦之亡非睢爲之耶？吾意客卿之在人國，皆士君子不得已之事，無可如何，而姑出此一途以自匿，宜乎辭尊而居卑，辭富而居貧，必不輕委質於人而爲之用。此孟子之所以不受齊禄，而樂毅之不欲謀燕，廉頗之無功於楚，亦以此也。其有致身以爲人用者，皆敵國之人使之爲間諜者也。或僄輕無義之小人，不得志於其君，而出亡在外者也。故明主之用人無取乎是。何則？用間必亡，固不待言。即納鄰國失意之人，推心而與之謀，亦有亡道焉。彼不得志於其君尚且如是，一或不慎，則將反而謀我，豈不殆哉！

趙王於是遂遣相如奉璧西入秦。相如度秦王决負約不償城，乃使從者衣褐，懷其璧，從徑道亡，歸璧於趙。秦王設九賓禮於庭，引趙使者藺相如。相如至，曰：「臣誠恐見欺於王而負趙，故令人持璧歸，間至趙矣。」秦王因曰：「今殺相如，終不能得璧也。」使歸趙。其後秦王使使者告趙王，欲與王爲好會於西河外澠池。相如從。秦王飲酒酣曰：「寡人竊聞趙王好音，請奏瑟。」趙王鼓瑟。秦御史前書曰「某年月日，秦王與趙王會飲，令趙王鼓瑟」。藺相如前曰：「趙王竊聞秦王善爲秦聲，請奉盆缻秦王，以相娛樂。」秦王怒，不許。相如曰：「五步之内，相如請得以頸血濺大王矣。」左右欲刃相如，相如張目叱之，左右皆靡。於是秦王不懌，爲一擊缻。相如顧召趙御史書曰「某年月日，秦王爲趙王擊缻」。秦之羣臣曰：「請趙十五城爲秦王壽。」相如亦曰：「請以秦之咸陽爲趙王壽。」秦王竟酒，終不能加勝於趙。趙亦盛設兵以待秦，秦不敢動。《史記》卷八十一《藺相如列傳》

制禦强國之法，莫善於行吾之志。吾志既定，凡吾所欲爲與吾所不欲，雖至白刃當前而不變。古之人有姑徇敵之求而預爲取償之地者，有幽囚困辱至於十餘年而不悔者，有守吾之正雖一字而不可易者，有事至於無可爲，斷脰決腹以謝天下者。是四者所處之地不同，故其術有剛柔，其功有巨細，而其大節之所在要必行吾之志，而不爲外物所移。何也？志，氣之帥也。未有氣不足而可以敵人者也，未有志不定而能行其氣者也。藺相如之於秦也，趙得和氏璧，秦王易以十五城，相如請奉之而往。秦澠池之會，趙王爲秦王鼓瑟。相如之心固知秦無如趙何，奉璧而往，秦不予城，吾璧猶在。趙王鼓瑟又將取償秦王之缶。姑徇敵人之求而爲取償之地者，藺相如是也。蘇武使於匈奴，單于欲降之，不屈，乃徙之於北海上，使牧羝凡十九年，猶秉漢節。武度漢終足以制匈奴，故雖辱其身而不以爲苦，幽囚困弱至於十餘年而不悔者，蘇武是也。富弼使於契丹，契丹主求關南地，弼不與。契丹議增歲幣，又欲宋稱獻地，弼以死拒之。弼所處之地較之藺相如、蘇武爲尤難，故其事幾鄰於死。守吾之正，雖一字不可易者，富弼是也。王倫使於金，金人欲以爲轉運使，倫縊而死。倫之時，宋室已傾，國境日蹙。人爲刀俎，我爲魚肉，舍死之外更無可言。故其情可憫，而其志尤可悲。事至於無可爲，斷脰決腹以謝天下者，王倫是也。孔子曰：「使於四方，不辱君命。」若四子者庶幾其可矣。夫君子之於國，豈徒欲意氣用事，生兩國之嫌，使四境耕鑿之甿蹀血於原野哉。然未嘗以是之故而少貶焉者，知其始於少貶，而其漸必至陵夷而不可止。當强秦、匈奴、契丹、女真强盛之時，其視脆弱之趙、倦弊之漢、萎胙之宋蔑如也，進而與之抗衡，其不相得必矣。而四子者審時而度勢，見機以行事，不爲稍屈。生者，可以折衝俎豆，爲國增榮；死者，足以扶植綱常，使敵奪氣。交鄰國之道，舍是無繇矣！

趙括自少時習兵法，言兵事，以天下莫能當。嘗與其父奢言兵事，奢不能難，然不謂善。括母問奢其故，奢曰：「兵，死地也，而括易言之。使趙不將括即已，若必將之，破趙軍者，必括也。」《史記》卷八十一《趙奢列傳》

天下之事皆可言，唯兵之事不可言。天下之言皆可信，唯兵之言不可信。天下言事之人皆可用，唯言兵事之人不可用。故言兵者，皆有輿尸之兆焉。古人有言曰：「兵，死地也。戰，危事也。不置其身於必死，則不可以得生。不置其心於必危，則不可以得安。故勝有所不計，敗有所不顧。妻孥財賄有所不問，身家性命有所不恤。進如鋒矢，戰如雷霆，解如風雨，安能計其成敗利鈍之形，一一而計畫之哉。」宜乎趙括之敗，其父奢决之於談兵之時也。夫趙王之用括爲將也，藺相如曰：「括徒讀父書，不知合變。」則括少時學兵法固學於奢，奢兵法雖不可見，然奢救閼與，策秦軍曰：「兩鼠鬬於穴中，將勇者勝。」括將行，括母上書曰：「其父爲將時，王及宗室所賞賜者盡以與軍吏士大夫，受命之日，不問家事。」則勝有所不計，敗有所不顧，妻孥財賄有所不問，身家性命有所不恤者，正奢之兵法也。括學兵法於奢，與奢言兵事，奢不能難，則方其學兵法之時固已恃己之才足以長馭而遠駕，不以奢之法爲法矣。謂括能讀父書，相如之言亦膠柱鼓瑟耳。是故明君之擇將必先聽其言。善言兵者，必不能用兵。鼂錯上書言兵事，七國反。錯欲令景帝將兵而己居守，又欲以城邑予吴，情狀可見。即七國不反，錯亦必以敗死。何則？彼言兵者固以爲成敗可豫决也。吾嘗觀古今戰事，往往有百戰百勝、一敗而亡其國者，項羽是也。又或屢敗之餘一戰而勝，遂以定天下者，高帝是也。又有一勝一敗，一彼一此，兵交至於不可解者，周齊邙山之役、梁唐楊劉之戰是也。惡可以先事而知之哉？先事而言之，必敗而已矣。

即墨城中推田單，立以爲將軍，距燕。夷殺其將騎劫，齊七十餘城皆復。《史記》卷八十二《田單列傳》

爲將之道，必也臨事而懼，好謀而成，乃足以百戰而百勝。蓋兵者，天下至危之事也。將帥士卒皆捨其生命與敵人决勝於須臾，苟非如臂指相連，且講求有素，而欲羈之以名，馭之以法，尋常無事猶足以相制，一旦有變則將雉兔逃走耳，尚安得而用之哉。吾嘗觀古今軍師之敗，皆非一日之故。方其先，將帥甚尊，士卒甚賤，儼然南面以臨其下，而艷妾美婢充於下，陳金玉錦繡積於囊橐，又皆敲剥士卒之骨髓而供我淫樂者也。及至强鄰壓境，大敵當前，身雖率師以出，念及妻子財物，每瞻顧而不能自决，無復爲戰鬬之計，而士卒之心習知將帥之不仁，不欲爲之致死，離心離德，往往一散而不可復收。史稱田單復齊七十餘城，及攻狄不下，魯仲連曰：「將軍有生之樂，無死之心，所以不勝。」此猶狄衆不盛，未足制齊，而田單老將非尋常儒夫所能比也，不然兵潰身死，猶其小焉者也。吾嘗觀東漢初興，事變之繁甚於秦項之際，光武以一旅之師馳逐中原，天下終以不搖，卒歸於漢。而曹操姦雄之姿，用兵之略彷彿孫吴，屢攻江南，區區之地竟不能得。此其故何也？光武起於南陽，大臣將相多半出於鄉曲，明知天下未定，無所逃死，雖得財物亦不能守，故起事之始與新市、平林兵合軍中分財物，帝斂宗人所得悉以與之。莽兵大至，諸將皆惶怖，憂念妻子，郾及定陵諸軍亦貪惜財物欲分兵以守，帝不許，故得成大功。魏之攻吴也，曹休欲渡江，董昭曰：「諸將臧霸等既富且貴，無復他望，但欲終其天年，保守禄祚而已，何肯乘危自投死地。」嗟乎！曹操赤壁之大挫，濡須之退軍，其殆以此乎。吾讀史至此，未嘗不涓涓以悲也。

彼秦者，棄禮義而上首功之國也。權使其士，虜使其民。彼即肆然而爲帝，過而爲政於天下，則連有蹈東海而死耳。吾不忍爲之民也。《史記》卷八十三《魯仲連列傳》

事苟關乎輿論，雖一名一物猶擬議焉，矧萬民共主，天與人歸者？有人焉，越俎而代爲之謀，庸詎非極可痛心者歟？雖然，僭竊之舉大抵自上而下，名公鉅卿不能止也。則率而求諸野，深觀夫世衰，而縱心乎制禮作樂之初，急求夫救弊扶衰之法，驚痛之餘，其能默矣乎？《魯連子》一書今佚不傳，《國策》、《史記》所載義不帝秦一節，蓋輾轉傳録焉爾。秦將退軍，平原上壽，不免誇誕之詞，而其説爲萬古所不廢，搘柱綱常猶有取焉。

屈原雖疏放，睠顧楚國，繫心懷王不忘，冀幸君之一悟，俗之一改也。其存君興國而欲反覆之，一篇之中三致意焉。然終無可奈何。《史記》卷八十四《屈原列傳》

今天下之人何其謀身之周，而謀國之略也。惟其過周也，則少不如意者，未嘗不爲之戚焉。惟其過略也，則苟無預於己者，未嘗或爲之謀焉。此無怪倖進之士日形其多，前仆後起而不之止也。屈原以忠信之故，遭讒被謗，由疏而黜，雖迭經事變，不搖於身外之感，身在江湖，心懷魏闕，依戀故主，不去於懷，可謂忠矣。夫勉於其暫，而不能勉於其常者，人之常也。矯於其順，而不能安於其逆者，人之情也。原盡心事君，終始不渝。窮達，命而已矣；成敗，勢而已矣；富貴貧賤，遇而已矣；患難安樂，時而已矣。我行我是，安能改其初志哉！

曹沫至荆軻五人，此其義或成或不成，然其立意較然，不欺其志。《史記》卷八十六《刺客列傳》

天爲斯世而生豪傑，固將以見用於世也。而或處無用之世，彼既翹然負異於衆類，皆有過人之才，絶倫之力，烏肯自甘昧没，與庸鄙委瑣之徒同食息生死於天地之間哉？既志欲有爲於時而弗得，豈屑屈下於人？固不惜賫志以終，又惡夫身没而名將泯焉。遂不審其事，不擇其人與地，苟可以發舒其悲憤之懷，激揚其抑鬱之氣，將藉以一洩焉以爲快。雖愈趨愈下，流爲刺客所不辭也。太史公盡取所聞著於篇，而於瑰材偉抱蹇塞尤甚者言之益痛矣。《史記·刺客列傳》成者三，而不成者二。曹沫幸遇齊桓，雖要盟而守信。專諸刺僚，各爲其主，猶王嗣也。聶政母死，以身許友，僅報一戰國無足重輕之嚴仲子，成事三人斯爲最下已。豫讓事范中行，素不得志。及歸智伯，待以國士而未久即亡。當計無復之時，痛心疾首，雖明知事不如意，必不得已而爲無益之謀，此際此情真有耳不忍聞，目不忍覩者。荆軻所處之境較四人爲尤難，縱秦爲軻所劫，允返諸侯侵地，能必始皇之如齊桓公乎？始皇既死，六國悉叛，以胡亥立、趙高用事故也。假使祖龍被刺而先亡，扶蘇嗣統而繼位，能必其國中大亂而外兵得乘之以入乎？則雖生得秦君，猶其不濟，況計不成而無所獲乎？即制死嬴政，抑無所裨，況彼得生而逞其毒乎？是又徒斃其身以供人一試者，非世所謂大愚者耶？蓋五人者，生於其世，苟非有大不得已之心，則逆境未嘗不可以偷安，僻處未嘗不可以肆志，南海北海，軼乎名利以外，詎非藏身之固歟？而非其志也。即不然，伺候於權門，奔走於世路，以博取禄位，如太史公所云「附青雲之士施於後世」，固自易易，而又非其倫也。惟窮極而思，思極而憤。生不甘與麋鹿同居，没不欲與草木同處。奮激之氣時不能平，英爽之姿更無可遏。乃不惜爲殺人之事以求自見之地，而殺人之中，義與不義，更急不暇別焉。君子讀書至此，憐其才，哀其遇，略其迹，原其心可也。

秦王乃除逐客之令，復李斯官。《史記》卷八十七《李斯列傳》

秦人索逐客，李斯在逐中上書秦王。王乃召復其官，除逐客令，此秦亡之徵也。秦之客卿以衛鞅、張儀、甘茂、范雎爲最著。鞅爲秦伐魏，然安王元年秦伐魏至陽狐，十二年戰於武城，顯王七年戰於少梁，皆在鞅先，則伐魏之舉不始於鞅。儀善於連横，然赧王四年，儀説諸侯事秦歸，未至咸陽，諸侯復合從，則儀雖游各國，秦未得其利。茂取宜陽，然安王十一年，伐韓宜陽，取六邑，顯王三十五年，拔宜陽，則宜陽之計不創於甘茂。茂之所取僅宜陽一城，附近之地屬秦已久，非茂之力。雎爲遠交近攻之計，然赧王十五年，秦涇陽君質於齊，爲齊秦交驩之始。秦自昭王以後，無歲不與三晉争，不須雎爲之謀。是客卿之無益於秦可知矣。此猶曰與之謀諸侯不得已而用之。當用之時，未必知其無益。故秦之於客功成之後皆殺之、逐之、廢之而不疑。誠以彼傾危之士，可與之謀彼國，而不可與之謀吾國，此秦之家法也。及始皇任戰勝之威，蠶食天下，韓旦暮亡，魏人獻地，楚疲於南，趙敝於北，六國將平，海内幾一。當此之時，取天下若拾遺，何待於客耶。以厚結諸侯之臣爲斯功，則蘇秦説趙已曰衡人者，皆欲割諸侯之地以與秦。長平之戰，秦人行千金於趙，使馬服君之子爲將。河外之敗，使人行萬金於魏以間信陵。皆在李斯之前，豈斯之獨得之秘哉。斯之言曰：「色樂珠玉不産於秦而王服御者衆。」夫色樂珠玉，玩好之具也。使人主之心不溺於是，則數者未必能出而祟人。大臣秉國之鈞，而色樂珠玉乎哉？秦王不悟，召而返焉。殺其嗣主，誅其大臣，秦遂以亡，悲夫！

張耳與陳餘相見，責讓陳餘以不肯救趙，及問張黶、陳澤所在。陳餘怒曰：「張黶、陳澤以必死責臣，臣使將五千人先嘗秦軍，皆没不出。」張耳不信，以爲殺之，數問陳餘。陳餘怒曰：「不意君之望臣深也！豈以臣爲重去將哉？」乃脱解印綬，推予張耳。張耳亦愕不受。陳餘起如廁。客有説張耳曰：「臣聞天與不取，反受其咎。今陳將軍與君印，君不受，反天不祥。急取之！」張耳乃佩其印，收其麾下。而陳餘還，亦望張耳不讓，遂趨出。張耳遂收其兵。陳餘獨與麾下所善數百千人之河上澤中漁獵。由此陳餘、張耳遂有郤。《史記》卷八十九《張耳陳餘列傳》

人果情投意愜，交之爲道，其所失者寡矣。所患者本無是意，迫於患難，起於倉卒而隨之，此之謂偶爾相遭，偶爾相遭以爲是，可以違而去之，或徐而更之，而不知迫於環境，遲之又久，不至凶終隙末而不止也。張耳、陳餘爲刎頸交，始同里閈。及齊購之急，同亡命之陳，同爲監門。陳涉起蘄，同往游説，得卒三千人，略得趙地，爲將相。綜其生平離合之迹，非性情相契，乃時勢使之然。物腐蟲生，會逢其時，有張黶、陳澤之事，二人之隙遂由此而起。不然，耳雖屢問餘，若以理喻之，情遣之，否則積誠感之，修己俟之，而徐焉默以待其悟，何不可者？奈何怫然而怒，遽解印綬乎？朋友之交深，必以爲謬，不深必以爲僞。甚也，抗於不能相諒而積怨，當積怨之餘，聞謬者僞者之言，不爲陰棄，必爲明絶，理故宜然。惜乎餘不之覺耳。雖然，餘則失矣，耳亦未爲得也。明知死者不可復生，而屢加窮詰，若似乎齟齬益甚而我之名益高、節益著。因友之過而吾激之以爲名節，且令天下槩謂信不必孚，固待其友薄也，自待抑何厚之有哉。孔子曰：「有德者必有言，有言者不必有德。」如二子者，不脱戰國處士之習，宜其功業之僅止乎此爾。

十七史説卷二目録

前漢書

高帝紀五則一言亡國之君誤于輔相，二言善説者能隱人之私而移其志，三言金錢之能賣國，四言君明臣良契合之道，五論家庭間之尊而不親爲非至性。……三七
惠帝紀一則論人主不可無養氣之功。……四〇
文帝紀一則論以嚴致平，非以寬致平。……四一
宣帝紀一則言不通經書之微言大義者不能致用。……四二
食貨志一則論食足貨通。……四二
蕭何列傳一則論薦賢繼位于身後之難。……四三
周勃列傳一則論敦厚者之緩急可恃。……四四
周亞夫列傳一則言兵權不可旁落、太阿不可倒持。……四四
婁敬列傳一則言有備乃戰。……四五
叔孫通列傳一則言惟禮可以治國。……四七
賈誼列傳一則言通商亡人之國。……四七
鼂錯列傳一則論感人以言之淺。……四八
汲黯列傳一則論内多欲而外施仁義。……四九
灌夫列傳一則譏使氣罵人之取禍。……五〇
李廣列傳一則論爲將者宜得兵心。……五〇
張湯列傳一則論人心難測度而易流露。……五一

主父偃列傳一則論驟貴而驕。……五一
霍光列傳一則論不學無術。……五二
匡衡列傳一則言學《詩》宜自無邪始。……五二
張禹列傳一則言醇謹老成之養奸釀患。……五三
谷永列傳一則言勿欺而後可以犯君。……五三
楊雄列傳一則論一失足成千古恨。……五四
匈奴列傳一則言土地之不可失。……五四
元后列傳一則論有激而求反人所爲之未當。……五五

後漢書

光武紀二則一論撥亂反正之要道，二論定國安民有緩急先後。……五六
順帝紀一則言人主之宜自重。……五九
鄧后紀一則論立幼。……五九
寇恂列傳一則言驕兵悍將之宜制裁。……六〇
馮異列傳一則言武夫能讓之可貴。……六一
陳蕃列傳一則言當國者宜優容佞幸而務其大者遠者。……六一
李膺列傳一則言黨禍之所由起。……六二
禰衡列傳一則言持論過刻之非。……六二
西羌列傳一則言忠信篤敬爲行蠻貊之道。……六二
西域列傳一則論佛法。……六三

三國志

魏武帝紀二則一言人之願望生於環境；二言人才成于時勢。……六四
曹爽列傳二則一言有謀人之心者不可使知；二論駑馬戀棧豆。……六六
諸葛亮列傳三則一論料事如神之故；二論盡瘁；三論用法嚴。……六六
關羽列傳一則言豪傑留身有待而非惜死。……六八
郤正列傳一則論忠無所圖者之難能可貴。……六八
孫亮列傳一則論小智之爲禍。……六九
魯肅列傳一則論通財之真義。……六九

十七史說卷二

羽因留沛公飲。范增數目羽因擊沛公，羽不應。范增起，出謂項莊曰：「君王爲人不忍，汝入以劍舞，因擊沛公，殺之。不者，汝屬且爲所虜。」莊入爲壽。壽畢，曰：「軍中無以爲樂，請以劍舞。」項伯亦起舞，常以身翼蔽沛公。《前漢書》卷一《高帝紀》

亡國之君非盡不德，大都輔臣誤之耳。堯以不得舜爲己憂，舜以不得禹、皋陶爲己憂。唐、虞之所以稱盛者，以有舜、禹、皋陶諸臣爲之佐也。使堯、舜不得賢相，亦僅成其爲中主而已，烏能聖哉？項羽有一范增而不能用，此漢高帝之言，非篤論也。增爲項氏畫策，立楚懷王孫心。夫明祖從韓林兒稱宋後，以起事不得不因而奉之，猶可説也。項氏崛起，增立一王於上，安能久於其下？是徒取犯上作亂之罪云爾。故明祖溺林兒，項羽殺義帝，皆於江中無人之地，不啻掩耳盜鈴。後之人不責明祖背德，而謂項羽弑君者，則增自爲束縛之誤也。增之大計，立楚後，外惟謀殺沛公而已。夫羽誠能定天下，沛公焉足爲害。羽若不能，則殺一沛公，天下將復有一沛公出。即不然，信、布之倫各據一方，非羽所能制，何益之有？羽惟惑增之言以爲平亂之本，故齊變則伐田榮，趙叛則討陳餘。於外黃追彭越，於九江攻英布。推之説韓信以背其君，甚至烹太公以脅其子。皆重視一人之身而失兆民之意，妬人之强而不知自固之道，卒之東征西討，所向克捷，一波未平一波復起，勞師疲衆至於亡而莫救。是項羽之亡，范增之罪也。蘇氏謂之人傑，不亦傎乎？

新城三老董公遮説漢王曰：「臣聞順德者昌，逆德者亡。兵出無名，事故不成。故曰『明其爲賊，敵乃可服』。」《前漢書》卷一《高帝紀》

善爲説者隱於其情之所私，而徐有以移其志。故天下之事，有賢人君子所不能言者。一常人言之，其説轉可以動聽，有親臣近侍之言所不能解者。一小臣言之，反可以使人主之心爲之轉移於不覺。蓋天下之公理在於人心，是非邪正，各有定論。當其先，人主諮詢於上，羣臣謀議於下，以爲不如是不足以戡大難也。及爲人所指摘，則又翻然悔悟，深感其言以爲獨有所見，其人亦賴以傳，而不知非也。天下之公理即天下之人心也，天下之人心即是非之所自出也，特未之思耳。漢高祖之至洛陽也，張良運籌帷幄，陳平出奇計，韓信將兵，蕭何轉餉，惟知滅楚而已。夫高祖之勢不敵於羽，勢不敵者必假義以行之，鼓動天下相率而從我，使羽之勢孤，而後可以有濟，此高祖之心而非羣臣所能喻者也。然高祖之伐秦也曰義師，人人共信之矣。高祖伐羽而亦曰義師，吾知十人聞之必有五人疑者，故新城三老說以君臣之義，爲義帝發喪，誅羽之罪，使天下之士明知羽之不義，而後吾之師可以義起。厥後常山來降，九江歸命，燕代悉平，三齊底定，未始非新城三老一言之力也。武帝之末，巫蠱變起，使江充窮治其事，以成戾太子之禍。人情未有不愛其子者，當其時，武帝之心非不欲寬太子之罪，第以晚年在位，好神仙，求長生，惟恐人之害己，意以爲太子有罪猶不能援議親、議貴之條，爲之赦免，則天下之人宜莫敢爲是謀矣。夫下之望上也，若百穀之仰膏雨。彼見太子之冤猶不能雪，吾儕小人更無所措手足，宜其心之碁上而謀變且日亟也。壺關三老以父子之情上書爲太子訟冤，而武帝悔悟，其後太子之孫，實爲宣帝，即位之後推恩許史，然壺關三老之功何可没也。且夫高祖之度、武帝之才，豈慮不及此而必待人言之哉？蓋高祖以義帝本非天下之共主，假義帝爲名，則人必有疑吾以術欺天下者。武帝之於戾太子，又以巫蠱之事，雖不知其誠僞，然太子有弑父之名而遽邀寬典，後有效者，何以待之？此言之不順由於名之不正故也。夫名者，實之賓也。高祖初起，本附於楚，又奉懷王之命入關誅暴。其後楚師戰勝，項羽爲宰，奉懷王爲義帝，君臣之分固彰明較著而不可移。戾太子之禍起於巫蠱，巫蠱之事本不可信，其災害之所及更可置之勿論，則武帝之於戾太子，父子之情尚有可原。高祖、武帝千慮而有一失，羣臣不知上意，卷舌縮手而失所向。天下百姓皆知其故，而上官壅隔遏閉，無以自達於上，故新城壺關三老得以言之。後之人主當以天下之公理測天下之人心，即以天下之人心斷天下之是非邪正，則風俗可正，政化亦純。若以三老之一言安漢家之天下，遂謂草野小民皆可使之言事，所謂知其一不知其二，得其小而忘其大者，是率天下而趨於亂也。莠言亂政之禍，將由此而伏矣。

項羽數侵奪漢甬道，漢王與平黄金四萬斤，以間疏楚君臣。項羽圍漢滎陽，漢王請和，割滎陽以西者爲漢。亞父勸項羽急攻滎陽，漢王患之。陳平反間既行，羽果疑亞父。亞父大怒而去，發病死。《前漢書》卷一《高帝紀》

國之將亡，其人皆有銛巧好貨之心。苟圖己身之微利，不顧國家之大害，其禍遂至於滅亡而不救。何則？一國猶一肆也，肆主獲利，其徒亦隨之圖利，且日望其業盛而存攀附之心，以爲久計，故竭力服務而不辭；一或失算，則成瓦解之勢，人思肥己，不可收拾。昔者項羽之興以五諸侯滅秦，轉鬭逐北，乘利席捲，威振於天下。彭城之役，漢兵深入。羽振臂一呼，諸侯之兵五十六萬人，五合六聚而不敢戰，然五年之間卒以敗亡，天下咸咎羽之不能用人，而不知人莫爲用也。方羽之在鴻門也，饗士卒，期旦日擊沛公軍，沛公與項伯約爲婚姻，爲言於羽而得免。及沛公受封於漢，又令張良厚遺項伯，盡請漢中地。楚漢相持於滎陽、京索間，陳平請捐數萬金爲反間於楚，宣言諸將鍾離昧等欲滅項氏。夫項伯，羽季父也。羽存與之俱榮，羽亡與之俱燼。何區區之給遺，遂至委千里之地與仇敵之人而不顧，則羽之左右豈尚有親臣哉。乃至四萬斤之黄金波扇一軍之人，喋喋而議其上，使擁兵之大將瞻顧而莫能盡其用。羽軍中之士無一人忠其上，又斷可見矣。雖百舉百克而人心不屬，一敗之後，安得不亡其國哉。是以古聖王之治天下，常使其民有可與爲善而不可與爲惡之資，人人樂於爲善而天下皆善士，人人恥於爲不善而天下無惡人，財利有所不貪，鼎鑊有所不畏，可生可殺而不可與叛。故孔子射於矍相之圃，以敗軍之將、亡國之大夫，與爲人後者同等。唯爲人後之人棄其祖宗父母而不以爲恥，推其心可以捨其宗國而無慙。孔子之所以惡夫此三者，正惡其苟圖己身之微利，不顧國家之大害也。高帝之勢不敵項羽，不得不假手此輩以披其心。天下既定，斬丁公，封季布，又何嘗不惡之哉。若夫項伯四人之封，所以報羽約爲兄弟之情，示天下以大公也，不在此類。

上曰：「公知其一，未知其二。夫運籌帷幄之中，決勝千里之外，吾不如子房。鎮國家，撫百姓，給餉餽，不絶糧道，吾不如蕭何。連百萬之衆，戰則勝，攻必取，吾不如韓信。三者，皆人傑，此吾所以取天下者也。」《前漢書》卷一《高帝紀》

自古及今，得天下者必先得賢士。然天下未嘗不易得，而賢士不易致也。惟有君王之器量，而後天下之賢士從而歸心焉。惟有天下之賢士能識君人之器量，與之契合焉。當其先，若相喻於無言，殆其後卒相與以有濟。舉凡建邦立極，當時所謂盤錯艱難者，悉不須躬爲措置，惟是誕保優游以坐鎮之，渾然不見圭角，謀士遇之失其智，勇士遇之失其强，此非苟焉而已。蓋於勳業未及見之時，衆人不可知之處，獨喻而相得耳，漢高帝與三傑是也。三傑者，蕭何、張良、韓信也。何在秦，爲沛主吏掾，暨泗水郡年吏。及事沛公，則先爲丞，後爲丞相。良起布衣，爲帝者師，封萬户侯。信事楚，官不過郎中，位不過執戟，歸漢拜大將，一轉移之間，輕重立判。論者謂君擇臣，吾謂臣擇君也。人莫不求上進，何爲秦吏，課最居第一，御史已徵之矣，何以棄天下共主之秦而從新造之沛？人莫不愛名節，良不忘韓，何以韓王已立而改圖事漢？人莫不重去就，信已仕楚，何以舍舊圖新？則高帝爲天授，匪惟良早知之，信被擒後曾自言之，即何亦默識之也。淺識之徒，不知鳥則擇木之義，往往輕於出仕。一或不慎，遂陷於其中，終身不能自拔，雖悔奚及哉！

上歸櫟陽，五日一朝太公。太公家令説太公曰：「天亡二日，土亡二王。皇帝雖子，人主也。太公雖父，人臣也。奈何令人主拜人臣！如此，則威重不行。」後上朝，太公擁彗，迎門卻行。上大驚，下扶太公。太公曰：「帝，人主，奈何以我亂天下法！」於是上心善家令言，賜黄金五百斤。詔上尊太公曰「太上皇」。《前漢書》卷一《高帝紀》

家庭骨肉之際，大端皆以情起。凡人之情，用之他人則易僞難真，用之父母兄弟則易真難僞。求用情於其易僞者，此必竭之勢也，必將於其能真者而導之，而真者可篤也，易僞者亦可因以厚也。吾嘗謂父母之愛子，往往過於自愛其身，身雖極天下之寵榮，顧猶不若吾子也，必也，子足以爲吾之繼斯已矣。雖子極天下之寵榮，顧猶以爲不足盡吾子也，必也，子復於其子之常斯已矣。太公一聞家令之言，擁彗迎門，至性所流，有不必入其中而窺之者。外見之跡象，可一望而知其氣機所自來。此際正有不能矯飾者在也。故父母之前，禮節之説不得而用之。如彼二人所願者，家庭情自便耳，貴至無上而遂競焉，雖日具衣冠以拜於堂下，借禮爲名，向所拊摩者，一旦可望而不可即，父母也而賓客事之，儀文日盛，將心性之謂何？高祖定「太上」之稱，實後世涼薄之風之所自開，焉可諱哉！

孝惠遭吕太后虧損至德。《前漢書》卷二《惠帝紀》

養氣之功與知言並重，使僅於天下之理有所究極，能知其是非得失之所以然，而不能於天下之事無所懼怯，各隨其成敗利鈍之自然，則其志雖定，其氣未純，偶經變故，而不平之氣充於四體之中，無形之志亦不越乎四體之外。氣既一動，志焉能不激而俱動乎？迨至氣動而志隨之，志動而氣又隨之，兩者交相爲力，而其人之立身行事遂無所不至矣。夫書者，益人之物也。讀書者，爲學之功也。後人不知養氣之道，專務讀書以蘄有所得，而爲知言之助。其始也，知有所及，即心有所主，尚不致爲外物所搖。積而久焉，見愈廣而益荒，聞愈博而益遠，日浸淫於典籍之內，即日有所感觸於心，自視極高，期負過甚，置身絶頂而俯視寰區，視天下無足以當其意。於此而有意外之事拂逆其性，則其氣一動，往往旁溢而横決，覺斯世無足與處也，斯人無足與言也，高世之心將終成其爲棄世之念。在貧賤者處之，非至於絶俗逃人不止。況漢惠帝爲天下之共主，一涉於此，則舍一死之外，將安往哉？夫釋老之徒，當濁亂之世，憤己才之不見用而嫉世人挐梏於事物而不知反也。乃故爲是浩茫不可控摶之詞以自適，所謂有託而逃者也。漢惠帝爲太子，與商山四皓處，想其所習聞者莫非《詩》、《書》、「六藝」之文，所抱負者莫非經營四方之志。即位之後，固將以幼之所學者壯而行之，修文偃武而爲繼世之令主矣。乃未及一年而呂太后酖殺趙王，斷戚夫人手足，去眼，煇耳，召帝觀之。以帝之恭儉慈愛，親見其同產之弟無故而遭慘殺，而慘死之事又出於所自生，則不特目不忍見，耳不忍聞，口不忍道，即其心亦必有怛然閔傷不忍念及之者，憤哭而病，歲餘不起，毋亦憤憾於斯世，欲遁而之沌悶之域，離物而立於獨耶？抑於倫紀有所虧陷，既畢心力於父母兄弟生死之際而無所補益，遂冥心於所謂清淨之域，優柔儼渙，以終其天年耶？觀其使人請太后曰：「臣爲太后子，終不能治天下。」質而言之，則實無面目以見人，惟一死足以塞責耳。夫帝知其母之惡，引爲大辱，則其得失是非之故知之固審。惜養氣之功猶或未至，未能任其成敗利鈍之自然而無所懼怯，故雖死而無益。舜之父頑，母嚚，弟傲，日以殺舜爲事，其遭際之酷愈於惠帝，殆不啻什百之而千萬之者，而舜之耕如故也，稼如故也，陶如故也，漁如故也，徵庸之時如故也，爲帝之時亦如故也。豈肯以有用之身任天下之重，爲此區區之故而遽自戕之哉。號泣於旻天，雖痛苦之深而無憤激之念。此舜之所以稱大孝，舜之所以稱大智也歟！

六年，淮南王長謀反，廢，遷蜀嚴道。死雍。十年，將軍薄昭死。後元年，新垣平謀反，夷三族。《前漢書》卷四《文帝紀》

惟殘刻之君其法律反愈寬而易踰，惟仁厚之君其政刑爲愈嚴而難犯。何者？殘刻之君法制愈密，吏權愈重，條例愈繁，細極於牛毛，而東西可以相竄，人主之權倒持於獄吏，因而蔓延相逮，貨賄相屬，人塗飾以免過，吏相倚以爲奸，雖謂之寬可也。仁厚之君愛民如子，視民如傷，見民之害則去之惟恐不速，貪猾之吏不敢枉法以狥私，自罹罪罟，狡黠之民不敢肆行而無忌，致蹈刑誅。是以政益簡，刑益清，雖欲不嚴，焉得而不嚴哉。夫漢文帝者，世所謂仁厚之君也。即位之初，即除收孥相坐律。次年，又除誹謗妖言法。五年，除盜鑄令。十二年，除肉刑。史稱：「風流篤厚，禁網疏闊，刑罰大省。」人咸謂文帝以寬致之。夫刑寬則法疏，法疏則民玩，民玩則犯者日衆，奚足以致此。吾意文帝蓋以嚴致之也。以淮南王之親，徙之於蜀而不疑，以薄昭之貴令其自引而不顧，以新垣平之荒誕下吏誅夷而不問。此三人者，徙一淮南王而天下諸侯莫敢爲非，殺一薄昭而外戚莫不自斂，誅一新垣平而方士之屬莫敢自進。是以人懷畏懼，各自勸勉。崔寔謂文帝以嚴致平，非以寬致平，誠哉是言也。兩漢之君，後文帝而帝者，莫不謂文帝以寬得衆，咸以爲法降於元帝之世，宦寺攬權，后家執政。歷於成帝，趙氏亂於内，外家擅於外，威福始移。陵夷迄於哀平，莽遂以篡。東漢以後至於桓帝，竇憲、梁冀相繼秉政，已蹈王氏之覆轍，而鄭重封侯，王聖封君，閻顯爲車騎將軍，孫程等十九侯就國，又加厲焉。世徒以爲法文帝之寬，問當時之政有如文帝殺薄昭、困鄧通者乎？崔寔發憤著論，欲以救一時之弊，然其説亦萬世所不能廢之道也。

漢家自有制度，本以王霸道雜之，奈何純任德教用周政乎？《前漢書》卷九《元帝紀》

古書之傳於後世，其旨不可概而論之也，其事不可拘而泥之也。學者得於披覽之餘，會其意而一之，迎其意而通之，惟就其詞以求其至而已。今讀經者之恒病，往往即五經之文以求五經，據其一定之言而驅率於汗漫無所歸極之地。其弊也，博而寡要，勞而少功，而垂教者之深意於是晦矣。夫六經之作，其時皆隆古之世，其人皆聖賢之徒，其爲思也，精之極於饗祖格天，廣之足以化民成俗。其幾不可顯言者，多爲寄託以明之。其時不可正言者，故作迂語以出之。宣帝曾詔諸儒講諸經同異，乃立梁丘《易》，大小夏侯《尚書》，《穀梁春秋》，通經即以致用。在位八年，治臻上理。宜深通乎經者而不聞談經，舍其詞與義而得其最初之旨，則古人已先我言之，而無煩別出言以相證也。元帝請用儒生，卒致王莽飾爲經典以奪漢祚。論者遂疑經書之未當而可議者多，此後人不善讀書而因以病書之故耳。豈知真儒之作用哉！

食足貨通，然後國實民富，而教化成。《前漢書》卷二十四《食貨志》

班書「食足貨通」一語，若謂宇宙有其自然，聖人又何事焉。嘗取而論之。夫國不實，民不富，而有教化成者乎？曰「無有」。奚以明其然耶？凡人之情，惟生死之説足以怵之。人生之初，無爪牙以搏噬，無羽毛以自衛，與禽獸爭旦夕之命，惴惴然憂死不暇。聖人教之以禮，使之貴役賤，尊役卑，出入相友，守望相助，而民遂得安其生。於是翕然從之，非樂於從聖人也，畏死之故，不得不然也。及至暴君代作，聖人之道衰，使民不得衣食。民曰「向之所以從聖人者，爲可以免於死也。今從聖人之道，而仍不免於死，曷若姑快吾意焉」。又見夫不從聖人之道而亦不遽至於死也，則心愈肆矣。是故明君興教化必先自足民衣食始，使之上以養其父母，下以蓄其妻子，樂歲有餘蓄，凶年免於死亡。衣食既足，廉恥乃生。百姓既足，君孰與不足！國實民富而教化有不成者未之有也。雖然，食不足，貨不通，而有國實民富者乎？曰「無有」。奚以明其然耶？天生萬物，惟人爲靈。人之所以爲靈者，爲其足以自養也，爲其有餘不足知以相通也。不知自養，則十人食粟而一人爲農。雖積千斯倉萬斯箱，有不足以養其欲者矣；不知相通，則十人用器而一人爲工，十人資其用而一人爲賈，雖財貨渾渾如泉源，放之如河海，暴之如山丘，有不足以給其求者矣。何也？食之者衆，生之者寡，用之者疾，爲之者舒，必匱之道也。故聖王之治天下，必先重農，三載考績，三考黜陟，餘(一)〔三〕年食，進業曰登。再登曰平，餘六年食。三登曰泰平，二十七年，餘九年食。而又恐天時不一，地利不同，此有所贏，彼有所絀，又爲商以通之。操奇贏挾資貨者，輪湊而輻集，車轂相擊，人肩相摩。耕者皆欲耕於其野，商賈皆欲藏於其市。食足貨通而國不實、民不富者亦未之聞也。蓋先王盡心民事，惟農商爲最重。五畝之宅，百畝之田，勿奪其時，教之樹畜，使務其業。又以日中爲市，致天下之民交易，而退各得其所。今學者乃曰「先王之道，教不與養相涉，末不如本之重」，何其誣先王之甚乎。《商君》之書，雖不知誠僞，不可盡信。《管子》數十篇，非盡言利也。《治國》云：「凡治國之道，必先富民。民富則安鄉重家，安鄉重家則敬上畏罪，敬上畏罪則易治。民貧則危鄉輕家，危鄉輕家則敢凌上犯禁，凌上犯禁則難治。」今之言理財者曰「取民之財，管商之術也」，豈其然哉！

何病，上親自臨視。何疾，因問曰：「君即百歲後，誰可代君？」對曰：「知臣莫如主。」帝曰：「曹參何如？」何頓首曰：「帝得之矣，何死不恨矣。」《前漢書》卷三十九《蕭何列傳》

忌心生於新故之變，幸其敗以顯吾之能，只知有物我，而不問其國之治亂者，天下比比皆是也。況生死之際，彼其心知旦暮之將亡，往者已矣，舊政雖善，未必其我德也，新政雖不善，未必其我咎也，將奚取乎，以人事君耶？如蕭何之薦曹參，則惟知有國而已矣，惟知有君而已矣。觀於參聞何薨，告舍人趣治行，吾且入相。則生前之相契必有預爲之備者。凡求治之道，孰所當興，孰所當革也；用人之法，孰爲賢，孰爲不肖也；求民之隱，孰爲便，孰爲不便也。早竭誠而計及之矣，豈待於今哉。推何之意，但求夫身後之無憾，初無嫌於形迹。何死參代，則其政之行於何者，猶其得行於參也；其政之行於參者，猶其復行於何也。大哉，其心也！後雖有賢者，其孰能語於此！

勃爲人木彊敦厚。《前漢書》卷四十《周勃列傳》

夫人臣之避難苟免者，其説類不出於拙愚而出於巧智。何也？才俊英傑之輩，物不之恃焉，以其中之不可測也。博達通敏之士，道不之近焉，以其心之無所居也。蓋全軀、尊主二者兼而有之，寧非人臣之大願？然必知君臣均利，公私並益，家國俱寧，身名皆泰，而後爲之，則委曲圖存之説適足爲避難者之藉口而已矣。故論人事後者，豈不律以忠貞，又責以幹濟，而當事之未必允爾也。則有以超於事外者爲智爲巧，入於事内者爲愚爲拙，否則以立收其功名者爲智爲巧，先嘗其成敗者爲愚爲拙耳。至於君子，則不然。其論國也，利鈍非所逆睹。其論人也，誠僞各原其心焉，可矣。漢周勃之稱於世也，爲其安劉也。然勃之所見長，高帝恃之以安劉者，爲其木彊敦厚，勝於陳平之智有餘也。當是時，天下大勢，平測之深而勃識之淺，均之曰安劉。知其可安而安之，與不知其安危而力爲之者，其事同，其心之純駁則未嘗同也。其功一，而其心之安勉則未嘗一也。勃之能安劉氏者，後事之言也，勃之初心不必其安也。勃之並其身而不危也，亦後事之言也，勃之初心不知其不危也。其敦厚之實見於人而必由於己也，木彊之名成乎己而亦由於人也，欲形其狀而不可得。將身世之間穆穆然其無可移與，抑循循然其無以加於人與；將性情之中具有渾涵樸訥之質與，抑何所倚而有百折不回之氣也。高帝稱之曰「厚重少文」，知臣莫若君，殆近似矣。然而如勃者，任天而動，只以求吾心之安，焉計乎人主之心位置吾於何等，而嘗試吾於何事哉！

於是上使使持節詔將軍曰：「吾欲勞軍。」亞夫乃傳言開壁門。壁門士請車騎曰：「將軍約，軍中不得驅馳。」於是天子乃按轡徐行。至中營，將軍亞夫揖，曰：「介胄之士不拜，請以軍禮見。」天子爲動，改容式車。使人稱謝：「皇帝敬勞將軍。」成禮而去。既出軍門，羣臣皆驚。文帝曰：「嗟乎，此真將軍矣！」《前漢書》卷四十《周勃子亞夫列傳》

漢丞相、大將軍、御史大夫爲「三公」。惟大將軍掌兵權，人主之廢立，國事之措置，悉聽其命而後行，卒釀王莽之篡殺而莫救。東漢之際，與中官迭握兵符，恣誅殺，以脅天子，蹀血相仍，至於亡而不已。凡事之起，非起於當事之人，必有肇其始者。凡禍之生，非生於受禍之人，必有開其端者。此《坤》之初六「履霜堅冰」之謂也。故漢天子之威令不行，宗社以覆者，非哀、平也，孝文帝爲之也。其大臣之不尊君上，馴致熸滅者，非莽、卓也，周亞夫爲之也。何則？天生民而立之君，所以致天下之人各安其序而不紊者，惟恃乎兵。故刑賞之權有時而假之於人手，惟兵權至重不能使之下移。國於天地，必有與立，天子則曰「萬乘」，諸侯則曰「千乘」，大夫則曰「百乘」，皆以兵車計也。有大征伐，王於出征，天子則王爲「中軍」，侯伯爲「左右軍」，諸侯則公，將「上軍」，卿大夫將「下軍」，皆以君爲主也。命將出師，必稱主上。天子則曰「王師」，諸侯則曰「君師」，皆以君命行也。持征伐之權於一王，所以順天休命而人得安其生也。高帝之定三秦也，以韓信爲大將。及信下魏破代，帝輒收其兵，詣滎陽。信與張耳破趙，帝馳入其壁，奪其印符。信與彭越、英布會兵垓下，甫滅楚，帝馳入其壁奪其軍。高帝於天下大局未定之時，齋戒設壇所拜之將，措置予奪之柄，尚操之於己，烏有所謂「軍中聞將軍令，不聞天子詔」哉。自亞夫倡之，文帝嘉之。終漢之世，大將軍操兵權利器執於其手中，而恣睢以逞。天子贅立於上，莫敢誰何。延及後世，司馬懿父子、王敦、桓温、劉裕、蕭道成、蕭衍、陳霸先、爾朱榮、高歡、宇文泰、楊堅之屬以弑主而廢君，如拉枯而折朽。陵夷至於五代，郭氏代劉，趙氏攘郭，不出郊關之中而更姓改物，皆兵權之失爲之也。文帝謂亞夫曰「此真將軍也」，不幾乎一言而喪邦哉！

使敬往結和親約。敬以匈奴來，因言「匈奴河南(自)〔白〕羊、樓煩王，去長安近者七百里，輕騎一日一夕可以至。秦中新破，少民，地肥饒，可益實。夫諸侯初起時，非齊諸田，楚昭、屈、景莫與。今陛下雖都關中，實少人。北近胡寇，東有六國强族，一日有變，陛下亦未得安枕而卧也。臣願陛下徙齊諸田，楚昭、屈、景，燕、趙、韓、魏後，及豪傑名家，且實關中。無事，可以備胡。諸侯有變，亦足帥以東伐。此强本弱末之術也」。上曰：「善。」《前漢書》卷四十三《婁敬列傳》

自古夷狄之患，莫甚於不知夷情，而遽加之以兵，尤莫甚於畏夷之强，而終不敢言兵。不知夷情而遽以兵加之，彼方以吾爲大國，不敢嘗試。吾遽激之，使出於戰，幸而戰勝，吾之情勢已爲彼所窺，不幸而不勝，則彼長驅直入，將折北而不救。畏夷之强而事之，啗以金帛。彼貪其利，知吾地之多金帛，不盡取吾地不止。隆以禮貌，彼知吾之畏彼，稍不滿意，戰書立至。之二者皆亡道也，而畏夷爲尤甚焉。故馭夷之策，三代而外，未有如漢之善也。夫三代之世，以德服人，不勤遠略。然馭夷之策，未有不用兵者，亦未嘗急於用兵。故舜征三苗，次於巡狩。夏討有扈，殷伐鬼方，皆在易世之後。周於獯鬻，且避而去。及宣王中興，奮其累世之威，北逐玁狁。蓋用兵之法，知彼知己而已。凡勢之在己者，既已而可乘也，則將決於一逞。其或勢不可乘，而猶未易逞也，則寬之使不吾疾，飾其貌而矜其心，陽以與之，而陰爲之抵其短焉。古人之謀國如是之慎也。漢高帝之困平城也，當是時，樊噲爲大將，陳平參帷幄，猛將謀臣如雲如雨。又以亡秦、滅項之後，兵皆習戰，詎不欲一舉而蕩平之哉？顧念虜方盛，戰而不勝，反爲所輕，其禍更大。姑修吾卒伍，厲吾戈矛，以待後世之能者。延及文景，生聚教訓近數十年。武帝承之，驅兵出塞，而匈奴逡巡逃遁。漢之馭夷不惜屈於一時，卒伸其氣於數十年之後。不肯偷於一旦，卒貽其後數十世之安，其功豈不偉哉。唐於突厥，始雖挾之以討劉武周，困薛舉，然用其兵不過五百，非有資於彼也。高祖之世，奉之若驕子，洎乎太宗踐祚，猶與之盟於渭水之上，豈非千鈞之弩不欲試之於鼷鼠哉。而數年之後，頡利卒擒。宋之於契丹也則不然。其始也，輕敵出戰，損勢褻威，一敗於高梁，再敗於岐溝，士氣日惰，將心日懈。澶淵之後，納幣求和，上下酣嬉，朝不謀夕，其相去奚止百里耶。楚莊曰：「其君能下人，必能信用其民。」吾爲之轉一語，曰：「不能下人者，必不能信用其民。」至民不爲用，而甘居人下，則雖屈辱，而無以救亡，可不懼哉。或者以爲匈奴、突厥逐水草而居，易以擒滅。當宋之時，契丹已建國號，築城郭，立制度，大勢已定。又得耶律休格以爲之將，不可克也。是又不然。虜之長技正以逐水草而居，行止輕便，法令畫一，故李克用曰：「虜用法嚴，中國不能及也。」若夫城郭甲兵之守，禮樂行政之事，此中國之長，夷狄無與焉。彼用吾法以部署其兵卒，鎮撫其人民，是吾法行於彼境，不啻係其頸而制其命，何懼之有？且休格之略，孰與冒頓？寇準之賢，孰與李廣利？以冒頓之威，易世之後，李廣利尚能覆軍殺將，而謂寇準、高瓊不能破契丹於澶淵之上，吾不信也。是故馭夷之策，不可遽加以兵，亦不可不加以兵。其不遽加以兵也，非畏之也。天子之威如天，惟天之威，望之不測其形，聽之不聞其聲，渾渾焉，噩噩焉，若無所知，故人之視之也若終日之在其側，而莫敢〔不〕服。若示以天之形，人見敬天而天如是，不畏於天而天亦無異於是焉，則將曰：「是易與耳，奚畏哉？」而天之道於是乎窮。故古之帝王不輕示人以威，恭己南面，端拱無爲。於民且然，於夷狄益慎。及至事勢所迫，不得已而用兵，其用兵也，亦非不務德而勤遠略也。天威雖不可見，大奸大慝終不獲免。三代聖王法天以馭夷，用能撫綏萬國，懷保小民。漢唐之君，守先王之道，猶能使數世無邊患。宋一不守焉，則亡隨之。悲夫！

高帝悉去秦儀法，爲簡易。羣臣飲爭功，醉或妄呼，按劍擊柱，上患之。通知上益厭之，說上曰：「夫儒者難與進取，可與守成。臣願徵魯諸生，與臣弟子共起朝儀。」《前漢書》卷四十三《叔孫通列傳》

夫禮之起教渺矣。原厥產之精微，蓋天地有自然之文，非可以人爲也。使循其文而弗達其理，則古人制作之精，何以恰當乎人心而大白於天下哉？故禮自聖人始，不自聖人止也。雖一名一物，莫不經千百餘年之推演變化，傾天地之情以出之者。而異品殊致，雖極之委曲繁重，無不於人心清未亂之源，則固衆俗之所就裁焉唯然。亂之所生，惟禮可以已之。其爲分也愈尊，則其爲法也愈備。有王者起，以之治上下，經國家，使天下雖多不知禮之人，天下無不愛禮之人，天下不可一日有無禮之時，則吾儒不可一息無復禮之志。此固人臣之所自防，而亦君子所不敢輕以予人者也。高帝以馬上得天下，箕踞嫚罵，習爲故常。上有好者，下必有甚者矣。沙中聚語，殿上争功，勢所宜然。若待積德百年而後興禮樂，已至昭、宣之際，則漢之爲漢未可知也。叔孫以月餘之緜蕞，定一代之典章。於是桀驁不馴之士悉就範圍，使天下之人猶知禮讓之可以爲國，通誠識時務之俊傑哉！

施五餌、三表以係單于。《前漢書》卷四十八《賈誼列傳》

以兵服人者，可以滅其一姓，不可滅其一國。由前之說，對內之戰也。本爲同類，得之非貪。誅其獨夫，代之爲政，如湯放桀、武王伐紂是也。由後之說，對外之戰也。據其土地，徙其人民，遷其重器，使其衆不能復聚，其國不能復興。如先王之於夷狄是也。先王之滅一姓也以兵，人人習聞之矣。然則先王之滅一國也，則如之何？曰：「以商。」以商奈何？吾嘗廣稽典籍，博考舊聞，驗以人情，徵之近事，而得先王馭夷之策焉。古者，諸夏之族居於西北，生齒日衆，無所棲止。先王於是闢東南之地以養吾民，然蠻夷荒服異族所居，難以力取也，必先以商賈探其情，而後軍旅至焉。必先以奇巧惑其心，而後兵革興焉。故鄭桓公與商人皆出自周，庸次比耦，以艾殺其地，斬之蓬蒿藜藿而共處之。魏絳和戎，以戎狄貴貨，易土爲利，此其昭昭者。中行說教匈奴曰：「匈奴所以强者，以衣服異，無仰於漢也。其得漢繒絮，以馳草棘中，以示不如旃裘之美。得漢食物皆去之，以示不如湩酪之便。」當時，漢庭未嘗以繒絮、食物遺匈奴。運往者，非商人而何？此正賈誼所謂「壞其耳目口腹心者」。誼説既廢，中國版圖，終漢之世，東北至盧龍塞，西北至玉門關，不能更有所擴充，國威未能及遠。凌夷迄於靈帝，反好胡服、胡帳、胡坐、胡飯、胡箜篌、胡笛、胡舞，貴戚皆競爲之。先王之所以馭夷者，後世之人入狡夷之術中而不悟，卒之董卓擁胡兵虜掠宮禁。及乎東晉，遂有五胡亂華之禍，哀哉。

吴、楚反聞，錯謂丞吏曰：「袁盎多受吴王金錢，專爲蔽匿，言不反。今果反，欲請治盎，宜知其計謀。」丞吏曰：「事未發，治之有絶。今兵西向，治之何益！且盎不宜有謀。」錯猶與未決。人有告盎，盎恐，夜見竇嬰，爲言吴所以反，願至前，口對狀。嬰入言，上乃召盎。盎入見，竟言吴所以反，獨急斬錯以謝吴，吴可罷。《前漢書》卷四十九《鼂錯列傳》

殺一人而弭兵亂，出一言而釋戰端，以一人之身而全萬人之命，以口舌之細而保天下國家之鉅，鮮不以爲計之得者。而其實不然。凡兵機之進止，有視乎彼之强弱焉，有視乎己之盛衰焉，固非以一人之死生爲重也。戰事之起訖，其時有緩急焉，其勢有輕重焉，固非以一言之出納爲經也。吾觀自古以來用兵之事，如意在誅一人而止，而其力並不足以償其所願者，使如其願而殺其人，則其願既盈，其力亦倦，亦可以爲轉圜之地，而免興戎。如意不止於殺人，而以殺人爲藉口，則拒之者禍固不已，從之者禍亦不已。拒之而爲之備，禍僅在於戰。從之而恃爲安，禍且及於亡。故趙之强也，取魏、齊首與秦，秦倦而歸。即歸，平原君而與趙講，及韓、趙皆滅，燕王斬其子丹以獻，而仍無救於亡。宋之於强金也，殺張瑴以謝之而不得免焉，罷李綱以謝之而仍不得免焉。及金勢弱，遂以韓侂胄之首而易得淮南之地。由是而言，豈在一人哉？若夫感人以言，其本已淺。或乘其時而困之，如田常本有異志，子貢以内憂教之，而齊遂不敢伐魯。楚於屢敗之後，早有戒心，武公以麋鹿脅之，而楚遂不敢圖周，是也。或因其勢而導之，如秦、晉相忌，燭之武請而説之，而二國之師皆歸。六國勢如連鷄，犀首因而欺之，而從約盡解。回紇、吐蕃意不相洽，郭子儀出而見之，而二國相疑而退，是也。何也？時爲之也，勢爲之也，非盡言之力也。如僅以言也，則武涉之三分天下不能得韓信之連和，蘇武之罵衛律不能免匈奴之竄徙，富弼與契丹力争而不能減歲幣，陳宜中爲嗣君請命而不能退元師。事之成也，不可以爲言之功。事之敗也，不可以爲言之過。言之爲用，由前之説，僅以助其成；由後之説，益以速其敗而已，將何取焉？七國之反也，幾動於高帝東南有亂之言，禍流於賈誼莫大諸侯之涕，怨深於博局，癰養於銅山。其謀已久，其寇已深，正鼂錯之所云「削之亦反，不削亦反」也。及反書聞，袁盎至上前對狀，請斬錯，發使，赦七國。景帝默然良久，曰：「吾不愛一人以謝天下。」乃拜盎爲太常，密裝治行使吴。夫吴王數十歲爲反謀，其志不在於殺一鼂錯，且非言辭所能動，亦明矣。就令盎計足以定亂，言足以動吴，持節一行，吴王聽命，七國之士解甲而罷歸，盎可以暢然意滿矣。雖然，能必吴王之入朝乎？能必其餘六國王之從命乎？能必諸侯王之不效尤乎？一或有變，能必其禍之不復發乎？向也諸侯跋扈，懼聞於天子。今明爲叛逆，天子降而與之和，則漢猶得以爲漢乎？自高帝以來，生聚教訓近數十年，以備匈奴，將盡知兵，兵皆習戰，猶不足平一內亂。數世之後，兵備廢弛，則羣雄之割據豈待漢末乎？脱有外患乘間而發，更何以待之乎？則盎之兩策，殺錯也，使吴也，皆非善計，不待智者而後知也。然而盎伺候於魏其之門，奔走於吴梁之途者，則猶有故。當是時，吴王擅山海之重，利誘天下之亡人，富强埒於帝室，一呼而起，六國皆應。其成敗利鈍之數正難逆料耳。盎憸人也，初爲吴相，希功之成而幾幸其得，安得而不生反側之心，潛爲攀附之計哉？鼂錯爲漢謀吴，而盎計殺之。吴地爲漢削，而盎請復之。吴王不知漢情，而盎往告之。吴臣田禄伯從吴反爲大將軍，吴王及其太子猶不敢假以兵，盎至則使爲將。盎之爲吴固在漢先，吴之信盎猶在諸舊將之上，不昭然耶？及周亞夫至洛陽，盎知天下之勢在漢不在吴，乘間而歸。或者盎詭告吴王將自歸於漢，而從中起事以圖天下，未可知也。抑或吴畏梁而不敢西，知景帝之忌梁，使盎歸而爲之間梁於漢，亦未可知也。然吴王之死士盈於道途，周亞夫擁兵而出，尚不意其自全，矧盎一人之身居圍守之內，乃能從容不迫懷節麾而夜亡耶？此其情爲彰彰矣。幸也，醇厚之時之漢也，孝景遵業之君也，周亞夫、酈寄之世代爲將也，生聚教訓近數十年以備匈奴之兵也。不然，盎以漢之情告吴，而吴勢益張，以吴之勢脅漢而漢氣益餒，將卒久頓而懈弛，臣民觀望而生心，奸民聚而益衆，匈奴引而寇邊，人心一搖，大勢即去。漢之爲漢正未可知，豈待哀、平之世哉。

上曰吾欲云云，黯對曰：「陛下內多欲而外施仁義，奈何欲效唐虞之治乎！」《前漢書》卷五十《汲黯列傳》

人各有性生之德，而或不能不紛於物感之途，抑所以治其心者疏也。大聖之君皆以學問爲復性之始，至於功深養到而天下之物無能入摇其所固有，此豈必却物以自全哉。德周而外不能移，亦恃吾學足以勝之耳。夫仁義之爲道，外忘乎物，內忘乎我，且令物與我爲一體者也。聖人以之爲學，即以之爲心。學有淺深，而心之分量隨之，要各行其仁義而已。所謂修己以敬，以安人，以安百姓者是也。所謂博施於民而能濟衆者亦是也。操持於危微之一息，審擇於取舍之大閑，將朝夕於此而不違啓處，奚暇念及於他哉。漢武帝雄才大略，改正朔，易服色，崇禮樂，尊「六經」，事甲兵，重賦斂，興土木，好神仙。在位五十四年，凡所設施，莫非以人從欲，安望唐虞之治？汲黯譏之，不亦宜乎！

夫不好面諛。貴戚諸勢在己之右，必欲陵之。士在己左，愈貧賤，尤益禮敬，與鈞。《前漢書》卷五十二《灌夫列傳》

君子之絶小人也以心，故然諸之間無疾言厲色。聞人之過失如聞父母之名，惡觸於前即神怵於後，爲之觸目警心而已。雖僉壬在側，亦斯人指摘所不加也。故在我上者，處之毋須過恭，亦無須乎過傲。在我下者，對之不可以過剛，亦不可以作僞。持之以平，無容心焉耳矣。灌夫周旋魏其、武安之間，本一丘之貉，而故爲軒輊，揚此抑彼，釀爲鉅禍，無足惜焉。

李廣乃以百騎往馳三人。三人亡馬步行，行數十里。廣令其騎張左右翼，而廣身自射彼三人者，殺其二人，生得一人，果匈奴射雕者也。已縛之上〔山〕，望匈奴數千騎，見廣，以爲誘騎，驚，上山陳。廣之百騎皆大恐，欲馳還走。廣曰：「我去大軍數十里，今如此走，匈奴追射，我立盡。今我留，匈奴心以我爲大軍之誘，不我擊。」廣令曰：「前！」未到匈奴陳二里所，止，令曰：「皆下馬解鞍！」騎曰：「虜多如是，解鞍，即急，奈何？」廣曰：「彼虜以我爲走，今解鞍以示不去，用堅其意。」《前漢書》卷五十四《李廣列傳》

有兵而立之將，兵之於將無不愛而畏之者。分所固定，亦理所宜爾也。然兵雖愛將，不如其愛生。兵雖畏將，不如其畏死。決不能以死生置之度外，惟將是從。故善爲將者，知兵之好惡，雖至死地輒爲之求生，乃足以百戰百勝。此孔子所云「我戰則克」也。李廣以百騎出，遇匈奴數千騎，若驚而潰，匈奴鐵騎蹙之，將無一能還者矣。即不然，匈奴彎弓射遠，走不及百步，其衆立盡，抑可見矣。當此之時，廣與從騎百人皆無可逃生，惟不逃或幾幸於不死。同處患難之中，則不待三令五申，而其兵固有羣趨聽命，惟恐或後者。迨廣設計退敵，部下之衆乃知雖入死地，惟將可以生我，則他日之愛其將，且有甚於愛其生者，畏其將且有甚於畏其死者，雖赴湯蹈火，唯所用之，無不如志矣！

河東人李文，因嘗與湯有隙，湯有所愛史魯謁居，使人上變告文姦事。事下湯，湯治論殺文。上問：「變事從跡安起？」湯陽驚曰：「此殆文故人怨之。」丞相三長史皆害湯，知湯陰事，使吏捕案湯左(曰)信等，曰湯且欲爲奏請，信輒先知之，居物致富，與湯分之。及他姦事。事辭頗聞。上問湯曰：「吾所爲，賈人輒知，益居其物，是類有以吾謀告之者。」湯不謝，又陽驚曰：「固宜有。」上以湯懷詐面欺，責湯。湯爲書謝，遂自殺。《前漢書》卷五十九《張湯列傳》

人有心而不以予，幾疑人之難以見真矣。然天下之人，君子、小人之各有一途，絶無中立之理。辨其人之爲君子，而其人見；辨其人之爲小人，而其人亦見；辨其人之爲真小人僞君子，而其人愈見。蓋始也，善與惡以判，久之而誠與僞以分也。今夫葆天德之真者，私意不得而干之。敦古道之隆者，俗情不得而附之。故名者實之賓，苟無其實而矯託其名，則必不能禁人之猝然以相質。世有望重廟廊，譽滿天下如張湯者，受上恩眷歷有年所，聲稱洋溢至於如此，幾幾乎無人能窺測其隱微矣。孰意武帝明察，一試而即敗哉。蓋湯初得勢，專爲乎名，不得不踐其實際。當其舞智御人之時，將人己之交，卓然其有可指也，了了然其有異於人也，作意矜心之下或有以博一時衆好之情，及得意之極，視僞忠小信若其所固有，不免輕心掉之。雖多殺人，又何恤之有？史稱湯死，家産直不過五百金，甚稱其廉。然枉法之罪，不問其爲貪、爲廉，其爲禍一也。貪而枉法，富者猶可以貲免。廉而枉法，則不問貧富貴賤，一網盡之矣。嚴助、伍被也，狄山也，李文也，雖見於史者只此數人，其名弗見於史者何可勝道。豈意屠毒生靈之事，乃出於好名者之中，誠史册中所不數覯者已。

或説偃曰：「大横！」偃曰：「臣結髮游學四十餘年，身不得遂，親不以爲子，昆弟不收，賓客棄我，我阨日久矣。丈夫生不五鼎食，死則五鼎亨耳！吾日暮，故倒行逆施之。」《前漢書》卷六十四《主父偃列傳》

人受天地之中以生，而我承之以學，固不以庸衆待其身也。夫聖與聖相望於古今，絶續之幾，只爭一息耳。則夫處順逆之異而所養不渝者，此中人以上者猶或未之能行，而況中人以下乎。以世情言之，天下之困苦而無足述者，莫如所號爲學士矣。閉户覃思，矻矻終歲，生不攬觀名山大川之間，與當代名流歡然握手，而在高位者復謂此輩所爲徒自勞苦，於世無益。嗟乎，人生如是，烏覩所謂稽古之榮哉。主父偃輩以困窮，故爲父母、兄弟、朋友所不禮，朱買臣之妻至於下堂求去，不以爲夫。論其貧也，非病也，遂絶於五倫之外，人同此心，能無傷哉。洎乎驟得主知，得行其志，一吐其胸中抑鬱之氣，此亦人情中所應有。惜所學非所用，皆以不終，可恨也夫！

光不學無術。《前漢書》卷六十八《霍光列傳》

學爲古人也，聖賢之德業何窮，要不過飭紀敦倫，切而求諸本原之地，堯、舜、禹、湯、文、武無二道也。《詩》、《書》、《禮》、《樂》、《春秋》，無殊旨也。吾在在無歉於古訓，則至性至情之發，不第傳其詞而且傳其意，轉覺章句之學其淺焉者耳。故君子之爲學也，學之爲父子焉，學之爲君臣焉，更加以尊賢取友之益。凡所範蹈履而成德行者，惟以正學爲歸。惟其真也，不惟其僞也。惟其樸也，不惟其華也，安用術哉。霍光隱妻邪謀，立女爲后，正其術也。何術乎爾？古有大義滅親者，光欲自發舉，不忍猶與，乃不學之故也。蓋學問之道，天事居其半，人事亦居其半。要惟大本之不失者，一一以誠意相周浹，斯天人合焉。光之天分獨優，而人功則未之盡。驟試其術，遂至敗不旋踵，宜矣。倘因此而疑爲未學之故，吾不知其所謂術者果何術也。

成帝即位，衡上書戒妃匹，勸經學威儀之則，與御史大夫甄譚共奏顯，追條其舊惡，并及黨與。於是司隸校尉王尊劾奏：衡、譚居大臣位，知顯等專權勢，作威福，爲海内患害，不以時自奏行罰，而阿諛曲從，附下罔上，無大臣輔政之義。既奏顯等，不自陳不忠之罪，而反揚著先帝任用傾覆之徒，罪主不道。有詔勿劾，衡慙懼，謝罪。《前漢書》卷八十一《匡衡列傳》

文學行而大道著，宜莫韵乎《詩》。令一詩止飫一詩之用，極其所終不過三百而止。而《詩》之妙要使人審乎章句之間，以達於物類之變，可以觸處而旁通。故説《詩》者，必問難於言中，而後能旁通於言外。亦必契合於言外，而後無固執於言中。初不必當日詩指之所有與今時解説之所及，而能即小以觀大，士生千載後，得撫遺風餘韵以求古人用情之至者，幸而經師授受，微言大義，賴以流傳至今，以時肄誦，得知其關於性情學問之故耳。如匡衡之説《詩》，以「窈窕淑女，君子好逑」證妃匹之際，生民之始，萬化之原，專攻上身及後宫，實開谷永羽翼王氏之先。何其浮泛而不切於當日之事理也？條奏石顯罪惡於事敗之後，致爲王尊所劾。其事近於投石下井，將主文譎諫之謂何？想衡之久以賢著也，其平居本末之際，有流露於旁觀而不覺者，人不能無疑於其所爲，尊劾其阿譽曲從、附下罔上，正中其短。殆以試其良心之用，衡果慙懼，蓋其色取行違，非不託於率性之道，特恐世之窺吾於不及檢，而乘吾於不及防，一經揭出，安得而不張皇失措哉。

禹雖家居，以特進爲天子師，國家每有大政，必與定議。永始、元延之間，月蝕地震尤數，吏民多上書言災異之應，譏切王氏專政所致。上懼變異數見，意頗然之，未有以明見，乃車駕至禹第，辟左右，親問禹以天變，因用吏民所言王氏事示禹。禹自見年老，子孫弱，又與曲陽侯不平，恐爲所怨。禹則謂上曰：「春秋二百四十二年間，月蝕三十餘，地震五十六，或爲諸侯相殺，或夷狄侵中國。災變之意深遠難見，故聖人罕言命，不語怪神。性與天道，自子贛之屬不得聞，何況淺見鄙儒之所言！陛下宜修政事以善應之，與下同其福喜，此經義意也。新學小生，亂道誤人，宜無信用，以經術斷之。」上雅信愛禹，由此不疑王氏。《前漢書》卷八十一《張禹列傳》

中庸之道，知恥近乎勇，所以教天下之人而震動其天性也。惟其無勇原於巽懦之性，成更緣閱歷而益甚。因循偷息，相師成風。舉凡人之所羞赬汗喘而不能受者，在彼固恬然處之不爲怪，雖學問經術本有異乎庸流，即醇謹之行、老成之見未嘗無一二可取之處，然以平日之隨波逐流，臨事之瞻前顧後，足釀成篡弑之禍而有餘矣。漢安昌侯張禹身爲帝師，雖家居，每有大政，成帝必與定議。王氏當國，朝野之政半出其門，吏民上書言災異爲王氏專政所致，帝頗然其説，乃至禹第親以示禹，禹見年老，恐子孫爲王氏所魚肉，乃善辭以對，一聽其誣蒙欺蔽，熟視而不敢誰何。帝雅信禹，由是不疑王氏。莽之篡漢，禹與有力焉。孟子曰：「不恥不若人，何若人有？」以如此之人，而可與之慷慨誓心、從容盡節者哉？吾不解天既不厭生愚懦、不相所宜處而必躋之顯崇，雖不惜國家艱絀之財，重要之寄，豢此喑耗罷茶、不任事之人，然小民何辜出租税、赴徵約，急上事而不自惜，舉身家性命之安危悉聽在上者之處置？不幸而遇此輩，一言可以喪邦，往往以數億兆之生靈，數十百年之久遠，陷於水深火熱之中，而不能自拔，且無所呼籲焉。此其可悲者焉。

前後所上四十餘事，略相反覆，專攻上身與後宮而已。黨於王氏，上亦知之。《前漢書》卷八十五《谷永列傳》

《禮》曰：「事君有犯而無隱。」君可犯乎？曰：「可。」孔子曰：「勿欺也。」而犯之必勿欺而後可欺，則不可也。欺而犯之，則尤不可也。何則？人臣之事君與人子之事親異。子之事親，其定分出於天，而非人之所能改，故不得乎親，不可以爲人，不順乎親，不可以爲子。父母有過，柔聲以諫。父母不説而撻之，雖至於流血而不敢怨。天生民而立之君，則君之立固所以爲民，休戚與之相關，存亡與之相共。苟有大過而不君，反復之而不聽，則易位可也，犯之何傷？雖然，君之休戚存亡，非徒於其君也，而國將隨之矣。人縱有不愛其君，未有不念其國者。人縱有不念其國，未有不恤其身者。如欺其君，即不啻欺其國。如欺其國，即不啻自欺其心以及於其身。若之何其可耶？成周之盛，大司徒以六德教萬民，鄉大夫受教灋而頒之。自州長以至閭胥，各以受於鄉大夫者教所治。而當時之民以忠直稱者，反不若衰世之可紀，何哉？司徒之灋，民既月受而日習之，其薰濡而浸漬以是爲日用之質，非若創見之行，詫異而歎奇之也。周道衰，司徒灋廢。春秋以後，始有教忠旌直之條，於是生自具而不待索賴於外者，遂爲至高難能之行而不敢幾之人人。兩漢之世，有直言極諫之舉，其法既美矣，而儒者或飾所聞以應之，往往修辭以進，隱售其欺，豈非法久弊生之故哉？谷永事漢成帝，奏事切諫，痛女寵之熏灼，愠羣小之剽輕，憂民財之彫敝，揚其醉酒縱欲、輕身妄行之禍，數其苑囿、街巷、臣妾之家，知其無繼嗣之福，有危亡之憂，決其天命之不可復，社稷宗廟之不可保。觀其言，察其意，固非僞忠以市美名也。惜其黨於王氏，知有內應而始敢發言，其心已有所私，與奮不顧身、犯顏觸天子之怒，固有以異。且心既有所私而恃以爲重，辭即有所倚而不立乎中。漢當成帝之時，權在外家，禄去公室，肘腋之禍更有甚於永所言者。而永弗言焉，專攻上身及後宮，以羽翼乎王氏，而保其權位，非欺而何？後之君子負其才能而欲有所建樹，際昏庸之主，不得自達於上，於是別出一徑而奔走於權貴之門，因之以自見。彼固以爲身名俱泰之術焉，皆永之類也。而不知一失身於其中，將自拔而不可得。不然夏商之末，由有施、有蘇以進身而得乎君者多矣，將何貴乎龍、比哉。

及莽簒位，雄復不侯，以耆老久次轉爲大夫。《前漢書》卷八十七《楊雄列傳》

人有一日之長已克見稱於世，而其後因而不繼。夫輕其一日而敗其生平，君子不爲，非愛其名之去也。平日習於聖賢之分，幸少自樹立，而一旦忽然喪之，爲可惜耳。夫天與人相倚於性命，而舜、跖之分端在吾身之所爲。天付人以身，即付以其身之理，故全乎仁者，乃全乎身也。雄與王莽、劉歆、董賢並起，而三人位至三公，不聞雄有所攀援。其初未嘗有失行也，及莽簒位，不能決然舍去，遂得莽大夫之名，蓋知全身而已，未知全仁也。一失不能自拔，可悲也已。

東胡强，使謂冒頓曰：「欲得頭曼時號千里馬。」羣臣皆曰：「勿予。」冒頓曰：「奈何與人鄰國愛一馬乎？」遂與之。頃之，東胡使謂冒頓曰：「欲得單于一閼氏。」左右皆怒，曰：「請擊之。」冒頓曰：「奈何與人鄰國愛一女子乎？」

遂取所愛閼氏予東胡。東胡使謂冒頓曰：「匈奴所與我界甌脱外棄地，匈奴不能至也，吾欲有之。」冒頓大怒，曰：「地者，國之本也，奈何予人！」遂東襲擊，大破滅東胡。

匈奴有斗入漢地，直張掖郡，生奇材木，箭竿就羽。從單于求之，單于曰：「先父地，不敢失也。」《前漢書》卷九十四《匈奴列傳》

匈奴以一部之衆，狼奔豕突，馳蹂數千里之地。東滅東胡，西走月氏，南並河南，盡取秦所奪匈奴故地。以高帝之威，噲等之將，鼓三十萬勇士而戰之，卒至困厄而莫振。陳平獻策，僅乃得免，延及後世猶受其患。竊嘗怪匈奴之衆不當漢之什一，匈奴之地不當漢之一部，而飄忽馳驟，竟莫能制，此其故何也？夫國之所以能立於天地之間者，非恃乎土地之廣大，衆庶之繁多，物産之豐備也，而恃乎人民之志氣。凡人有堅固不摇之志而後可以立百年不拔之基，必有百折不撓之氣而後可以保萬世相傳之業。匈奴畏秦北徙，及秦既滅，東胡復盛，匈奴之所以不亡者幾希。與之以馬而不得免焉，與之以閼氏而不得免焉，又使求地。於是冒頓大怒曰：「地者，國之本也。」遂襲擊東胡而滅之。當此時，東胡强，匈奴弱。東胡衆，匈奴寡。弱不敵强，寡不敵衆，事之常也。卒守先世之地，弗肯失。跨馬踏敵，所向克捷，此其志氣爲何如哉！匈奴既衰，五單于争立，呼韓邪居漢之宇下，僅得延其一脉。傳至囊知牙斯，漢使人求温駼王地，匈奴亦以先世相傳爲辭，不以與漢。夫囊知牙斯之時，匈奴之爲匈奴，亦與西域諸國等耳。猶守其故地，不欲與人，其志氣終未衰也。昔者，秦孝公恥失河西地，發憤修政以强秦。趙武靈王不忘鄗事之醜，胡服騎射以教百姓。二君者，皆能復先君之仇，功立於當時，名垂於後世。冒頓、囊知牙斯生於匈奴之族，剽輕縱恣等於犬羊之相聚，誠未足與比，然其志氣誠可貴也。彼其一部之衆，馳逐而莫能禦，以此哉。余故備論之，亦使爲人君者守其國之土地，尺寸不可失，一或不慎，則人將輕我，雖委曲求全亦不可得也。

哀帝崩，無子，太皇太后以莽爲大司馬，與共徵立中山王。太后臨朝，委政於莽。《前漢書》卷九十八《元后列傳》

班書《元后傳》津津然道其拒莽之請璽，泣廟之塗地，用漢正臘而令其官屬服黑貂，贊譽幾不容於口，若似乎乃心漢室而至死不移也者。後之論者謂元后親以漢之天下舉而授之於其私親，無思漢之心，有亡漢之罪、女禍之烈，詆之甚力。之二説者皆有爲言之也。班史生於東漢之世。東漢之初，以昭穆禰元帝，爲尊者親者諱，所謂子爲漢臣，安得不云爾哉。後之人矯班氏之失，矯之而過於正，過猶不及，惡得乎中？吾嘗取而論之。成帝溺於酒色，有危亡之憂。王鳳當國，廣開言論而規之以正，猶修飾而有大臣之風也。音與商、根相嗣而執朝柄，其權雖重，及成帝知其不軌而音、商、立、根藉藁負斧質以待罪，非若吕産、吕禄之跋扈也。王立子融與淳于長之姦露，成帝下吏按驗，而立殺其子以滅口，非有霍氏之勢可以署而勿論也。成帝之時，母后之政，外戚之權，何遽至於篡哉。洎乎哀帝嗣位，丁、傅用事，四大后並立，至謂元后爲嫗。當時王氏失其勢，太皇太后辭其尊，亦從可見矣。后於寂處憂思之際，一聞哀帝崩，不啻如瞽者之復得其明，跛者之復得其履。既得之而患其失，必求萬全之策以自保，安得而不馳召王莽，取諸發兵符節，中黄門、期門兵而盡以屬之哉？夫后之兄弟鳳、音、商、根輩皆秉政矣，固未嘗如是也。成、哀之際，莽秉政矣，亦未嘗如是也。元后何獨於此而變其祖制哉？蓋天下之禍皆生於激，激則不平之氣失於其中，不中之事發於其外，始惟憤其害己，必盡反其所爲以爲快。繼而知積重而難返，人心一動而不能静，世風一變而不可復，無道以處之，於是乎明知其非是，不惜爲違心之事求效其所爲，以期尊榮而安富，而禍變之發乃至敗亡而莫救。悲夫，元后以一念之激，始而使王莽爲政以反丁、傅之所爲，而求快於心，繼又效丁、傅之所爲畀莽以大權而欲固其位，漢祚遂以不延，微乎危哉。

降者猶不自安，光武知其意，敕令各歸營勒兵，乃自乘輕騎案行部陳。降者更相語曰：「蕭王推赤心置人腹中，安得不投死乎！」由是皆服。悉將降人分配諸將，衆遂數十萬。《後漢書》卷一《光武帝紀》

受降易也，所最難者，莫難於未受之先，有以服其心而使之不敢不從，亦莫難於既受之後，有以戢其志，而使之不敢復動。由前之説，必其力足以取之而後示之恩。由後之説，必其道足以安之而使復其所。二者惟漢光武爲得之。王莽篡竊，失政殃民，守土之吏不能詰盜，而姦宄潛搆，往往蹈瑕横發而不可遏，盜賊遂徧天下。莽誅，更始立，光武持節渡河，鎮慰河北州郡，實受更始之命以往，更始且不能自保，安望郡賊之就降哉？即降矣，其衆尚强，其心未服，又安知其不如赤眉之降更始，旋取而代之也？故當此時，欲其望風而服，服而不反，誠有戛戛乎其難者。惟光武之受降也，必先之以戰。有鄗之戰，而後受銅馬諸賊之降；有温、平陰之戰，而後受朱鮪之降；有蕭陽之戰，而後受五校之降；有崤底之戰，而後受赤眉之降。必使之力屈勢窮，舍降之外無以求生，不得不俯首而聽命。故王郎之使至，僅許以全身；盆子之兄求，祇待以不死。而反側之心仍安、萬衆之甲亦解者，非其權操之於己而能若是乎？赤眉已降，光武猶謂樊崇曰：「今遣卿歸營勒兵，鳴鼓相攻，決其勝負，不欲强相服也。」蓋灼知其不得不降，即叛焉，亦不足以有爲也，而決之矣。曰：「然則羣盗可使復叛乎？」曰：不可。羣盗雖降而復叛，不至於亡國，而足以擾民。天生民而立之君，奚可使盗能擾民，一不可也。且盗未降之先，盗也。既降之後，則民也。人君之牧民，奚可使陷於盗，二不可也。曰：「然則光武如之何？」曰：光武之受降也，初至河北，銅馬諸賊殆數百萬，潰敗之後，降者尚數十萬人。而朱鮪之衆降於京密者三十萬，檀鄉之衆降於鄴東者十餘萬，五校之衆降於羛陽者五萬餘，賊之降於河北者亦五萬。赤眉先後降者不可勝計，其東歸之衆降於宜陽者，仍十餘萬。吴、馮諸將所降延岑、張邯、劉永、張步之餘衆，前後降賊數之至於不可思議。此史册之所載也。若夫受降之後，聚數千萬游惰驕桀之徒，習於掠奪，狃於坐食。使之爲農，則不甘耕鑿之勞；使之爲商，則不耐籌算之苦；使之爲工，則不屑雕斲之技；使之爲役，則不欲錙銖之利。噬肥酗酒、行歌坐傲之樂夢寐不忘於心，惟冀天下之有事而隨風以起，此事所必至者。光武安輯而鎮撫之，在位三十餘年，天下各安於井牧，想其恩威之用必有大過乎人者，爲史册所未載也。吾嘗徵諸遺文，證諸史事，而知光武經世之大略，蓋有三焉：一曰去其渠帥。羣賊之初起，奉一人以爲長。此一人者，其心固龐然自大，以爲我有此衆而歸降受命爲莫大之功。處以卑位，則鞅鞅而難堪；畀以重權，則躍躍而欲試。不幸稍縱即逝，當喪亂之後，民俗雕悍，未易治理，巨姦大猾輒不扇自動。苟得釁而起，固樂奉以爲尊，必致蔓延而爲患。光武斬王郎，誅鄧奉，令朱鮪，斬李軼，而賜樊崇等洛陽田宅，寘法其魁而撫其脅從，則餘衆亦莫能興矣。二曰抑其豪横。盗之豪横非有勇之可稱而功之足叙也。進之務有鹵獲以保衆，退之知不可敵，則善於規避以逃於刑誅。不以敗爲憂，不以走爲恥，不以久爲計，不以旦彼夕此爲疑，而乘機以圖利。光武所撫千餘萬之降賊，其中豪横殆亦幾萬人矣。所得郡縣，考察官吏，黜陟能否，復漢官名，此輩亦居其大半耳。紛擾之秋，姑權用之，以免其煽誘。而生事安寧之際，自宜速去之，以妨其習染成風。建武六年，并省縣國，減省吏員，而盗中豪横稱雄於亂世乃降於齊民等，而不復能爲非矣。三曰安其善良。西漢之末，盗數之衆至於如此者，固由於人心之浮動，抑亦賦税苛重，民居於鄉里不能安其生，有以迫之使然也。當此時，上之人猶欲取盗賊餘生之身聚之卒伍，與之從容講武，自非生有至性，奚怪其尅克我從哉。故《禮》言兵制詳矣，而隸於軍籍者，未聞仰食於官。上古寓兵於農之善有如此者。其養兵之費，漢以後乃有之，又勢之不得不然者。然光武自初起以至爲帝，皆征誅之局胥賴乎兵。及羣盗既降，兵益無用，方將遣去以修文治，而紓財力。今欲於兵食之外，别籌所以養降部，恐竭天下之力，猶不能給所需而徧酬之也。光武於滅省吏員之歲，同時復田租舊制三十税一，則民雖家居樂業，亦可以得生，何必冒險爲盜，或不免於死。是如離湫隘而居閌閬，去傳舍而還其鄉，宜其散歸田里，俯首帖耳而不敢復動也。夫否而必泰者，天也。往而必返者，勢也。往者已矣，來者之師。後有作者，拭目俟之。

其祝文曰：「皇天上帝，后土神祇，眷顧降命，屬秀黎元，爲人父母，秀不敢當。羣下百辟，不謀同辭，咸曰：『王莽篡位，秀發憤興兵，破王尋、王邑於昆陽，誅王郎、銅馬於河北，平定天下，海内蒙恩。上當天地之心，下爲元元所歸。』」《後漢書》卷一《光武帝紀》

以武功定天下者，必先知天下之勢。得其勢，則折枝之易也。失其勢，則挾山超海之難也。是在大有爲之君，以一身鎮乎紛紛之衆，以一心運乎冥冥之中而已矣。光武之初起也，其地與衆不若少康，所恃以誅鋤逆莽、興復帝室者，惟思漢之人心耳。然而玄也、盆子也、孺子嬰也、永也、嘉也、王郎之成帝遺體也、盧芳之宣帝曾孫也，皆以劉氏之胄愚人耳目。而玄之稱漢，尤衆所共立，名正而言順。光武欲嗣漢統，所與争天下者非玄乎，抑諸劉乎？忮人之意必先稱兵以犯更始，舉衆以滅諸劉，分義既定，然後有志於天下。而光武不顧也。以吾之起兵爲嗣漢也，吾之嗣漢爲安民也。盜賊一日不平，則民生一日不靖。民生一日不靖，則帝業一日不成。故先擊降銅馬諸賊，追尤來於河内，降五校於羛陽，使天下之人灼然知吾之足以嗣漢，而非更始及諸劉所可相提并論者。又必俟長安已亂、諸劉漸微之時而後即帝位，於是心安而理亦得焉。即位之後，當時割據之雄、羣盜之長無足忌者，惟隗囂引接士流，歸之者衆。公孫述禮備法物，據守一方，民夷皆附之。二人者，久有其地，善撫其民，必爲後患，宜乘其未定之時擊之爲便。而光武又不顧也。以爲吾嗣統而爲君，以牧民爲已任，念疲氓久罹喪亂已不堪命，凡有害於民者，吾之賊也，吾必擊之。凡有害於吾者，民之賊也，吾亦必擊之。當此之時，長安雖克，赤眉繞於外，鄧禹困於内，而弗能制焉。郾、宛、堵鄉、新野、弘農之間，鯁於咽喉，寇叛接跡。劉永、張步、李憲輩又横亘東方，爲陳汝腹心之疾。倘輕身遠擊，羣賊乘虛而入，則國本一摇，大勢立解，將何以任天下之重而安天下之民哉？光武惟以安民爲重，故先受嘉。及盆子之降，散羣盜之衆，因東定齊燕，南下淮楚，有建瓴之勢焉。西克隴蜀，有席捲之機焉。非聖神文武如光武者而能若是乎？嗚乎！自古以來，東周之衰，春秋以至於戰國，兩漢之亡，三國以迄於六朝，有唐之末八鎮以至於五季，其中瓜分豆剖，異政殊俗，黷兵殃民之禍烈矣。亂極而思治，困甚而求蘇，安得如光武之君置民於袵席之上哉！

安帝崩，北鄉侯立，濟陰王以廢黜，不得上殿親臨梓宮，悲號不食，內外羣僚莫不哀之。及北鄉侯薨，車騎將軍閻顯及江京，與中常侍劉安、陳達等白太后，祕不發喪，而更徵立諸國王子，乃閉宮門，屯兵自守。十一月丁巳，京師及郡國十六地震。是夜，中黄門孫程等十九人共斬江京、劉安、陳達等，迎濟陰王於德陽殿西鐘下，即皇帝位。《後漢書》卷六《漢順帝紀》

子懼不孝，無懼不得立。君子自反，而忠而仁而有禮，自不畏橫逆之至。此非委心任運之説也，非慎己免咎之計也，大有爲之略盡具於此矣。蓋天下之事，求人不如求己。至人之心處變不啻安常，操舍存亡盡之於我，語默動静決之於理，成敗利鈍聽之於事，吉凶禍福任之於天，乃不爲萬物所移，亦不爲一心所累。而淺躁者不知也。吾嘗觀於順帝之爲太子時，廢居德陽殿鐘下，怨悲生疾。及先帝崩，以廢黜不得上殿親臨梓宫，悲號不食，不待讀其本紀之畢而知其無能爲也。夫安帝之子祇順帝一人，雖偶見廢棄，終爲人心之所屬，不患其不得立。即不然，效東海王彊，清河王慶，享令名壽考以終，亦奚不可？何至於戕身以致疾，絶食以求死哉。惟其悲傷之至，既已視死而如歸，則其憤極之餘，自不免行險以徼幸。故北鄉侯薨，遂與宦者孫程等及阿母宋娥謀夜入省門，使虎賁羽士屯南北宮諸門，明日遣使入省，奪得璽綬，即皇帝位，遷太后於離宫，封孫程等爲列侯，於是宦寺之禍至此而極盛，卒釀成亡國之禍，皆安帝始之而順帝成之也。而猶不止也，孫程等之舉亦幸倖得而勝之耳，假使截衣之誓洩於先，省門之役敗於後，則殺身之禍立見，將求終於德陽殿下而不可得。一身固不足惜，而先帝之祀、社稷之任亦不可問焉，其罪大矣。天下之事因淺躁而致禍者不可勝數，彼童稚之順帝亦奚足責哉！

鄧后稱制，號令自出，術謝前政之良，身闕明辟之義，至於嗣主側目，斂衽于虚器，直生懷懣，懸書於象魏。借之儀者，殆其惑哉！然而建光之後，王柄有歸，遂乃名賢戮辱，便孽黨進，衰斁之來，兹焉有徵。故知持權引謗，所幸者非己。焦心卹患，自强者唯國。《後漢書》卷十《鄧皇后紀》

西漢之亡，亡於元后，夫人而知之矣。東漢之亡，亡於鄧后，則人莫之知也。元后私其外戚，猶甘於雌伏。

成帝無子，立哀爲嗣。哀帝短祚，命莽輔政。激於王氏勢位之去，挾忿以求逞，尚無自帝之心。他如吕后之臨朝，則以惠帝之無子。竇氏之專政，則以和帝之幼冲，皆風氣爲之而猶非自爲風氣也。若夫處心積慮之中，惟以擅國暱私爲計，而置古今之大法、國家之大計、嫡庶之大防於不問者，則鄧后實開其先已。奚以明其然也？和帝數失皇子，後生者輒隱祕養於民間。隱祕云者，惟后得與聞之，而人不能知也。亦惟后得專主之，而人不敢問也。不然，皇后無子，則擇立長，年均以德，德均以卜，儲位早定。太子嗣位，非大失德，孰得而論其短長哉。乃后於煽處之時早爲之所，貌似無知婦人之計，陰操廢立天子之權。於是和帝一崩，即詐稱平原有痼疾，立殤帝於懷抱之中，養爲己子。迨殤帝崩，平原之疾非痼，爲羣臣所共信，衆意所同歸。后仍悍然不顧，迎立安帝，公然據有天位，自爲女主，爲武曌之先導。天變而不懼，人言而不畏，論其罪惡，較之有蘇氏之司晨，褒人之爲厲，更及身而見諸行事焉，不尤甚哉。史稱后自臨朝以來，四夷外侵，盜賊内起，每聞民饑，輒達旦不寐，躬自減撤，以救災戹。此特小不忍之常耳。見聞不出於閨闥之中，賢不肖悉聽諸外家之口。用一任尚而西域不通，日蹙國百里，諸羌盡叛，匈奴亦反，輒喪師數萬。用一虞詡而誘人爲盜，募盜殺人，盜賊之禍遂終漢世而不息，且尚屢敗而不黜。一得罪於鄧氏，則死不旋踵。詡任其智數，討盜禦羌，皆貪一時之小效爲後世之大害。惟涼州之議，差强人意，乃至觸鄧騭之忌而出之於外。徙民蹙境，唯騭之意而人莫能争，致爲後患。而且以官鬻錢穀，誘取其所有而聽其取償於民。而且赦諸罪犯復爲平人，縱諸民間使爲禍害，以取其美譽。而且策免三公，使不敢違己之旨意，以立其威權。而且開邸第，教鄧氏近親入學，以啓其小慧，而導其悖逆。而且遣使貸流民，下詔覈災害，以博民下之歡心。而且舉隱逸，選博士，網羅學子，綴采敷文，以求文人之曲筆。而且親録囚徒，躬自試學，合宰執卿貳守令之美，皆引之於身，以受羣言之頌贊。而且檢敕鄧氏賓客，以愚天下之耳目，臣頌之，民歸之，遊士、墨客莫不譽之，天下後世莫不稱之。於是后之賢聖乃與高、光、文、景並稱於漢。名盛矣，而不能不盡喪其實；身泰矣，而不能不流毒於國家。如是而欲鄧氏之不亡，漢祚之不斬，天下之不相率而爲亂，中國之不相胥而爲夷也，庸可得乎！

恂從〔至〕潁川，盗（熾）〔賊〕悉降，而竟不拜郡。百姓遮道曰：「願從陛下復借寇君一年。」乃留恂長社，鎮撫吏人，受納餘降。《後漢書》卷十六《寇恂列傳》

且小民之爲物也，易治而難服，服之者又非美言小數之能通。有道於此，能使人不快於在上之公議，而快於在下之清評；不畏舉朝之彈射，而畏流俗之指摘。以田夫野老參籲俊之權，而人主不得不狥之矣。蓋行一美事，去一疵政，有意求悦于民，反無所稱。偏於偶爾流露之時，轉以慰素情而歌盛事。無他，當世之急務而已矣。東漢初年，承王莽之後，盜賊蠭起，光武帝以兼容並包之量，悉撫爲兵。史書所載數百餘萬人，豈能如是之多，想兵降而復叛爲盜，盜歸而仍編爲兵，一而再、再而三者悉在其中。兵盜莫分，與六朝五季奚異，而未久即定。百姓未至於罹六朝、五季之禍者，固由君王之神武，抑亦佐治之得人也。賈復在汝南，部將殺人於潁川，恂捕得繫獄。時尚草創，軍營犯法，率多相容，恂乃戮之於市。賢哉，恂也。只此一端，足以定亂矣。潁川之人恩之不亦宜乎。

異爲人謙退不伐，行與諸將相逢，輒引軍避道，進止皆有表識，軍中號爲整齊。每所止舍，諸將並坐論功，異常獨屏樹下，軍中號曰「大樹將軍」。《後漢書》卷十七《馮異列傳》

人世相讓之風，長者類能然。異非獨以謹厚鳴謙也，身爲將帥，能自化其矜心，閱人己之互交而吾心常泰。是性情中本體之明，能不爲舉世武人盈滿之氣所薰灼者也。大道爲公，而勳名可湣。幾幾乎德盛禮恭，厚之至矣。兵驕將惰之中，豈易見有斯事哉。

若陳蕃之徒，咸能樹立風聲，抗論惛俗，與刑人、腐夫同朝争。衡終取滅亡禍。《後漢書》卷六十六《陳蕃列傳》

君子之道，用則施諸人，舍則傳諸其徒，身之自處非不綽有餘地也，獨恨其初心有不止於是者耳。陳蕃曰：「大丈夫處世，當掃除天下，安事一室乎？」所謂仁爲己任者非歟？以東漢末造之滔滔，未有所底也，即無意於人世，誰復能忘其懷。天下事未至於裂冠毁冕，拔本塞源，其勢尚有可爲，而遽舍之。去則内顧，何以安於心耶？況遭際會，協策竇武，自謂萬世一遇。以蕃抗志於三代之先，俯視乎一切，而以偏曲之學爲不足爲，衆人之行爲不足據。立身固有本末，然吾獨慮其過高而難執，窮大而失居也。夫纖悉之或遺，則所爲廣大者已有缺矣。平近之未踐，則所爲高深已無其本矣。使能反其浩渺無窮之志而善致其精，將可語於吾道之全，而惜乎其見不及此，而猶有所蔽也。彼夫奄人之所圖者，財而已矣，勢而已矣，能饜其懷齪嗜利之心，以金帛充積於其庭，且使彼之瑣瑣姻亞者流悉列於朝，有能者擇材而用之，不肖者養之終身，所損於國計民生者千百之一耳。自此而後，世遂無人掣吾之肘者，吾於是得行其志，則所得過於所失，豈小也哉。蕃既如所願，乘時得志之餘，因不度德而量力，惟恃有德於太后，必謂其志可申而所欲先去，乃即太后左右近侍之趙夫人及女尚書，倒行逆施，致生劇變。書生之見不近人情，致亡其身以喪其國，戒之哉，戒之哉！

以公事免官，還居綸氏，教授常千人。南陽樊陵求爲門徒，膺謝不受。陵後以阿附宦官，致位太尉，爲節志所羞。荀爽嘗就謁膺，因爲其御，既還，喜曰：「今日乃得御李君矣。」其見慕如此。《後漢書》卷六十七《李膺列傳》

一室而聚四海之英，傳道吾徒行道，吾與也。此學者之至樂也。古人有言「作之君，作之師」，師即爲人君者也。後世之君，聖賢出其中，庸愚亦出其中，雖有烜赫之權而無清高之德。爲師者則惟聖賢能爲之，庸愚不能爲之。師道之尊覺乎較之於君爲尤榮焉。秦漢以後，爲人君者有正統之説，而爲之師者别出一途，曰「道統」。於是有爭國統而相殘殺者，遂有爭道統而亦相殘殺者。其事自漢黨錮之禍始。而李膺者，其首出不能辭其責也。以膺窮而在下，與其徒自有相資之道，從容陶冶而成之，使斯道由是而粗傳，所裨未必不更遠也。然膺意以爲天下事汲汲不可終日，雖或有望於彼而當其身則已矣，迫不及待而欲有以自見，至合太學諸生三萬餘人更相褒重。中外承風，競以臧否相尚，公卿以下莫不畏其貶議，致釀巨禍。惜哉！

文若可借面弔喪。《後漢書》卷八十《禰衡列傳》

持議無取乎過刻，録善亦貴乎從長。吾不解禰衡之説何所見而云然也。士君子知人論世，焉得輕爲假借，以庸衆而濫厠夫英賢，然使自命過高，俯視乎一切，豈所以處世之道哉。荀彧一時之彦也，惜生當叔季，淪爲權門鷹犬，其王佐之才自有不可没之處。衡鄙之過甚，文人之言之不足取信於人，諸如此類耳。

時王莽末，四夷内侵。及莽敗，衆羌遂還據西海爲寇。更始、赤眉之際，羌遂放縱，寇金城、隴西。隗囂雖擁兵而不能討之，乃就慰納，因發其衆與漢相拒。建武九年，隗囂死。司徒掾班彪上言：「今涼州部皆有降羌，羌胡被髮左衽，而與漢人雜處，習俗既異，言語不通，數爲小吏黠人所見侵奪，故致反叛。」《後漢書》卷八十七《西羌列傳》

古之時蠻夷猾夏久矣。卒之諸夏興而夷狄亡者，豈有他哉，言忠信、行篤敬而已矣。彼以其奸，吾以其忠。彼以其詐，吾以其信。彼以其輕，吾以其篤。彼以其肆，吾以其敬。彼輕而不整，能敵桓文之節制乎？彼貪而無親，能敵湯武之仁義乎？此興亡之理也。循是以行之，諸夏之族何至有夷狄之患哉。東漢之於羌也，盡失先王之政矣。自趙充國、辛武賢之後，牛羊狼諸種歸附已久，苟循乎成法，而綏之以德，屢敗之寇，何憂其爲患？乃傅育、張紆、鄧訓、鄧騭、任尚、虞詡、班雄、馬賢諸將俄而獲之，俄而釋之，俄而殺之，俄而毒之，俄而覆其廬落，俄而掠其禾稼，俄而置爲郡縣，俄而徙之。其奸詐輕肆，殆夷狄之不若。而將帥貪黷，不知兵略，惟以侵蝕軍需、剥削士卒爲計，贓私輒數百萬，珍肴滿座，侍妾盈前，猖狂於野次之幕，驕侈以自恣，置邊事於不問，則近於禽獸矣。羌以諸夏之族爲上國而不敢犯。由今觀之，技止此耳。所以寇略不息，叛服無常，甚至於薄三輔而燒園陵也。先王之於夷狄也，雖明知其不我敵，而臨事之際，猶討其國人而儆之，屬其耆老而告之，惴惴焉，惟懼輕敵而致敗。故神農氏之於夙沙也，先之以修德。有虞氏之於三苗也，則重之以舞干。夏之於有扈也，申之以誓。周之於玁狁、荆楚、淮夷也，詠之以《詩》。先王之於戰事，固如是之慎也。今也不然。羌以殺掠爲宗，本無大志，其或來或往之無常，初不足以爲勝敗之據。漢之諸將於其來也，則奔避之不及。於其去也，則交章報捷，粉飾以爲功。往往有爵賞之詔未終，而告急之書又至者。上下交相欺蔽，使主心益驕，士卒益怠。天下之事幾何而不敗亡以至於盡耶？嗟乎！東漢承秦皇漢武之後，威足以制四夷矣。及竇憲滅北匈奴以增南部之衆，又棄其地以予鮮卑而益其强。傅育諸將玩寇而興戎，匿敗而自懈。於是五胡之禍根已植矣。《易》曰「履霜堅冰」，可懼也哉。

> 明帝夢有金人，長大，頂有光明，以問羣臣。或曰：「西方有神，名曰佛，其形長大六尺而黄金色。」帝於是遣使天竺問佛道法，遂於中國圖畫形像焉。楚王英始信其術，中國因此頗有奉其道者。後桓帝好神，數祀浮圖老子，百姓稍有奉者，後遂轉盛。《後漢書》卷八十八《西域列傳》

聖人修道之教，雖不睹不聞之地，皆在於戒慎恐懼之中。此爲中人以上言之也。若中人以下，則神道設教，《詩》云：「不顯亦臨，無射亦保。」凡上下四方之間，幽獨隱微之所，莫非鑒臨之處，非僅據所崇祀者以爲實也。老莊之徒以死爲休息，而無害於生，其末流之方士能致死者與生者相見。佛之徒則謂死且復生，而權操於其所謂佛。景教之徒以死而得神助致之於天，猶勝於生。夫不死，其死與死而復生，與死猶勝於生，皆專恃其所崇祀者，以震驚愚民，而鬼神之説始淆亂於天下。蓋鬼神者，吉凶之所兆也。儒者之道，不諱言趨吉避凶，但操之在我，則靈爽且將聽命，即妖厲亦何足爲奇哉。自異端之説起，專以禱祀爲務，第知媚奥媚竈，分別輕重，而不復有所顧忌，於是有順逆而無是非。一念之中皆爲物憑以亂其意，雖聖人後起，亦無以遏其流而息其燄矣。吾嘗謂百家之説已信於人之後，雖帝王亦不能强制之止；未信於民之先，非有帝王之力亦難使之風行。故道興於西漢，以竇太后之好黄老也。佛起於東都，以漢明帝之遣使西竺也。景教興於明清之際，以其術業、器物踔海而至者，爲人主所好也。今中夏異教惟此三者爲衆。老教言清净，佛教言無爲，景教言兼愛，人便其簡而樂其利也。故習之者多，君子所必辨焉。其他繳繞慘礉之徒，凡以道術鳴者不一其術，雖淺深不同，皆非人情所樂，或怪迂譎變不可考究，未聞有取其術而施之國家者，聽其自爲衰王，勿與知焉可也，何必取無損益於世之説，斷斷焉與之角哉？

> 孤始舉孝廉，年少，自以本非巖穴知名之士，恐爲海内人之所見凡愚，欲爲一郡守，好作政教，以建立名譽，使世士明知之。去官之後，年紀尚少，内自圖之，從此却去二十年，待天下清。故以四時歸鄉里，於譙東五十里築精舍，欲秋夏讀書，冬春射獵，求底下之地，欲以泥水自蔽，絶賓客往來之望，然不能得如意。後徵爲都尉，遷典軍校尉，意遂更欲爲國家討賊立功，欲望封侯作征西將軍，然後題墓道言「漢故征西將軍曹侯之墓」。《三國志·魏書》卷一《武帝操紀》

人皆願爲孝子忠臣，而恥比乎元惡大憝，自古及今，人同此心，心同此理也。淺躁之徒，自恃才能，汲汲於自見，起於急功近名之一念，充其類之所極，往往身陷於元惡大憝而不自覺，且爲忠臣孝子之所羞稱，此非一朝一夕之故，其所由來者遠矣。曹操始舉孝廉，築精舍於譙東，欲秋夏讀書，春冬射獵，待天下清乃出仕。此少年英雄之志，人人如此，何足爲怪。及徵爲典軍校尉，幾幸討賊立功以自效，且計及身後諛墓之榮，其設施之程序有異於前矣，而抱負如故，志稍變而亦情之常也。既而破黄巾，據兖州，稱刺史，爲董承召至洛陽，出天子於韓暹、張楊之手，遷都於許，威福自用。始以平亂而來，遂因仍於其專恣之政，繼以擅權無忌，又漸摩而生簒弑之心，其移步换形之狀不難按其歲月而求之。豈其初心哉？使獻帝爲大有爲之君，輔佐之臣又爲一時瑜、亮，既至洛陽，宜姑安無躁，徐爲之計，稍奪韓暹、張楊之柄，撫有董承、楊奉諸軍。當是時，曹操居兖，吕布在徐，孫策渡江，袁紹督冀，得一紙詔書皆能撫之爲用。宗室親臣，備豫州刺史，虞幽州牧，表荆州牧，焉父子相繼爲益州牧，屏藩帝室，未始無人，漢室再興誠意中事。操且爲治世之能臣，何遽爲姦雄乎？

可謂非常之人，超世之傑。《三國志·魏書》卷一《武帝操紀》

一代之人才關乎氣運，實其時勢有以成之。當其先，上之所重，下之所趨，世道之所遷移、事機之所湊合，已醖釀於數十年之前。洎乎流風所被，天下之士以是爲趨，中乎人心，遂成風俗。故天子端拱於上，宰相者僅佐天子以治天下，未嘗有莫大之權也。至於主少國疑，大臣未附，百姓未親，而阿衡師保之任始重矣。承平之世，未有以勇猛知兵法著者也。洎乎羣雄角逐，龍争虎鬭，而將才始出矣。一統之天下未嘗有使命往還也，若兩國並立，非鑒於往昔興替之迹，益討四方事勢之變，深探其故，而朝夕考慮之，未足以盡一時之態也。而將相之外又别出使才一門矣。朝野清明，百官率職，雖有大姦巨慝不敢發也。迨夫亂世，而權姦僭竊之事始日出不窮矣，此皆時勢爲之，而非人才之有以異也。東漢之季，世亂政衰，智者咸思自見，勇者咸思自奮，藴蓄數十餘年，故三國人才稱爲最盛。諸葛武侯佐先主於百敗之後，分荆取益，輔相幼主，聯合友邦，宣威强敵，賢宰相也。關、張勇冠三軍，戰則必勝。晉宋史書凡稱人之勇，未有不舉關、張者。曹操知人善察，隨才任使，皆獲其用，行軍臨陣，變化多端。其機詐之才，亦人所不及。自漢以來宰相之賢無若武侯，將帥之勇無若關、張，權奸之術亦未有如曹操者。而運籌帷幄決勝千里，則有龐統、法正、郭嘉、程昱、辛毗、賈詡、周瑜、陸遜之倫爲之謀；披堅執鋭，則有趙雲、黄忠、張遼、徐晃、周泰、陳武、丁奉、徐盛之徒率其兵；使命往還，則有鄧芝、宗預、趙咨、張温之屬通其意。智與智相角，勇與勇相鬭。故三代聖王流風餘澤之傳至七國而悉變，兩漢師儒經明行修之習至三國而悉變，非世風之不古也，時爲之，勢迫之，不得不然也。吾觀後世之君，國家多故則思賢相，四郊多壘則思良將，强敵壓境，則重使才。雖百計提倡，多方招致，而迄無人焉出而應之，何也？自古豪傑之士，皆其得於天者本厚，又習染於詩書之澤，養其氣以勵其成。及至事機所迫，果勇者乘勢以立功，敏捷者見機以行事，高明者應物變化，沈潛者因時制宜，自足以爲國家定大事，立大功，初非教化之所能成，招徠之所能致也。使上有賢君，所舉爲方伯連帥皆賢士大夫，方伯連帥又舉其賢者以布於四方，則人才方日出而不窮以爲國用，所謂在知人、在安民也。若有其名而無實，教之不以其術，養之不以其道，則隋煬帝詔舉能使西域者，唐武后設武科，宋神宗立太學三舍法，高宗設武學，何嘗有一人出於其間哉？

宣王密爲之備。李勝出爲荆州刺史，往詣宣王。宣王稱疾，示以羸形。勝不能覺。《三國志·魏書》卷九《曹爽列傳》

凡人之情，其心已有所疑而復示之以可疑之端，則嫌隙愈深而阻隔益遠，危哉，非計之得也。善於謀人者，如其隙之在人，既有可乘，固將奮於一擊。其或隙不可乘，而猶未易奮也，則狃之使不吾慮，甚或曲爲之從，而以小善中乎其意，以小信固乎其中，心非不狠戾也。而假於貌之恭者以自託，温乎其容，若將有肺腑之愛，而初不見其疏者，蓄憾愈多，親之逾密，而所以飾怨者猶大故也，徐以圖之，而卒爲之傾其本根，所謂怒者常情，笑者不可測也。鑒之哉！

爽得宣王奏事，迫窘不知所爲。桓範説爽，使車駕幸許，招外兵。爽兄弟猶豫不決。《三國志·魏書》卷九《曹爽列傳》

古今得失之故，皆起於人心。顧其得也，以沈幾亦以果斷。其失也，以輕發亦以遲疑也。何也？心本虚靈，而理本易簡。常有一念之感而遂通者，即有因多慮之故，揣合人情，彌縫世故，逆料成敗，豫規趨避，深思不能窮其變，百慮不能容其歸，因而利害攻取之念入焉而淆者。故國家之大計，既經紬繹，而隨事觀理，則行乎其所不得不行，止乎其所不得不止。因時而制其宜可矣。尋常無事之時，猶且如此，何况利害之際，决於俄頃，惟敏斯集。有所遲焉而不果，將牽制以失事機；有所疑而不斷，將貪戀而罹陷阱。爽等犺犢，死不足惜，願以告天下後世之當道者。

由是先生遂詣亮，凡三往乃見，因屏人曰：「孤不度德量力，欲信大義於天下，計將安出？」亮曰：「自董卓以來，豪傑並起，跨州連郡者不可勝數。曹操比於袁紹，則名微而衆寡，然操遂能克紹以弱爲强者，非惟天時，抑亦人謀也。今操已擁百萬之衆，挾天子以令諸侯，此誠不可與争鋒。孫權據有江東，已歷三世，國險而民附，賢能爲之用，此可以爲援而不可圖也。荆州北據漢沔，利盡南海，東連吴會，西通巴蜀，此用武之國，而其主不能守，此殆天所以資將軍，將軍豈有意乎！益州險塞，沃野千里，天府之土，高祖因之以成帝業。劉璋闇弱，張魯在北，民殷國富而不知存恤，智能之士思得明君。將軍既帝室之胄，信義著於四海，總攬英雄，思賢如渴。若跨有荆益，保其巖阻，西和諸戎，南撫夷越。外結好孫權，内修政理。天下有變，則命一上將將荆州之軍以向宛洛，將軍身率益州之衆以出秦川。百姓孰敢不簞食壺漿以迎將軍者乎？誠如是，則霸業可成，漢室可興矣。」先主曰：「善！」《三國志・蜀書》卷三十五《諸葛亮列傳》

武侯之多智，經小説之附會，益神其説而顯其能。然徵諸正史，非盡無稽。隆中之對，三分情勢，就所衡鑑莫得遯其形。向爲先主謀分荆取益，如指諸掌，何其神也。吾嘗論之，言人之智也，輒曰周乎天下，此僅言其所用心耳。惟大人者，不恃其所用心而恃有以立乎用心之前者，其條分縷析之中，早有以極其脉絡貫通之妙，而漸忘乎極深研幾之勞。以一心閲萬物之變，雖事有未經者，而理足以舉之，往往一物未攝，泊乎無事之中，預知其遇物而能斷。人祇見其能斷，若歷庭闈而數階級，不待參度，驚以爲奇，而立乎用心之前者，不可得而窺。宜乎見者輒以爲靈，而聞者不能無異也。武侯隆中坐嘯，歷有年所，躬在畎畝，儼然一耕鑿之氓。雖至友如崔州平輩，並不告以己志。凡兩間無盡之藏觸於境而有會心之樂，舉天下大勢所在、羣雄割劇之形，無不經於心而研諸慮，其性命中早立乎無形之域，自存餘地以待萬物之變，故退藏之密，常獲一天機以休心志，韞深蓄富，思以推致於天下。未感而所爲感之理，惟一斯感之而無不通；未應而所爲應之理，惟一斯應之而無不當。一旦爲王者佐，出其幼年時習之學，歷試不爽之理。如趙普以半部《論語》取天下，半部《論語》致太平。文天祥於一部「十七史」不著一字而語妙天下，所謂慮萬而一用之，何難優游以啓悟耶。孟子曰「大而化之之謂聖，聖而不可知之之謂神」。惟理與心洽貫而通者妙乎神，心與境融默而識者幾於化也，武侯有焉。苟詣不造乎純，則未至於境而茫然。即至乎其境，而亦爽然矣。豈將探之茫茫，索之冥冥哉。《蜀志》自二牧、二主、妃子外，寥寥無幾人，每託於諸葛以傳其人之臧否高下。既多取其言以爲斷，而生平識趣、功用與夫言論、書教本傳不及載者，則雜載之諸傳。諸傳闕不具矣，以諸葛事經緯其中，隨所指稱，輒能得其大者。合觀之，爲諸葛一傳可也。陳壽惟服膺諸葛一人，至儗之周公。後人因而附會，謂其精卦象之術，蓋猶本之《蜀志》也。夫諸葛文章比迹周漢學術，則高出兩漢諸儒之上。漢儒汩没於五行休咎，沿數百年而不知反。諸葛獨屏天道而言人事，羣臣化之。自勸進外，雖周羣、杜瓊、譙周不敢以災祥之説進，其特識自不可及。流俗之見適與相反，舉世滔滔稱頌其術數，而其實皆諸葛之所吐棄而不屑道，殆以貌求諸葛而於閎恉孤詣猶有未能窺見者與？

瞻戰大敗，臨陣死。《三國志·蜀書》卷三十五《諸葛亮列傳》

當瞻督軍之際，事莫可爲。雖有才氣，何所用之，惟一死而已。夫智之所至，志亦至焉，故盡瘁者常有數窮理極之應。然君子每後其功而先其節，蓋有重輕焉。

科教嚴明，賞罰必信。無寇不懲，無善不顯。《三國志·蜀書》卷三十五《諸葛亮列傳》

天下之大勢，惟君子審其所偏所敝而糾正之。勢強矣，強甚者，民不能堪。勢弱矣，弱甚者，衆無所畏。皆亂之階也。惟君子之舉事也，無事不關於民。要必有以自見其意而能得中。處强之世，利用寬；處弱之世，利用嚴。率其道而謹乎持之。乘強之後以用寬，則政簡而民悦從；乘弱之後以用嚴，則威震而民帖服。故準其道而變通之，寬以育萬物而不失之濫，嚴又以正萬民而不失之暴。寬嚴二者，君子所以裁制天下強弱之術也。要在善審其勢而已焉。璋在蜀，吏治荒廢，民無恒業，諸將擁兵自固，偶一遇敵不降則潰。武侯佐先主適承其後，見人心疲玩，相習成風，非小懲所能戒，故不得已而用重典。拘牽之儒，迂濶之論，轉疑其威克厥愛，而不知優柔樂易當有嚴肅之氣以濟之，因循姑息正須武健之概以振之，時爲之也。王安石當宋全勝之際，天下無事，四海宴安，即舊法行之既久而宜更。安石果有心得以自見，姑試焉而徐行之，未始不可以小效，奚必施之驟而督之急，愈速其反動之力哉。古今以來讀書宰相，武侯、安石皆其人也。若救時之相，唯武侯足以當之耳。

曹公擒羽，禮之甚厚。《三國志·蜀書》卷三十六《關羽列傳》

古人常言「主憂臣辱，主辱臣死」，辱在死先。蓋以忍辱乃能負重。雖有一線之機，不敢不留身以有待。儒者能好爲苛論，不能盡責人以致命遂志。蓋死有有益，有無益也。壯穆之風，烏乎遠矣。

後主東遷時，擾攘倉卒。蜀之大臣無翼從者，惟正及殿中督汝南張通捨妻子，單身隨侍。後主賴正相導，宜適舉動無闕，乃慨然歎息，恨知正之晚。時論嘉之。《三國志·蜀書》卷四十二《郤正列傳》

人臣體國之義，所謂「奉以周旋、無敢失墜」者也。顧安樂之朝，常人迷於觀理，故賢達者從容諷議而有餘。傾危之日，才人每捷於見幾，惟忠貞者黽勉匡扶而勿貳。以余觀郤正，千古亡國之慘無有適於此也。勾踐入吴，范蠡爲相，謀復仇也。頃襄質秦，黄歇從往，俟其返也。雖懷帝蒙塵，辛賓從死，當時江左已奉元帝，晉未絶也。帝昺既立，播遷靡定，秀夫、世傑守死不去，立宋之後，猶有圖也。至蜀漢之亡，天命已終，人心亦去。郤正之於故主，相隨至久，復何所望。比之春秋之子家子，殆無愧歟！

亮臨正殿，始親政事。綝所表奏，多見難問。《三國志・吴書》卷四十八《孫亮列傳》

衡物者，苟非物自有之端，雖上哲不能衡一物。天下不乏衡物之才，而非失於略即失於苛，則以物各有一境，而吾以己意興乎其内也。善衡物者，亦因物之表裏始終，順其序以求之而已矣。有有形之物，衡物者即與之爲有形；有無形之物，衡物者即與之爲無形；有有形而無形之物，衡物者即與之爲有形而無形；有無形而有形之物，衡物者即與之爲無形而有形。非挾一罅之知以自矜也。孫亮年少，喜用其小智，數擿奸發覆，鍚中鼠矢，其一端也。狃於微效，乃不揣其事之始末，遽與大姦大慝較一日之短長。敗也宜哉！

周瑜爲居巢長，將數百人故過候肅，并求資糧。肅家有兩囷米，指一囷與瑜。《三國志・吴書》卷五十四《魯肅列傳》

今以人之萬物，不能悉備於宫中也。人有時求於我，我亦有時求於人。周恤之事，固恒情所不能免者。尋常無事之時，每發博施之宏願。道義相長之際，更動朋友之深情。非樂善嗚高豪傑之爲也，相與惜造物之餘焉耳矣。天下慷慨之事，於平時求乞輒取諸宫中而不靳者，每易爲流俗之所推，然而不易言也。使學問之道不明，居恒漠然於友也，進而漠然於君父矣，皆財爲之害耳。常見有讀書養氣數十餘年，不能去一吝字，則係累之私賢者不免矣。人各有重視升斗之心，亦各有輕視尊親之意，而鄉鄰之緩急更何論焉。此世風之所以日下也。魯肅在三國時，猶有儒者氣象，謂其能識大體也。其生平志業，於指囷一節略見之矣。

十七史説卷三目録

晉書

劉弘列傳一則言爲上者以身作則、移風易俗之難。……八七
陶侃列傳一則言成大事不輕末節。……八八
温嶠列傳一則言移孝作忠之説宜善解之，而不可爲訓。……八九
顧榮紀瞻賀循薛兼列傳一則言亂後貴有練習舊事之人。……八九
周顗列傳一則言維持風化之賴乎氣節。……九〇
王述列傳一則論有無相通之理。……九一
殷浩列傳一則論空言之無實濟。……九一
劉牢之列傳一則言兵宜教而後用。……九二
王裒列傳一則論軍中之功罪主名。……九三
左思列傳一則論士因一激而勤學。……九三
陶潛列傳一則論君子出處之道關乎綱常。……九四
桓温列傳一則論留芳百世、遺臭萬載。……九五
張賓載記一則言異族入侵皆土著者之爲虎作倀。……九五
慕容皝載記一則言重臣爲人所挾，有必敗之道。……九五

宋書

武帝紀一則言安内憂乃能攘外患。……九六
文帝紀一則言無備而戰之害。……九七
檀道濟列傳一則言忌才足以亡國。……九八
謝靈運列傳一則言惟安命可以處于事無可爲之際。……九八

齊書

高帝紀一則言民窮財匱之宜治本。……九九
褚淵列傳二則一言大臣甘心助逆之必有所因；二言學者晚節不終之故。……一〇〇
王融列傳一則論躁進之始于熱中。……一〇一

梁書

高祖本紀三則一言通經而不能致用之弊；二論阻兵則安忍；三論好佛原始于好奇。……一〇一
謝朏列傳一則論貳臣。……一〇三

魏書

孝文帝紀一則論舍己從人。……一〇三
孝静帝紀一則論貪生取辱。……一〇四
靈皇后列傳一則論陰教從嚴之所極致。……一〇四
崔浩列傳二則一論投身異族之慘禍；二論異族之用嚮導。……一〇五
釋老志一則……一〇七

北齊書

王琳列傳一則論見危之宜安命。……一〇七

顔之推列傳一則言從異族者爲其所輕。……一〇八

周書

蘇綽列傳一則論文書程式之不足以盡治道。……一〇八

十七史説卷三

明帝時，王導侍坐，帝問前世所以得天下，導乃陳帝創業之始，及文帝末高貴鄉公事。明帝以面覆牀，曰：「若如公言，晉祚復安得長遠！」迹其猜忍，蓋有符于狼顧也。《晉書》卷一《宣帝紀》

聖哲既往，而治天下之理終不絶於今古，非恃有異量之才，而恃有同然之性也。故無論智愚、賢不肖，端居一室，而斯世斯民、是非得失之故，皆得其於一心受理焉。吾嘗論之，天下或百年無聖人，未嘗一日無哲人。天下可百年無聖人，必不可一日無哲后，非哲之遠遜乎聖也。識時務之謂「哲」。更姓之事，可輔則輔之，可取則取之。宰世之權先以逆取之，繼以順守之，自古及今有同然者。當其應運而生，何嘗有取天下之志？適逢其會而萬物歸懷，蒼生托命，如百川之流於巨壑，一切障礙自有同時豪俊爲之驅除於前，不勞而遽獲，所謂得一國而不以爲暴，利盡天下而不見其貪，而且有除惡止亂之名也，奚取乎詭秘哉。《詩》曰「不忮不求，何用不臧」，此猶人心操持之功耳，非天道循環之理，姑勿論。求之不可必得也，即求之而得，致足樂矣，彼以爲難得易失、稍縱即逝之物，日相尋於旦暮，茹苦含辛而不辭，乃致憂勞積久之餘，悠然有實獲吾心之處，而不知富貴本其所固有。自有陰謀之後，於是盡己之力以謀人，遂至於人亦盡其力以謀己，作僞心勞日拙，已未免多此一事，而奇形怪狀畢露於外，所失不敵其所得，更億萬萬計。人心之好惡既明，而當代之悲愉欣戚、百族之愛惡毀譽，各以意告矣。司馬懿之奸慝，乃至子孫聞之以面覆牀，幾以國家之難，罪由生我，言之醜矣。

唯幾也能成天下之務，司馬子元是也。《晉書》卷二《景帝紀》

人心之偷也，士賤繩墨而貴虛無，要其風聲氣澤之爲，必先自上始，教之養之不於其素，而激之揚之復違其方。天下之不治，當道者之咎也。苟能察其所自壞者，而急自爲救，則夫王道之必可復，不待明者而後决矣。夫國家有大勢，何所成乎？成於創業之君耳。國家有大經，何所建乎？建於開基之辟耳。古昔之時，無敝道，故無敝人。無敝人，故無敝法。自王澤寖而法敝，而人亦隨之而敝，一切放浪之習行於其間，識者惜其審勢之不明，吾獨憾其貽謀之不善也。司馬師與何晏等游，當是時曹爽爲政，師父子處危疑之地，不得不屈身以自匿於權貴之門，猶可說也。魏祚既衰，流風不變，浸假而爲清談之習，率天下之人放蕩而不知所止，釀爲神州陸沈之巨禍，未始非師階之厲而處之不善之所致也。夫一國之勢，嘗聽於開國之人固也，已而勢變，則又驅一國之人以聽一國之勢，此治亂之大較也。有賢者作，從亂之後而力矯之，則其致亂之淺深可考也，其郅治之遲速可推也，爲人上者尚其慎之哉。

宣帝之將誅曹爽，深謀秘策，與帝潛畫，文帝弗之知也。將發夕，乃告之。既而使人覘之，帝寢如常，而文帝不能安席。《晉書》卷二《景帝紀》

天下決大計，舉大事，非沉毅者不能與之謀，非英果者不能勝其任。謀則謀矣，任則任矣，然天下之才合則全，散則偏。天下之才當則利，否則害。師也，昭也，天致之於一堂，又得能用二人者爲之主，三人並力融之，若出一人，此三馬食槽之兆也。曹操父子有知人之明，於天下之士宜周知其處，而不應近昧於所接之人。史稱操謂丕曰：「司馬懿非人臣也，必預汝家事。」丕素與懿善，每相全佑，豈非天哉！豈非天哉！

太醫司馬程據獻雉頭裘，帝以奇技異服，典禮所禁，焚之於殿前。《晉書》卷三《武帝紀》

世有至人，其量固無乎不舉也，然其生平功力之所積，則必不能雜乎其途。事事去其可疑，不必貌爲寬大，自博長厚之稱也，而中之不精者寡矣；念念去其可動，不必虛崇節儉，徒塞聽瞻之路也，而中之不純者寡矣。故至人一出，而其事恒足以正天下之人心，而其心亦足以任天下重遠之事。晉武帝繼三國之後，統一寰宇，懲曹氏奢刻之弊政，慕於爲善，未始非一時之賢君。然爲善之道，從容於存養之微密，積數十年之力，去其偏私之念而不暇也。乘一息之隙，隳其戒慎之素而有餘也。欲足以爲累，理亦足以爲累也。武帝後宮近萬乘羊車，恣其所至，驕侈非禮。區區一裘，焚之何益？等而類之，浮慕偃武之名而去州郡兵，粉飾懷柔之義而聽羌夷居塞下，易世而亡，宜哉。

讖云「昌明之後有二帝」。劉裕將爲禪代，故密使王韶之縊帝而立恭帝，以應二帝云。《晉書》卷十《安帝紀》

事至時起而創爲非常之原，在古人原以慙德自居，而君子不敢目之曰「過」。夫過則皆其事之不當然而然者也。顧同一作之不順也，而自仁者出之，彼其不忍不敢之意必且微見於失言失色之時，即内省無惡而其神明之地猶慮百慊而一欺；不仁者，則悍然而不之顧已。東漢山陽公、魏陳留王獲保首領以没。同一篡也，劉裕奪而且殺，自此而後篡弑遂合爲一事，可懼也哉。

妃妒忌多權詐，太子畏而惑之，嬪御罕有進幸者。帝常疑太子不慧，且朝臣和嶠等多以爲言，故欲試之。盡召東宫大小官屬，爲設宴會，而密封疑事，使太子决之，停信待反。妃大懼，倩外人作答，令太子自寫。帝省之甚悦。《晉書》卷三十一《惠帝賈后列傳》

天下有不易之是非，愚人常大惑而不解。吾人讀史，尼於尋常褒貶之文，而不能默會言外之意者，猶不免流俗之説動於中也。夫史者，旁事設辭而文之，屬乎辭者，即事而異，遂以得事情而盡其變。辭如事，是非如辭。歉焉則不達，侈焉則辭枝而事晦，偏焉、私焉則失平。此史之法也。正史之作悉本官書，同時史臣所記格於定例，習於禁諱，而不能用直筆，往往以幽懷微恉待後人之自悟。陳壽作《三國志》，本帝蜀而僭魏、吴，不善讀者僅覩其貌而未究其原，難免多所訕議，前人辨之詳矣。吾於《晉書》之《賈后》竊有感焉。賈后之傳最近，當作於趙王倫臣下之手，縷書其惡，波及中冓，亦孔醜矣。嘗謂人之才智無問男女，一也。自先王以禮爲閑，定男女之位，女子不得與外事，雖有術略，斂而抑之，循循焉從政於門内。凡所稱技能藝業，有用於世而可藉以成名者，一不得有所閑習，惟文學一門，閨閣尚厠其間，而傳世極少。八史藝文志，自周迄今奚啻數百千種，而名媛述作則絶無而僅有焉。後世搜訪前代遺文，苟有所流傳，雖至纖至陋，無不采而登之，而女子之列選者，乃僅千百之一二。歐陽公集古今金石上下數千年間，其爲女子書者一人而已。文學之難已如此。而治事之才，非稟質獨優而適逢時會，鮮克有稱於世。其見諸《列女傳》、諸子及史家所録，歷代不過數人。豈其材之獨絀，將由事非所重，習而能之者少，縱實有作爲而故揜匿之而弗使傳耶？則幸而有傳於世，可不諒其處境之艱，而加以恕辭乎？晉惠帝之不慧，質言謂之癡，衆所共見共聞也。在庶人之子，尚宜豢養於家，勿使治事，矧天子之適子，不以隱疾廢，令理萬幾而謂可無内助之人代之行事乎？賈后父充爲晉佐命，豈不能爲匹佳耦，而令嫁童騃之子？武帝爲子擇婦，必娶充女，其用意可知已。夫女子從夫者也，既胖合爲一體，則自門以内，事無洪瑣，一埤益我而代有終，俾其夫得脱然自拔其身，以從事於外，而己之甘苦榮辱一視夫之所爲。其志專，其德恒，故有夫在則從之，而夫没，遂以身殉者，雖非禮之所期然，觀於此而知夫婦共命之原焉。命猶可共，則凡天下之萬事萬物，既爲夫婦，尚有不可以共者耶？故以常理言之，則夫治外而婦治内，若夫不能任事而婦人誼均休戚，並主内外，雖非古禮，殊不外乎人情。雖聖人復起，順情制禮，亦即於此而知其不可易矣。漢吕后繼高惠而稱制，唐武后與高宗並稱二聖。以言婦職，二人皆有失行且彰明而較著，視賈后之干預朝政、帷薄不修者，事跡略同而更顯焉。史臣於彼雖有貶責，不至如此之甚者，何也？論天地之道，陰陽之理，男女同等，未有尊卑之别。男子廣納妾媵，無過而非之者，獨於女子之淫佚以爲萬惡之首，甚且姦與盜並列，風習使然，而古人無是教也。觀於秦太后之於魏醜夫，惟恐死者有知，致先王之怒，至於羣臣百姓公然言之而無慚，則從一而終之義惟適用於對夫一人已耳，非他人所宜限制之也。自程朱之後，坤道之格嚴矣，亦僅止於名教之束縛已耳，國家法律並不爲之保障也。故姦盜並稱，而犯姦者僅施薄罰，未能科以盜罪而處之極刑，則人心風俗行乎自然，不能以法律强而從同也，明矣。法律所不能强，而言論若或閑之，近千年而無改者，非言論之力也。大家巨族，嚴君長上，迫促而制之，必行以期合於所謂名教者耳。如有力能抗拒而不從者，則莫之能阻。即中夏禮義之邦，女子之縱恣者奚可勝道。況今夷風廣被，藩籬一破，不可收拾，更何獨於賈后一人而責之哉。抑后曾殺楊駿，廢太后，最爲論者所詬病。然政治中之爭奪，未可以尋常倫理一概而論。唐太宗手刃兄弟，宋太宗竄弟而迫姪於死，卒以朝政清明，四方無事，後人每多相諒。后用賈模、張華、裴頠輔政，並管機要，當是時，朝野安静，載於史册，詎不可以媲美貞觀、淳化？其於齊、趙諸王，宗親之地，備之未周，生爲人所圖，死亦不免蒙謗，此晉室貽謀之不善，非盡后之罪也。千載而下，公道自存天壤，發幽章微之功，責在儒者，所裨於法勸者，甚重且大。論古之士，尚知輿論波靡，未可云傳信與。

財産豐積，室宇宏麗。後房百數，皆曳紈繡，珥金翠。絲竹盡當時之選，庖膳窮水陸之珍。與貴戚王愷、羊琇之徒以奢靡相尚。愷以粭澳釜，崇以蠟代薪。愷作紫絲布障四十里，崇作錦步障五十里以敵之。崇塗屋以椒，愷用赤石脂。崇、愷爭豪如此。武帝每助愷，嘗以珊瑚樹賜之，高二尺許，枝柯扶疏，世所罕比。愷以示崇，崇便以鐵如意擊之，應手而碎。愷既惋惜，又以爲疾己之寶，聲色方厲。崇曰：「不足多恨，今還卿。」乃命左右悉取珊瑚樹，有高

三四尺者六七株，條幹絶俗，光彩耀日，如愷比者甚衆。愷怳然自失矣。《晉書》卷三十三《石崇列傳》

人第知不足之患，而不知有餘之患。夫不足之患小，有餘之患大。凡物皆然，而貨財其甚者也。天地萬物皆將取焉，勤以治生，約以自守，據爲己有，猶且不可，而較俗産，揣肥瘠，衡出納，鉅取而瑣求，損人而益己，筐篚充斥，道路以目，多財之害大矣，而巨室爲尤甚矣，況以無道行之而謂可長據乎？石崇之父苞，當晉之初，以佐命之功授淮南鎮帥，士馬强盛，取精用宏。方其帥師而出，捆載而歸，殺人越貨之行飾之以軍法，遂覺以順取逆爲事理之常，人莫敢議。其後任性情之横恣，其馮生未嘗不較異於庸流而回惑彌深，不難舉精神福澤之原，而盡供其剥喪，迨於牿亡既久，意態依然，旁觀者且謂天道之茫無足據，而不知氣焰之偶未盡也。禍所不得而譴者，福或從而敗之。及天下既一，海内乂安，崇席豐履厚，財日積而無所用，安得而不趨於奢侈哉。同時之王愷，爲武帝甥，乃挾帝室之親與之相角。愷以粭澳釜，崇以蠟代薪。愷作紫絲布障四十里，崇作錦步障五十里。武帝賜愷珊瑚樹高二尺許，崇家珊瑚樹更高三四尺，豪華如此，而無德以處之，安得不敗！蓋五行百産之精以給生人之用而已，雖天地之力不能多所贏餘。此有所壅，則彼有所缺。天且不能坐視以致礙萬物之生，而况人乎？故《周禮》以保息六養萬民，其一曰「安富」。嘗以富者爲人所附，有無通易，一方所仰賴。富室安，則一方之人俱安。其財幣之流衍也，使匃其貲以轉販者，得糊其口於四方；其田土之廣大也，凡手銚銍而刈穫其畝者，咸賴以爲生；其取精而用宏也，使操欘柯、度規縣、鎔金運摶，諸食藝術之人，廪其家以自給。而築構建設之所宜興置，水旱癘疫之災之所宜振救，歲時昏喪之所宜餉遺。凡事之待財而集者，皆能塞衆人之口，斥奇羨以資用，此其所以爲安之道也。反是者危矣。崇臨刑歎曰：「奴輩利吾財耳。」與東門黄犬、華亭鶴唳愧悔之誠如出一致。收者曰：「知財爲禍，何不早散？」斯言也，金石之良箴也。當其先私其積蓄，靳而不施，可以取懷而予，以爲餘力讓財之計而不爲也。及其後迫抑而强取之，雖欲盡其所有以返一日之無故而又不能也。財物之害人，寧有已時耶！

帝將有滅吴之志，以祜爲都督荆州諸軍事、假節，散騎常〔侍〕、衛將軍如故。祜率營兵出鎮南夏，開設庠序，綏懷遠近，甚得江漢之心。與吴人開布大信，降者欲去皆聽之。時長吏喪官，後人惡之，多毁壞舊府。祜以死生有命，非由居屋，書下征鎮，普加禁斷。吴石城守去襄陽七百餘里，每爲邊害，祜患之，竟以詭計令吴罷守。於是戍邏減半，分以墾田八百餘頃，大獲其利。祜之始至也，軍無百日之糧，及至季年，有十年之積。繕甲訓卒，廣爲戎備。《晉書》卷三十四《羊祜列傳》

　聖人不得已而用兵，非僅不得已於己也，即有時而不得已於人。異族侵陵，强鄰迫脅，非與之決戰不足以圖存，此不得已於己之説也。偏僻之國，有桀紂之亂，取其地足以廣國，得其財足以富民，不傷衆而彼已服，又有禁暴正亂之名，一舉而名實兩附，此不得已於人之説也。夫不得已於己者，死生成敗決於須臾，有不兩立之勢，則吾既得聞命矣。若不得已於人，人之不善何與於我？是當已而不已也。當已而不已，究何説以處之乎？今有良懦居於鄰右，家素富饒，不難刼取以自益。吾人果出於此，有司將立爲逮捕，治以應得之刑。即幸而免咎，然犯殺人越貨之罪，必爲鄉里所不齒，甚於誅戮，可斷言也。夫國與國相接，較之人與人相交，其事雖異，其理則同。今觀大國之於小國，不啻强暴之於良懦，巧取豪奪，天下皆然。不特爲法律所不禁，抑且爲天道所能容。豈竊鈎者誅、竊國者侯爲天演之公例與？是不可知矣。吾讀史至羊祜疏曰：「江淮之險，不如劍閣。孫皓之暴，過於劉禪。吳人之困甚於巴蜀。大晉兵力盛於往時。」然後知弱肉强食者，非獨禽獸爲然也，雖人亦有之。

祜與陸抗相對，使命交通。抗稱祜之德量，雖樂毅、諸葛孔明不能過也。抗嘗病，祜饋之藥，抗服之無疑心。人多諫，抗曰：「羊祜豈酖人者？」《晉書》卷三十四《羊祜列傳》

　君友之間，學者之所謹也。因事君而言不信於友者，是衛鞅之詐魏卬也。因交友而不竭其力於君，是狼瞫之友也。得一慷慨潔廉之士，以爲天下之事君交友，各盡其道者勸，此吾黨之所厚期以爲難者。乃一時而得見其二，史册中不數觀之事哉？祜與陸抗二境交和，時談以爲華元、子反復見於今日。當其雍容揖讓不自滿假，未知與古人何如，亦庶幾乎。吾黨之省身克己，常若不及者矣。嘗見世之人浮薄性成，本不知忠信爲何物，苟有便於其私者，即賣友而不恤，甚而上欺其君可也。彼猶時以忠信自市，其可乎？

頠深患時俗放蕩，不尊儒術，何晏、阮籍有高名於世，口談浮虛，不遵禮法，尸禄耽寵，仕不事事。至王衍之徒，聲譽太盛，位高勢重，不以物務自嬰，遂相放效，風教陵遲，乃著《崇有之論》以釋其蔽。《晉書》卷三十五《裴頠列傳》

　夫人置身天壤，即其情與理之萬不可免者，則有事焉。事無定名也，視乎人境之所遇以爲之名。神明即無所不周，要必得所循以爲歸宿之地；意量即無乎不到，要必專其業以垂久大之圖。古今來血氣互乘之軀，皆有人綱人紀相爲統攝。靈化之動也，萬化生焉。居室之間也，至道立焉。帝則之情也，耳目懸焉。彝倫之秩也，形聲接焉。而斯情斯理之因以昭著者，確乎可見其付託之端也。自曹操諸子皆能文章，盡極深研幾之致，於是當世之人高言精義之學，往往置日用於弗求。不知宇宙之遠，惟此數大事爲之條貫於其間，而緣是以爲端，則雖極之曲折纖微，總不離乎日用之故。舍是而言儒術，吾不知其置力者安在也。無論乎哲王之損益張弛，哲人之變化云爲，咸肇端於動作。意以存於心，心以運乎身，身以達於家，家以訖於天下，而後安之以本俗，養之以保息，宅之以土宜，納之以軌物，而又維之以衣食兵戎，教之以冠婚射御，紀之以尊卑貴賤，秩之以典禮文章。其相與往來而酬酢者，莫不本於聲色、香味之接觸，此之曰無，則經世服物之用，有恍惚而莫窺其際者矣。夫大經大法之久垂天壤也，識不足以守之，轉託於返始窮源之説，而索隱徒勞，則物則之恒孤懸無附，盈虚消息不隨時轉，以至誤入於岐途。即官骸手足本有形質，一涉於元虚之説，將成爲冥頑不靈之具。人道澌滅，莫此爲甚！顧當季世，能持正論，未始非人中之佼佼者。究之天地閉，賢人隱，狂瀾既漲，一力焉能挽回？此神州之所以終於陸沈也歟！

惠帝之爲太子也，朝臣咸謂鈍質，不能親政事。瓘每欲陳啓廢之，而未敢發。會宴陵雲臺，瓘託醉，因跪帝牀曰：「臣有所啓。」瓘欲言而止者三，因以手撫牀曰：「此座可惜！」帝乃悟。因謬曰：「公真大醉耶！」《晉書》卷三十六《衛瓘列傳》

人之量與道之量必相差而後可及，即人之量較與語者之量亦必相差而後可言。故道則高矣，高者微渺之所獨處，而高之爲道，聖賢之所謹司。即欲得一人而傳之，要不得苟焉爾，其必生而知之者乎？其必學知以上而後可乎？學知以上，資性之所定有異焉者矣，以擬天縱之才殆一間矣。學知以上，造詣之所極有深焉者矣，以視自得之詣殆庶幾矣。得若人者，而與之言亦曰可矣。如是而漸以深微予之，蔑不入矣。非然者，不量己之量之未及，而强于聞；不量人之量之未及，而强于誨。道術之敝恒必由之，人固失之，己亦未得也。如晉武帝猶中主也，劉毅比之於桓靈而弗怒，馮紞以鍾會之釁歸咎於其父而不之罪。夫行於宇宙之寬，擇於倫類之衆，有人於此而爲生知之人，吾且尊事之，此其最上者也。有人而爲學知以上之人，吾亦不敢刻繩之，以爲幾於生知者也。武帝承祖若父後，精强自異於常流，縱有所蔽，即一念之誤，有可以調停而合者。瓘不勸擇良弼以輔太子，如他日賈后用張華、裴頠之法，而遽言廢立，可謂無術之甚矣。當三國之間，袁以廢長立幼而敗，曹反袁所爲而興。「殷鑒不遠，在夏后之世」。此事當爲武帝所素知，瓘言適中其所忌，安望其言之聽哉。故善説人者，必審人之解悟而後致之，使彼分量未至於是，我强聒之而中茫然，夫且有白首莫晰者矣。善事君者，必審其君之性情而後逆之，使我本體猶不足恃，彼偶聞之而神熒然，夫且有思之以爲非義者矣。瓘以言取禍，災害及於其家，且凶於其國，猶其顯焉者也。

濬自以功大，而爲渾父子及豪强所抑，屢爲有司所奏。每進見，陳其功伐之勞，及見枉之狀，或不勝忿憤，徑出不辭。帝每容恕之。《晉書》卷四十二《王濬列傳》

戰陣有勇者，生人之所以盡職也。不欲上人者，君子之所以平情也。由是觀之，天下固無可争之功，吾人亦不容存有争功之念，然而往往難言矣。惟古人同仇之義，即執殳前驅，亦守官之常，而猥以偶爾幸勝之餘，貪天之功，而蒙上賞，方慚惶之不暇，而何至以爲未足？使濬果沈酣墳典，緬懷于德盛禮恭爲貴，則雖身處乎披堅執鋭之會，應穆然意遠，念其二千石家風，豈肯與驕盈之族競一日之短長哉！夫名莫高於勇戰，險莫甚於渡江，賞莫重於擒王，勳莫大於克一國。人臣即不敢居功，未嘗不思遠過。當時王渾在江之北，頓師不進。濬若不少作其一鼓之氣以宣於衆，何以獨成其丈夫？軍法有之：「將在外，君命且有所不受。」況濬於渾僅奉詔遥受節度耶？論國家酬庸之典，渾、濬曲直自有公論，惜濬之所以居美者，未能盡善，誠如護軍范通所言者。乃知君子謙德，儒將高風，追維今古，敻乎不可數覯也已！

及渾卒於涼州，故吏賻贈數百萬，戎辭而不受，由是顯名。《晉書》卷四十三《王戎列傳》

人情之替，而友道之衰也。讀《谷風》陰雨，慨夫末俗之詩而已極矣。自處安樂而良友契闊之後視若遺焉，求其繾綣存恤者，人情之所難也。敦厚之儒往往好行其德，誠恐施從其薄，無以維古誼而起澆風焉。雖然，此其説未盡然也。君子之道，義無所衷，一介之貺，固無煩也。理維其當，千鍾之養，所不辭也。故財求之際，必以能與爲賢，不亦近市交而輕天下之士乎？緩急雖人所時有，施之非其人，受之非其地，鄉黨之自好者猶恥無功之食，況超然玄箸如戎者耶？觀戎之行，其無以賻贈爲也，視富者之餘而無用者，其情更甚。拒之而不受，視夫有請而不逆其意者，其感更深。彼風塵俗吏惡乎知之，宜其多此一舉焉。若謂戎由是顯名，區區之事何足稱道，未免淺之乎其論人矣。

戎始爲甲午制，凡選舉先治百姓然後授用。《晉書》卷四十三《王戎列傳》

盛世之治，正心術，立綱紀。法去其太甚，令戒其矯誣，天下只見其蕩佚之樂，而人君常以叢脞爲心，此其所以治且安也。蓋爲治者，明廷之事，非屋漏之事，將第習繁苛以御物乎，抑大度而養一世於和乎？將欲蕩廢準繩以便俗乎，抑小心而致上理於自然乎？若不從正道而出，情性偏而制防隳，百姓有跛踦之容，庶民有沈湎之性，朝廷享無事之福，而天下皆以多事爲憂。爲治而至於此，遠乎法術刑名之禍，而原乎道德清浄之遺，此其意宜無惡於天下，而在有識者觀之，不免深思而且遠慮之矣。王戎爲政尚清浄。凡選舉，先治百姓，然後授用，有無爲而治之想。果其謹吾情以達萬物之情，則禮樂兵刑誠非所屑屑也。然繁之不能反趨於簡也，文之不能復歸於質也，猶水之不能逆流而上也。君子知其然，是故不敢以民性之驕悍而咎天，不敢以民習之詐諼而咎地，紛紛督過。惟此自反之冰淵，兢兢然猶恐不及，而敢以輕心掉之哉？輕心掉之，終於必亡而已矣。

衍復爲太子舍人，遷尚書郎。出補元城令。終日清談，而縣務亦理。入爲中庶子、黄門侍郎。魏正始中，何晏、王弼等祖述老莊，立論以爲：天地萬物皆以無爲爲本。無也者，開物成務，無往不成者也。陰陽恃以化生，萬物恃以成形，賢者恃以成德，不肖者恃以免身。故無爲之爲用，無爵而貴矣。衍甚重之。《晉書》四十三《王衍列傳》

夷狄之亂中夏，與邪説之亂大道，皆由於正氣不充，外侮因之乘虛徑入。兩者之勢常牽連而俱至，自古及今無或爽焉。夫士習之與民風共清濁者也，憑式結軥之流既日騰其口説，愚民何知，崇攀而熱附，類引而黨招。辨有口者倡之於前，愚無知者隨之於後，舉國之人已誤所趨而不知返。若更漸染於胡風，乃益決情潰欲，若縱不繫之舟於巨壑，旋轉飄蕩而不知所止也。故晉有清談而後有五胡之亂，宋有講學而後有金元之禍，明清之際士論閧起，而後歐亞交通，開千古未有之奇局。蓋遠方俗尚，於慎獨之中、方寸之地一不厝意。至論世運治亂興壞之由，人事是非邪正之別，抉幽覷微，剽剥剖攻，雜以恢詭，雲幻波激，莫測所來。或諸夏之族曾往異域，取其詭聞而駴睹者，狹之以返國，或舶來之品流入中土，以駭世愚衆，在極治之世未嘗無之。惟朝廷有馭之之道。凡言僞行僞者，則有極刑之誅；移郊移遂者，則有不變之典。羣言之是非，不待言而自明。帝王之世，此輩無足爲害？其在叔季，士生於喪亂，日處於憂時，感遇之中，其志幽抑，其音哀促，一聞異端而有所觸，放誕愈甚者，氣味益與相投，誠不惜爲偏鷙激宕之辭，以紓其抑鬱紆軫無聊之素，久之遂爲人心之害，世道之憂。此孟子所云「率獸食人，人將相食」也。故漢晉唐宋明清之季，神洲陸沈，爲古今之大變，非外患内亂之足憂，乃自作之孽耳。尤可異者，漢晉末俗好胡服、胡帳、胡坐、胡飯、胡箜篌、胡笛、胡舞，貴戚皆競爲之，而其備即在於胡。今之末俗，好西學、西器而其事即生於西，如影之隨形。吁，可畏已！

廣所在爲政，無當時功譽，然每去職，遺愛爲人所思。凡所論人，必先稱其所長，則所短不言而自見矣。人有過，先盡弘恕，然後善惡自彰矣。《晉書》卷四十三《樂廣列傳》

飭幾於主静而其心正，不觀静而觀動。擬動以自惕，所爲隨在不驚，其静也廣。居敬行簡，堂上之心若堂下之政，猶是兢兢統馭也，曷爲澄其源而遂清其流歟？不知乃淵乎居極而已。故以深微語之，蔑不入也；以淺近投之，蔑弗化也。人以爲深者，彼且視之若淺；人以爲淺者，或悟之爲深。如在上之於穆無聲也，按之皆若日用之條理；在下之指點非異也，會之皆爲天命之流行。是得道之候之所將到者也。彼且幾幾乎及之，而片語居要，針芥相投，必不至滯焉而無所通。東晉風流，王、樂稱首。如廣所爲，於風俗人心蓋爲無損有益，誠鐵中錚錚、庸中佼佼者哉。

史臣曰：悲夫！《詩》所謂「誰生厲階，至今爲梗」，其八王之謂矣。《晉書》卷五十九《八王列傳》

宗室受封，僅食禄而不治民。自有庳而外，吾未見其人也。懿親而爲首輔，周公爲師，召公爲保，而召公尚且不説書缺有間，猶未知後此之能上下相安否也。故親貴之封，古今之弊政，而非善政也。蓋天生民而立之君，君臨民上乃天定之，非人力所能强爲。君之叔伯、兄弟僅下於君一等，而復居民上，子子孫孫傳之無窮，則閭閻之間必有不堪其擾者。王之子爲王，公侯之子爲公侯，伯子男之子爲伯子男，此以其適子言之。若其餘子與君敵體，不能等於齊民，常居一人之下，萬民之上，更求上進即爲篡弒之階，則宮庭之地且有因之生釁者。由前之説，禍在於數世之後；由後之説，禍在一二世之間。晉封宗室兼有之矣。西晉亡於八王，東晉亡於會稽王道子、元顯父子，南北朝之間，若宋、若齊、若陳、若北齊、若北周，皆坐此弊。豈非旁觀者明，當局者疏耶？隋唐之後漸知其禍，備之至矣。備之奈何？爵禄必與事權並付者，用人之常理也。威令不與富貴並施者，親愛之權宜也。故豐其名號以尊禮之，崇其宫室以深處之，厚其禄廪以豢食之，多其臣隸僕妾，聲色靡麗以娱悦之，毋使與聞政事，乃兩全之道也。明初一或不慎，遂有靖難之師，岌岌乎殆哉！

劉琨忠亮開濟，乃誠王家，不幸遭難，志節不遂。《晉書》卷六十二《劉琨列傳》

才氣之士觀世甚悉，而常區區爲無益之謀者，蓋其才足以處常，静則爲幽人之貞，動則爲三代之英；其氣足以處變，小之不能與斯人爲恝，大之可以與天命相權。故天下大事，或有氣無才，或有才無氣，皆不足以當之。有氣而無才，則天下安能出英傑？有才而無氣，則古今安得有忠良？合之雙美，離之兩傷已。劉琨、祖逖、温嶠皆北方才氣之士也。琨立功河朔，翼戴王室。嶠延譽江南，削平禍亂。逖鎮守邊境，招集流亡。三人之中，琨功爲最少而境遇愈可悲焉。蓋逖先渡大江，嶠繼詣建業，當是時晉室南遷，天下大勢所趨，海内人心攸往。豪傑之士倚以建勳，勢較順而事易集。琨留於北地，近於强胡，非乘人短以炫己長也。時幽燕之境，羣凶盤踞，牙鋸爪鈎，攫拏搏噬，不一其狀。孤軍支柱，肆應爲艱。本當日同仇偕作之思，則上不能謀，士不能死，均切身之痛，而莫如之何。及并州背叛，奔依匹磾。人爲刀俎，我爲魚肉。雖勢窮計迫，不以無利而不爲，不以見害而少避，卒爲賊害。以琨料事之識，豈不知其所處之艱？知命者何肯立於巖牆之下，自趨死路耶？惟以天下興亡日懸心目，當世利病夙所憂疑，既身臨其間，食焉而避其難而又奸之，將焉贖此疚也？故寧可玉碎，不欲瓦全；寧可逞强，不欲示弱；寧可大節無虧，不欲留身有待。則祖逖、温嶠之功，奠安社稷，名在一時；劉琨之功，扶植綱常，澤被萬世矣。吾嘗觀古之嗜奇抱異、魁材畯桀，其守之身而措之世，與夫文章述造，騰播於人人之口而厭乎其心，歷百世而名益盛者，相接也。而衆口交推，乃在於剖誠觸戮，死而不得所之人，尤於力圖恢復、効命疆埸者，益加欽慕不置。蓋其忠正鬱堙之氣，湓忿於人之心，彌久而彌不能釋，故人之致敬，雖曠時異代，猶若親薰其德而濯其風也。不然，殺身成仁，舍生取義，僅自成其節耳，於後人何與？而百世之下，乃獨嘉其有志，悲其不終，常相與尸祝之，不敢忘者，何哉？是知其不可爲而爲之，古今以來惟孔子一人，欲以匹夫而爲百世師。如琨之類，非親炙聖門，亦不講演道學，而能以孔子之志爲志，史册之中堪與比擬者，惟宋之文丞相、明之史閣部，寥寥數人。此其所以可貴與？

元顯爲安帝之孫強，道子實晉朝之宰嚭。《晉書》卷六十四《會稽王道子列傳》

世道之衰，讀「河干伐檀」諸篇，皆詩人之淚也。一離私室而至公家，則禾廛之取悉敲撲之餘，庸可久乎？故天下無不爲利之小人，無爲利而不病國之事。君人者往往誤用之，而出納予奪之柄爲其所專，勢必剥民之膏以充其欲，屈物之力以供其求，而不慮其危機之潛隱，而將發其禍，可勝言哉！東晉之季，值淝水勝秦之後，五胡內亂，自相殘殺。晉室偏安之局，幸得少息，方其朝野無事，民物滋豐，舉國從容以頌太平，而其事皆隳壞於冥昧之中，其禍已伏積於蕭牆之內。於是奸人乘時以濟其欲，一瞬之間遂屋晉社，則會稽王道子、元顯父子有以致之也。蓋親貴之誤國迥異乎常人，不獨賢人君子具忠愛之忱者所不忍爲，即無忌憚之小人趨利必知遠害，亦有所畏而不敢發也。故老臣如謝安而道子間之，忠直如范寧而道子惎之，倡優下賤如趙牙、茹千秋而道子用之，弑父弑君如張貴人而道子寬容之。史稱道子崇尚浮屠，窮奢極費，近習弄權，交通請託，賄賂公行。又稱元顯聚斂不已，富踰帝室，弊政殃民至於如此，不特梟桀之流如桓玄輩之伺其側也。即上焉，天厭之而薄其陰陽之和，山水草木皆足爲災也。下焉，民怨之而恣其愁苦之氣，匹夫匹婦亦足爲病也。災害之至，豈待言耶？厥後，桓玄舉兵，首誅道子，一時朝野欣然，則其天怒人怨、衆叛親離之情可想而見矣。世有董狐其人也，當大書曰「會稽王道子伏誅，明正其罪」可也。終南北朝之世，史家貶斥未有如元凶劭之甚者，惡其弑父弑君也。然道子、元顯則甚於劭。劭弑其君父，道子、元顯棄其祖宗，絶其宗祀。《春秋》如可作也，書道子、元顯爲元惡大憝，亦可也，安得佞臣之頭懸於國門之外，以釋兆民之怨哉？

時元帝爲瑯琊王，與導素相親善。導知天下將亂，遂傾心推奉，潛有興復之志。《晉書》卷六十五《王導列傳》

江左賢相，世推王、謝。或者以偏安之局迄未能有所擴展，不能無疑於其人。吾嘗謂，觀人者當觀於微際，不徒於其顯者也；論世者，宜知其大端，不徒於其小者也。蓋奇異之行，最易聳人聞聽而庸德弗章，況宰相之職，在佐天子，定太平，其地至隱，其事至微，爲聽睹所不及乎？吾觀史册之述相業，皆主少國疑之時，託孤寄命之事。其循循修職如王、謝者，惟唐之房、杜堪與比擬，他無似焉。豈史家之識有不逮與？亦庸行之傳世者艱於紀述也。若導與安之扶危濟傾，再興晉室，其難更甚於房、杜，而其所處不過君臣上下之間，論道經邦之事，何嘗有畸行偉節足光志乘哉？唯其平易近人之足貴，故秉國之鈞者不必務爲其難，而其至難者固在此不在彼也。晉自王衍令兄弟分典州郡以爲窟穴，元帝渡江寄食而已。用導爲謀主，陰以聯絡藩封，其進身之難已如此。敦叛而合家待罪，峻至而棄節從行，其處境之艱又如此。雖削平大難，司空無赫赫之功，然新亭流淚，勗之以勠力王室而後衆志益奮。遷都之計，矢之以鎮静而後羣情乃安。其生平平易近人，不善自表異爲卓絶特立之行，然盛德至善，所全者大，非恒常所能企及也。謝安之時，視導爲尤窘。導雖不若敦之强，而兄弟行也。安爲桓氏司馬，繼乃同升諸公，其勢本已不敵。然天下事有功令所不列，簿書所不載，衆人熟視無所見，雖見以爲不繫於職司。安總中書，違衆舉親，用兄子玄爲將，練北府兵，一傳而得劉牢之，再傳而得劉裕，三傳遂有王鎮惡、傅弘之、沈田子、林子、朱齡石、檀道濟，諸名將相繼並出。當是時，南北分峙，南風之不競非一日矣。北府一軍破苻堅百萬之衆於淝水，收燕取秦，國威大振，跖跋赫連望風退避，皆安之遺澤也。南北宋之際，如得一王導，鋭意恢復，或得一謝安，練軍講武，以爲之備，則雖有遼金元，何能爲耶！

和季以同里之情，申盧綰之契，居方牧之地，振吴起之風。自幽徂荆，亟斂豺狼之迹。舉賢登善，窮撥孔翠之毛。由是吏民畢力，華夷順命，一州清晏，恬波於沸海之中。百城安堵，静祲於稽天之際。猶獨稱善政，何其寡歟？《易》云「貞固足以幹事」，於征南見之矣。《晉書》卷六十六《劉弘列傳》

天生喪亂之世，以顯名世之才也。天生名世之才，以爲天下之民也。無喪亂之世，則名世之才不彰。無名世之才，則天下之民曷賴？觀於劉弘，而知名世之不虚生也，又知禍變之不自已也。有一代之名世，即有一代之變故乘乎其後；有一代之變故，即有一代之名世救乎其間。蓋有歷歷不爽者。夫異種競争之戰，代有其事。西晉之變，生民以來所未有也。胡羯氐羌諸部，經中夏累世之招懷撫納，無間族類，處之塞内，而近邊諸郡皆得築廛次以居，更往互來，日衍月增，尨雜紛繳，不可刮櫛，義羈力創，計術俱窮。其侍子置邸闕下，以戎狄彊獷之習，居京師機變之地，值時多故，啓其情僞之萌，致其輕視之意。一旦禍發，西晉喪亂，神州遂致陸沈，所餘者江左一隅之地而已，所恃者南方孑遺之民而已。於此有人焉倉卒禦敵，雖有絶倫之力，高世之智，徒手以揆量天下，惡足以應無窮之變？驅市人以當大寇，尚不可求之於燕晉之郊，而敢必得之於吴越之境乎？弘於救時之策洞悉其機，不貪近效，不徇俗議，兢兢焉期於國事有濟，專督江漢，拊循庶民，選拔賢俊。一時名士如陶侃、賀循、顧榮之類争爲之用。夫經營天下者，以收拾人心爲轉機。收拾人心者，以鼓舞人才爲先務。人才多少之故，非其時爲之也。在上者，無以致之，則伏匿而不出。有以致之，則輻輳而俱來耳。惟弘能致人，所以核天下之才其程甚嚴，所以收天下之才其途又甚廣，使人駸駸乎興起，莫阻其志，而國家緩急能得其用。故江左晏樂，不被兵禍，元帝渡江，席其舊業，得成偏安之局。若似乎當時早料及此，特遣弘往爲元帝先驅也者，天也，非人之所能爲也。史臣稱其治迹，以方古循吏。吾觀弘之爲政，宏達剛毅，有大臣體，其視古所稱循吏之量遠矣。凡人一言一動之機，莫不根於心而發，獨居深念之地。既各有一方焉，若等於性命肌膚之不可離，則雖有成敗利鈍之不同，而釋兹在兹，處之仍秩然其不亂。故事止及身者，常人之功也；善與人同者，聖賢之功也。弘受大而克荷，履煩而不勞，足以表振寮采，懋揚職業，副朝廷倚畀之意。於事成則曰某人之功，不成則曰老子之過。與舜之與人爲善亦奚以異？當此之時，中原大亂，豪傑建勳之日，不思以殊猷偉烈以光四方而動聽聞，而第以道德相感，口噓手植，掖之以進，破庸俗之見，行吾心之安。斯學問中精微之處，而性情中敦厚之原也。使人知其意，相與念釋以求之，猶未普及也。即使人不知其意，亦將游泳而存之，則無所不被矣。使人可望不可即，常驚歎而豔羡之，猶之乎淺也。使人人可以企及，不知手之舞之，足之蹈之，則入人者深矣。以蚩蚩俗吏而宏淵然有進之於道之心，穆然有與之同德之象，流風餘韻至於如此，宜乎邇昵遐跋，父仰師戴，非一二世所能盡也。雖謂晉已亡，弘爲延之百餘年可也。雖謂當代名臣如王導，各方名將如陶侃、温嶠、祖逖、劉琨，皆弘所造就可也。弘以一人之善，施之一方，而推之天下至於後世，使薰其德者皆相砥以幾於成，君子之澤，豈不長哉！

侃在州無事，輒朝運百甓於齋外，暮運於齋内。人問其故，答曰：「吾方致力中原，過爾優逸，恐不堪事。」勵志勤力，皆此類也。侃性聰敏，勤於吏職，恭而有禮，愛好人倫。終日斂厀危坐，閫外多事，千緒萬端，罔有遺漏。遠近書疏，莫不手答，筆翰如流，未嘗壅滯。引接疏遠，門無停客。常語人曰：「大禹聖者，乃惜寸陰。至於衆人，當惜分陰，豈可逸遊荒醉？生無益於時，死無聞於後，是自棄也。」《晉書》卷六十六《陶侃列傳》

世之言道者，往往務其大者、遠者，而家庭之務則薄而不屑計及之，以爲此淺近易解者。夫天下之事，有可以一試之而成者，有非一試之所能成者。功可以苟立，而德則未可以苟修也。故爲學者，始必有所争之於其大，而後必有以及乎其細。辨之仁、義、禮、智之分，凡此四者，皆爲大端。然恃大端，未足以成德行也。日用尋常之故，其類甚微，而其理甚密，既別之於纖悉之間，則事無洪瑣劇易，必躬閲而自營之。爲學益深，而自勵益甚矣。晉陶侃爲廣州刺史，在州無事，朝運百甓於齋外，暮運於齋内。嘗語人曰：「大禹聖人，乃惜寸陰。至於衆人，當惜分陰。」充侃之量，足以爲帝師王佐，於此十六字盡之。凡人由少而壯，由壯而老之身，豈晚蓋所能及，求其可據，惟此目前。有目前，乃有終身。百年歲月，一分析之，皆須臾之間，惟其須臾之不懈，乃能矢之終身而不懈也。觀此而知人心之至常，必以人心之至暫爲候。暫者融，則常者立矣。雖然，好逸惡勞，人所同也。攻取之乘，性所詐也，非情所順也。其始必有所甚强，其後乃有所甚安。循習之常，以俟天機之熟，遂爲自然。譬其小焉者，其進德之業亦若是也。夫人於可欣可厭之事一來於前，而欲惡早與之迎。侃嘗爲王敦用爲荆州刺史矣，又嘗以不與顧命爲憾矣。非操之有素存於中者，先有以待之，僅從後而爲之制，此亦常不及之勢也，幾何而不爲錢鳳、祖約耶？惟侃才高而能斂，志大而不夸，方寸之地湛然無滓，無故而已端其主，無事而已習其心，於小利小害而不惑，而後大利大害不惑也。至若席榮不驕，蹈艱若夷，歷之久而不更於始，自修道之君子猶以爲難，而侃顧能之，非始乎性，長乎習，而能若是乎？《晉書》於侃動多貶辭，幾疑其臣節之不純。語云觀人於微，殆戞戞乎其難之。

除散騎侍郎。初，嶠欲將命，其母崔氏固止，嶠絶裾而去。其後母亡，嶠阻亂不獲歸葬，由是固讓不拜。《晉書》卷六十七《温嶠列傳》

今夫厚於君而薄於親，古人無是學也，故致身之義固不容辭，而就養之情尤不可緩。惟是行者不憚跋涉之勞，居者轉厪遠方之慮。比事屬辭，幾疑母子之分雖親，不若君臣之道爲獨重已。温嶠一代英賢，此舉終不可爲訓。白圭之玷，君子譏焉。

顧、紀、賀、薛等並（聞）〔南〕金東箭，世冑高門，委質霸（邦）〔朝〕，豫聞邦政；典憲資其刊輯，帷幄佇其謀猷；望重搢紳，任惟元凱。《晉書》卷六十八《顧榮紀瞻賀循楊方薛兼列傳》

江左之需才急矣，而需練達之才則尤急。國事日紛，苟得一二通達治體者相與敦崇古訓，維挽宗風，晉室其大可爲乎。庸儒居恒自許，動援經典以持議。當事涉疑難，乃道謀而不(貴)[潰]於成，悞人之學術半在迂疏耳。夫國之老成，胥由於歷練，用能洞悉機宜，深關國體。儒者學古入官，安可恃智計以圖功？當盈廷聚訟之時，輒觀其變而獨審其幾，由於所見者多，所記者博也。顧、賀諸子，東吴舊族，先正典型。江東一隅之地，草創中興之業，不至淪入異域者，皆諸子之功也。

初，敦之舉兵也，劉隗勸帝盡除諸王，司空導率羣從詣闕請罪，值顗將入，導呼顗謂曰：「伯仁，以百口累卿！」顗直入不顧。既見帝，言導忠誠，申救甚至，帝納其言。顗喜飲酒，致醉而出。導猶在門，又呼顗。顗不與言，顧左右曰：「今年殺諸賊奴，取金印如斗大繫肘。」既出，又上表明導，言甚切至。導不知救己，而甚銜之。敦既得志，問導曰：「周顗、戴若思南北之望，當登三司，無所疑也。」導不答。又曰：「若不三司，便應令僕耶？」又不答。敦曰：「若不爾，正當誅爾。」導又無言。導後料檢中書故事，見顗表救己，殷勤款至。導執表流涕，悲不自勝，告其諸子曰：「吾雖不殺伯仁，伯仁由我而死。幽冥之中，負此良友！」（《晉書》卷六十九《周顗列傳》）

天下氣節之大，惟一二耿介之士足以維之。故士之傑然自命者，必不屑苟諧於流俗，而人亦未易輕測其所以然。當道者每欲得守死善道之人相與共濟，而爲之計者亦時體此意以論天下士焉。敦既得志，他未遑及，首問：「周凱、戴若思南北之望，當登三司，無所疑也。」「若不三司，便應令僕。」天下何地無人才，亦何時不可言求才。有其權，則升之庸之；無其權，亦賓之友之耳。天下之大，必有能負重望者爲衆人之倡。苟負衆望，其所屬意之人，天下之人耳而目之，則而傚之。苟負衆望，又能容人，雖一二英賢不爲少；不能容人，雖日進千百無足用，不可不慎也。雖然，天下爭便鬭捷之才於世無不可爲之事，而人亦樂觀其職旨。反是者以爲不近人情而棄之。夫衆人而棄之擯之，猶可言也；負衆望者而亦棄之擯之，不可説也。如負重望而既棄之擯之矣，安在衆人棄且擯者，將更有甚焉者，則相率於爭便鬭捷、希旨順意之舉，而世風敗矣。即不必棄之擯之，而但視爲可有可無，若無關於人心風俗也者，又安在能耳而目之、則而傚之也哉。王導以周顗、戴若思之死引爲己咎，自具供狀，載在史册。律以唆殺人之罪，爲不可寬宥者。蓋敦雖叛徒，其於周顗、戴若思二人也，其識高，其趣遠，其相知不在尋常物色之內，故可以砥礪廉隅而培士氣，非一孔之儒苟且之見之所及。夫天下之英賢雖登於朝右，不若深入夫人心。始於一人之片言，達於邦國，天下士雖以不得知己爲憾，未能拜颺乎明庭，猶復流連慨慕，相與商度於私室之內，使千萬世後知風化繫乎人材，人材由於氣節，而爭相砥礪，以力挽頽風。則敦與導一問一答之所繫，豈輕也哉！

初，述家貧，求試宛陵令，頗受贈遺，而修家具，爲州司所檢，有一千三百條。王導使謂之曰：「名父之子，不患無禄。屈臨小縣，甚不合爾。」述答曰：「足當自止。」時人未之達也。比後屢居州郡，清潔絶倫，禄賜皆散之親故，宅宇舊物不革於昔，始爲當時所歎。《晉書》卷七十五《王述列傳》

酌盈劑虛者，天之道也。通功易事者，古之制也。取與不苟者，己之願也。辭受求安者，人之情也。位定而後禄者，匪頒之常也。量能而後入者，學古之心也。士誠不敢厚自菲薄，妄求升斗之奉，然使以一人意氣之私，遂薄朝廷養賢之典，則雖立意較然不欺其素，亦無以持天下之平而安臣子之分，豈誠視此區區者爲無所用之，而姑以却吾累而鳴吾高耶？充斯類也，因以槩乎中材，已仕而貧毋，乃室人交讁，不免於北門之賦，豈中道哉。君子之道，不肯虛取，受之則必報之，亦不爲豪舉，與之自必宜之。王述試令，頗受賂遺，而居郡禄賜散之親友。貨惡其棄於地，有是財即有是用，不必其獨在一己也。任卹睦姻之資，以一人之榮相波及，益以廣國家旁流之澤，不亦善乎。

浩少時與温齊名，而每心競。温嘗問浩：「君何如我？」浩曰：「我與君周旋久，寧作我也。」温既以雄豪自許，每輕浩，浩不之憚也。《晉書》卷七十七《殷浩列傳》

意相同也，術相類而學相等也，並世而生者，有幾人哉！而此生不過幾人者，往往隔以百千萬里而不相值。相值矣，而所蹈之，異其轍迹也；所居之，崇庳夐絶也。年之先後不相值也，以並生爲幸，而以不得聚居爲憾。有如晉之殷浩、桓温。論其位，則彼與此分且相醜矣。言其志，則品與道機不甚懸矣。詎不可以通力合作以挽劫運哉？然猶未可者，則以志趣才分之各別，而際遇因之而歧焉。蓋學者之志趣可以自知者也，而其才分則未可自知者也。豈唯不自知，亦無人能知之者矣。反而言之，學者之才分已然之事也，而其志趣則未然之事也。豈唯未然，即其後亦無能測其所以然者矣。蓋天民之行，大人之學，有志之士可以默驗其盈虛，無待於外也。如體天地之變，察萬物之情，人苟不出户庭，縱有命世之才，亦無能知其實際矣。雖然，命世之英，遭逢盛世，一旦得行其道，約之在一身，廣之及於朝野，如錐處囊中，其末可以立見。若夫有志之士，慷慨自許，一試之後，時移世變，升沈殆未可定也。知此者，可與論殷浩、桓温矣。浩、温同負一時盛名，浩比於方、召，温擬於管、葛。雖晉室清談之習，然兩人同負當時重望，固無可疑。及浩督荆梁軍事，温爲揚州刺史，同時並舉，天下仰望，以爲兩賢共濟，滅胡取蜀，直指顧間事耳。温既立功於西，威勢大振，陰有不臣之志。朝廷引浩爲心膂，參綜大權，欲以相抗，遂以生隙。雖出師屢敗而其心無他，猶不失爲君子之過，較之温爲尤勝也。迨爲温所廢，徒書空咄咄。及温致書，即欣然樂就，是其圖寵冒進已見於外。既黜則戚戚以憤憾蹈隙而希復用，此則患得患失之鄙夫不覺形態畢露矣。非真能惓惓不忘君，憂思憤懟形諸文章，如屈子之所爲也。嘗見巖穴處士，高於自置而巧於自藏，平時規矩準繩有所必謹，而圖其近者，或忘其遠，得其偏者，未求其全。一日不出，天下憫憫然。迨其出也，而才識偏隘，不克副酬。是非成敗之量，雖一言決之，終身成之，然其窮居之所習，不用之實心實政，而用之揣摩之術，皆是類也。世之觀人者，當以志趣爲始，而才分次之。蓋志趣本也，才分末也。論人者當以才分爲定，而志趣無與焉。蓋才分者，有定者也；志趣者，無定者也。夫齞脣蹷齃，曲脊跛足，枝於指而癭於項，固不良於用，不美於觀矣。官體肢骸，不失其形，所以辨臭味聲色而任提挈戴負者，舉肖所職，以呈其材，則名爲人者皆然也。然而閎隘、伉耎、魁猥、舒急、都鄙之相去而相反，倍蓰十百，乃至不可計數。泄於面顔，而不能自閉遏，卒然遇之而能辨者，則志趣才分之不可掩者在也。觀於殷浩、桓温之事，豈不顯而易見哉。

謝玄北鎮廣陵時，苻堅方盛，玄多募勁勇。牢之與東海何謙、琅玡諸葛侃、樂安高衡、東平劉軌、河西田洛及晉陵孫無終等以驍猛應選。玄以牢之爲參軍，領精鋭爲前鋒，百戰百勝。號爲「北府兵」，敵人畏之。《晉書》卷八十四《劉牢之列傳》

恢復之圖必不可過緩也，亦必不可過急，要於切當其會而已。國家方承挫衄之餘，人人言兵而知畏。當此之時，汲汲於恢復，聲言治兵，此豈可得之於民乎？是莫如寬然陰用其教，無事之時不忘武備，更番而訓儆之，優遊而作養之，嚴其功而厚其給。待經營厝置之悉當，使赳赳干城之夫得日鍊其堅鋭無窮之奇，即斤斤繩尺之士亦足以備禦侮折衝之用，知其可戰而後一試，斯爲得耳。練兵報讎，儒者之教也。子路曰：「千乘之國，攝乎大國之間，加之以師旅，因之以饑饉。由也爲之，比及三年，可使有勇，且知方也。」孟子曰：「壯者以暇日修其孝弟忠信，入以事其父兄，出以事其長上，可使制挺以撻秦、楚之堅甲利兵矣。」三代而下，惟謝安違衆舉親，令兄子玄爲將，監江北軍事，號「北府軍」，猶有儒者氣象焉。謝氏兵書今不傳於後，北府兵制史亦未詳，然太元二年玄始至鎮，至八年而有淝水之捷。義熙六年，劉裕滅燕。十三年，劉裕滅後秦，克復中原。收效在四十年之後，可知教不能一旦而成，民未可一朝而用也。桓沖推賢讓能，盡忠王室。謝玄進前將軍而固讓不受，彬彬然有禮讓之風。其追擊秦兵，晝夜不息，則士卒肢體因習練而加强略可概見矣。而受代之得序，軍儲之充實，觀安卒之後，范寧上疏，倉庫空匱，使民勞擾不休，適成一反比例，則北府軍紀條區彙覈，汰冗縮盈，人民無怨言，出入無罅漏，可想而知矣。非安讀書養氣之功，能處分軍事若是之周且密耶？後之士大夫好言報讎雪恥，而所恃之兵備，輒皇皇然計日而畢事，若似乎拳勇技擊立即募集也者，卒之鹵莽滅裂，不能成大事。前乎安者，桓宣、庾翼、儲裒、謝尚、殷浩、荀羨、諸葛攸、謝萬、郗曇，各一出師而不勝，其後元嘉之間，檀道濟再行無功，到彥之失利而返，王元謨奔走不暇，皆是類也。至於南宋君臣上下不作此想，不足道矣。

東關之役，帝問於衆曰：「近日之事，誰任其咎？」儀對曰：「責在元帥。」帝怒曰：「司馬欲委罪於孤邪？」遂引出斬之。《晉書》卷八十八《王裒列傳》

師有勝負，而將之功罪係焉。三軍同力，威武見於敵塲，人不曰此二三子之力，而曰元帥之功。上下離心，師徒折北，人亦不曰此二三子之羞也，而曰元帥之過。蓋至功無可書、罪不敢詰，則君子心傷其事，則不得不有微詞於其間，以寓夫刺訊之意矣。若司馬師之於王儀，淫刑以逞，適足以形其暴耳，豈常情所可測者哉。

父雍，起小吏，以能擢授殿中侍御史。思少學鍾、胡書及鼓琴，並不成。雍謂友人曰：「思所曉解，不及我少時。」思遂感激勤學。《晉書》卷九十二《左思列傳》

夫人中非所切，亦不必去而之他也。當前之畏葸皆發於情不自禁之餘，而心不知其然之故。其浮慕之神與囁嚅之態交見於外，不啻自呈於先生長者之前，則雖學尚不如其勿學也。苟非受激之深，翻然變計，縱心孤往，安能搆思十年，成千秋之絶作哉！

爲彭澤令。素簡貴，不私事上官。郡遣督郵至縣，吏白應束帶見之，潛歎曰：「吾不能爲五斗米折腰，拳拳事鄉里小人邪！」義熙二年，解印去縣。頃之，徵著作郎，不就。既絶州郡覲謁，其鄉親張野及周旋人羊松齡、寵遵等或有酒要之，或要之共至酒坐，雖不識主人，亦欣然無忤，酣醉便反。未嘗有所造詣，所之唯至田舍及廬山游觀而已。

《晉書》卷九十四《陶潛列傳》

天下風俗之成，士行爲之先也。天下士行之修，良心爲之動也。惟有道之士酌乎行藏出處之宜，明乎見潛蠖屈之理，時則有退食之委蛇，時則有樂飢之高致，斤斤自好，不逾繩尺。不然，天下功名節義之途，二者交譏於側，吾黨誠不能辭其咎矣。余觀三代以後，出處之際，合乎君子之道者，晉之陶潛一人而已。當晉之世，因貧而仕，爲州祭酒及彭澤令，以曠達之才施政於小邑。凡所措置已足表暴於當世，使復得柄用，其效功天下，豈可量耶！又烏得與奔勢竊榮、苟徼貴富者等觀而類視之耶！其後卒以高尚之性弗受拘束，督郵至縣，鄙其爲鄉里小人，不肯爲之折腰，即日解印綬去。士各有志，身既將隱，焉用文之？故不願以束帛之賁少易其邱園之貞也，不願以草野之跡狎見夫徵辟之至也。出處之際，籌之已當，不再計及之矣。好爵且縻，豈所欲哉？鼎革之後，朝臣之中奔走於名利之場，徼圖利禄，悉爲新朝佐命，夙昔從逆者輒自命蕭何、鄧禹矣。一朝改節者，又妄希管仲、魏徵矣。若而人者，豈復知人間有羞恥事？潛爲侃孫，晉室大臣之裔，使同流合污，則平日讀聖賢書，稱道仁義而泳歎先王者，果何事乎？搘柱綱常，而相期國士者，果何人乎？天不必擇境以置人，人亦不能擇境以自處。此潛所以屢徵不就，至死不變，而弗甘爲末世用也。夫巖穴之士，泊然無宦志，荒園曲徑，藝菊種蔬，從事於園圃之事，與肩挑負販者相狎處，怡然自得，乃自知愚庸，無志於世者之所爲。以潛之才，誠有耆於彼耶？抑志不少遂，無所發其意而姑有寓乎是耶？天下希旨順意之徒，每樂近貴人之前，而孰識其姓氏。潛何獨避之不暇，豈非以舉世皆濁，耳目不欲與之接觸耶？果爾，則所謂隱者乃憤極而强抑其情耳。其未久而卒，安知非抑情之甚而不克自持，忽而觸焉，遂頹萎而不可支耶？讀其詩者，只知其樂，不覺其憂，蓋獨鬱積於中，千載而上，千載而下，莫可告語也。論天下興亡，匹夫有責，當南北朝之際，政俗習尚已至頹廢敗壞，莫可枝柱，民環而跂，事叢而待，固撥亂反正者所當自試之時，責萬萬無可辭者。古之君子度其身足以濟時，度其材足以成務，雖悠悠於莘之野、渭之濱，猶將起而應其求，况區區邦域之中，何至退而苦其節而不然也。縱事勢之流極，無不可轉移，然自處宜審，觀世宜於其微。安危治亂之迹，庸人爲之動色而驚心，惟君子方寸有主，獨勤勤懇懇，盡心力於聽睹不聞之地，弗爲之動也。蓋有相窺於本原之地以決其可否，而制吾身之進退者，亦曰道而已矣。詎同於中無所有，退託淡泊，而以矯爲高哉？《晉書》潛傳録録無可紀，專取其蕞瑣之事津津道之，豈非以教壞倫斁，飭庸行於質闇之中，不自炫以獵名者，最爲少見與？蘇子瞻之豪放、黄魯直之崛强，其文辭皆雄駿自喜，而皆好讀陶詩，子瞻且依其詩而徧和之。真有得於君子之心者，惟此二公耳。

既不能留芳後世，不足復遺臭萬載邪。《晉書》卷九十八《桓溫列傳》

天下有君子，而後有小人也，夫人而知之矣。而天下之貴君子而賤小人也，亦夫人而知之矣。顧何以貴君子，而君子不加多？賤小人，而小人不加少？說者方謂君子小人疑似之間，不可不辨，以端所趨。天下之事，惟審以別之，而小人之得托於君子者，極之毫釐，疑似而不混，嚴以守之，而君子之不間以小人者，歷之終食、造次而無違。然世有明明爲君子之事而人不欲爲，明明爲小人之事而人反趨之者。何哉？說者又謂君子小人兩途無上下之分，獨不得一在上位者起而風示之耳。而孰意在上位者，非特無賴乎君子之名，而且求爲小人而不得也。

賓謂所親曰：「吾歷觀諸將多矣，獨胡將軍可與共成大事。」乃提劍軍門，大呼請見，勒亦未之奇也。後漸近規謨，乃異之，引爲謀主。機不虛發，算無遺策，勒之基業皆賓之勳也。《晉書》卷一百零五《張賓載記》

爲虎作倀，教猱升木，以禽獸爲喻，乃寓言也，而實有至理焉。凡異類之欲謀人家國者，非身入其內，探知其情，不敢妄動也。欲身入其內，必得人爲之引。欲探知其情，必先效其所爲。如此而不得土著以爲之用，安在其能克哉。此夷狄之所以有鄉導也。劉淵，胡也，安知隨、陸、絳、灌？劉聰、劉曜亦胡也，安知漢世祖、魏武帝之流？石勒，羯也，安知北面事高祖，比肩於韓、彭，與光武並驅中原？又安知拜王浚像而修祖逖墓？豈非晉人教之耶？而張賓稱右侯，儼然以師保自居，誠無恥之尤而無賴之首也。蓋天下之事有相待而長者，夷狄與鄉導也。待鄉導而長者，用爲前驅也。鄉導待之而長者，倚爲後援也。夷狄得鄉導而勢益張，鄉導得夷狄而氣益盛。二者相合，中國無寧日矣。

皝雖稱燕王，未有朝命，乃遣其長史劉祥獻捷京師，兼言權假之意，并請大舉討平中原。又聞庾亮薨，弟冰、翼

繼爲將相，乃表冰等自宜引領。冰見表甚懼，以其絶遠，非所能制，遂與何充等奏聽皝稱燕王。《晉書》卷一百零九《慕容皝載記》

中夏之待異族，往往招懷撫納，無間地之内外，而與之同化，使自然消滅於無形之中。所謂「以德服人」者也。夷狄之入主中夏，則以力取。然力取者，惟以大侵小便，如以小加大則不便。於是始以力取者，不得不繼以威脅矣。然威脅者，惟以衆暴寡便，如以寡敵衆則又不便。於是始以威震乎天下之大者，卒以威脅乎一人之身矣。夷狄之於中夏，其術百變，而其技則止此耳。西晉五胡之亂，其始則亦降夷溷迹市閭，詐丐頑魯，誘結姦猾耳。當其未發，吏役捕之而有餘，及其勢之既成，窮天下之力，歷數十年之久，蔓延而不可遏。既而胡、羯、鮮卑爭封互鬬，相繼殲其族類。慕容崛起，承瘡痍之後，僭號自娛，外强中乾，其力竭矣。是時中原之地去晉未遠，元老不盡消落，皝欲得晉封以撫遺族。劉祥獻捷，求之不得。祥先危詞以動諸葛恢，皝旋上表罪狀，庾氏兄弟迫之以不得不從，卒得所請而去。異哉，夷狄何勇鋭而中夏何愚也。夫祥本晉人，甘心從逆，復靦然面目作炎炎之大言。此正張駿所云「晉室日遠日忘，後生不識慕戀之心」。譬如人生胡中而作胡語，猶之可也。獨惜庾氏兄弟有志恢復，一揭其短，即折而從其所欲以與之。幸而時爲晉也，胡主爲慕容皝也，所請爲封王也。假使慕容氏平趙之後，侈然稱帝，儼然敵體，或更自稱大國，脅晉稱姪稱臣，亦將許之乎？此中夏所以爲夷狄所輕，每況愈下而至於宋也。

十一月，〔夏〕〔前〕將軍劉穆之卒，以〔左〕司馬徐羨之代掌留任。大事昔所決之於穆之者，皆悉以諮。公欲息駕長安，經略趙、魏，會穆之卒，乃歸。《宋書》卷二《武帝本紀》

當晉之末運而生劉裕，事非偶然也，而時猶未至也。觀列史所載，所見異辭，所聞異辭。沿而溯之，蓋上下百年間，蠻夷滑夏，史不絶書。迄於隆安，靦極潰，以比初壞旴時年，以符昔運。物亂可厭，人禍宜悔，此時猶無復靦太平之望，不幾疑天地之不仁乎？而不知非也。亂極思治，物極則反，是尋常之例也。至於其至極之度，或三世焉，或五世焉，或十世焉，無一定之例也。即有之，造物自有權衡，未嘗示人以真相也。東晉之世，夷夏之不敵，夫人而知之矣。以桓温之才略而有枋頭之敗，以淝水之勝而不敢爲恢復之計。他如桓宣、庾翼、褚裒、謝尚、殷浩、荀羨、諸葛攸、謝萬、郗曇輩各一出師，均經一蹶而不能復振者，更無論矣。裕殆大憝，滅海寇。內憂既寧，遂克南燕，降後秦，羌胡之屬薙刈殆盡，幾復中國全境。兵力所未及者，燕趙之郊、雍涼之境而已。然羣虜環伺，俱不敢出，嚮使劉穆之不死，裕留長安，經略西北，剗削爬搔，蕩清有日矣。不及一年，必繫拓跋嗣之頸於軍，而致赫連勃勃、沮渠蒙遜二憾之首於闕下，可斷言也。力能舉而竟不舉，豈非天哉！夫讀古人之書而不知當時之情者，迂也。不知形勢而妄訾議者，謬也。論者每謂裕之東還爲失計，亦不免於迂謬之譏耳。裕以孑身而得大柄，其同時並起者，如劉毅、諸葛長民輩，芟夷殆盡，凡篡奪之事非一身所能任，不得不與人謀，而與謀者反其道以行之，不難轉而謀我。裕日謀晉，而謀裕者正不乏其人。環顧其內，晦、亮之流隨時皆有同異。僅一劉穆之緩急足恃，使之居守。一旦聞逝，裕欲留，則恐有內變，將不保其根本。欲去，則百戰之功廢於一旦。兩害相權，則取其輕。寧失長安，毋棄建業，安得不命駕急返哉！至裕去之後，留子義真爲都督，自有遺策，使之遵命而行，爲一髮千鈞之寄。然軍權萬變，本不能一一預爲之備，又安知義真之不肖，不可以須臾留耶？天未欲平治天下，謂之何哉！

元嘉七年，三月戊子，遣右將軍到彥之北伐魏。十一月癸未，到彥之自滑臺奔退。二十七年，秋七月庚午，遣寧朔將軍王玄謨伐魏。二十八年春正月，王玄謨攻滑臺不克，自碻磝還。《宋書》卷五《文帝本紀》

處喪亂之後，謀人之家國而爲恢復之計者，必先知敵人戰備之具，與我攻取之難。其戰具也，皆我所必不能避。其難攻也，又皆天下所必不能恕。使分量不足以相當，而自以爲恢復，適足以喪失而已矣。宋文帝，南北朝之令主也，常有恢復之志，亦未爲過也。當高祖初殂之歲，魏叔孫建帥兵取青、兗諸郡，宋遣檀道濟監征討諸軍事救之，畏魏兵彊，不敢進，致失地數千里。文帝嗣位，受制權臣，既而興兵討罪，幸得安枕，未聞有選將練兵之事也。元嘉七年，命檀道濟、到彥之伐魏。魏仍使建禦敵。將猶是將也，兵猶是兵也，僅主客之間一移易之而已矣。以此求勝，誰能信之？後二十年，宋益弱，魏益强。文帝惑於王玄謨之言，復伐魏，以致魏師南下，沿江數千里湯沸癰裂，室廬灰燼，民物鑠耗蕩析而無所歸。文帝恢復之計乃至於喪失無算，豈始料所及耶！然則恢復爲非計歟？而又不然也。沈慶之曰：「我步彼騎，其勢不敵。」又曰：「伐國而與書生計之，事何繇濟！」誠切要之言矣，而猶非本原之論也。武帝曾以蒙衝小艦載兵入洛矣，何不可用我之長攻彼之短乎？入關十策，謝晦有其九矣。書生不能臨敵，何嘗不可決勝乎？武帝承謝安之後，有北府之兵，久練而成勁旅，早爲之備。自謝玄、謝石、劉牢之以下，迨及宋初王鎮惡、傅弘之、朱齡石、沈田子、林子兄弟，名將輩出。用能進取中原，宣威蠻貊，蓋有由也。文帝徒慕虚名而無實際，尚何言哉！

初，道濟見收，脱幘投地曰：「乃壞汝萬里長城。」《宋書》卷四十三《檀道濟列傳》

天下未嘗無才也，而國家又未嘗無事也。國家不能無事，則需才急。天下未嘗無才，則足以待事。然而英特之士詠歌乎一室之内，而執政之人蒿目乎四方之務，是何須之殷而相遇之疏也？此非不用才也，患在不知人之有才而忽之。即或知其人之有才也，患在不知使其才之得用而棄之。不然，如道濟，豈文帝未聞其名也者？如道濟之勇，豈文帝未知其實也者？文帝如有北伐之心，即道濟謀之可矣，奚待他求哉。然人情以有所見而動，以有所不見而忘。承平之時，輕啓猜疑，慮及身後不可知之事，自折干城之將。迨虜騎臨江，始知悔悟，抑已晚矣。

謝靈運執録望生，興兵叛逆，爲詩曰：「韓亡子房奮，秦帝魯連恥。本自江海人，忠義感君子。」追討擒之，送廷尉治罪。《宋書》卷六十七《謝靈運列傳》

性命之學有不得不講者矣。自世之人不察，或主乎迪吉之説，以爲修德必有後福，澤厚必流子孫者，非也。或狃於道消之會，以爲砥節易以賈禍，盛名每致不祥者，亦非也。或窮乎任運之理，以爲惡固不可自蹈，善亦無待人爲者，又非也。或發爲過激之論，以爲天道可以富淫，善人不免無禄者，尤非也。吾因此四説而有感於謝靈運矣。靈運者，安之族而玄之孫也。晉時襲封康樂公爵，爲天然之貴族，負一代之曠才。使生於盛世，朝野仰慕，將以爲景星慶雲，可望而不可即。雖四海困窮，亦不失爲李、杜之流，以文彩爲世所重，豈不安之終身哉。乃遭逢鼎革，不欲矜飾以廉謹，自豢其無用之軀，適乘時而起者，即先人舊部偏裨以下之卒伍，不知報本，反没其禦敵捍圉之功，竟忘乎救國拯民之績，無端降爵。靈運服事劉裕，則帳下老兵也。結好義真，則初生稚子也。徐傅與失歡，則衣冠之敗類也。與會稽太守孟顗有隙，則市井之小人也。環顧羣類，若有物焉障其間，終古不能合併。當此之時，祖德無靈，文章（增）〔憎〕命，報施無理，排遣無由，靈運以魁閎俶儻之材，無異行偉節以發其氣，不免旁溢而横決，抑奚怪其頽然自放。縱有異志，豈不宜然耶？若以靈運之行浮誕廢業，近於清談之習，自取殺身之禍，於晉時責之可也。於宋時責之，則不可也。靈運爲勳臣之裔，目覩夫篡弑之事，以言恢復則無有兵柄，以言抗節則不參權要。孑然一身，所餘者惟天所賦之性命而已。安則立其所可俟於己，危則奉其不可知於天，順則效箕子之佯狂，逆則聽祝宗之祈死。由前之學説理論，雖各有辭焉以處之，而固無容心焉。若謂天之所以與人者甚備，不能不留其身以有待。責靈運之死爲無益，將夷而角牙，頓而鍔鋩，筋膠準鈎，輮縮鍥雕，求合於叔季之俗，以方今世之學問。其所稱履中蹈和、不矜於名者，反以挾其圓妙之理，蓋其貪偷之行，佐其浮沈之具，亂其剛强之性，而頑鈍之所留者多矣，何必循循然急廉恥之防哉！

身不御精細之物，敕中書舍人桓景真曰：「主衣中似有玉介導，此制始自大明末，後泰始尤增其麗。留此置主衣，政是興長疾源，可即時打碎。凡復有可異物，皆宜隨例也。」後宫器物欄檻以銅爲飾者，皆改用鐵，内殿施黄紗帳，宫人著紫皮履，華蓋除金花爪，用鐵迴釘。每曰：「使我治天下十年，當使黄金與土同價。」欲以身率天下，移變風俗。

《南齊書》卷二《高帝本紀》

所貴乎宰制天下，以天下應天下，我無與焉，而正非泛然遇之也。吾之所存者，心也。天下所具者，理也。兩者合而化裁起焉。易簡得而神明不窮，意見忘而權衡不爽。然後應一事既協者，應萬事亦協也。嘗思財用之際，學問之大端也。用以義而當，義以權而精，權以聖王而盡。蓋氣習各安於所近，而華實必求乎適中。執一人之見以求伸於天下，而於中不能無過，則亦惟返乎人性所同具，而與之相觀於優柔乎中之道而已。質也，文也，本乎天地生人之始，而錯見於朝廷享祀，以及日用行習之間。全其實，見德産之精微；著其華，觀萬物之揚詡。是故相即而不相離也，相適而不相克也。齊高帝承宋之後，躬行節儉以爲天下之導，情實厭夫紛華而寧爲其樸，毋爲其浮，意非不善也。然必率天下之人而皆安於畎畝，可長留此太古之風耳。而非然者，矯枉過正，難乎爲繼，反動之力所不免矣。故吾人修治之事業，威儀爲定命之符，忠信爲進德之本，損過就中。制外者，養心之則也；淑身者，善世之事也。以之爲己精而當，以之爲人公而正。惟期乎純粹之歸，而後資之固者，發其秀敏者，出以誠，審所履於其宜，而不必存偏重之意。一人之身皆備，而曲成萬物之道，亦不越乎是矣。抑理以分出而各當，内之爲貴，外之爲美，要自有損益之施焉。故或質過乎文，若獨見其古處之敦；文餘於質，亦恪循乎後世風俗轉移之跡，隨所處以爲變通，而奢與儉更無憂其相克焉。齊高帝之行，在六朝之時誠足以掃淫靡之俗於一時，而治本之策則猶未也。其於財計之學，精微之處，則更不知之矣。

蒼梧酷暴稍甚，太祖與淵及袁粲言世事，粲曰：「主上幼年微過易改，伊、霍之事，非代所行，縱使功成，亦終無全地。」淵默然，歸心〔太祖〕。及廢蒼梧，羣公集議，袁粲、劉秉既不受任，淵曰：「非蕭公無以了此。」手取書授太祖。太祖曰：「相與不肯，我安得辭！」乃定。沈攸之事起，袁粲懷貳，太祖召淵謀議，淵曰：「西夏釁難，事必無成。公當先備其内耳。」太祖密爲其備。事平，進中書監、司空。《南齊書》卷二十三《褚淵列傳》

人縱無氣以充於外，何至無識以存於中。即無識者，縱不能定是非，抑何至不能知利害。縱不能辨順逆，抑何至不能判親疏。悲夫！彦回少立名行，何意披猖至此耶？王莽、董卓、曹操、司馬懿父子、桓玄、劉裕以下，至爾朱榮、高歡、宇文泰、楊堅之屬，皆以一人手執兵柄，天子在其掌握之中，羣臣悉已易置就緒，唯所行之無不如志，乃敢簒位弑君，而蕭道成非其倫也。明帝崩，道成未達，褚淵薦之。道成進爲領軍，亦淵與之。道成謀廢立，袁粲不從，而淵助之。道成謀亂，袁粲將以爲討，而淵告之。道成既立，而淵佐之。自古亂臣賊子多矣，未有一亂臣賊子而復能造一亂臣賊子者。且造之者非他，即爲宋之親臣，不惜速其喪亡以爲快，誠不知是何心腹腎腸矣。吾意淵必醉飽於道成之賄可知也。淵年既耄，文章事業不復講求，惟此貨利之一途，仰摭俯掇，孜孜耽耽，寸布銖金，悸魂怵心。舉凡賈人婦女臧獲之業，無不攝而身兼之，期有所得，而蓄深牢藏以爲固，一似齒摇髮白之秋，非此不足以如其願也者。設不幸而外之所償不副其意之所欲，充其懷齪嗜利之極至，將不擇其人而取之焉。有能養其欲而給其求，則其感之也視父母無以異，雖賣主求榮復何惜耶？

褚淵當泰始初運，清塗已顯，數年之間，不患無位，既以民望而見引，亦隨民望而去之。《南齊書》卷二十三《褚淵列傳》

吾於是而知學者之心之有所危也。何危爾？危乎一生所修之業，而以片瑕累也；危乎一生所歷之途，而以跬步敗也。褚淵少立名行，平日自克於難至之途，本非關乎矯拂，而晚節不終，一旦棄之而不顧。使其早死，豈非宋之名士？奈之何久生於世，披猖至此哉！今夫受命於天地，而生堪輿之内，自立爲人者，非其形骸具、氣息屬而已，有生道焉。生之本善，不善不可以爲生。生之德大，不德不可以言生。此不易之論也，似此乃謂之人。而不善不德者，則形骸徒具，氣息僅屬，而物化也久矣。蓋陰陽五行造化萬物，以是氣而生。而所以生存者，道也。魂魄、五藏、四肢、百骸，有是氣而生。而得是氣者，得是道者也。故其爲道，發之一心，通之天下。大道之爲公，所謂民秉之懿而無回曲隱伏之私也。其爲性，爲仁，爲義，爲智，爲禮，而五常百行非邪也。其爲情，爲惻隱，爲羞惡，爲辭讓是非，而喜怒哀樂皆中也。使皇降之淵源不隔，即孩提之笑語皆真矣。亦既昧乎初衷，而何論修短盈虛之數耶？常有因襲而敎學者，或非此道之由中。孩提而知愛少長，而知敬，此非有因而然也，生而然也。世之自固其生者何少也？然世之卒保其生者，抑又未嘗少也。蓋生與不生恒視乎理之所自取，而亦有時爲理之所不得而争，非理之詘乎數也。理決其常，而數特逢其偶耳。彼其極譏變之詭隨，其全生未始不多爲其術而奇衺所中，不難舉修身立命之旨而槩薄爲迂談。形氣之存亡，自古有相維繫之端，而此若離焉而獨立，存亦非存，亡亦非亡，無可名也。冥頑之軀，抑更危於澌滅耳。至於酖毒滋深，晏安如故，旁觀者方謂天運之無所持權，而不知趨避之曾非久計也。命所不得而制之者，心亦從而耗之，而奚取乎生質之塊然存哉？

融自恃人地，三十内望爲公輔。直中書省，夜歎曰：「鄧禹笑人。」行逢大航開，喧湫不得進。又歎曰：「車前無八騶，卒何得稱爲丈夫。」《南齊書》卷四十七《王融列傳》

少年新鋭之士，急於圖功而鋭於進取，一日不得君而此心皇皇焉。迨其遇也，或氣浮慮輕，不自重惜，而卒蹉跌不救，以過蒙當世之譏者，比比皆是也。君子闇修之學原無待於外者也。流俗弗克知，世必有知者。流俗弗能好，世必有好者。既知我與好我，其勢常落落散布於天壤，有不能遽期之處，奚必汲汲以速其成哉！王融躁妄以殺其身，僨失者也，而僨得抑可危矣。

今聲訓所漸，戎夏同風，宜大啓庠斆，博延胄子，務彼十倫，弘此三德，使陶鈞遠被，微言載表。《梁書》卷二《高祖本紀》

古今所以處儒術者，謂其賢有學，爲人君之道，而能治天下之人不世出，則擇術疏也。夫誓誥信疑之故，即聖學之所由張弛。果其治性以提萬物之性，則無爲恭己亦止一念而已。君子知其然也，不敢以反覆懟國之頑民，不敢以因循責國之愚民。上下之情相通，自無須日勞夫象魏，而惟此退藏之齋戒，有以感化於無形焉。梁武帝少而篤學，洞達儒元。惜乎其孜孜不倦者，仍不外箋疏傳疏而已。在位數十年，雖曰崇師講學，然皆有具文而無實政，其於内聖外王之道蓋未之聞也。

是歲作浮山堰。《梁書》卷二《高祖本紀》

人止一身，而性情之德宅其中，氣質之緣亦麗其外。外日益，則中日損，而惡念反得藉其勢以抗善心，此其中有相爲倚伏者矣。夫善心與惡念不並域而居，又畸出爲勝，乃自然之理也。雖殘忍之念投間抵隙之多，求諸其身能一一彌縫焉，而不使有餘地以相存，自不慮須臾之竊發。然使真理未詮，則妄形日積。神明之内，苟不自清其性命之原，耳目口鼻之區皆其牽引類從者矣。梁武帝恭儉慈愛，爲南北朝之賢主，自魏晉以降無或有焉，惜未知愛人之道。淮堰一役，發徐揚之民，二十户取五丁，役人、戰士合二十萬，死者過半。未幾，堰壞復築，比成復壞。緣淮戍村落十餘萬口漂流入口，數十萬生靈盡遭慘死，而謂慈愛者而忍爲之乎？蓋武帝非不欲爲善，不知爲善之道耳。果奉慈愛而爲身之主也，則凡不慈不愛者，皆慈愛之敵。夫人之惡其敵也，豈待其來而始求戰勝哉？惟慈惠之術周，所以禦殘忍者愈勇。惟慈惠之心密，所以杜殘忍者愈嚴。神明之清，皭然不能滓焉。雖當一物未交之始而防備之嚴，猶恐俄傾之間有幾微之未融者，以重累其身也。夫如是，代北之民方處於水深火熱之中，民之歸之猶水之就下也。高歡、宇文且無以容身，更何患乎侯景哉！

太清元年三月庚子，高祖幸同泰寺，設四部無遮大會，因捨身，公卿以下以錢一億萬奉贖。《梁書》卷三《高祖本紀》

史稱梁武帝之藝能古昔人君罕或有焉，是也。夫人心之藝能至無窮也，毋論耳目所覩記之物，日相尋於今古而變化以生，乃至屈伸往來之交而能確然指其爲鬼爲神之故，斯亦極天人之致矣。而抑知帝王之藝能固不在乎此也。古之哲王知有國而已，知有民而已，習之於君臣父子之節，使不遷於異物，經可守而權可建也。游之於詩書禮樂之途，便不惑於異言，德可成而藝亦可觀也。人惟無藝無能，斯相蒙於幽深曠渺之中而莫能所正，豈有稱藝稱能者不爲人欺，反爲神愚之理耶？武帝溺於佛説，至捐人事而務之。然天下國家皆實有之，非虚無之所能治也。吉凶禍福皆人道也，非仙佛之所能爲也。魏起於北方，突騎南下，鋒利無比，兵精將勇，遂致强盛。乃以歷代佞佛之故，國政不修，寖成大亂，其效可以睹矣。武帝之時，胡馬不能南下，安民保境，差可少休。苟知中原之地有隙可乘，正宜勵精圖治以謀興復，何暇馳於元冥之事以自克耶？身任天下之重，不知一言一行之宜法先王，力不足以自持，而怵於禍淫福善之權，乞靈不已，卒之得之自我，失之自我。吁！可恨已。

及齊受禪，朏當日在直，百僚陪位，侍中當解璽，朏曰：「齊自應有侍中。」乃引枕卧。傳詔懼，乃使稱疾。朏曰：「我無疾，何所道。」遂朝服，步出東掖門。既而武帝言於高帝，請誅朏。帝曰：「殺之遂成其名，正應容之度外耳。」高祖踐阼，徵朏爲侍中、光禄大夫、開府儀同三司，胤散騎常侍、特進、右光禄大夫，又並不屈。仍遣領軍司馬王果宣旨敦譬。明年六月，朏輕舟出，詣闕自陳。既至，詔以爲侍中、司徒、尚書令。《梁書》卷十五《謝朏列傳》

名、實二者難言之矣。三代以下，惟恐人之不好名。苟不至自甘泯滅，與流俗伍，而有志學可稱，則無論遇之豐嗇、業之成否，無不欲名聞於世。當其修名之際，未嘗不思務實。即其盛名之下，未嘗不名歸而實亦至。使持之久而不變，雖明知其非實，猶可以得名而無愧然，而不能也。宋齊之際，謝朏抗節不屈，齊世子賾請殺之，齊主曰：「殺之，遂成其名，正應容之度外。」詭哉，道成知朏深矣。蓋義理者，有定者也。而意氣者，則無定者也。好名之士，特其意氣耳。方其意氣猝發之時，强自支厲，尚足動衆，及聲聞驟播，無智愚賢不肖争相簧鼓，猶足爲旦暮之光榮，至於境過氣衰而情之竭者，不可以復繼。性所安者，不能以自矯，遂并其一時之意氣而無之矣。朏世代爲晉大臣，仕於宋而不仕於齊。宋、齊何别？昇明之末，拒參佐命，辭解璽綬，疑於冒死。其實則道成知朏，朏亦知道成。平時慕其閥閲之高貴，苟非數其罪惡，如裴顗予以難堪，決不敢顯然以白刃相向。朏逆料已審，特少抗焉，以顯其崖岸耳，無須斷脰決腹可以驚遠而動邇，尚何憚而不爲哉！及遲之又久，梁以爲司徒，朏已逃竄，一旦輕舟自出詣闕。人第譏其晚節不終，而其中大有隱情。以今例古，可以揣測而得焉。王、謝門祚漸就衰微，僅朏一人之存耳。朏念及家世，雖身在山陬海澨，不能無内顧之憂。即左右侍側之人，必朝夕喧聒迫促而不容其高蹈。還朝之後，備受梁之禮數，終不能任事而失衆望。朏此時猶之妓也，既鬻於勾欄，則一身之哀樂惟自知而已。嗟呼！俊逸之士之不容於世也久矣。庸讕痿窳之徒席恒蹈順，幸免於戾者，方且日伺吾之隙而以其所操尺墨繩之，一不自檢攝而身敗名裂，終不復振者，不可勝數也。吾人自持其身，尤當致謹於出處進退之際。不然，雖有志學，誰復稱道之耶？

詔天下喻以遷都之意。《魏書》卷七《孝文帝本紀》

開國之典章，子孫即不能守，原其初皆極一時之經綸，締造用垂不朽之基。雖一姓閲數百年而衰，晚季頽風層見叠出，亦風會之無可如何者，正賴繼嗣之君補苴張皇以成可久之化耳。魏孝文帝之遷都，未免數典忘祖矣。

蓋質文、損益之間，即王道所以驗疏密也。事惟工於潤色，而寧失之繁，毋失之略。外非不美也，然必盡代北之人而皆相習於南風，或可不嫌於虛飾之情，而非然者，則矯揉造作之形不能掩矣。古者聖王之教《詩》、《書》以廣其聞見，《禮》、《樂》以養其性情，蕩平正直，盡消其偏陂之端，而使時之樸者進於華，靡者返乎實，化天下於文質之中，而不必有尚質尚文之迹，三代之直道所以大同也。漢唐而後，非無令辟，而制度進化不盡自然，下於古昔聖王一等，要之，規模宏遠不可没也。物以相資而適均，無本不立，無文不行，自有調劑之功焉。故或質有其文，不至貽譏於簡陋，文麗乎質，非徒相尚以繁華，本一心以爲存廢。文與質自不可以相離，何能盡棄其所固有，舍己以從人哉。新學未成，舊章先毁，有自取滅亡之道焉。

文襄嘗侍飲，大舉觴曰：「臣澄勸陛下酒。」帝不悦，曰：「自古無不亡之國，朕亦何用此活？」《魏書》卷十二《孝静帝本紀》

天地之中有生道焉，立乎大中，達乎至正。帝降之精良，所謂天地之中而有明白洞達之妙焉。一日而爲人，則所以爲人之道不以一日而亡也。一息而爲生，則所以爲生之理不以一息而間也。夫事有造作而强爲者，或非其性之所固有。宗廟而生敬，墟墓而生哀，此非有所作而爲之也，生之道也。夫事物之靈知，自别於禽獸，非徒以冠裳之美而有幾希者在也，亦生之道也。故以樸誠留性命之精，即以彊立見肌膚之固，亦既違乎依據而何必官骸手足之虚植其形。若孝静帝立於高歡，本無生道存矣。蓋修途之惠逆，聖賢有不二終身之理，而此直悖焉，而不知惠則見吉，逆不見凶，無是道也。一息之偷，正覺難安於畢世耳。此非生初所自有，則罹於極者，原不得指爲不幸之遭。又非惡念所自招，則殃其身者，究亦必無自免之路。孝静猶於理未徹，不免再辱、三辱。不然，國君死社稷，分也。何須誦《漢獻帝贊》，更何必别六宫哉！

乃召入掖庭爲承華世婦。而椒掖之中，以國舊制，相與祈祝者，皆願生諸王、公主，不願生太子。唯后每謂夫人等言：「天子豈可獨無兒子，何緣畏一身之死而令皇家不育冢嫡乎？」及肅宗在孕，同列猶以故事相恐，勸爲諸計。后固意確（意）〔然〕，幽夜獨誓云：「但使所懷是男，次第當長子，子生身死，所不辭也。」既誕肅宗，進爲充華嬪。《魏書》卷十三《靈皇后列傳》

萬物一體之教，初不必遠於人情。故聖王之治天下，以其愛人之心播於衆庶，親親而仁民，仁民而愛物，有條不紊，而中正平易，綽有餘地，終未有一無可奈何之事可以迫聖人於必不得已之心，而使有非常之舉動，至於駭人聽聞也。夫「牝雞司晨，惟家之索」爲古人之恒言，實興於夏商之末。然周室開基，端資内助。太王妃周姜、季歷妃太任、文王妃太姒、武王后邑姜均以賢母著稱，未嘗因時論而減色也。及漢武帝賜鉤弋夫人死，向之母以子貴者至是而母以子死，且以子之貴爲天子而殺其身，豈先王以孝教天下之道哉？然兩漢之世，太后隱干朝政，外戚之禍潛伏未發，武帝猶有爲而爲之也，元魏則未有爲矣。鉤弋夫人之死，人言「且立其母，何去其子？」武帝曰：「主少母壯，不得不去之。」是猶有辭也。元魏之制，則無辭以解矣。終漢之世，僅鉤弋一人以子爲天子而致横死，猶偶然也，元魏則成爲家法矣。視帝王之母爲行惡之媒，此真北人之創例，而中夏之所未聞也。姑無論元魏世主雖非純孝，然以一身君臨其國，惠未及於斯民，禍先延於生我，必有蹐天跼地不堪言狀者。即問諸累世駢首就戮之人，皆以一死而爲天子之母究竟爲禍爲福，亦將俯首而無以應耳。宜乎胡充華幸得漏網，明知元魏故事殺母立子，本以防太后之放縱，今得苟免而知可以放縱之處，又何樂而不爲所欲爲哉。夫先王之禮，男女有别，丈夫婦人悉應遵守，非徒以講陰教而閑抑之也。後世士大夫不敦節操，無過而非焉者，若女子不貞而陷於淫佚，則爲鄉里所不齒，風習使然也。女婦所職循奉者，鮮亦無過，而非焉者，獨於從一而終之義，求全責備逾於先王之所期，亦風習使然也。孔子有言「過猶不及」，誠以過乎尋常者，爲人情所難，未可盡人而責其勉而幾也，盡人責其勉，而幾有一人軼乎範圍之外，姦盜視爲同等，究不能使姦與盜並罪而致之極刑。即或清議可畏而爲法律所寬，是輿論有窮時而國家不能爲之保障也。至今薦紳之族，夫死更適者百無其一，皆守夫「餓死事小，失節事大」之訓也。然事不至於横死而竟甘於失節者，則比比皆是。固知大王之化，内無怨女、外無曠夫者爲性所順。程子之訓「餓死事小，失節事大」者非性所順也。非性所順而能持之千百年之久，乃禮法之所拘禁，抑亦强宗大族、嚴君長上監制使必行也。苟爲力所能抗，雖匹婦猶思肆志焉，而况天子之母乎！所以男女之防，藩籬一決而遂至於不可收拾與？

十一年六月誅浩，清河崔氏無遠近，范陽盧氏、太原郭氏、河東柳氏，皆浩之姻親，盡滅其族。初，郗標等立石銘刊國記，浩盡述國事，備而不典。而石銘顯在衢路，往來行者咸以爲言，事遂聞發。有司按驗，浩伏受賕。置之檻

內，送於城南，使衛士數十人溲其上，呼聲嗷嗷，聞於行路。自宰司之被戮辱，未有如浩者。《魏書》卷三十五《崔浩列傳》

人類進化，古人所不諱言也。緯書記三皇十紀，輒云獸首鱗身，是明言人之種類由禽獸中來。誰非黃帝、堯舜之子孫，而自古傳爲美談，不覺其可恥。《獨異志》謂包犧兄妹爲夫婦，後人附會猶太古教，謂即《舊約》之羅亞帝王世紀，溯其遠祖多言不夫而孕，莫以爲羞，是明言人之禮教殆由禽獸行而遞變也。言之無罪，聞者足戒，何至因此致禍哉？北方民族開化較後，文獻無徵，殊不知所自出，信以傳信，疑以傳疑而已。或謂其狗種狼胎，雖近滑稽，仍不越乎獸類之外。或謂李陵之後，然淳維祖禹，陵祖皐陶，又何以異至於子妻衆母、兄弟聚麀？在彼國俗爲禮所宜然，淳古之風無須掩飾。崔浩刊所撰國史於石，以彰直筆，北人見之以爲暴揚國惡，無不忿恚，於是浩誅而族滅。此則北人器量之狹，愈足形其出身之醜。浩小有才，未聞大道，自殺其身，亦無足惜也。夫北人之心欲學中夏固已然，中夏固不諱此也。鮮卑、契丹、女真盡捨其舊俗以從中國，然中國之於舊制，未嘗舍己從人也。崔浩教猱升木，其貌似矣，而未示以聖賢精微之至理。浩族赤而魏種亡，千古文字之禍實始於此，故表而出之。

崔浩才藝通博，究覽天人，政事籌策，時莫之二。此其所以自比於子房也。《魏書》卷三十五《崔浩列傳》

北朝之崔浩與南朝之謝晦等，入關十策，晦有其九。數從劉裕征伐，臨機決勝，殹晦是賴，夫人而盡知之矣。魏崛起於漠北，兵力雖強，馬上取天下，不能以馬上治之，豕突狼奔，殊非久計，慕容、苻、姚是其遠鑒，禿髮、沮渠、赫連、乞伏是其近鑒，獨拓跋氏能成其業，傳國百年，賴有明練之才參贊於其間，非一勇之夫所可相提並論，則崔浩是也。魏欲擣彭城，浩教以按兵息民以觀其變，知秦地終爲魏有。魏欲擊柔然，浩教以掩其不備。魏欲取西涼，浩教以進兵之法。魏欲擊宋兵，浩教以待其勞倦。料事之神，幾於十不失一。向使魏無崔浩，則舉國之人僅知戰鬬，見聞不出百步之間，設施僅爲一時之計。魏之爲魏，正未可知耳。故裕不得晦，則治事不能如彼之敏，設想不能如彼之周，經營布勒之中當有遜色，然兵力猶足以成事。若魏不得浩，言語不通，嗜欲不同，苟深入腹地，不啻盲人之入暗室，恐一日不可以安處，而況於久乎？自魏用崔浩之後，嗣之者沙陀、契丹、女真、蒙古，皆先以鐵騎相侵陵，而後以土著爲嚮導。於是，朔方之人屢入中國爲民共主，均行此策。較之周時戎狄能戰而不能守者有以異矣。雖然，木有本，水有源，人類不同亦自有真耳。若捨其所有而悉以從人，是猶木接於他枝，水流於異派，既喪本原，且變形色，雖欲復舊，不可得已。夫弓馬、水草、帳幕者，北方民族之真相也。被以軒冕，處以宫室，文以禮樂，美則美矣，適以成人之美，而非成己之美。今鮮卑、沙陀、契丹、女真種族未嘗盡也，其地入中國版圖，其人隸諸夏之國，欲知其先人族類，則已無所分；欲徵其當年文獻，則亦無可考，實與滅亡無異。本以兼併爲主，卒之爲人兼併而不自知，此乃民族進化因時推演之公理，而不可以强弱論者也。

又詔曰：「彼沙門者，假西戎虚誕，妄生妖孽，非所以一齊政化，布淳德於天下也。自王公已下，有私養沙門者，皆送官曹，不得隱匿。限今年二月十五日，過期不出，沙門身死，容止者誅一門。」《魏書》卷一百十四《釋老志》

極一心之運量，何難兼徹乎幽明，而究之倫常之地有實功，冥漠之靈皆虚境，人道邇，天道遠，甚非可以兩用其精神也，則辨之宜早辨也。自六朝以後，人多溺於佛法，至衡於日用之經以相擬，以爲能如是足以成宇宙之昭明矣。祈於肸蠁，狥於神妖，能操治平之責乎？吾知其不能也。夫人必明於是非之實，乃不爲世俗所惑，併不受往哲所欺。人倫道德，環觀人世而然，反之我躬而又然也。《詩》、《書》、《禮》、《樂》，質之古籍而信，隱之吾心而又信也。若佛法者，前人明著之，而吾乃陰窺之。可以一言而決者，事必確乎有憑，則無憑者，不容涉想。理必求諸至顯，則難顯者，不必旁參。此古今之路，人所共由也。今天下之人皆明知之而明昧之，吾不能不服魏太武帝之識定而不紛矣。太武禁絶佛法，不知其識解能否遽及於此。然杳冥内少一禱祈，即方寸中少一愧怍，此不待智者而後知者，夷狄有君謂賢於諸夏可也。

琳體貌閑雅，雅有忠義之節。雖本圖不遂，鄴人亦以此重之。及敗，故吏争來致請，并相資給。明徹由此忌，故及於難。《北齊書》卷三十二《王琳列傳》

安危利菑非情也，人即自好而使適投凶害，獨何樂爲此，則卒亦何嘗樂爲彼也？至於欲爲而不得爲，不樂爲而不得不爲之，而爲者可悲矣，不爲者無冀矣。生斯世也，爲斯人也，尚忍言哉！王琳所處之境，正不勝其苦矣，若漫持一不然之術以相赴，則機械迭乘，進之有不許其爲，退之又有不許其不爲者，求吾性之所安，恐適中人心之所危耳。

吴士難信，不須募之。《北齊書》卷四十五《顔之推列傳》

世不獲睹三代之隆，而見士行之侈也久矣。所賴一二有學者相與維持而振起之，居敬窮理以清其志，閑邪存誠以崇其業。內之可以治身，外之可以淑世。精之可以理性情，廣之可以厲風俗。顧乃置身聖賢之列，而終不免於流俗之譏，則非學之誤人，人自誤也。蓋天下事無中止之理，君子之取人，有古質之思焉。常見一朝失足，遂遺終身之恨。百念矜持，猶不敵偶爾之疏者。故聖賢之心非必大行於天下也，苟有可以自致焉者，而人才之養與風俗之致未嘗不在念焉。一舉而兩全之，斯亦賢者之高致妙用已。讀顔之推之書，勿論其人而憫其遇可也。

綽於是指陳帝王之道，兼述申韓之要。太祖曰：「蘇綽真奇士也。」即拜大行臺、左丞，參典機密。綽始制文案程式、朱出墨入及計帳户籍之法。《周書》卷二十三《蘇綽列傳》

政之務，知人而已，不得其人，決無三代之治也。士之本，守道而已，不由其道，決無三代之才也。以宇文泰之秉國鈞而思郅治也，意必有人焉，以表吾民而作之型也，以輔吾教而培之風也。豈蘇綽之文書程式足以盡之哉？夫宰相之所以爲賢者，不在簿書期會之間也，惟下士焉可。宰相之所以下士者，不必在急功近名之士也，惟正人焉可。故求士者，必於士之所少，必於士之所見其大者而用之，乃足以有濟。使必急捷攻媚而後樂之，天下豈少其人哉。終周之世，事事秉乎周禮，特僞爲之，而其實則非特王莽、王安石之不如也。莽與安石未嘗不通周禮，惟食古不化，一以僭而滅族，一以妄而敗名，猶可説也。如綽者，不知周禮爲何物，恃泰之勢以無道行之，天下後世之人僅見權臣竊柄，横行無忌而已，何嘗有幾微疑似之六官制度於其間。觀於趙貴、楊忠之徒悉居保傅之任，尚何言哉？

十七史説卷四目録

隋書

煬帝紀二則 一論矯飾之害，二論残民之禍。…… 一一一
獨孤后列傳一則 論陰教从嚴之反動力。…… 一一二
薛道衡列傳一則 論帝王忌才至于文藝之奇談。…… 一一三

唐書

高祖紀一則 言能下人者必能制敵。…… 一一三
太宗紀一則 言救民莫先于除暴。…… 一一四
元宗紀一則 言矯爲儉者奢愈甚。…… 一一五
文宗紀一則 論激能生變。…… 一一六
宣宗紀一則 論兵驕將懦。…… 一一七
昭宗紀一則 言立于惡人之朝之自殺。…… 一一七
兵志一則 言軍民並治之害。…… 一一八
刑法一則 論亂世之重典。…… 一二〇
楊貴妃列傳一則 論亂世生才之吝。…… 一二〇
何皇后列傳一則 言臨難苟免之無可免。…… 一二〇
李勣列傳一則 論君未必知臣，父未必知子。…… 一二一

魏徵列傳一則論是古非今。……一二二
王忠嗣列傳一則論將帥能恤人命。……一二三
哥舒翰李光弼列傳一則論中旨督師。……一二四
郭子儀列傳一則論兵多無統帥。……一二五
房琯列傳一則論書生紙上談兵。……一二六
李泌列傳一則論動静之理。……一二八
劉晏列傳一則言理財之貴乎當時。……一二八
陸贄列傳一則論感人之言出于至誠。……一三〇
王叔文列傳一則論行險徼幸之忘。……一三一
裴度列傳一則言功臣宜知保其令名。……一三二
李德裕列傳一則論妬害功臣。……一三三
李白列傳一則言至性之真樂。……一三四
回鶻列傳一則言借外兵之難。……一三四
僕固懷恩列傳一則論養癰之患。……一三五

五代史

梁太祖紀一則言物望之不足以盡人才。……一三六
唐莊宗紀一則言風化之關乎興亡。……一三七
唐廢帝紀一則言驕兵雖賞無益。……一三七
敬翔列傳一則言助惡之可恥。……一三八
鄭遨列傳一則論幽人之貞。……一三九

十七史説卷四

既而高祖幸上所居第，見樂器絃多斷絶，又有塵埃，以爲不好聲妓，善之。上尤自矯飾，當時稱爲仁孝。《隋書》卷三《煬帝本紀》

人藏其心，不可測度也。而此中進退緩急之故，未嘗不若吐若茹於意言之間，慎毋以斤斤自覆而謂我心所不可告人者，既脱然於父母之側而莫吾發也，既可欺天下後世而無人能發其覆矣。孰知天下後世不可欺，只欺其心，以敗其身，而亡其國。哀哉！

六軍不息，百役繁興，行者不歸，居者失業。人饑相食，邑落爲墟，上不知恤也。《隋書》卷四《煬帝本紀》

有民而立之君，民之無不愛君者，天定之也。然民雖愛君，不如自愛其力與財，必不能以財力既盡之身奉吾君而不倦。故先王之政，惟於財與力時加之意。常蓄之有餘，則民順。屢索之不已，則民殘矣。民殘而國焉有不亡者乎？孟子曰「君之視臣如草芥」，吾於三代以後得一人焉，曰「隋煬帝」。觀其暴虐之政，誠桀紂之不若也。在位十二年，無一日之休養，而亂亦旋作。考其用民力者，輒數百萬人。以天下户口言之，幾於户出一人以供御用。元年，營東京宮室，役丁二百餘萬人，徙富商大賈數萬户。開通濟渠，發丁百萬。開邗溝，發民十萬。御龍舟如江都，挽士八萬餘人。三年，築長城，發丁男百餘萬。四年，開永濟渠，發河北諸軍百餘萬衆。皆其初年盛時之顯然者也。其用民之財，更不知幾百萬萬。二年，置洛口倉於鞏東南原，穿三千窖。置回洛倉於洛陽，穿三百窖。皆容八千石。六年，諸蕃來朝，陳百戲於端門街，執絲竹者萬八千人，燈光燭天，所費鉅萬。整飾店肆，盛設帷帳，繒帛纏樹，珍貨充積。胡客過酒食店，悉令邀入醉飽，不取其直。皆征伐高麗以前之豪舉。七年，高麗之役，令官吏督役造船，晝夜立水中，腰以下生蛆，死者什三四。造戎車五萬乘，供載衣甲幔幕。發河南、北民夫供軍須。發江、淮以南民夫及船運米，舳艫相次，千里往還，常數十萬人在道，晝夜不絶，而日夕更番者不計焉，去住之所更番者亦不計焉。度遼者二十萬五千人，而未度者不計焉。兵、役二者合而計之，當在二三百萬人以上。自古軍容之盛，無踰於此者矣。夫人主所挾以奔走天下者，財也；所與天下人相屬以有其尊者，臣民也。貧寡，國之大患也。雖然，擁富庶之業而苟無道以處之，則易至於敝。孟子曰「老弱轉乎溝壑，壯者散而之四方」者，幾千人矣。當是時，列國之地，此疆彼界，攸往咸宜，故失業雖衆，尚不至釀爲巨禍。若一統之世，民無所適，不至流爲盜賊不止，則天下之亂可計日而待也。煬帝攻高麗之歲，諸軍盡敗，羣雄皆起，隋遂以亡，可不鑒諸！

> 后見諸王及朝士有妾孕者，必勸上斥之。時皇太子多内寵，妃元氏暴薨。后意太子愛妾雲氏害之，由是諷上黜高熲，竟廢太子勇，立晉王廣，皆后之謀也。《隋書》卷三十六《獨孤后列傳》

治天下有道，必推始於宫庭、閫域、九族、六親之地，唯端其本，以立好惡之準，而一家之是非於是取正焉，天下之賢不肖亦於是觀感焉。《禮》於家修而後國治之説，引而申之曰：「好而知其惡，惡而知其美。」君子於此可以返觀而得其術矣。蓋天子之家，凡后妃、太子、諸王、昆弟之屬，禮貌之加，恩數之用，雖其私事，而國勢之盛衰、民情之起伏常與之息息相通，有不期然而然者。隋獨孤后以婦人妬性不喜其子娶妾，太子勇昭訓雲氏有孫數人，后責其專寵，使生如許豚犬。晉王廣矯飾，惟與蕭后居處。後庭有子，皆不育。后由是特加愛幸。家庭有何賞罰，即喜怒以爲勸懲；愚民有何從違，即君上爲之表率。好惡之偏至於如此，安得而不生倫常之變哉。未幾，勇廢廣立，后殂帝弑，其他諸王相繼誅死，皆獨孤氏逞其私意於愛憎，有一念之差，遂以致之也。吾觀古者女子在室，事父母之節與男子同，而共衣服，觀祭祀，凡婦職所應盡皆於女子之時習其事。孟子所云「女子之嫁也，母命之」是也。故《葛覃》使治絺綌，《斯干》與議酒食，而《采蘋》美大夫妻，説者乃以爲能循女時法度，女學之重如是。隋文帝娶於獨孤信，以將種爲偶，驕悍出於性成，焉知禮教爲何物，至死乃悔，蓋已晚矣。抑吾又有感焉。《易》曰：「乾道成男，坤道成女。」故陰陽者以對待爲體，而以互根爲用也。陽無陰不生，陰無陽不成，此對待之體也。陽之中有陰，陰之中有陽，此互根之用也。論天地自然之理，未嘗有男尊女卑之説。男得娶妾，女以從一爲貞者，此教化中歧異之事，非天地之道也。惟其非天地之道，而行之數千年之久，男女之境處於最不平等之中。婦人天性陰沈，其未受學而質愚闇者，自無可説。稍有才智，豈肯以敵體之人甘受偏重之遇，將至激而軼乎範圍以外。獨孤后迫使男子守從一之義，其勢足行於天子、皇子以至宰相、大臣之間，使不早逝，寖成風俗亦未可知也。山陰公主爲女子免除從一之義，其所持之見與獨孤后殊途而同歸，使其得志，寖成風俗亦未可知也。幸而山陰未得志，而獨孤早逝，中夏女子猶未及解放時期，故不獲逞。然歷代以來，婦人之悍於家而淫於外者，何可勝道？雖世風不古，抑亦諸夏教化畸重畸輕有以致之也。今夷風廣被，女子解放時期近矣，吾又安知自今以往横流之所極哉！

道衡自以非大過，促憲司早斷。暨於奏日，冀帝赦之，敕家人具饌，以備賓客來候者。及奏，帝令自盡。道衡殊不意，未能引訣。憲司重奏，縊而殺之。時年七十。《隋書》卷五十七《薛道衡》

治道之衰也，吏務簿書而急刑名，語及尊德尚賢之事，則概未聞也。有位者亢不自下，而懷才者距而自遠。此雖衰世之政，然人主見才而不能知，或知之而不能用，自古及今猶爲數覯，從未有知其才而妬其能且殺之以爲快者。容或有之，必懼其雄傑不爲我用，不得不除之，以絶其後患耳。若夫吟風弄月之詞，雕蟲小技，人主視之不啻玩好之物，縱有跅弛不羈之處，正當容之度外，何至與之争一日之短長，更置之死地？若有不兩立之勢。如煬帝之於薛道衡，因「空梁落燕泥」五字，將七十老翁斃於非命，似此虐政，蓋未之前聞。夫文人結習，喜於好勝。士苟有志自勉，視天下無復絶不可企之事，惟限於天者，雖學士攻苦力所不及，無如何也。煬帝以帝王之勢，作妬婦之行，實開千古未有之奇。即此一端，足以亡國，況其他乎！

遣劉文静約突厥連和。《唐書》卷一《高祖本紀》

以伯者之政，求王者之意則遠；以王者之意，求王者之政則近。故英雄豪傑不難於用剛，而難於用柔；不難於示强，而難於示弱。剛與强，英雄豪傑所樂以自炫者也；柔與弱，則其所以自晦者也。凡炫者，率意而行，故易。晦者，克己以道，故難。周之興也，三分天下有其二，以服事殷，及不期而會孟津，八百諸侯猶以爲未可。楚漢之際，沛公以兄事項伯，自謝羽於鴻門。及封漢中之國，燒棧道示無東意。以武戡亂之君，當創業之始，何其深自晦匿若是哉！蓋王道之所在，能忍者即能强，忍則廉恥之心持之固，强則精明之氣作之新也。楚莊有言曰：「其君能下人，必能信用其民矣！」蘇子瞻曰：「有報人之志，而不能下人者，此匹夫之剛也。」人於仇讐勢弗能報，尚宜隱忍而下之，況乎敵國外患能爲己腹心之禍、肘腋之憂，遽與之絶，足撓吾之進取而敗吾之大功者，安可不計利害，不權輕重，惜目前尺寸之屈而不爲他日遠大之圖耶！惟唐高祖有天錫之德，有王者之度，有臣鄰之宣力，有兢兢業業千秋並世之心。初起兵晉陽，恭禮待突厥之使，命劉文静往請兵。高祖之言曰：「胡騎入中國，生民之大蠹也。吾所以欲得之者，恐劉武周引之共爲邊患。又胡馬行牧不費芻粟，聊欲藉之爲聲勢耳。數百人之外，無所用之。」又卑辭推獎李密，謂臣下曰：「密妄自矜大，非折簡可致。吾方有事關中，若遽絶之，乃是更生一敵。不如卑辭推獎，以驕其志，使爲我塞成皋之道，綴東都之兵。我得專意西征，俟關中平定，據險養威，徐觀鷸蚌之勢以收漁人之功，未爲晚也。」一朝之武烈文謨，數語足以盡之。厥後突厥卒爲唐擒，而密降爲臣，帝之策突厥與密爲巧而奇中矣。然其用柔示弱之所得，又豈特擒一突厥、降一李密哉。其所以平羣雄而一天下者，胥由是道矣。何則？能下人者，未有不能用人，又未有不能安民者也。善用人、能安民而亂不平、不王天下者未之有也。蓋一念之謙，賢才自樂爲之用，而況於衆人乎？一念之敬，百神且依以爲主，而況於兆民乎？起義之始，事無大小，諏度秦王以行，與爭是非，輒黜私見。凡有兵事，一以屬之，而聽其所爲。父之於子猶且若是，而況於他人乎？太宗之禮致英才，文武皆備，由高祖之謙教之也。貞觀之勤政愛民，治幾成康，由高祖之敬基之也。太宗身平寇賊，尚時有翹然自喜之意。其真有兼容并包之量，能下人而容天下者，唯高祖能之耳。蓋知人、安民乃帝王庸德之行，歷代賢君類多能之，此人所共知而交頌者也。若處非常之變，屈伸得宜，則識時務之俊傑之所爲，常人所不能參與，而世俗頌主德者又孰識其深遠而推大之哉？自晉中葉，五胡雲擾中域，雖運會使然，要亦當國者處置失宜之所致也。歷宋、齊、梁、陳，南風皆不競，外患常迫，國祚因之短促。及唐高祖起於太原守，始用懷柔之策，民困得以稍舒。君子觀於此而知唐之所以興，而李氏受祉延釐享國三百年之久，乃有其功而食其報也夫！

拜太宗益州道行臺、尚書令，討王世充，敗之於北邙。竇建德率兵十萬以援世充，太宗敗建德於虎牢，執之，世充乃降。《唐書》卷二《太宗本紀》

天生民而立之君，立之君所以爲民也，非爲一人之富有天下也，非爲其玉食萬方也，非爲其黄屋左纛，瑶其臺而瓊其室也。然有王者，起除民之害而興民之利，有惠民之政，有愛民之心，則天亦因而授之以四海之富，天子之尊，而且傳之奕世，施之無窮，宗廟享而子孫保。所謂除天下之禍，當享天下之福，理無或爽。舜、禹、湯、武，而後漢、唐、宋、明莫不皆然。於此知天之恤民者厚，而其待養民之主爲尤厚也。漢、唐、宋、明開國之君，皆有雄毅非常之略，功足以除患，德足以養民。然其除患之功最顯而養民之德最弘者，漢莫如光武，唐莫如太宗。光武平銅馬、赤眉諸賊而有天下，太宗平建德、世充諸盜而有天下，除患之功莫顯焉。建武之政優於高帝，貞觀之治幾於成康，養民之德莫弘焉，宜其德流子孫，功垂後世，而聲施至今矣。蓋嘗論之，撥亂誅暴，湯武之功爲至偉，然湯放一桀，武誅一紂也，當時天下之民亦祇困於一獨夫耳。漢高誅秦滅楚，然秦楚之在當時苛而已，猶有政也；暴而已，猶是君也。宋平諸僭國，如南唐、吴越之民安於其國也已久，宋收其地未有加惠也。明雖滅陳友諒，殄張士誠，逐胡元而有天下，於光武、太宗爲近似，然即位而後，治道未備，君德未弘，以視光武、太宗之克平禍亂而身致太平，其不逮遠甚。由是而知光武、太宗之不可及者，救生民於羣盜之手而安全之也。夫天下之亂至戰國、南北朝極矣，然其苦吾民者，特爭戰之區耳。其兵刃不及之地，則猶有耕鑿之氓焉。至於王莽之季，隋室之末，盜賊蠭起，殺人如麻，若億萬之虎狼爭噬於中國，屠人民，焚都邑，掠婦孺，劫財貨，士無可讀之學，農無可耕之野，百工商賈無可執業之肆，暴骨如莽，廬舍成灰，蓋將胥天下而薙夷之，以至於盡，其禍固酷於洪水猛獸，非有王者，元元何所託其命乎？則光武、太宗之功豈在禹下哉。由此觀之，王者得天下之略莫先於救民，而其救民之功莫偉於定亂。太宗山東之役一舉而平王、竇，料事之智迥異常流，抑其殺賊之勇尤逾於儕輩，其勇於殺賊即勇於救民，勇於救民者天之所啓也。曹操破黄巾，劉裕平孫盧，尚能化家爲國，況若太宗之殄滅羣雄，有不承天祚而成大業者乎！

焚錦繡珠玉於前殿，禁采珠玉及爲刻鏤器玩、珠繩帖絡服者，廢織坊。《唐書》卷五《玄宗本紀》

奇技淫巧之習之肆而無所忌也，冀此一焚棄禁廢以矯驕奢之習，未始非善政之大者。雖然，珠槃玉敦、錦衾珠繡俱見於《詩》、《禮》，歷代典禮以爲器服。雖非周制，猶存古意。論制器，原於尚象。象既舛，而制之非其制矣。君子觀於後世靡麗之俗，未嘗不於前代所遺有可顧名而思義者，視之等於餼羊之給供，則先王之大義微言雖已不見於今日，而耳而目之者猶在若存若没之間，奈何毁滅無餘，使先王制器之本與審器之情竟不可復覩於世也？象者，名之所由定也，而理寓其中。名者，義之所由裁也，而法即因之而立始也。去其象而徒冒其名，繼也忘其象而莫救其實。曾幾何時，江南駮鵃、南越珠翠緣飾之物，較之於摛素製紈、璧銜珠裛尤窮極其奢麗。觀杜甫《麗人行》、元稹《連昌宮詞》，當時風俗導之争奇鬬勝，以趨於淫靡，可概見已。雖謂當日之焚煅，猶戰國諸侯惡其害己，而去其籍可也。

李訓及河東節度使王璠、邠寧節度使郭行餘、御史中丞李孝本、京兆少尹羅立言謀誅中官，不克。訓奔於鳳翔。《唐書》卷八《文宗本紀》

政治之壞，當道之咎也。苟能察其所自壞者，而各自爲救，則夫治道之必可復，不待明者而後决矣。若内有姦賊而不察，前有禍患而不知，荒嬉淫佚以日即於危亡者，闇主也。禍之潛伏而即弭之，姦之已形而决除之，乾綱獨斷而天下乂安者，英主也。知有賢而不能進，即進之而任不能專，知有姦而不能去，欲去之而謀不能斷，雖恭儉憂勤而無裨於治者，中主也。闇主勿論已，英主不世出，而中材之主恒多，使之繼承平之後，或可蒙業而安。若國事已壞於先，禍亂復興於内，欲其知人善任，撥亂除姦，殆非其所能任。使甘爲碌碌，藏其拙以待時，或有挽救於萬一。如漢和帝之卒除竇憲，桓帝之竟誅梁冀，唐睿宗之潛龍養晦，免於武、韋之禍，而臨淄王卒平其亂是也。苟不忍於旦夕之間，而欲鋭意以求一逞，得其人而不用，所用者又非其人，則未有不促亂而召禍者。其未及身而亡也，亦幸耳。自古宦寺之禍深於女色、外戚，而唐室奄人之毒尤甚於東漢之末。累世以來不親大政，而以薄故小物自嬉。穆、敬之際，二帝死於其手，天子由其擁立，此其禍非中主所能祛者明矣。今有兩人於此，其一疾在本者也，其一疾在標者也。疾在本者，飲食啓處盡如平日，而其患將中於膏肓，識者爲鍼灸以伐之，則其人亦稍弱矣。知其弱爲將愈之徵，即知其弱爲必死之兆也。疾在標者，精神元氣不改故常，而其外若有大苦，此庸醫之急須乎藥石，而名醫之僅恃乎粱肉者，無何而其人遂强矣。則知其强之爲體之所自有，而不待乎他求，即知其積弱之雖困而非病也。文宗深知兩朝之弊，果有圖治之心，則於即位之後宜標本並治，深其智而沈其勇，務其大而略其細，不必遽事更張，以聳觀聽也。不必務爲綜察，以示有爲也。潛心默慮，得一二忠智之士，傾心以聽之，虚己以任之，修其典，則整其紀綱，不出數年可以得志。蓋及裴中立之未老死，使處論道經邦之任，還魁柄於天子，而大綱可張也。李文饒之英鋭，付之以樞機密勿之專，握行政於軍戎，而百廢可舉也。宦寺之横徐圖之，未有不可去其毒者。宋申錫以請除其偪之言，用爲宰相，知其沈厚忠謹可倚矣，而旋以譖貶之。中立既衰，而文饒復去，廷臣之中尚有可與謀天下之事者乎？乃至進李訓、鄭注陰狡之徒，而任以匡扶社稷之重，卒致僨事，而姦勢益固，爲禍益滋，迄於唐亡而不可救，非文宗無知人之哲而制御失其機乎？蓋天下禍亂之生，患在無已亂之方，而輕於一試。一擊不中，其亂愈熾，而禍益深。後雖有善者，亦無如之何矣。世之竭蹶圖功、激切從事者，可不以是爲戒乎！

大中九年，浙西東道軍亂，逐其觀察使李訥。十一年，容管軍亂，逐其經略使王球。十二年，嶺南軍亂，逐其節度使楊發。湖南軍亂，逐其節度使韓琮。江西都將毛鶴逐其觀察使鄭憲。宣歙將康全泰逐其觀察使鄭薫。《唐書》卷八《宣宗本紀》

天下之禍，每生於所忽，而發於不及防。斯説也，人習聞之而不察，雖英主不免焉，其他可勿論已。周之防亂也，以殷頑民爲虞，而其後乃同姓搆兵陵夷以至於盡。秦漢之防匈奴也至嚴，而其亡乃由於戍卒之揭竿，外戚之盜柄。東漢之防羌也已備，而其亂乃出於黄巾。隋之防突厥也已周，而其亡乃擾於羣盜。唐自天寳以後，國家勞師費餉，所昕夕圖維而惴惴防之者，回紇、吐蕃也，河北藩鎮也。乃至大中之世，二寇勢衰，而羣凶之焰亦幾乎或息矣。觀太史之書，故府尚留先澤，禮義之邦，流風未墜。此風最繫人心耳。苟得救弊扶衰者而一振之，則政教布而風俗成，皆可復先朝之遺緒也。宣宗號稱英主，收復河湟而撫綏恒魏，朝政有序而海内粗安。綱維繩墨漸即於消亡，文物聲名尚支於不壞，非所謂小康之世、中興之機耶？奈何再傳而大亂遽作，天下土崩瓦解以及於亡。雖懿、僖之昏闇爲之，而大中之治曾不能翼厥子而保其孫，則史册所稱爲小太宗者，皆溢美之辭而舉不可信也。有是理乎？吾觀大中季年，軍亂者數起，而知宣宗之爲治雖勤而不免有所忽，其亡蓋有由矣。自大中九年至於帝崩，亂者皆起於東南，非戍邊之悍卒也，非習叛之强藩也。一朝欻起，敢逐天子之命吏而去之，而其所逐者觀察使也，甚且節度使也。不惟監司之貴，且領節鉞之尊，權位至崇而責任至重，如不能荷朝廷之託而召叛逐之羞，則其才德之不足勝任也明矣。以茸闒之才而付以彊圻之任，則宣宗任人之未擇可知。宣宗固精於察吏、明於知人者，胡若是其瞶瞶，則宣宗忽於東南之擇吏又可知矣。一有所忽，用非其人，吏治廢而民怨滋，積之久而發於一朝，遂不可遏而全局爲之傾頽。悲夫，有國有家者其鑒於兹！

朱全忠殺裴樞及静海軍節度使獨孤損、左僕射崔遠、吏部尚書陸扆、工部尚書王溥、司空致仕裴贄、檢校司空兼

太子太保致仕趙崇、兵部侍郎王贊。《唐書》卷十《昭帝本紀》

唐之亡，非道亡也，非法敝也，無人故也。人主優柔寡斷，拘牽衆議之從違，果其禮教沿爲風氣，即僭竊而有以折其鋒。誠使當時之人舍其所高談而争爲篤實之行，百年之結習洗然於一日，則唐室未嘗無可爲之幾，而惜乎其未能也。士生於兹世，值天下紛紜之際，其處世之道、保身之策當爲吾人所亟宜知者。諺有之：「良禽擇木而棲，賢臣擇主而仕。」本乎斯旨可以無患。苟昧審擇之機而貪利禄之餌，未有不殃及其身者也。裴樞等當李唐之季，居卿相之尊，縱曰受知於朱温，因優人爲卿，而曰非元帥之旨，然其表異於衆，固自命清流也。夫一事也，名以命之，此非天之所爲，人之所設也。然而名以制義，要各有其所以然而不容易之故。遂若其名之自命，事之自定，而人初無容心於其間焉。即謂天之設之，可也。樞等既讀書成名矣，則效忠君國，分所當然也，乃食唐之粟，居唐之官，視昭宗之被弑而不救。如曰力不敵也，則胡不潔其身而先去？即禍已發而逃之，君子猶原其心焉。而樞等坐視君之血流於椒殿，猶立於亂賊之朝，此輩居心誠犬彘之不若，其心死久矣。雖仕於唐，不啻爲朱温之臣。温之臣而背温之旨，則温之貶之、殺之而投之河也，固無不可。歐陽公曰：「裴樞能惜一卿，豈肯以國與人。」殊不知惜一卿之人，其爲人也，見小而識鄙，視一卿之禄重於一己之名節，重於國家之存亡，宜其戀戀於禄而不忍去位，以遭殺身之禍也。夫哀莫大於心死，而身死次之。樞等之心死亦已久矣。其駢誅於凶暴，又奚足怪。或謂樞等皆名門宿望之士，温恣意而行殺戮，則當時朝野皇駭之情不言可喻。於是士大夫多不入朝，民畏柳璨如虎。厥後徵司空圖，圖不爲所用，璨不旋踵而死。梁雖篡而不永其祚，璨與温胥失計矣。然璨者，賊之若蛇蝎者也。温者，盜之如虎狼者也。爲士者，處如此之世，不爲東海首陽之辟，而慕簪纓軒冕之榮，與毒若蛇蝎、凶若虎狼之盜賊爲伍，其見螫而嬰噬也，又安足惜乎！

宰相張説乃請一切募士宿衛。更號曰「彍騎」。府兵法壞而方鎮盛，武夫悍將雖無事，據險要，專方面，既有其土地，又有其人民，又有其甲兵，又有其財賦，以布列天下。《唐書》卷五十《兵志》

先王之治天下，文武並進，不使後世窺吾有所左右。雖怠惰苟安之氣，聖人未嘗不以術起之，而桀驁難馭之習，聖人又未嘗不以法柔之。故國家長治久安之術，不在於强兵，不在於用武。歷觀史册，兵强而速亡者有之矣，武黷而召亂者有之矣。不惟桀克有緡以喪其國，紂克東夷而隕其身，爲千古之炯鑒也。秦皇北築長城，南取百越，其亡也忽焉。漢武斥逐匈奴，通西域及西南夷，海内虚耗，幾至於亡。二主好大喜功之禍，世所共知者，亦無論矣。世多謂成周之衰也，好文而不振；東漢之亡也，氣節盛而儒術昌。以爲周、漢之衰亡由於好文也，由於重儒也。抑豈知西周固尚武而不偏重文事，東漢尤强兵而不專崇儒術者耶？周自開國以來，征誅而有天下，周公之訓曰：「其克詰爾戎兵，以陟禹之迹。」康王之誥曰：「張皇六師，無壞我高祖寡命。」周之所以創業而垂統者，在於尚武，可以見矣。厥後宣王中興，雄南征北伐之威，不再傳而幽王死於犬戎之亂。周室東遷，猶欲沿守其家法，平王戍申、桓王伐鄭，猶其尚武之餘習也。周非以尚武而寖衰者乎？光武起兵南陽，戰昆陽，取河北，降赤眉、銅馬諸賊，滅隗囂、公孫述，武烈赫然矣。厥後破匈奴，平諸羌，重兵聚於黎陽，武臣盛於涼州，以及董卓之亂，猶藉兵威以廢少帝，執漢權而海内鼎沸，遂至於亡矣。漢非以强兵而召亡者乎？由是而知，唐室禄山之亂幾至亡國，藩鎮之禍延及百年，非林甫釀之而國忠激之也，亦非肅、代、穆、敬姑息養姦之過也，玄宗好兵黷武啓之耳。太宗以義兵戡亂，即位以後難免重武輕文，於禮章樂舞之事未暇以詳，使後之言兵者得託焉。託之者久，雖子孫亦自誣其祖宗而浸以講武爲經國之謨矣。玄宗英主，喜事紛更，厭薄祖宗之樸陋，尤於兵事有精益求精之意。無故而講武於畿甸，無戎而耀兵於邊疆，兵力由是而增，軍紀亦由是而壞。成憲所垂，類敗於踔厲有爲之氣。於是規模愈大，根本愈傾，當時已莫識府兵之迹，節度之權自此而增，方鎮之勢由是以大。近以召漁陽之鼙鼓，遠以貽河朔之淪胥。有唐之治莫盛於玄宗，而衰亡之由，玄宗亦不得辭其責矣。然玄宗不以周漢之尚武强兵爲鑒，其禍固已顯然。後世喜事者流，復不以玄宗好兵黷武爲鑒，以爲救衰振敝，舍兵莫由。廟堂之上坐而論者，練兵也。京邑之中，日喧其金鼓，時耀其戈矛，於是舉國嚣然，羣知朝廷之趨向，以爲國之所重者兵也，國之所恃者兵也。一慕利禄者，不出於學而願出於兵，謂是國之所重者也。懷覬覦者，不重文治而欲竊兵權，謂是國之所恃者也。一旦國家有變，赳赳者流不知仁義忠信爲何物，親君死長爲何事。桀者奮臂一呼，亂人四起，而向之以爲可恃者，羣作前途之倒戈，遂致朝廷一無可用之兵，而大事去矣。夫君臣、父子、夫婦之地一日不正其紀綱，則政教之本壞，而富强之術不足以震藩服，而適以藉權奸。揆厥所由，豈非鋭意圖强，求治太急，羡用武之威，講强兵之術，不固其本而徒治其標，以至外强中乾，而國脈遂斬於一朝乎？觀於軍旅之事，聖人未學，豈必以其强而抑之，而惟恐恃其兵之利而不知修省，則以功利之不足爲，而忠信禮義之大可恃也。然則謀國家之長治久安固自有道，而救亡以圖强者，亦惟於治國之本加之意焉，不可徒慕漢唐盛世之兵威而襲其致亂召亡之跡也。

唐興，高祖入京師，約法十二條，惟殺人、劫盜、背軍、叛逆者死。《唐書》卷五十六《刑法志》

自在官者不習律例，聽斷必求助於人，而應其求者又皆不治他學，不能辨析律文而深探其意。故獄成而上，其詞不備，苟非有大疑難，固不得不據爲信讞，而條詰而概卻之。吏治之日壞，律文之繁爲之也。自古開基之主立法多趨於簡便，以爲收拾人心之計。漢高祖約法三章之後，有唐高祖之約法十二，一時傳爲盛德善政，民情之向背於此可見之矣。蓋法貴乎舉要挈綱，不患乎嚴，而患乎苛。不取乎寬，而取乎大。亂世之政悉反乎是。貪恤民之名而疏，失之縱；矜一鏄之智而精，近於刻。縱且刻皆爲民害，而真有罪者且逍遥乎法外，安得有王者起，取斷然之處置，急遽行之而不顧乎？

而太真得幸。善歌舞，邃曉音律，且智算警穎，迎意輒悟。帝大悦，遂專房。《唐書》卷七十六《楊貴妃列傳》

太宗納巢刺王妃，高宗納才人武氏，玄宗嬖太真，禽獸之行，視爲故然，則尊卑上下之序難正也。吾獨怪夫天生一傾城之姿，而人主之視聽爲之惑者，天似不得辭其過。然至今觀之，而天之過又自有在矣。不恨其鍾氣之衰，而怪其篤生之吝，遂覺耳目無聊，非此莫適焉。使同時並生房、杜、王、魏諸賢，則雖内寵擅於上，而政治清於下，孟子所云王如好色，與百姓同之，於王何有哉。

初，蔣玄暉爲全忠邀九錫，入喻，后度不免，見玄暉垂泣祈哀，以母子託命。宣徽使趙殷衡譖於全忠曰：「玄暉等銘石像瘞積善宫，將復唐。」全忠怒，遂遣縊后。《唐書》卷七十七《何皇后列傳》

甚矣，國家衰亡之際，婦人女子之見淺懦而無識，其於亡國敗家之事恒相係屬。蓋見利淺而慮患疏，卑怯巽懦若出於天性。使生承平之日，備位宫闈之内，承恩遘寵或可安富貴而享殊榮，一旦遭遇艱危，天子不知命在何時，椒房之尊自不可保，所謂覆巢之下無完卵，自非有貞潔之性、瑰奇之資，如西楚虞姬、明懷宗周后殺身殉國，慷慨激烈，有過於庸庸碌碌之鬚眉者，大抵不爲賊刃所污。即或失身於敵，如五季吴蜀、北宋靖康之妃后嬪嬙，降爲俘囚，辱同婢妾，求死而不可得，貪生而亦不安，徒增恥痛於國亡家破之後。吁，可哀已！唐何皇后當昭宗遇禍之日，唐之世德累仁委祉於後，遺愛未湮，人心未去，堂堂萬乘已奉爲天下之主，既目睹其被弒而死，后當時無捍蔽之勇，他日無報讎之略可知矣。果有人心者，涵泳舊德，沐沾膏澤，惟有嬰鋒蹈刃一死以謝先帝耳。賊執而欲殺之，此后之所當甘之如飴者，奈何其求哀於弑主之賊，延殘喘於須臾，而卒亦不免，而且蒙不潔之名也。或謂后之爲計，欲圖護翼其子以嗣帝位，存唐祚而圖恢復之機，幸而有成，子爲少康，則已爲后緡，亦何不可者？嗟乎！夏之復興，以少康爲不世出之主，非常人所企及者，固無論已。后緡之生少康也，以有有仍之國可逃歸以自保耳，未聞在寒浞網羅之中而靦顔以求活也。何后欲豢於賊手而安太后之榮，其志卑，其行辱，是豈懷興復之志而有爲者哉！哀帝爲賊所奉冠冕，而見厥祖唐九廟之靈，其吐之矣，何后亦何爲而生者耶？即不死於王殷之刃，其未汨盡之良知必有中心譴疚而不自聊者，亡國之餘，所以終不免於一死也。

帝疾，謂太子曰：「爾於勣無恩，今以事出之，我死，宜即授以僕射，彼必致死力矣。」乃授疊州都督。高宗立，召授檢校洛州刺史、洛陽宫留守，進開府儀同三司、同中書門下，參掌機密，遂爲尚書左僕射。勣疾，謂弟弼曰：「我見房玄齡、杜如晦、高季輔皆辛苦作得門户，亦望詔後昆，悉爲不肖子敗之。我子孫盡以付汝，汝可慎察，有不厲言行、交非類者，急榜殺以聞，毋令後人笑吾，猶吾笑房杜也。」《唐書》卷九十三《李勣列傳》

人情孰不愛其子孫，孰不欲保其後嗣哉？然愛之保之在訓之以道，輔之有人而已，無所用其智力也。三代聖人保其子孫與天下也，求哲人以遺後嗣，而伊周之力爲弘，不聞湯武於其託孤寄命之臣有所智取而術馭也。漢武之託霍光，猶用斯道焉。昭烈之託武侯，其辭有詭焉者，幸所託爲武侯耳。唐太宗爲三代下英主，寢疾之際，以術數御李勣，後勣贊高宗立武后，論者多以太宗用術之過。其實太宗之用術亦非所以試勣，特欲彰其子之才智能牢籠李勣而爲之效命耳。高宗之懦，太宗所習知也，而臨終之際特假一李勣以誨其君人善任之方，以暴其子之長於臣下，使有所畏服。此固愛子之恒情，而抑可不必矣。以太宗之智而顧出於此者，無他，保後之念深而愛子之情篤耳。勣何嘗不知太宗之意，故貶官命下，即日赴任，無纖芥不平之念。及其受命高宗，位至台鼎，亦未必有欣喜過望之情。何者？知其君愛子之心與夫保後之策，已則不過適逢其會耳。不然，受太宗顧命者，既有長孫無忌與褚遂良矣。且太宗亦常詔勣「以將屬幼孤無越卿者」矣，何取乎臨崩貶勣以爲嗣主用勣之術數哉！勣深知太宗之心，故太宗行之而不疑，勣受之而不憾也。故謂勣憾太宗，而贊立武氏不盡忠於高宗者，亦非也。勣何嘗不小心翼翼盡忠於高宗哉？抗表而辭僕射矣，爲將而滅高麗矣。其不欲諫説犯顔以正高宗之失，而詭詞以將順者，則勣年暮功高，全子孫、保門户之見存於胸。觀勣臨卒，戒其弟弼之言，寧撲所生，不欲留之以累門户。其欲保家之念愈篤，所見愈偏，與太宗所處不同而其情則一，皆愛子慮後之心過摯，轉失其中道之常耳。成湯未嘗黜伊尹，而使太甲用之以彰其後嗣之賢也。武王亦未嘗詔周公以易成王之位，以脅其子之不敢爲惡也。而伊尹卒能格太甲之非，成王不敢違周公之戒，以保國而長世，享祚皆數百年，則愛子孫而保後嗣者，書契以來固未有如湯、武之得者矣。然太宗與李勣固猶知欲爲裕後之謀者，第不得其道，亦未遇其人耳。果使無忌、遂良之爲相能如伊尹之任、周公之忠，則武氏之禍不作。李弼受戒於勣，其於敬業能如子文之識越椒，則若敖之鬼不餒。觀於此而知保族宜家之主固世所罕逢，而詒謀燕翼之臧亦殊不易覯也。

徵曰：「五帝三王不易民以教，行帝道而帝，行王道而王，顧所行何如耳。黄帝逐蚩尤，七十戰而勝其亂，因致無爲。九黎害德，顓頊征之，已克而治。桀爲亂，湯放之。紂無道，武王伐之。湯、武身及太平。若人漸澆詭，不復返樸，今當爲鬼爲魅，尚安得而化哉！」《唐書》卷九十七《魏徵列傳》

自夫天下之人視古人過高，以爲有絶德於天下，而不知古人之所爲孜孜而不已者，固吾人之事也。何則？人之心與理一也，人之爲學求至於心與理一也。天地之大，萬物之繁，當太古之初，人欲未起，渾渾噩噩，獉獉狉狉爾。自文字作而采藻宜之，紛繁緣於素璞，白賁飾以文章。踵事既以增華，緣情且以生色。法度明，而文物昭，皆其後之因時制宜，而日就新盛者也。夫穴居者易而宫室矣，野葬者易而棺槨矣，結繩者易而書契矣。物窮則變，古人猶不避矯故革俗之嫌，顧惟日用飲食之需即令先民是程。豈有於事之萬不得已者，而因仍其舊也。既已時過事更，必不能返宫室於穴居，返棺槨於野葬，返書契於結繩。是運會驟遷，世道因以轉移。後之人，生當其際，安能堅守其故以戾乎時，此理之所必然者也。三代以降之人，思想薄弱，不敢自我作古，每有所爲，輒引古義以證之。有事不能見信於人，則稱先王以自解，若似乎有例在先，即行之有咎，而可以不負其責也者。以文而言，漢人無不以美文名，觀子長、孟堅所爲史，詔册、章疏、辭賦，載之甚備。其善者，蓋原於《詩》、《書》而交游贈酬。官府教條，下逮有司絜令、决讞之詞亦無不彬彬焉，質有其文，其屬辭比事蓋有所承受而然也。文之衰也，退之振以三代之文，才學之士抉精炫富，疲一世以從事著述，曾不與古者微賤之事、簡質之辭相較焉。以書而言，三代器物之銘，秦之刻石，未必盡出能手。漢魏主令世代以爲法，而漢魏至今又千餘年，雖鄉里墓社之所稱述，浮圖老子之所録記，苟被之金石，雖其義至淺，其語至陋，且灰塵侵蝕、漶浸斷缺不可辨識，後人得之，每以爲法書，轉相摹述而以为弗如焉。論文物度數之原，一切不載，以精神即衰微之象。故方策所布，雖傳之千百年後不能悉棄，人不可以背本也。惟復古之機，狙詐者難爲功，惇大者易爲力。苟不知審時度勢而欲削足就履，則昧乎制作之原而離道益遠矣。故道之所在，善因不如善革。因則竊其似而隱與之背，革則亡其迹而實爲之承也。唐承隋奢靡之後，太宗躬行節儉爲天下先，去其淫汏而朝廷正，革其奇衺而草野之俗化，行之久而愈進於治，正勵精圖治之時也。封德彝謂三代之後，澆詭日滋，謂秦漢皆欲治不能，非能治不欲。阻太宗向善之機，此孟子所云「吾君不能謂之賊」耳。魏徵「身及太平」、「人能返樸」之對，所以誘掖其君而納君於善者，甚忠且摯，太宗信之不疑，天下大治。史稱「貞觀之治」，庶幾成康。雖其君德之純不如先王遠甚，而政治之美固未可厚非也。責難於君謂之忠，陳善閉邪謂之敬，徵足當之矣。然則人之立言固不可不慎，尤不可不審其發言之地，所與言之人。敷奏之際，論治之時，固不可與評隲文章、摩挲金石相提並論，徒發思古之幽情，而乏救時之善策也。

會董延光獻策請下石堡城，詔忠嗣分兵應接，忠嗣不得已爲出軍，而士無賞格，延光不悦。李光弼入説曰：「大夫愛惜士卒，有拒延光心，雖名受詔，實奪其謀。然大夫已付萬衆，而不立重賞，何以賈士勇乎？且大夫惜數萬段賜，以啓讒口，有如不捷，歸罪大夫，大夫先受禍矣。」忠嗣曰：「吾固審得一城不足制敵，失之未害於國。吾忍以數萬人命易一官哉！」其後哥舒翰引兵攻石堡，拔之，死亡略盡，竟如忠嗣言。《唐書》卷一百三十三《王忠嗣列傳》

嘗觀於古今兵勢盛衰之故，及近數十年號爲良將者，既皆心焉識之，而考其所由然。及觀王忠嗣所爲，不肯以數萬人之命以易一官，乃歎史書所載之不足信，而彼號稱良將者，其所爲亦人命易官類也。有高世之量者，不規規於事功，不斤斤於名利，其建功立名也，或爲生民之休戚而竭力焉，或爲國家之存亡而盡瘁焉，不爲一己之功名，尤不圖一身之利禄也，更安有不惜生民之性命，不計國家之得喪而徒貪慕利禄，以獵取功名者乎？世之衰也，德量爲輕，而功名爲重，甚且貪不可必得之功，競無足重輕之利。争土地而殺人盈野有之矣，嗜鹵獲而興師動衆者有之矣。寡人之妻，孤人之子，以成智勇之名，以博富貴之利者尤有之矣。蓋文武之澤斬，周孔之道衰，儀、秦、鞅、斯既以其智辨亂天下，而孫吴、白起、王翦之徒乘時用勢，奮其武略以夷賊生民，而當時謂爲良臣，後世且譽爲名將，其亦知若輩之豐功偉績所以震耀世俗，而爲淺躁之士所樂稱者，皆伏尸流血、斷肢折脰，奇慘極毒之事所積累而成，使仁人有道之士將不忍見、不欲聞，而豈肯躬行此慘毒之事乎！然而三代以下，知道者鮮矣。上有好大喜功之主，下即有貪功慕利之臣。秦漢而還，開邊拓土之事果皆有不得已而爲之者乎？抑其爲將帥者鋭意功名、熱中利禄之所爲也。漢衛、霍之斥匈奴，唐英、衛之驅突厥，尚猶有取焉者。攘夷狄以尊中國，大義之所當爲，雖勞師襲遠，疲民傷財，甚至枕骸遍野，萬里朱殷，而其申華夏之威，挫强虜之勢，一時之勞而數世之逸，不惟義所當爲，抑亦不得不爲者也。若夫漢武之伐大宛，隋煬之征高麗，貪兵而已耳，忿兵而已耳。唐玄宗欲得石堡一城，不恤用數萬人之力，亦貪兵忿兵之流。此忠嗣所以僶俛而從，而卒不肯以數萬人之命而易一官也。開元、天寶之際，玄宗好武之心始流露於講武，繼專意於開邊。上有好者，下必甚焉。一時功利之士靡然向風，其淬厲奮躍以圖功而希禄者，何可勝計。忠嗣任已重、爵已尊矣，然爲保官爵計，則安可違人主意，以取黜辱之禍乎？而忠嗣不爲也，則忠嗣可謂知道，可謂有高世之量者矣。今夫國勢至凌夷之日，世猥以氣數當之，則人事爲無權，運會不能無隆替，而爲邊帥者，應泯其害人之心。此中奮興之機、遲速之效，有可按而求者。如謂今日之事勢即當日逆料其然而無如何者，則未必然也。故大將而兼大臣之道，必去其開疆拓土之圖，則上無雄略；去其披堅執鋭之志，則下無幸心；去其好大喜功之念，則民無夸志。觀忠嗣之行，在三代下及今，固史册所罕覯者，豈僅當時之錚錚佼佼者哉。吾因思夫志士仁人有殺身以成仁，無求生以害仁。其嬰城守土，有殺萬人之命而成千古之名者矣，君子不責以不仁者，其所全者大，所爲者重，保一城以全百十城，殺萬人之命以全千萬人之命。如唐之張巡、許遠，雖至於食人而不爲暴，以其守睢陽以一城障江淮而全唐室，而又終以死節殉之也。不然，則雖成義勇之名而多殺人以成之，則義勇不爲貴矣。況乎徒多殺士、焚廬舍、夷城郭，禍及無辜之氓，以示其一時之勇，而終不能以一死謝之，乃爲其一身榮利之媒介。斯人也，此所謂率土地而食人肉，罪不容於死者，奚足稱乎？

上入國忠之言，使使者促戰，項背相望也。翰窘不知所出。六月，引而東，慟哭出關，與崔乾祐戰，以二十萬衆一日覆没。《唐書》卷一百三十五《哥舒翰列傳》

思明使諜宣言賊將士皆北人，謳唫思歸。朝恩信然，屢上賊可滅狀。詔諭光弼，光弼固言賊方鋭，未可輕動。僕固懷恩媢光弼功，陰佐朝恩陳掃除計。使者來督戰，光弼不得已，出師次北邙。賊僞遁。懷恩軍爭剽獲，鋭來戰，伏發，官軍大潰。《唐書》卷一三六《李光弼列傳》

自古未有權姦在内，而大將能立功於外者。亦未有人君不辨忠姦，而能任將立功。尤未有身擁重兵之大將，不能弭權奸之嫌忌而能成功者也。蓋非堯舜湯武之爲君不能無小人在朝者矣，非禹皋伊尹之爲臣不能無肆其讒謗者矣。然而管蔡流言不能阻周公東征之策，李平鱗甲不能害諸葛北伐之師。誠以周公、諸葛之忠，有以見信於其君，而姦邪之説不能撼其毫末耳。二公而下，惟郭子儀出將入相，雖迭遭譖毀，然終不爲庸主所疑，不爲小人所賊，無赫赫之功，而國家繫之爲安危數十年，位極人臣，富甲海内，身名俱泰，而澤及子孫。是遵何道而然哉？蓋其於讒謗之來，安然處之，不求勝於人也；於權勢之去，尤怡然受之，不怨懟其君也。卒之其君與小人胥爲忠誠所格，而疑謗銷矣。子儀之量與識，非卓然不可及耶？其他雖忠如岳鵬舉，不能免於秦檜之搆陷者，猶不能免於高宗之猜嫌也。若姜維之見譖於黄皓，見疏於後主，尤其宜已。觀唐哥舒翰潼關之失，李光弼邙山之敗，胥由於中旨之督促，一由於楊國忠之忌翰，一由於僕固懷恩之惡光弼而附魚朝恩，非皆爲身擁重兵之大將不能弭權姦之嫌忌，以自毁其可建之功耶。翰奉詔禦賊，賊未平而先不容於國忠。光弼討史思明，思明未破而不能假貸懷恩，此翰與光弼之所以敗也。玄宗耄荒，肅宗庸主，不審事機而召禍患也，其敗也固宜。吾固思夫豪傑之士所以建不世之業，而成非常之功者，固在其有剛毅勇猛之氣，乃能爲人之所不敢爲、所不能爲者，而國家賴之。然即此勇往直前之氣概，與其强毅不屈之精神，往往見畏於小人，甚或見憚於其主。霍子孟之所以不保厥後，李贊皇、寇萊公之所以遠謫投荒，胥以此也。文臣且然，况身擁重兵之大將乎？彼不能弭權姦之嫌忌，而能成功者，固未之聞矣。至於小人之嫉功忌能，無所不用其極，其不計國家之利害，而務去異己以利一身也，固無足怪，又奚足責乎？

> 九節度師討慶緒，以子儀、光弼皆元功，難相臨攝，第用魚朝恩爲觀軍容宣慰使，而不立帥。進圍相州，慶緒求救於史思明。思明自魏來，前軍與之戰，夷傷相當。子儀督後軍，未及戰，大風拔木，遂晦，跬步不能相物色。王師南潰，賊亦走，輜械滿野。諸節度引還。《唐書》卷一百三十七《郭子儀列傳》

用兵不務其多，惟其精。任將不務其衆，惟其專。戰勝攻取不泥乎所欲得，而貴乎審機宜。楚漢之戰，漢王率五諸侯兵五十六萬人伐楚，項王以精兵三萬人大破漢軍。楚之兵力精也。晉荀偃、士匄攻偪陽，不克。荀罃怒曰：「必爾乎取之。」偃、匄親犯矢石，遂入偪陽。罃之威權專也。唐太宗圍王世充，竇建德來救。太宗迎戰，破之，而世充降。太宗之善審機也。違此三者，雖强必敗。唐肅宗命九節度之師討安慶緒，而不立元帥。失其道矣，其取敗也宜哉。慶緒之保相州也，其大勢已去，所謂垂折之木一擊可摽，垂絶之繩一引可斷者也。以數萬人之力攻之足矣，何取乎用數十萬之師。既用衆矣，若晉之平吴，隋之平陳，設大將統之，以壹其權而專其責。雖勞師動衆，拙於用兵，而任將勿貳，未嘗不可以有功也。乃九節度並立，而不建元帥，僅以魚朝恩爲觀軍容使，則誠異哉，未之前聞矣。《易》曰「師出以律，否臧凶」。春秋城濮鄢陵之戰，晉君躬親行陣，將帥各盡其謀，故晉再勝而楚再敗。惟邲之戰，荀林父將中軍而彘子以偏師陷，遂敗於楚。麻隧之戰，晉帥乘和故敗秦師。及棫林之役，荀偃令馬首是瞻，而欒黶馬首欲東，遂遷延而無功。事權不專，兵謀不一，則是師無紀律，必有輿尸之凶矣。肅宗以子儀、光弼俱是元勳，難相統屬者，其實非也，光弼嘗爲子儀下矣，且當時子儀爲中書令，光弼爲侍中，李之階秩猶亞於郭也。授郭節鉞，使統全師，胡不可者。蓋兩京既復，子儀已爲小人所忌，帝亦浸疑之矣，不授子儀元帥，而用朝恩爲觀軍容使。朝恩即短郭者也。於此可知，帝於相州之役欲自享其成，而不欲子儀有其功矣。厥後師徒潰退，帝雖不罪諸將，而獨信朝恩之譖，解子儀兵權，其疑忌功臣之心不亦信而有徵耶？夫子儀以不賞之功，挾震主之勢，必常歉然如有不足，雖身常在軍，苟非危急存亡，曾不欲立奇功以自見，輒勝少而敗退多，其摯性謙德非恒情所能測。蓋當時武夫日逞恣睢之狀，惟子儀儒者，尚存忠厚之遺也。後人歌頌功德，曾不能稱其量而少有當於其志，何况並世者乎？宜帝任之之不專也。夫史思明在魏自稱燕王，降而復叛，其勢已燎原矣。慶緒困守孤城，烏承玼所謂葉上露耳。爲唐計者，宜急於制思明，而慶緒之討可毋用衆。李光弼請朔方軍同逼魏城，求與史思明戰，彼必不敢輕出，得曠日引久，則鄴城必拔。慶緒已死，彼則無辭以馭其下也。光弼之謀誠得機宜之要者矣。使帝用其策，則相州下，慶緒擒，而思明不敢逞。即彼負嵎不服，唐以全勝之力制之，雖有十三郡之衆，安能敵全盛之唐，其亡也固宜，亦何致有相州之潰，遂有東京之失，邙山之敗，而河北卒非唐有乎？史稱光弼之計，亦朝恩以爲不可而止，益見帝之信私暱而不親，欲蔽其神智而舉措皆失其道，遂使有中興之勢而不獲竟全勝之功，良機一失，不可復得，可概也夫。

琯既有重名，帝傾意待之，機務一一與琯參決，諸將相莫敢望。會琯自請平賊，帝猶倚以成功，乃詔琯持節招討西京防禦、蒲潼兩關兵馬節度等使，得自擇參佐。琯分三軍趨京師，楊希文將南軍，劉悊將中軍，李光進將北軍，用春秋時戰法，以車二千乘繚營，騎步夾之。既戰，賊乘風譟，牛悉髀栗，賊招芻而火之，人畜焚燒，殺卒四萬，血丹野，殘衆才數千，不能軍。琯還走行在，見帝，肉袒請罪，帝宥之。《唐書》卷一百三十九《房琯列傳》

甚矣，盜虛聲者之自誤而誤人家國也。涉獵不深而簡略自守者勿論已，即殫見洽聞，非不極酌雅稟經之美，然《詩》失之愚，《書》失之誣，《禮》失之繁，《左氏》失之浮誇，此泛濫者之憂於不實，膠滯者之患其迂疏也。方其處草茅之中，居韋布之列，高談而自負。講經世之學，則自謂伊、吕矣；論用兵之道，則自比孫、吴矣。甚或誇其爲文則屈、賈也，賦則鄒、枚也，詩則建安七子也，算則商、高，而醫則秦、扁也，金石雕刻無不工巧也，彈棊博弈靡不精妙也。鄉里驚爲異人，友朋稱爲才子。於是聲氣益廣，而名譽益高，洋溢乎州郡，上達乎朝廷，將使公卿避位而迎，天子側席而待。三代下，處士以虛名動聽結主知而獵高位者何可勝數，然而任之爲相，則折鼎而覆餗也。王衍之清談誤晉，介甫之變法亂宋，其顯然者矣。用之爲將則覆軍而危國也，趙括之徒讀父書而喪趙卒，殷浩之頗負時望而敗晉軍，尤其較然者矣。特欺世盜名之徒，世所恒有，而世人或震其名，昧然而交譽，時君亦不察其實，遂欣然而用之，以至僨事辱國者踵相接焉。夫豈虛名之果足以欺人哉，亦在上者無知人之哲，無官人之方耳。舜之舉八元八凱而去四凶，惟其明四目，達四聰也。而舜之所以官人者，敷奏以言，明試以功，三載考績，三考黜陟，幽明也。且舜之知人之明，官人之方，尤本乎堯之舉舜也。以四岳之薦而觀厥刑於二女，且慎徽五典。五典克從，納於百揆。百揆時叙，賓於四門，四門穆穆，納於大麓，烈風雷雨弗迷。蓋詢事考言，乃言底可績，然後畀以大位。惡有徒以人之負有重名而即任爲輔相，因其自請將兵而即授爲將帥，如唐肅宗之輕用房琯者哉。琯之敗，不至於喪身而亡國，幸也。幸而繼之者有郭、李諸將耳。不然，兩京之恢復未可冀，而靈武之根本且動摇矣。夫名者，實之符也。琯未爲相之日而已有重名，肅宗何不考其已往之績，何不試以庶官之任，果賢而後相之，未爲晚也。即其爲相之日，亦有嘉謀嘉猷可以救時艱而紓國難者乎？徒聚集賓客爲大言耳，徒引用浮華之黨耳。賀進明雖憾琯而短之，其言琯爲王衍之比，未盡非也。肅宗既因進明之譖而疏之，乃復望琯之成功而用之爲將，此誠不知肅宗用人之衡果安在矣。夫古人器物，未可施於今也。古書用竹帛，流播爲難，楮墨稍省易矣，而述作益繁。操觚者猶艱於從事，故韓起觀書於魯，然後知周禮。漢東平王求諸子、太史公書於京師而不能得。唐時訪求一書或遲之數十年始得一見。自鋟板之法流衍者多而文物爲之一變，於此而欲反其本，還其原不可得也。古人坐於地，所謂席者，即著於土，而几者不如牀之高。後世易之以案，其精緻者爲胡牀，起居益適，於此而欲反其本，還其原，亦不可得也。儒者讀書稽古，自少至壯嘗學其事矣。夙昔以愛人爲重，以濟物爲心，一旦而施之征戰，雖殺人而猶有不忍之心者，情之常也。雖知車戰之拙，以其法之從經義中來，不得不一試之，亦理所宜有也。彼豈知典籍所傳，衍之皆君臣父子之經，精之皆性命天人之奥；小之爲尋常日用之事，大之即安内攘外之謨。不研以求之，難與言深造也。君子所以貴變通之功也，論一國之大事在戎，三軍之司命在將，平日已然，矧唐至德之初，逆焰方熾之時乎？琯以自任，琯之妄也。肅宗因疏忌而許之，肅宗之謬尤甚於趙王之用趙括，晉室之用殷浩者矣。至琯之自負其才，與其以虛名擇將吏，琯固妄人，無足怪者。爲人上而操用人之權，有社稷安危之責，其可無知人之哲與官人之方，而爲虛名所動，用非其人，以誤天下國家乎？

動若騁材，静若得意。《唐書》卷一百三十九《李泌傳》

一元之理，水得以流，山得以止，動静之象也。而騁才使氣，動之道也。得意忘言，静之道也。神而明之，有圓機矣。其用則主乎變通，默而成之，有真宰矣。其體則主於凝定，内外之境，致不相侔矣，而亦致足相引。其動也，非紛擾之動，而無得於心者也。其静也，非寂滅之静，而無與於身者也。心與理順，理與事順，百慮皆通，莫得而困之。身與形合，形與體合，元神常聚，莫得而操之也。論二氣之行，融而爲圓，結而爲方，則有動静之性異焉，行止間可以見本原之會合矣。仰惟皇陰騭之初，錫予以攸好，克剛克柔，無在而非襟懷之灑落，則人人方寸之内原有此高深之境地，而識泥意拘，遂難結遥情，而見神明之合撰耳。惟鄴侯活潑莫遏之機爲中心，曲繪一流通之象，挺峙不羣之概，於我躬顯呈一卓立之觀，一動静間一想像之。此觀棋之對所以啓口而出，不煩思索也。彼其流而不息，何不息也？周而無滯，何無滯也？安而不遷，何其安也？止乎其所，何其止也？苟非然者，處肅代父子之間，無心之流露，有心者莫得會其情，難乎其言之矣。及功成身退，尤深得乎動静之真諦，淵渟嶽峙之概，印證無殊，不啻合同而化其渾涵之意、端凝之度，會其理於一致，由天機而出以人事，心也而意傳之，一感發之際，而曲肖之情形有適如其分者，即此可見真純之不雜焉。古之聖哲皆先天下之憂而憂，後天下之樂而樂，豈肯偃息閭巷，不問外事，而以能自娱爲得計哉！

開元、天寶間，天下户千萬，至德復殘於大兵，饑疫相仍，十耗其九。至晏充使，户不二百萬。晏通計天下經費，謹察州縣災害，蠲除振救，不使流離死亡。始以官船漕，而吏主驛事，罷無名之斂，正鹽官法，以裨用度。常歲平斂之，荒年蠲救之，尤能時其緩急而先後之。每州縣荒歉有端，則計官所贏，先令曰「蠲某物，貸某户」，民未及困，而奏報已行。災沴之鄉，所乏糧耳，它産尚在，賤以出之，易其雜貨，因人之力，轉於豐處。或官自用，則國不乏。多出粟米，恣之糶運，散入村閭，下户力農，不能詣市，轉相沾逮，自免阻饑，不待令驅。《唐書》卷一百四十九《劉晏列傳》

利者衆之所趨，財者人之所歸。雖帝王之用衆不能無利而歐之，雖聖人之使民不能無財而集之。堯之咨舜曰「四海困窮，天禄永終。」箕子之訓武王曰：「三、八政，一曰食，二曰貨。」周公之制禮，財賦、府庫、會計之司屬於冢宰，凡日計月要歲成之細，並有成書，而後之理財者資焉。漢興，蕭何謹守管籥，饋餉不絶，而張蒼爲計相。有王者起，欲一天下而安兆民，其不能不以理財興利爲建國之本，明矣。然而後世言利之士，無非畫井疆、榷征税、嚴禁罰，編立約章，有司所奉守耳，其事多爲儒者所輕，而爲世詬責。小人之使爲國家，掊克聚斂，利未見而人先受害。如桑弘羊、孔僅之徒，其病國殃民，災厲並至，則誠所謂「與其有聚斂之臣，寧有盜臣」矣。《大學》之言曰：「畜馬乘，不察於雞豚，伐冰之家，不畜牛羊，百乘之家，不畜聚斂之臣。」其言理財也，則曰「生財有大道」。由是言之，理財之道，當務其大者、遠者，而不務其小者、近者，可知矣。務其小者、近者，則爲小人之聚斂，務其大者、遠者，則爲聖人之理財，要之以不害民爲本。蓋理財而不養民，猶之不耕稼而欲收穫之豐，不畜牧而欲雞豚之奉，豈可得哉！故小人日孳孳於利國，日患貧而民以困，以至於亡國，皆其不知大利之所在，而惟小利之是求。毛舉而求之，竭澤而漁之，民之生計既盡，生氣索然，而國胡以存乎？汶汶不察者，猶曰「吾理財以爲國也」。故叔季之世，加賦之詔有曰「再苦吾民一年」，以爲是萬萬不得已而爲之者，殊不知民爲邦本，食爲民天。民困於賦斂而迫於飢寒，弱者轉乎溝壑，强者流爲盜賊。漢之亡於黄巾，唐之亡於黄巢，明之亡於流賊，非皆民不能安其生業，鋌而走險，遂啓危亡之釁乎？此所以聚斂之臣，其亡國之罪不在神姦大慝下而爲聖人所絶也。觀於此，因推古今世運之變，以見理財之道難於整齊而易致紛糾，益見唐劉晏之功爲偉矣。世言唐肅代中興之業，莫不稱曰郭、李之勛，然自安史之亂，天下户口什亡八九，州縣多爲藩鎮所據，貢賦不入，府庫空虛，民力凋敝，官財匱竭，中國多故，戎狄每歲犯邊。所在宿重兵，仰給縣官，所費不貲。國用之制，其艱窘十百後人。而後人處事，乃遠不逮於晏。自晏綰財權，而學士類重庠序之彦，遭時際會，各殫竭智能，顯功名於當世。則知食貨輕重之準，宜攬大燭幽，提絜綱維，學問中精深之事，以視搜括擅長自矜充實者，蓋猶不足貴也。晏理財之方合乎生計學之旨，而非他人所能及者，莫如緩急之際，知所先後。太史公論貨殖之要，以爲「既饒爭時」。蓋時之所趨，如風動物，物或我違，乘乎風而物乃隨我轉移，而莫能遁。陶朱公與時逐、白圭樂觀時變，而趨之若猛獸鷙鳥之發。故言富稱陶朱公，而言治生祖白圭。論其學術，莫非取九州萬國水土所殖、都會所聚與夫民情謠俗，以及其國之政俗，糅合而參校之，探其始以究其終，推其勢以窮其變，大莫能外，細入無倫。其學蓋浩博無涯涘，而要其歸，亦不越乎投時所好，應時所需而已。始天下見户不過二百萬，其季年乃三百餘萬，非晏所統，則不增也。其初財賦歲入不過四百萬緡，季年乃千餘萬緡。考其增賦之所由，出於榷鹽者大半。其始江淮鹽利不過十萬緡，季年乃六百餘萬緡。由是國用充足而民不困敝。其論大計不惜小費之言，尤爲見利之遠。及晏死而諸法壞，不二年，而國用不支，括富商、增税錢、減陌錢、税間架，重剥商民之政以興，長安囂然，如被寇盜。百姓爲之罷市，遮宰相馬自訴以千萬數。總二百萬緡耳，人力已竭。而涇原亂兵乘之而起，唐之不亡者幸耳。較而觀之，晏之有功於天下也益明。而其不師劉晏，徒以朘民而召亂者，又何其愚且拙也。嗟乎，後世言利之士愚且拙者實多，而師劉晏者卒少，皆務其小者、近者，而不務其遠者、大者，不知以愛民爲本，此所以治世常少，而亂世常多，能真明理財之道者，乃曠世而一遇也。

贄入翰林，年尚少，以材幸，常居中參裁可否，時號「内相」。嘗爲帝言：「今盜徧天下，宜痛自咎悔，以感人心。昔成湯罪己以興，楚昭王出奔，以一言善復國。陛下誠不吝改過，以言謝天下，使臣持筆亡所忌，庶叛者革心。」帝從之。故奉天所下制書，雖武人悍卒無不感動。《唐書》卷一百五十七《陸贄列傳》

士之以文字動人主之聽者，於漢有賈誼、鼂錯、董仲舒，於唐有陸贄，於宋有蘇軾、王安石，其所學純駁不同，而其議論、辭藻卓然成一家之言，則一也。惟求其施諸實用，足以感格人心，匡濟世變，則贄爲獨優已。大抵文人之習，其騁説發言，不師策士之雄辯以爲快，則必襲辭賦之淵雅以爲高。故議論時政則或指天畫地，雖犀首、張儀若弗能及也。談説事物，則或鋪雲縷月，雖相如、子雲若弗能尚也。一旦窮其實際，考其究竟，往往無補之空言耳。於是世之論者，遂以空疏爲文人通病，謂其潤色鴻業則有餘，匡救時艱則不足，屏之不使與於政治之林。固持論者偏激之過，然亦當時文士有以自取也。夫國於天地，必有與立者，道是也。棄其道，雖强不恃；

循乎道，雖弱足以興。三代而下，有大臣之度，以道事君，誠不易覯，惟唐之陸贄，其庶乎當。德宗之世，天下至多事矣，河北連兵以叛王室，李希烈橫梗於中，朱泚恣逼於内，乘輿崎嶇褒漢之間，唐室之不亡者如縷。抑德宗之爲君，其闇愎甚於肅、代。盧杞貌不足以動人，言不足以欺世，而德宗信之，深倚之也篤。顔真卿忤之而受其禍，李懷光思去之而爲所排。贄欲立於廷而獻可替否，蓋亦難矣。乃其反復陳辭，卒悟闇主而回世運。興元一詔，驕將悍卒聞之感泣，王武俊、田悦之徒相率去其僭號，俾李晟、馬燧相繼建功，朱泚、懷光駢首誅滅，唐祚以之再造，海内以之復安，贄之功亦偉矣。由是言之，文辭之有關於世，豈不重哉！吾因以知文人之無補於世者，非文辭無裨實用，乃其人之不能修其辭，不善用其文，以匡時而救世耳。不然，經天緯地之謂文，固不僅動其君者，陳善閉邪乎於世者，發號施令而已也。且孔子有言矣，不言，誰知其志？言而無文，行之不遠。則諫説教令，文采斐然，固亦君子之所貴，不可以爲文章小技而輕之也。

順宗立，不能聽政，深居施幄坐，以牛昭容、宦人李忠言侍側，羣臣奏事，從帷中可其奏。王伾密語諸黄門：「陛下素厚叔文。」即繇蘇州司功參軍拜起居郎、翰林學士。大抵叔文因伾，伾因忠言，忠言因昭容，更相依仗。伾主傳受，叔文主裁可，乃授之中書，執誼作詔文施行焉。《唐書》卷一百六十八《王叔文列傳》

甚矣，士君子之進身於朝，固以持重爲貴，而不可以躁妄出之也。出泥塗而登軒冕，朝布衣而夕卿相，自非上聖英賢、王臣霸佐，如舜發於畎畝，傅説舉於版築，膠鬲舉於魚鹽，管夷吾舉於士，百里奚舉於市，孫叔敖舉於海，非常之遇，不次之擢，有其德與才足以當之而無忝者，鮮不登進有資，拔擢有序。人主固有敷納明庶之典，而士君子受之恬然，不以沈滯迂緩，興怨望之思者。易退難進，本君子所自處，詭遇奔競而幸獲，則其所羞爲而不屑居也。小人則不然。德不足以出乎其類，而所望則台鼎之貴也；才不足以拔乎其萃，而所冀則將相之榮也；智名勇功無以異乎常人，而超乎儕輩而欲得人君之寵，專帷幄之司，竊樞機之重，而盜威福之權也。雖其用心亦非有神姦巨慝不利於國之思，其所爲或亦非有暴戾恣睢大害於民之政，然而見恥於同僚，爲當時所騰笑，播惡於史册，爲後世所譏評。如唐之王伾、王叔文之徒，史所指爲朋黨而斥曰姦邪者。考其行事，亦嘗獻可替否，興利除弊，即不謂之有功於國，固未嘗作姦犯科，憑權爲惡，如唐之李林甫、宋之蔡京、明之温體仁、周延儒爲國家而災害並至也。然時論不容，史氏醜詆，天下後世亦莫爲之惜者，則伾、叔文之躁妄干進有以自污，雖有才技亦不足稱耳。且韓泰、柳宗元、劉禹錫輩，猶皆一時之選，韋執誼具有清望，徒以黨附二子，遂皆身敗名裂，而不可挽救。蓋唐室朋黨之禍起於伾、叔文之徒，風氣一開，迄於亡國，皆其躁進之一念誤之也。嗟乎！國家之於人才不數數得，士之懷才抱器亦不數數覯也，士不自知其可貴而奔躐，以挫躓淪棄於草野，而終不獲伸，甚或放佚潰決，甘冒不韙，自居下流，益毀其身而中於國，則不惟不愛厥躬，抑亦國家之罪人矣！

> 度神觀邁爽，操守堅正，既有功，名震四夷。使外國者，其君長必問度年今幾，狀貌孰似，天子用否。其威譽德業比郭汾陽，而用不用常爲天下重輕。《唐書》卷一百七十三《裴度列傳》

一歲之中，卉不可以再華，木不可以再實，非唯其性然也，天之陰陽寒暑所以暄潤培成之者，若有所限而囿之也。人生於世也亦然。自非上聖之資，神明之德，通古今而亘萬世者，雖英雄豪傑之遇於世，其所建樹率終其身而一吐其菁英，一發其光曜，往往極盛之後，難爲繼者。豈其人之智力一洩而無遺歟？要亦天之待斯人，於其功名之所成就若有所限之耳。不然，何以田單奏即墨之奇功而不能保齊於厥後？謝安立淝水之偉績而不能佑晉於不亡？哲人賢士竭其忠誠，窮其心力，淬厲以圖功，其效僅及於數十年之間，甚或旦夕之聲華，一時之赫濯，倏焉忽焉，而威德已熸，大命已訖。後之論者，聞《麥秀》之歌而遂疑甘盤、傅説之無補於殷，誦《黍離》之什而遂謂方叔、周召之無補於周。固近似於《春秋》責備賢者之義，而抑不免於深文苛論之列矣。唐室之文功武烈，至憲宗時凌夷盡矣，當此而欲發奮有爲，豈不恃乎賢相哉。故憲宗中興之烈，以裴度之輔弼爲勤，而度之勛業尤以削平淮蔡爲偉。然而憲宗即世，而唐業遽替，河朔再失，而師出無功。度猶以上相而總元戎，卒無補於時艱，無濟於禍亂，且於穆宗之昏庸、敬宗之荒嬉，舉無所匡正，徒縻留守之禄，開緑野之堂。即非語於寵利居功，而亦不免附會昇平，浮沈禄位，爲中興元臣盛德之累矣。故責度者，謂其晚節不如郭汾陽也，其勇退不如李鄴侯也。然而欲知其人，必先論其世。度之所處，其得君不如鄴侯，服衆不如汾陽也遠矣。即憲宗倚之以謀大計，安社稷，信而弗疑，任而勿惑者，亦僅淮蔡一役耳。淮蔡既平，皇甫鎛、程异以聚斂進，度争之而已見疑矣。元和之烈不終者，非任度不專之害乎？至於長慶之初，而事益不可爲矣。君非憲宗之英斷也，君之左右非李絳之善謀也，授度節鉞而元稹、魏宏簡居中掣之，度雖力争而不能奪其寵。彼僉壬侍於君側，方以損度之威、削度之權爲當時之要務，則度之幸免於讒搆之中者，猶度之德器有以自處耳。不然，李贊皇、寇萊公、張江陵之禍，度亦不能免矣。則其專征無功亦安足怪，韜晦自免亦奚可責乎？且度於其時既嘗爲上相矣，又爲大將矣，且立不世之勛，而爲國家之元老，其一身之進退榮辱不足惜，而關於國之安危休戚乃至可念也。使其身一去，已潔於崖谷，而朝野無所瞻繫，中外觀聽以揺，豈非所全者小而所害者大乎？蓋度之不如汾陽之威望者，汾陽以將而入相，度則以相而出將，部曲之所推崇，方鎮之所忌憚，蓋亦不侔矣。至於鄴侯之去，則方以布衣備肅宗帷幄，無台鼎之尊、鈞衡之重，雖有勛勞，君知之而天下未共仰之也。故拂衣還山而民聽不惑，其所處與度不同也。度於穆敬之世，權勢雖去而名望猶崇，若陰霾翳天而太陽未落，雖無杲杲之光，而人猶有所瞻依也。故主德雖闇而汔可小康，由穆、敬至於昭、宣，猶延百年之祚，豈非度之坐鎮，雅俗有潛移默運之功乎？史稱度威望遠達四夷，四夷見唐使輒問度老少用捨，蓋以身繫國家輕重如郭子儀者二十餘年，殆非虛語矣。至謂其晚年無赫赫之功，惜其圖終不如善始，則不知天之生才也不易，而天之成物也尤難。古今功名之途，不善自處而中道顛躓者多矣，而況乎大名之下，欲其再接再厲而邁進靡息耶？審如是也，則所謂不世之功，非常之烈，亦尋常而不足貴矣。

當國凡六年，方用兵時，決策制勝，它相無與，故威名獨重於時。宣宗即位，罷爲檢校司徒、同中書門下平章事。俄徙東都留守。再貶潮州司馬。明年，貶崖州司戶參軍事。《唐書》卷一百八十《李德裕列傳》

李文饒之不足爲君子也固已，而抑非姦雄不軌之臣。唐宣宗忌而去之，斥逐蠻荒，陵挫以至於死。宣宗猜忌之私，與其天性之涼薄，不恤勳舊而摧剥人才，朝廷無養士之恩，無報功之道。開國忠厚之風一泯而士氣餒、民志離，不旋踵而大亂以興，皇祚以訖，帝之自夷其國本也，文饒則何負於唐哉！使文饒而爲姦人之雄，有不軌之志，果如宣宗之所畏忌而顧慮者，則必有陰謀素計足以自固其權勢，非新主所得而遽傾也。即下内宣之詔，施不測之威，爲彼所不及防而不暇抗者，德裕之出將入相有年矣，果有問鼎登天之志，則當其任節鉞、專揆席，皆其布爪牙樹、羽翼之時也，矧武宗固嘗舉國以聽者哉。德裕當會昌之世，其得君之專，忠則爲諸葛、王猛，而姦則不難爲曹氏、司馬。武宗短祚，正其可立威福而便私圖之日也，而德裕則惟知奉事其君，而不作立儲建嗣之早計，恬然奉宣宗之册而立於其廷。德裕無覬覦武宗身後之謀，無不安於宣宗新立之念，德裕之心唯知有國有君，而無窺竊、跋扈之志可知矣。故貶謫之命一下，遂投荒以死而無他。不然，有羽翼伏於中朝，有爪牙布於外鎮，宣宗雖憚而欲逐之，其勢固有所不可。即能不顧一切毅然而決去之，彼款段而出都門之日，即其黨徒擁戴以起之時，禍速則有成濟之戈，緩亦必有晉陽之甲，天下趨走於權相之私恩，而罔知效命朝廷之大義。況新主甫立，恩義尤未洽於人心乎。若是，則宣宗危，唐室覆矣。而德裕未嘗出此，宣宗晏然無虞，正可見德裕之效忠於唐，未嘗有負於國，而宣宗之寡恩於德裕，乃國家有負於忠勛矣。唐之衰，而祚不永也，不亦宜乎！

有詔供奉，白猶與飲徒醉於市。帝坐沈香子亭，意有所感，欲得白爲樂章，召入，而白已醉，左右以水頮面，稍解，援筆成文，婉麗清切，無留思。帝愛其才。《唐書》卷二百二《李白列傳》

人之於學也，苟其中有真得，則其蘊無盡藏久矣。夫宇宙同俯仰適意之境，特狃於膠固之心，遂若窒而不靈也。吾觀於李白而知其所以然矣。彼其觀化於天地之間，而情以境生，不能無所樂也。然觸象於其心之內，而境與情遇各從其類也。綜其生平，喜縱橫術，則縱橫家也。好擊劍，則任俠也。醉臥道上，則酒徒也。晚好黃老，則高士也。行乎其所不得不行，亦止乎其所不得不止，蓋其機趣之流行，天懷之浹洽，會心之不遠，有真賞焉。遐瞻遠想，即以規本性而覘意量之宏，豈淺見之所能參者耶？白以淡泊而化爲活潑無定之氣象，非有定者所得契其情。是性也而情通之，一起念之間，而光景之躍然有可得而見者，天然之興趣能自露於不言之表。靈明不泥於偏端，真機不膠乎迹象，即此可知真宰之所宅，而觀情所以觀性也。且白平素既不諧俗，好之者少，上獨引而近之。白之才既著，雖舉世笑侮何傷？則沈香亭之樂，不過無謂之謳吟，强赴焉而神不往，亦固其所即不爲上之親近如高力士輩之所容，抑奚足措意哉。

時可汗壁陝州北，王往見之，可汗責王不舞蹈。子昂固拒，即言：「元帥，唐太子也，將君中國，而可舞蹈見可汗哉？」回紇君臣度不能屈，引子昂、進、少華、琚榜之一百。貞元三年，請和親。帝蓄前恚未平，李泌請用開元故事，如突厥可汗稱臣，帝乃許降公主，回紇亦請如約。《唐書》卷二百十七《回鶻列傳》

制夷難，用夷更難。制夷使不敢犯，其權操之於我。完邊備，利戎器，足軍食，選將才，盡其在我者以待之。彼如知難而退，則若周之薄伐玁狁，全師而還可也。我欲因利乘便，則若漢之斥逐匈奴，闢地深入可也。此皆我之威力過乎外夷，以大制小，以强制弱，勢至順而事猶易也。設若我之威力不能有加乎彼，甚或我有內亂，猶欲假彼之力以制之。是馴虎狼以自衛，化寇敵爲周親，其勢至逆，其事至難，一失其道，鮮有不啓侮而召戎者。周襄王之用狄伐鄭，宋徽宗之約金伐遼，理宗之約元伐金，不徒所得不如所失而已也。小則辱國，大則喪邦。故馭夷之策，以欲收夷爲己用者爲尤難。唐初，借援突厥，高祖、太宗處置得其宜，備禦之有素，故其卒也不惟無患，而突厥爲禽。唐之用夷也，未受其害而獲其利。故玄宗幸蜀，而以用西北諸胡之策授太子，肅宗果借助回紇而收兩京，代宗猶沿用其策而平河朔。然西京之初復也，廣平王拜而葉護驚其優禮而鈔掠以止。回紇之再入也，雍王不舞蹈，而可汗怒其禮倨，而從臣鞭辱。且肅代之際，回紇索報甚奢，驕悍難制。天子隱忍屈辱，而開國之聲靈以替。蓋唐中葉之用夷，亦利害相參，而得失相半矣。幸而回紇風俗漸壞，内訌繼起，不能爲中國患耳。不然，趙宋金元之禍早見於李唐代、德之間矣。要之，中國用夷之舉，可一用而不可再用；可暫用，而不可常用；可用之於聲威遠播之日，而不可用之於國勢日絀之秋。所謂「非我族類，其心必異」。固不可徒慕一時之利，而貽後日無窮之患也。

初，帝有詔但取朝義，其他一切赦之。故薛嵩、張忠志、李懷仙、田承嗣見懷恩願效力行伍。懷恩自見功高，且賊平則勢輕，不能固寵，乃悉請裂河北分大鎮以授之，潛結其心以爲助，嵩等卒據以爲患。《唐書》卷二百二十四《僕固懷恩列傳》

主治者，貴陰爲轉移。賢聖之君，朝延夕攬，非徒爲樹威樹德也。蓋内以剪奸雄之翼，外以聯離貳之心耳。故爲上之道，莫先於知人，莫大於善任，總萬幾而治天下，端在其統馭之有方矣。人孰不欲富貴，自非高世之士，苟幸而得之，則思有術以自保。人主持爵賞，操威柄，足以網羅天下之豪俊，而奔走之以立功名。然而或有不能者，舉錯失其宜，制馭失其道也。天下當有事之際，擇人而任之相與將，所謂安危繫之，抑且存亡繫之者。使當世無人才則已耳，果有忠賢之士，入則爲周公、召公，出則方叔、召虎，非人主折節以下，側席以求者乎？既得人才而不能用，猶未得也。既用之而不能盡其才，猶未用也。是故必先有知人之明而後能得人才。又必有善任之方，而後能盡其用。唐之肅、代，有郭、李之爲將而用之，不能盡其才，真庸主也。郭子儀以相州之潰而被譖，李光弼以邙山之敗而見疏，唐之兵柄不授之僕固懷恩而誰授耶？懷恩之狡悍惟子儀能馴之，光弼且弗能制，豈代宗所能牢籠而驅使者哉！代宗疏郭、李而專任懷恩以平河朔，所謂不知人者也，抑懷恩之爲將，使仍隸屬子儀，長居偏裨之列，未嘗不可有功，而亦不敢爲變。去子儀而代以光弼，懷恩已鞅鞅，及陷光弼於敗而代以懷恩，其輕唐室而圖不軌之心乃勃然而不可遏。留賊河北以爲己援，懷恩固爲不忠，何嘗非上失其道，不善任人，有以起姦人窺伺之心哉！溯唐初之豐功偉烈，可謂盛極。開元、天寶而後，漸以替矣，然於兵制猶知所尊也。幸安史之亂不久即平，使上之於下無猜忌之心，下之於上亦無嫌疑之意，將因先代遺法，興其紹述之心，偏者補之，敝者救之，廢者修之，墜者舉之，一振舉之下而爵賞猶出於其上，洋洋乎一如其舊，且駸駸乎盡復其初，何須乎紛更之繁也！惜乎代宗有爵禄之賞，有雷霆之威，而不能鼓舞賢豪以爲己用。即得士焉，亦不能使盡其才，乃至進姦豪以盜威權，小則失機，大則亡國，皆由於疑其所不當疑，而信其所不可信。窺其心，以爲萬物一體，天下一家，苟進賢退不肖，則待遇不一，如物議何？雖明知有禍，不得不從。豈知太阿一失，則大命以傾，唐之僅失河北猶其小焉者耳。

以唐相張文蔚、楊涉爲門下侍郎，御史大夫薛貽矩同中書門下平章事。《五代史》卷二《梁太祖本紀》

爲相之道，於古爲公孤之任。論道經邦，弼君弘化，皆其職也。漢猶近古，故陳平之言曰：「相者，上佐天子理陰陽，順四時，外鎮撫四夷諸侯，内親附百姓，使卿大夫各得任其職焉。」相之貴重若此，豈徒取其物望崇，與習故事而已哉。商之伊尹、萊朱也，周之周公、召公也，漢之蕭、曹與夫平、勃、丙、魏也，唐之房、杜以及姚、宋、韓、張也，其相業愈近於今者，抑愈不古若矣，然胥不失輔相之道焉。至五季，君非君，而相亦非相，其所取者，不特不如蕭、曹、房、杜，並不如平、勃、丙、魏，且不如姚、宋、韓、張，不過多以唐舊臣爲相耳。如梁篡唐祚，以唐相張文蔚、楊涉爲門下侍郎，御史大夫薛貽矩爲中書侍郎同中書門下平章事，而機密之事則一委之掌書記敬翔，其所謂相，采其物望與其練習故事而已耳。沙陀石晉承之，名雖爲相，實亦不過曹掾史胥之任，廟堂之上徒具形式，權固不在而任又輕，固無所謂公輔之才，無所謂大臣之道。故五季卿相視易代爲常事，數十年間，篡逆時作，倫紀盡乖，中原大亂，幾淪於夷，蓋有由也。古之人君得人爲難，而擇相也審，得一相而天下之重繫焉，相亦以之自任而不疑。天下所仰慕者殷，而責望亦切，故聖人云：「危而不持，顛而不扶，則將焉用彼相？」五代之相，多用唐臣。彼其於唐，扶危定傾之績安在耶？亡國之大夫不足與圖存，乃被之以宰相之名，雖事權不在，然其羞當世而輕朝廷，固已甚矣。五季之相繼速亡也，又安足怪乎！

今天下之勢歸梁者十七八，彊如趙、魏、中山莫不聽命。是自漢以北無爲梁患者，其所憚者，惟我與仁恭耳。《五代史》卷四《唐莊宗本紀》

五季之時，智計傾危之士争言託身强大，而以克用爲不可復振，矯之者曰：「梁强，故亡於唐；唐弱，故勝梁。」操是説也，將使梁弱而唐强，唐遂出梁下乎？又何以解夫行不義而國日蹙者也？若以道衡之，而謂梁非以强絀，唐非以弱伸，相提並論，兩國自有高下優劣之殊，不可不知也。夫行仁政，振雄圖，不在地之廣狹，而在綱紀之張弛。不在財之多寡，而在風俗之厚薄。當唐之末，紀綱盡壞，國事陷於不可問。與其臨以威嚴，有束縛天下之具，不如通以情意；有鼓舞天下之神，震其耳目，不若安其心思。庶乎君子敦名節而詘矯誣，小人重廉恥而遠詐僞，而軌物爲先，兵刑爲後矣。梁朱温淫於子婦，以大學士之妻侍卧内，飲於臣下之家而亂其室，直禽獸耳。克用父子猶近人道焉，此其勝負之所由分與？

皇帝即位，率河南民財以賞軍。《五代史》卷七《廢帝本紀》

五季驕兵之患，至清泰時而極矣。天子由其擁立，其挾惠也已深，更無論乎朝廷之有無威德以懷之懾之也。無德以懷之，無威以懾之，惟恃一時之賞賚足以歡欣鼓舞之而已。以賞馭軍已非長策，况乎賞又不足饜其所欲者哉？夷考五季驕兵之爲患，始於後唐莊宗滅梁之日，雖賞賚非一，而士卒恃功驕恣無厭，更成怨望，至使租庸使日望漕運之來以給之。從天子游幸者，暴掠甚於寇盜。當時軍士之悍已如火之燎原，逾年而魏博軍作亂矣。遣李嗣源討之，而所部軍士又譁變矣。莊宗自出招撫，而身死於亂軍矣。明宗之得國，雖不盡由於亂兵，然爲之造時勢者亂兵也，除其舊主而兆其新命者亂兵也。不有廢也，君何以興？當時軍士之於明宗已有挾惠之心，不僅恃功之念也。故明宗亦屢行優給以撫之，而國家用度已窘矣。至閔帝之世，潞王反於鳳翔。帝之慰將士也以賞，潞王之降唐軍也亦以賞。軍士舉足爲輕重，而示惠索賞於朝廷、敵寇之間，此亦軍士驕氣之將盈而古今軍紀之大變也。及廢帝即位，罄府庫不足，則括借民財，竭民財不足，乃至出宫中之簪珥以與之，而軍士猶怨望流言。當時國用之竭如此，軍士之驕又如此，寧尚爲有國家有天子乎？即此一端，知廢帝之不可以久存，不待石郎之來而祚固已訖矣。然當時軍士之於其國，殆如木之有蠹，人之有癭，使木焚則蠹亦死，人亡則癭亦不足爲患矣。故石晉之興，不假手於軍士，而假手於夷狄，知軍士之驕已極，爲不可用，而軍士之燄亦少息焉。然士氣衰而國亦不存，後且見滅於夷狄，則尤中國之大可悲者矣。語曰物極必反。驕兵之患極於清泰，清泰之後，驕兵焰熄，而中國爲夷，不亦大可鑒乎？

翔爲人深沈有大略，從高祖用兵三十餘年，細大之務必關之。翔亦盡心勤勞，晝夜不寐，自言惟馬上乃得休息。而太祖剛暴難近，有所不可，翔亦未嘗顯言，微開其端，太祖意悟多爲之改。《五代史》卷二十一《敬翔列傳》

紛爭割據之世，擾天下者多出於武人，而武人之所以擾天下，則多由於其策士爲之。蓋好鬭者，武夫之氣，然弗有以激之使怒，則氣弗作。好利者，武夫之欲，然弗有以導之使貪，則欲弗奢。好殺者，又武夫之性，然弗有以嗾之，使搏擊吞噬，則雖有虎狼之性，亦不至極惡而窮凶。故武人雲起於中國，而生民之命已危。策士交洽於武人，而民命之不絶者如縷矣。彼策士者，固不足語於禮義、文學之林，亦非有孫、吳之智也，亦非有蘇、張之辯也，尤非有賁、育之勇也。特其爲人也小有才，使生當治世，不特不能應科目而進身於朝，即幸而策名州郡，且不能逾於一胥一掾之任焉，甚且不過能爲徒隸走卒以供令長之驅使，其才小而量尤淺也。乃一旦遭逢亂世，有德器者隱淪於草野，有學術者沈滯於末僚，彼小有才之徒乃崛然以起，奮然以興，既不以干進於當世爲可羞，尤不以附和於姦豪爲可恥，幸而爲强有力者所識，拔置諸左右，參其帷幄，雖奴使而婢叱之，彼亦恬然樂受，而以爲功名富貴之機惟此武人是賴，一旦風雲際會，領大鎮，筦樞密，泰然以開國功臣自居，將謂伊、吕、蕭、曹之儔，亦不是過。嗟乎！彼之寡廉鮮恥，固不足惜。而天下元元之命，始也罹其鋒刃，恣其烹割，以爲彼建立功名，博取富貴之具；繼也，受其銜勒，供其朘削，以爲彼飲食、車馬、宫室、衣服一切淫靡之取求。天下多一武人，武人多一策士，而吾民之生命元氣以削以割，以澌以盡。故有謂「亂世之民，不如盛世之犬豕」者，皆此輩武人之毒痛，實則其策士爲之厲階也。五季之亂極矣，人第知朱温之爲禍首，而不知敬翔助之爲惡，則五季之飛廉、惡來也。等而下之，李存勗之郭崇韜，李嗣源之安重誨，石敬瑭之桑維翰，劉知遠之蘇逢吉，亦是類耳。史稱逢吉「終日侍立高祖側，兩使文簿盈積，莫敢通，逢吉輒取内之懷中，伺高祖色可犯時以進之」。按其行爲恰與敬翔似而猶不若，古語有之：「帝者，與師處；王者，與友處；霸者，與臣處；亡者，與役處。」如敬翔輩，名爲宰相，其實役焉。身居臺閣，妻猶侍主於卧内，薦枕席，乃役人之所不爲者而爲之，觀此可見當時風氣。其餘諸人之賤鄙，雖不載於史書，蓋亦相似。雖其罪惡有輕重大小之不同，而患得無恥，卑卑不足附於爲士者之列則一也。彼專心致志於苟得之富貴，而生民之命乃刈若草菅，而成乎極亂，卒之其身亦皆不免，則其智又奚足稱。五季之君如彼，其相如此，其速亡也宜哉！

鄭遨少好學，敏於文辭。唐昭宗時，舉進士不中，見天下已亂，拂衣遠去，徙居華陰，賣藥自給。節度使劉遂凝數以寶貨遺之，不受。唐明宗時以左拾遺、晉高祖時以諫議大夫召之，皆不起。《五代史》卷三十四《鄭遨列傳》

國家養士數百年至於覆亡，而不能得士之用，非士之負國家，其素所培養者，實非士也。聖王教士，其法備矣。家有塾，黨有庠，術有序，國有學，其取士之格亦甚嚴矣。命鄉論秀士，升之司徒，曰選士。司徒論選士之秀者，而升之學，曰俊士。大樂正論造士之秀者，以告於王，而升諸司馬，曰進士。抑其官人之方，尤至慎矣。敷奏以言，明試以功，車服以庸。故士之術正於學校，途清於登進，而後功奏於國家。蓋培之有素，進之有道，非苟焉而倖致也。國之養士也如此其重，士何幸生於斯世，安有不争自濯磨以戮力於國者乎？蓋士之幸，尤國之幸也。後世教士之法不講，取士之格不純，官人之途尤雜。幸而國家無事，伴食尸位者濫厠於朝，彼頑頓無恥、臾垢無節之輩已蠹國害政而有餘矣。及其敝也，朝無任事之臣；而其亡也，國自無死節之士。非士於節義素所未講，風俗偷敗有自來乎？論者致慨於屋社祚移之際，而太息痛恨當世之無人，斯固國之不幸，抑亦士之不幸矣。然而君子小人之消長，每以世之治亂爲衡。危亡之世，未嘗無懷才抱德之士，特晦於草茅而未登於廟廊，否塞之運曷嘗害幽人之貞乎？如唐末之鄭遨，其爲人匪直好學也，其性行殆有過人者。不然，唐以進士爲貴，李巨川、李振之流皆以不第而生其怨毒。遨雖不第無聊，投身深山之中，遭亂世不污於榮利，至棄妻子而不顧。夫人爲願力所持，則將以神明奉之，而不敢自疑。疑之，是使轉念中無忠孝也，且將以身命殉之，而不得自保。保之，是寧爲瓦全不爲玉碎也。當五季之時，與世相絶而篤愛其身者，遨一人焉耳矣。嗟乎！朝廷以文取士，士不獲以才德進，不得不抑志卑節以從事於文。自有司識别不明，能文者復絀而士益窮矣。至於窮無復之，乃播積善餘慶之説相慰勉，以爲猶有待焉。而彼造物者又故反其道以試，如遨之蓄德能文而阨於所遇，求如庸夫之安恒蹈順而不能，而竟鬱鬱以死者，蓋亦不可勝數，又惡得以意測哉。至其遯於巖穴中，固不足爲病，而其遇尤可傷矣。大凡人至國破家亡之時，奔走四方以取給，則事之賤且煩者弗敢擇也。險阨渴饑，寒暍厲疫，人所不能堪者，弗敢辟也。矧遨之志固不僅與當時之馮涓同，其貞介之幽光，即隱居王官之司空圖尤弗能尚也。蓋事業創於古人，而必循規矩，行誼端乎儒者，而即植綱常。觀於此，可知唐亡之日未嘗無士，而士亦未嘗有負於唐，特國家未之能用耳！

通鑑劄記

通鑑劄記目録

卷一

卷二

卷三

卷四

卷五

卷六

卷七

卷八

卷九

卷十

卷十一

卷十二

卷十三

卷十四

卷十五

卷十六

通鑑劄記卷一

秦之强不由於衛鞅

衛鞅未入秦之先，秦之强已震於天下。安王元年，伐魏至陽狐。陽狐郭在魏州元城縣東北二十里。是時，西河之外皆爲魏境，秦兵越魏都安邑，而東至元城，其兵之深入可知。十一年，秦伐韓宜陽，取六邑。十二年，秦晉戰於武城。十三年，秦侵晉，晉即魏也。十五年，秦伐蜀，取南鄭。顯王三年，秦敗魏師、韓師於洛陽。五年，秦獻公敗三晉之師於石門，斬首六萬，王賜以黼黻之服。七年，秦魏戰於少梁，魏師敗績，獲魏公孫痤。秦之强豈由於鞅哉！

秦孝公用衛鞅欲復河西地

魏文侯以吴起爲將，擊秦，拔五城，不知其地在何處。然以當時之事考之，翟璜曰：「西河守吴起，臣所進也。」武侯浮西河而下中流，顧謂吴起曰：「此魏國之寶也。」則吴起所取之地，即河西也。周顯王八年，秦孝公下令國中曰：「三晉攻奪我先君河西地，醜莫大焉，寡人思念先君之意，常痛於心，賓客羣臣有能出奇計彊秦者，吾且尊官，與之分土。」則孝公惟欲復河西而已，無他意也。衛鞅不得志於魏，西入秦，欲得秦國之政，而自顧其才不足以復取河西之地，以償孝公之欲。故因景監以求見。先説以富國强兵之術，蓋以是爲取河西之緩計也。次言變法，蓋以是爲富國强兵之緩計也。變法之令已下，爲相十年，國不加富，兵不加强，屢謀伐魏，以掩其醜。周顯王十五年，秦敗魏師於元里，斬首七千級，取少梁。十七年，秦大良造伐魏。十八年，秦衛鞅圍魏固陽，降之。按《史記·秦紀》：孝公十年，衛鞅爲大良造，將兵圍魏安邑，則大良造即鞅也。元里之戰，雖不知其將爲誰，然屢次伐魏，皆衛鞅爲將，則元里之將亦鞅可知。三次伐魏，河西之地猶未能克，鞅之無術，從可見矣。二十八年，齊大破魏師。二十九年，衛鞅因言於孝公曰：「魏往年大破於齊，諸侯畔之，可因此時伐魏。魏不支秦，必東徙，然後秦據河、山之固，東鄉以制諸侯，此帝王之業也。」則鞅適乘其時，非其才足以制魏也。孝公使衛鞅伐魏，魏使公子卬將而禦之。鞅遺公子卬書，相與會盟，伏甲士襲虜卬，因攻魏師，大破之。則鞅之破魏，猶以口舌從事，非其力足以勝公子卬也。魏惠王恐，使使獻河西之地於秦以和。秦封鞅商於十五邑，號曰「商君」。鞅相秦已十年，至是乃封商君，益可見孝公下令本以「三晉奪地爲大醜」，有能强秦者與之分土，其意固在河西，而不在變法也。

秦法疏

衛鞅定變法之令。令民爲什伍而相收司、連坐，告姦者與斬敵首同賞，不告姦者與降敵同罰，其法密矣。其實密於小而疏於大。赧王十六年，楚王入秦，秦人留之。十八年，楚懷王亡歸。秦人覺之，遮楚道。懷王從間道走趙。趙主父在代，趙人不敢受。懷王將走魏。秦人追及之，以歸。囚一國君而得間出走，設非主父在代，則楚王竟得歸矣。十六年，趙主父詐自爲使者，入秦，欲以觀秦地形及秦王之爲人。秦王不知，已而怪其狀甚偉，非人臣之度，使人逐之。主父行已脱關矣。赧王十七年，秦王囚孟嘗君，欲殺之。孟嘗君使人求解於秦王幸姬。姬願得君狐白裘。孟嘗君有狐白裘，已獻之秦王，無以應姬求。客有善爲狗盜者，入秦藏中，盜狐白裘以獻姬。姬乃爲之言於王而遣之。三十二年，趙王得楚和氏璧，秦昭王欲之，請易以十五城。趙王欲勿與，畏秦彊；欲與之，恐見欺。以問藺相如，對曰：「秦以城求璧而王不許，曲在我矣。我與之璧而秦不與我城，則曲在秦。均之二策，寧許以負秦。臣願奉璧而往；使秦城不入，臣請完璧而歸之。」趙王遣之。相如至秦，秦王無意償趙城。相如乃以詐紿秦王，復取璧，遣從者懷之，間行歸趙。五十一年，楚頃襄王疾病。黄歇言於應侯曰：「今楚王疾恐不起，秦不如歸其太子。太子得立，其事秦必重而德相國無窮，是敦與國而得儲萬乘也。不歸，則咸陽一布衣耳。楚更立君，必不事秦，是失與國而絶萬乘之和，非計也。」應侯以告王。王曰：「令太子之傅先往問疾，反而後圖之。」黄歇與太子謀曰：「秦之留太子，欲以求利也。今太子力未能有以利秦也，而陽文君子二人在中。王若卒大命，太子不在，陽文君子必立爲後，太子不得奉宗廟矣。不如亡秦，與使者俱出。臣請止，以死當之！」太子因變服爲楚使者御而出關。則關市之間，宫禁之地，倉庫之中，無一不可以藏姦矣。赧王五十六年，武安君攻趙、韓、魏，使蘇代厚幣説應侯曰：「武安君即圍邯鄲乎？」曰：「然。」代曰：「趙亡則秦王王矣，武安君爲三公，君能爲之下乎？雖曰無爲之下，固不得已矣。秦嘗攻韓，圍邢邱，困上黨，上黨之民皆反爲趙，天下不樂爲秦民之日久矣。今亡趙，北地入燕，東地入齊，南地入韓、魏，則君之所得民無幾何人矣。不如因而割之，無以爲武安君功也。」應侯言於秦王，許韓、趙割地以和。則雖諸侯賓客亦能說其親臣，間其大將矣。項梁嘗有櫟陽逮，請蘄獄掾曹咎以書抵司馬欣，而事得已。以楚舊將之子猶得免於法，其疏可知。鞅立法治人，人畏連坐之罪，上下相匿，姦宄更多。鞅之法直亡國之政耳。

疏遠公族始于衛鞅，成于范雎、趙高

戰國之時，諸侯雖不奉王命，然猶沿周室親親之制，尊同姓以固本根。趙簡子封伯魯之子於代，曰「代成君」。赧王八年，趙武靈王與肥義謀胡服騎射以教百姓，曰：「愚者所笑，賢者察焉。雖驅世以笑我，胡地、中山，吾必有之！」遂胡服。國人皆不欲，公子成稱疾不朝。王使人請之曰：「家聽於親，國聽於君。今寡人作教易服而公叔不服，吾恐天下議己也。制國有常，利民爲本；從政有經，令行爲上。明德先論於賤，而從政先信於貴，故願慕公叔之義以成胡服之功也。」公子成再拜稽首而辭。王自往請之，成乃聽命。十六年，武靈王傳國於少子何。二十年，公子章作亂。公子成與李兑自國至，殺公子章，滅其黨。公子成爲相，號「安平君」。十七年，趙王封其弟爲「平原君」。又有「平陽君」豹。此趙之公族也。周威烈王時，魏文侯使樂羊伐中山，克之，以封其子擊。顯王二十九年，衛鞅伐魏，使公子卬禦之。赧王五十七年，魏公子無忌大破秦師於邯鄲。魏以信陵奉公子。秦莊襄王三年，魏王以爲上將軍，此魏之公族也。顯王十四年，齊威王曰：「吾臣有檀子者，使守南城。有盼子者，使守高唐。」註齊公族有食采於瑕邱檀城因以爲氏。盼子，齊之同姓，即田盼也。顯王四十八年，齊王封田嬰於薛，號曰「靖郭君」。靖郭君卒，田文嗣爲薛公。赧王三十六年，即墨人立田單爲將，以拒燕，復齊七十餘城。襄王封田單爲「安平君」。此齊之公族也。顯王十五年，楚王使景舍救趙。十六年，楚昭奚恤爲相。註皆云昭、屈、景，楚之彊族，所謂「三閭」者，此楚之公族也。疏遠公族乃秦之法，始於衛鞅而成於范雎、趙高。顯王十一年，秦衛鞅定變法令。太子犯法，鞅刑其傅公子虔，黥其師公孫賈。赧王四十五年，范雎入秦。四十九年，說秦廢太后，逐穰侯、高陵、華陽、涇陽君於關外。二世元年，趙高說二世誅滅大臣及宗室、公子十二人戮死咸陽市，十公主矺死於杜，財物入於縣官，相連逮者不可勝數。周室親親之制至是始盡矣。商鞅爲之也。

秦地廣人寡，六國地狹人多

秦孝公用商鞅，鞅以三晉地狹人貧，秦地廣人寡。於是誘三晉人耕秦地，而使秦人應敵於外。蘇秦説趙肅侯亦曰：「諸侯之地五倍於秦，諸侯之卒十倍於秦。」説魏王曰：「大王之地，方千里，地名雖小，然而田舍廬廡之數曾無所芻牧也。」漢劉敬亦曰：「秦中少民，地肥饒，可益實。六國人多於秦，而地狹。故商鞅得以詭詐之術誘之。」秦既滅六國，始皇二十六年，徙天下豪傑於咸陽十二萬户。三十五年，隱宮、徒刑者七十萬人，乃分作阿房宮或作驪山。發北山石椁，寫蜀荆地材，皆至。關中計宮三百，關外四百餘。於是立石東海上朐界中，以爲秦東門。因徙三萬家驪邑，五萬家雲陽，此仍商鞅誘三晉之計。秦何其黠，六國何其愚。然六國之人復叛秦，卒以亡其黠也，仍其愚也。

秦人行詐以欺諸侯，故天下不服

周顯王二十九年，秦衛鞅伐魏。魏使公子卬將而禦之。衛鞅遺公子書曰：「吾始與公子驩；今俱爲兩國將，不忍相攻，可與公子面相見盟，樂飲而罷兵，以安秦、魏之民。」公子卬以爲然，乃相與盟會已，飲，而衛鞅伏甲兵，襲虜公子卬，因攻魏師，大敗之。赧王二年，秦王欲伐齊，患齊、楚之從親，乃使張儀至楚，説楚王曰：「大王誠能聽臣，閉關絶約于齊，臣請獻商於之地六百里，使秦女得爲大王箕帚之妾，秦、楚嫁女娶婦，長爲兄弟之國。」楚王説而許之。乃以相印授張儀，厚賜之。遂閉關絶約於齊，使一將軍隨張儀至秦。張儀佯墮車不朝三月。楚王乃使勇士北罵齊王。齊王大怒，折節以事秦。張儀乃朝，見楚使者曰：「子何不受地？從某至某，廣袤六里。」十六年，秦人伐楚，取八城。秦王遺楚王書曰：「始寡人與王約爲兄弟，盟于黄棘，太子入質，至驩也。太子陵殺寡人之重臣，不謝而亡去。寡人誠不勝怒，使兵侵君王之邊。今聞君王乃令太子質於齊以求平。寡人與楚接境，婚姻相親；而今秦、楚不驩，則無以令諸侯。寡人願與君王會武關，結盟而去，寡人之願也。」楚王患之，欲往恐見欺，欲不往恐秦益怒。昭睢曰：「毋行而發兵自守耳！秦，虎狼也，有并諸侯之心，不可信也！」懷王之子蘭勸王行，王乃入秦。秦王令一將軍詐爲王，伏兵武關，楚王至則閉關劫之，與俱西，至咸陽，朝章臺，如藩臣禮，要以割巫、黔中郡。楚王欲盟，秦王欲先得地。楚王怒曰：「秦詐我，而又彊要我以地！」因不復許。秦人留之。十九年，楚懷王發病，薨於秦，秦人歸其喪。楚人皆憐之，如悲親戚。諸侯由是不直秦。赧王十六年，秦王聞孟嘗君之賢，使涇陽君爲質於齊以請。孟嘗君來入秦，秦王以爲丞相。十七年，或謂秦王曰：「孟嘗君相秦，必先齊而後秦，秦其危哉！」秦王乃以樓緩爲相，囚孟嘗君，欲殺之。三十二年，趙王得楚和氏璧，秦昭王欲之，請易以十五城。藺相如奉璧而往，秦王無意償趙城，相如復取璧歸趙。五十六年，秦王欲爲應侯報讎，聞魏齊在平原君所，誘平原君至秦而執之。遣使謂趙王曰：「不得齊首，吾不出王弟於關！」趙王取齊首與秦，秦乃歸平原君。秦始皇二十六年，秦使人誘齊王，約封以五百里之地。齊王遂降，秦遷之共，處之松柏之間，餓而死。秦之滅六國，非盡以兵力也，詐居其半焉。故六國雖平，旋即興起，人心不服故也。赧王五十六年，蘇代説應侯曰：「天下不樂爲秦民之日久矣！」五十七年，魯仲連見新垣衍曰：「彼秦者，棄禮義而上首功之國也。彼即肆然而爲帝於天下，則連有蹈東海而死耳，不願爲之民也！」始皇二十五年，齊王將朝秦，雍門司馬前曰：「所爲立王者，爲社稷耶，爲王耶？」曰：「爲社稷。」司馬曰：「爲社稷立王，王何爲棄社稷而入秦？」齊王還車而反。即墨大夫聞之，見齊王曰：「齊地方數千里，帶甲數百萬。夫三晉大夫皆不便秦，而在阿、甄之間者百數；王收而與之百萬人之衆，使收三晉之故地，即臨晉之關可以入矣。鄢郢大夫不欲爲秦，而在城南下者百數，王收而與之百萬之師，使收楚故地，即武關可以入矣。」則當時民情已可概見。其後秦人受報之慘，絲毫不爽。楚受欺最甚，故楚南公曰：「楚雖三户，亡秦必楚！」二世元年，秋七月，陽城人陳勝，陽夏人吴廣，起兵於蘄，稱「大楚」。九月，沛人劉邦起兵於沛，下相人項梁起兵於吴。項梁者，楚將項燕子也。二世二年，范增説項梁曰：「陳勝敗，固當。夫秦滅六國，楚最無罪。自懷王入秦不反，楚人憐之至今。陳勝首事，不立楚後而自立，其勢不長。今君起江東，楚蠭起之將皆爭附君者，以君世世楚將，能復立楚之後也。」梁然其言，求得楚懷王孫心於民間。夏，六月，立以爲「楚懷王」，從民望也。梁死，懷王以項籍爲上將軍，與秦軍遇九戰，大破之。王又遣沛公西略地伐秦。則亡秦之師，楚之功爲最大。魏受欺次於楚，故陳涉既入陳，大梁人張耳、陳餘詣門上謁，説陳王請奇兵北徇趙地。下趙十餘城，不戰以城下者三十餘城。又使韓廣略燕，李良略中山，張黶略上黨。陳餘遺章邯書，邯降於項羽。則魏人之起，又附楚以行者也。齊之受欺又次之。二世元年，田儋率兵略定齊地。其功又次於魏。韓、趙、燕之亡，非見欺於秦。故三國人民之怨憤不若楚、魏。其後雖立爲王，亦僅因人成事，無與秦相爭不兩立之情。秦人行詐以欺諸侯，適以激天下之怒，自速其亡。誰謂亡秦者非商鞅哉！

《通鑑》改《孟子》文，易「王」爲「君」

《通鑑》引孟子見梁惠王，王曰：「叟，不遠千里而來，亦有以利吾國乎？」孟子曰：「君何必曰利。」易「王」爲「君」，誠得大體。然孟子見梁襄王曰：「王知夫苗乎？」齊伐燕，孟子曰：「簞食壺漿以迎王師。」曰：「王往而征之。」曰：「王速出令。」皆仍其舊。

《通鑑》預書之法誤倣《左傳》

《通鑑》紀事之法，於本年之事每預書於前一年，以發其端，以爲倣《左傳》之法。然左氏經傳本各自爲書。如隱三年傳「初，衛莊公娶于齊」至「桓公立，乃老」、「四年春，衛州吁弒桓公而立」原爲一篇。「初，衛莊公」以下本非隱公三年之事，後人附傳於經，强爲割裂，以「四年春」以後傳文附于四年經文之後，經夾傳中，故「四年春」以前傳文雖非三年之事，不得不置于三年傳之末。「桓公二年，初，晉穆侯之夫人姜氏以條之役生太子」，至「陘庭南鄙啟曲沃伐翼」、「三年春，曲沃武公伐翼，次于陘庭」亦本爲一篇。「初，晉穆侯」以下本非桓公二年之事，亦因經夾傳中，「三年春」以後傳文附於三年經文之後，「三年春」以前傳文遂强置於二年傳之末。「莊公八年，初，公孫無知虐于雍廩」，「九年春，雍廩殺無知」亦此類也。《左傳》附經如此割裂者不少已爲未合，《通鑑》不知其誤，而復效之。周赧王十七年，秦王囚孟嘗君欲殺之，於十六年之末，則書云「秦王聞孟嘗君賢，使涇陽君爲質於齊以請。孟嘗君來入秦，秦王以爲丞相」，似入爲相乃十六年之事，欲殺乃十七年之事也。然十五年已書「涇陽爲質於齊」當即指此。則孟嘗君之入秦在十五年，不應書於十六年，涇陽君爲質之事亦不應兩書於十五年、十六年。始皇二十九年，張良令力士操鐵椎狙擊始皇，誤中副車。於二十八年之末則書云：「韓人張良，其父、祖以上五世相韓。及韓亡，良散千金之産，欲爲韓報讎。」夫韓之亡在始皇十七年，張良之謀非一朝一夕之故，書於此年亦覺不稱。皆不知《左傳》本無此法而誤倣也！

蘇秦、張儀之前已有縱横家

吴起相楚，破游説之言。縱横者，蘇秦説趙肅侯曰：「夫衡人者皆欲割諸侯之地以與秦。」又曰：「衡人日夜務以秦權恐愒諸侯，以求割地。」皆在蘇、張之先。顯王三十六年，蘇秦説六國從親。次年，秦使犀首欺齊、魏敗從約。則犀首亦與蘇、張同時而起。史稱儀與秦皆以縱横之術游諸侯致位富貴，天下爭慕效之，殆未然與。

爲横人易，爲從人難

衡人務以秦權恐愒諸侯，其措詞大旨惟言秦之强，諸侯之弱；諸侯事秦則安，背秦則危。兩言而決，故言之甚易。而從人，連諸侯以抗秦，必言諸侯之强，力足以制秦而有餘，而諸侯之强大者，又不能不説之以利，言諸侯從親，弱小之國將割地事之。説弱小之國既言其力可以制秦，不必割地事秦而足以自存，事秦且不可割地，更無割地以事他國之理。故説强大之國一派詞氣，説弱小之國又一派詞氣。既無以取信於强大，又無以取信於弱小，而措詞之間又多轉折，故言之甚難。蘇秦説趙肅侯，言六國從親皆割地以事趙，《通鑑》不載。説楚曰：「臣請令山東之國奉四時之獻，以承大王之明詔。」當時諸國以楚、趙爲大，蘇秦欲説之從己，不得不誘之以利。而説韓則曰：「韓地方九百餘里，帶甲數十萬，天下彊弓、勁弩、利劍皆從韓出。韓卒超足而射，百發不暇止。以韓卒之勇，被堅甲，蹠勁弩，帶利劍，一人當百，不足言也。」説魏曰：「大王之國不下楚。竊聞大王之卒武士二十萬，蒼頭二十萬，奮擊二十萬，廝徒十萬，車六百乘，騎五千匹。」説齊曰：「齊四塞之國，地方二千里，帶甲數十萬，粟如邱山。」皆力言三國之强，未嘗令其割地事楚、趙也。説楚、趙之言與説齊、韓、魏之言不合，故不及一年，秦使犀首欺齊、魏以共伐趙，從約皆解。固由犀首自鬻其國，抑亦蘇秦之詞自相矛盾，易以令人指摘也。赧王五十五年，秦、趙戰於長平，齊人、楚人救趙，趙人乏食，請粟於齊王，弗許。周子曰：「趙之與齊、楚，扞蔽也，猶齒之有脣也，脣亡則齒寒。今日亡趙，明日悉及齊矣。救趙之務，宜若奉漏甕沃焦釜然。且救趙，高義也。却秦師，顯美名也。義救亡國，威却强秦。不務爲此而愛粟，爲國計者過矣。」齊王弗聽。既曰趙爲齊楚之扞蔽，則力不敵秦，而畏秦可知矣。又曰却秦師顯美名也，力不敵秦，秦師何由而却。此齊王之所不聽也。五十七年，毛遂從平原君求救於楚，説楚王曰：「遂聞湯以七十里之地王天下，文王以百里之壤而臣諸侯，豈其士卒衆多哉？誠能據其勢而奮其威也。今楚地方五千里，持戟百萬，此霸王之資也。以楚之彊，天下弗能當。白起，小豎子耳，率數萬之衆，興師以與楚戰，一戰而舉鄢、郢，再戰而燒夷陵，三戰而辱王之先人，此百世之怨而趙之所羞，而王弗之惡焉。合縱者爲楚，非爲趙也。」遂歷舉秦之勝、楚之敗，固已奪楚人之氣，又何能連之以禦秦，此楚師之所以卒不敢戰也。六國之合從，惟秦莊襄王三年，信陵君率五國之師敗蒙驁於河外，追至函谷而還。始皇六年，楚、趙、韓、魏合從以伐秦，至函谷，秦師出，五國之師皆敗走。羣雄並立，强弱相埒，其勢有不可以合者，非盡由六國之人計畫之疏也！

秦人以財下諸侯之臣

蘇秦説趙肅侯曰：「夫衡人者皆欲割諸侯之地以與秦，秦成則其身富榮，國被秦患而不與其憂。」則張儀、犀首之先衡人者皆本國之臣，受秦之賂，而爲秦説者也。顯王三十七年，秦惠王使犀首欺齊、魏，與共伐趙，以敗從約。犀首，魏官名，亦仕魏爲臣，而爲敵國用者也。赧王五十五年，秦、趙戰於長平。秦使人行千金於趙爲反間，曰：「秦之所畏，獨馬服君之子爲將耳。」趙王以括爲將，大敗。卒四十萬人皆降秦。莊襄王三年，秦王使人行萬金於魏以間信陵君，求得晉鄙客，令説魏曰：「公子亡在外十年矣，今復爲將，諸侯皆屬，天下徒聞信陵君而不聞魏王矣。」王又數使人賀信陵君：「得爲魏王未也？」魏王日聞其毁，不能不信，乃使人代信陵君將兵。始皇十八年，王翦將上地兵攻井陘，楊端和將河内兵共伐趙。趙李牧、司馬尚禦之。秦人多與趙王嬖臣郭開金，使毁牧及尚，言其欲反。趙王使趙蔥及齊將顔聚代之。當時能敵秦者唯趙。趙之名將唯廉頗、李牧。魏人雖非秦敵，然信陵君親賢下士，人多樂爲之用，又有功於趙。信陵君在則趙、魏始終相親。秦人以計間之，六國遂滅。秦亦狡已哉！然秦王用李斯之謀，陰遣辯士齎金游説諸侯。諸侯名士可下以財者，厚遺結之；不肯者，利劍刺之，離其君臣，然後使良將隨其後。事在信陵君既卒，廉頗出奔之後，非李斯之功也。后勝相齊，多受秦間金。賓客入秦，又多與金，皆爲反間，勸王朝秦，不修攻戰之備，不助五國攻秦。秦以故得滅五國。此乃以前之事，《通鑑》書於齊王入朝以前，以明其所由，亦非李斯計畫也。

六國不知秦虛實

周顯王三十七年，秦惠王使犀首欺齊、魏，與共伐趙，以敗從約。不知所欺者何事，大約不過誘之以利，奚不俟先得利而後出師也。周顯王四十一年，秦公子華、張儀帥師圍魏蒲陽，取之。張儀言於秦王，請以蒲陽復與魏，而使公子繇質於魏。張儀因説魏王曰：「秦之遇魏甚厚，魏不可無禮於秦。」魏因入上郡十五縣以謝焉。儀言秦遇魏甚厚，魏何不遲之數年，視其伐魏與否以驗儀言虛實，又何不與之一邑，送一質子，以使施報適相當也。赧王二年，秦王患齊、楚之從親，使張儀説楚王請獻商於之地六百里。楚王使勇士北罵齊王。張儀見楚使者曰：「子何不受地，從某至某六里。」何不從陳軫之計，先得地而後絶齊也。楚王大怒，欲發兵攻秦。陳軫曰：「不如賂之以一名都，與之并力攻齊，是我亡地於秦，取償於齊也。」又何不賂齊一名都以謝罪，因與之并力攻秦也。四年，張儀説韓王曰：「大王不事秦，秦下甲據宜陽，塞成皋，則王之國分矣，鴻臺之宫，桑林之苑，非王之有也。爲大王計，莫如事秦以攻楚。」儀方從楚來，秦豈能與韓謀楚。説齊王曰：「從人説大王者必曰：『齊蔽于三晉，地廣民衆，兵彊士勇，雖有百秦，將無奈齊何。』今秦、楚嫁女娶婦，爲昆弟之國；韓獻宜陽；梁効河外；趙王入朝，割河間以事秦。」是時，秦、楚未爲婚，韓、魏未嘗割地，趙未嘗朝。説趙王曰：「楚與秦爲昆弟之國，而韓、梁稱東藩之臣，齊獻魚鹽之地。」説燕王曰：「趙王入朝，效河間以事秦。」當時，并無其事。六國不察，皆信其言。六國之亡，非亡於秦，自亡而已！

秦以小易大

周顯王四十一年，秦攻魏，取蒲陽，復以與魏。張儀説魏王入上郡十五縣以謝焉。是以一易十五也。赧王三年，秦師及楚戰于丹陽，楚師大敗，斬甲士八萬，遂取楚漢中郡。十一年，秦復與楚上庸。十二年，秦取魏蒲阪、晉陽、封陵，又取韓武遂。是時楚與齊、韓合從，秦與楚上庸，而伐韓、魏得四邑。是以一易四也。十三年，秦王、魏王、韓太子嬰會于臨晉，秦復與魏蒲阪。十四年，秦庶長奂會韓、魏、齊兵伐楚，敗其師於重邱，殺其將唐昧，遂取重邱。是以一邑致三國之師，而復得一邑也。天下事固有受人愚弄如此，而並不知者，甚可怪也！

趙武靈有尊周室、攘夷狄之志

戰國之君，惟趙武靈爲最賢。當時六國皆稱王，雖韓、燕小國亦然。武靈獨不肯，曰：「無其實，敢處其名乎？」令國人謂己曰「君」。當時諸侯皆以攻伐爲事，武靈獨從事北方。赧王八年，北略中山之地，至房子，遂至代，北至無窮，西至河，登黄華之上。與肥義謀胡服騎射以教百姓。九年，略中山地，至寧葭；西略胡地，至榆中。林胡王獻馬。十年，伐中山，取丹丘、爽陽、鴻之塞，又取鄗、石邑、封龍、東垣。中山獻四邑以和。十九年，行新地，遂出代；西遇樓煩王於西河而致其兵。二十年，與齊、燕共滅中山，遷其王於膚施。當時諸侯皆畏秦。十六年，武靈王自號「主父」。將自雲中、九原南襲咸陽，於是詐爲使者，入秦，欲以觀秦地形及秦王之爲人。秦王不知，已而怪其狀甚偉，非人臣之度，使人逐之，主父行已脱關矣，秦人大驚。終主父之世，秦人不敢加兵於趙。主父之後，趙之强猶足以抗秦。赧王二十七年、二十八年、三十三年、三十四年、三十五年，秦五次攻趙，唯拔七城。三十六年，秦王使使者告趙王，願爲好會于河外澠池。趙王欲毋行，廉頗、藺相如計曰：「王不行，示趙弱且怯也。」趙王遂行，相如從。廉頗送至境，與王訣曰：「王行，度道里會遇之禮畢還，不過三十日；三十日不還，則請立太子以絶秦望。」王許之。會澠池。秦王與趙王飲，酒酣，秦王請趙王鼓瑟，趙王鼓之。藺相如復請秦王擊缶，秦王不肯。相如曰：「五步之内，臣請得以頸血濺大王矣！」左右欲刃相如，相如張目叱之，左右皆靡。秦王不懌，爲一擊缶。秦終不能有加於趙；趙人亦盛爲之備，秦不敢動。四十五年，秦伐趙，圍閼與。趙王召廉頗、樂乘而問之曰：「可救否？」皆曰：「道遠險陿，難救。」問趙奢，趙奢對曰：「道遠險陿，譬猶兩鼠鬭於穴中，將勇者勝。」王乃令趙奢將兵救之。去邯鄲三十里而止，令軍中曰：「有以軍事諫者死！」秦師軍武安西，鼓譟勒兵，武安屋瓦盡震。趙軍中候有一人言急救武安，趙奢立斬之。堅壁二十八日不行，復益增壘。秦間入趙軍，趙奢善食遣之。間以報秦將，秦將大喜曰：「夫去國三十里而軍不行，乃增壘，閼與非趙地也。」趙奢既已遣間，卷甲而趨，一日一夜而至，去閼與五十里而軍，軍壘成。秦師聞之，悉甲而往。趙軍士許歷請以軍事諫，趙奢進之。許歷曰：「秦人不意趙至此，其來氣盛，將軍必厚集其陣以待之；不然，必敗。」趙奢曰：「請受教！」許歷請刑，趙奢曰：「胥，後令邯鄲。」許歷復請諫，曰：「先據北山者勝，後至者敗。」趙奢許諾，即發萬人趨之。秦師後至，爭山不得上；奢縱兵擊秦師，秦師大敗，解閼與而還。是秦固無如趙何也。五十三年，秦武安君伐韓，拔野王。上黨路絶，上黨守馮亭與其民謀曰：「鄭道已絶，秦兵日進，韓不能應，不如以上黨歸趙。趙受我，秦必攻之；趙被秦兵，必親韓。韓、趙爲一，則可以當秦。」乃遣使者告於趙曰：「韓不能守上黨，入之秦，其吏民皆安於趙，不樂爲秦。有城市邑十七，願再拜獻之大王！」趙王以告平陽君豹，豹欲勿受。王以告平原君，平原君請受之。王乃使平原君往受地。五十五年，秦王齕拔上黨，上黨民走趙。廉頗軍於長平，以按據上黨民。王齕因伐趙。廉頗堅壁不出，秦應侯使人行千金於趙，爲反間，曰：「秦之所畏，馬服君之子趙括爲將耳！廉頗易與，且降矣！」趙王以趙括代頗將。括敗死，趙卒四十萬人皆降秦，盡殺之。趙人大震。是趙敗於聽反間之言，輕易大將，非兵力之不足也。長平之後，秦昭襄王五十六年，燕王喜使栗腹約歡于趙，以五百金爲趙王酒。反而言於燕王曰：「趙壯者皆死長平，其孤未壯，可伐也。」乃發二千乘，栗腹將而攻鄗，卿秦攻代。將渠曰：「與人通關約交，以五百金飲人之王，使者報而攻之，不祥；師必無功。」王不聽，自將偏軍隨之。將渠引王綬，王以足蹴之。將渠泣曰：「臣非自爲，爲王也！」燕師至宋子，趙廉頗爲將，逆擊之，敗栗腹於鄗，敗卿秦、樂乘於代，追北五百餘里，遂圍燕。始皇五年，燕攻趙，趙龐煖禦之，殺劇辛，取燕師二萬。敗亡之餘，猶能勝敵，則趙固未衰也。鄗之役，燕王召樂間問之，樂間曰：「趙四戰之國，其民習兵，不可。」王曰：「吾以五而伐一。」對曰：「不可。」始皇二年，趙王以武襄君樂乘代廉頗攻魏，廉頗出奔魏，魏不能信用，楚人迎之。廉頗一爲楚將，無功，曰：「我思用趙人！」則趙人固可用也。自廉頗出奔，趙師數困於秦。始皇十一年，秦將軍王翦、桓齮、楊端和伐趙，攻鄴，取九城。王翦攻閼與、轑陽，桓齮取鄴、安陽。十三年，桓齮伐趙，敗趙將扈輒於平陽，斬首十萬。趙王以李牧爲大將軍，復戰於宜安城下，秦師敗績。桓齮奔還。十五年，王大興師伐趙，一軍抵鄴，一軍抵太原，取狼孟、番吾；遇李牧而還。使廉頗不亡，李牧猶在，趙且將兼天下，何至於亡哉！

秦未得客卿之益

論史者多以秦得客卿之力，其實不然。秦之客卿以衛鞅、張儀、甘茂、范雎、李斯之功爲最著。鞅之功在於謀魏。周安王元年，秦伐魏至陽孤。十二年，秦晉戰於武城。十三年，秦侵晉，晉即魏也，皆在鞅之先。周顯王八年，衛鞅始入秦。因嬖臣景監以求見孝公，爲左庶長，則謀魏非鞅之功也。張儀之功在於説魏、誘楚，及説諸侯事秦。然衛鞅謀魏已在儀先，秦之謀魏又在鞅先。赧王二年，秦王欲伐齊，患齊楚從親，乃使張儀説楚，許以商於之地。已而背之，楚伐秦。三年，戰於丹陽，楚師大敗，斬甲士八萬，虜屈匄及列侯、執珪七十餘人，遂取漢中郡。楚王悉發國內兵以復襲秦，戰於藍田。楚師大敗。韓、魏聞楚之困，南襲楚至鄧。楚人乃引兵歸，割兩城以請平於秦。則敗楚乃兵力，非口舌之功也。赧王四年，張儀説楚、韓、齊、趙、燕以事秦。歸報未至咸陽，諸侯復合從，則其游説之功亦無大效。甘茂之功在於取宜陽。周安王十一年，秦伐韓宜陽，取六邑。顯王三十四年，秦伐韓，拔宜陽。赧王七年，甘茂、庶長封帥師伐宜陽。八年，甘茂攻宜陽，五月而不拔。秦王大悉起兵以佐甘茂，遂拔宜陽，則伐宜陽之計本非定於甘茂，而茂之所取亦僅宜陽一城，其附近城邑早爲秦所取，非茂之功也。范雎之功以遠交近攻爲最，然秦自孝公之後，屢興師以伐諸侯，獨未嘗加兵於齊。赧王二年，秦王患齊、楚之從親，使張儀説楚絶齊。楚王使勇士北罵齊王，齊王大怒，折節事秦，齊、秦之交合。是秦之交齊，非始於范雎也。赧王十五年，秦涇陽君爲質於齊。二十七年，秦王稱西帝，遣使立齊王爲東帝，是穰侯爲政未嘗不交齊也。三十一年，燕王悉起兵，以樂毅爲上將軍伐齊。秦尉斯離帥師與三晉之師會之。是時諸侯害齊王之驕暴，假手於燕，以伐齊，非秦主兵也。濟西之敗，秦師即還，非深入也。四十五年，穰侯言客卿竈於秦王，使伐齊取剛、壽以廣其陶邑。偏稗之將，略其邊邑，非大興師也。秦自石門之戰屢從事於三晉，尚在衛鞅、張儀、甘茂之前。衛鞅、甘茂又從而收其成功。穰侯爲政，尤有事於三晉。赧王十二年，秦取魏蒲阪、晉陽、封陵，又取韓武遂。十四年，秦人取韓穰。二十年，秦尉錯伐魏襄城。二十一年，秦敗魏師於解。二十二年，韓公孫喜、魏人伐秦。穰侯薦左更白起爲將，敗魏師、韓師於伊闕，斬首二十四萬級，虜公孫喜，拔五城。二十四年，伐韓，拔宛。二十五年，魏入河東地四百里，韓入武遂地二百里於秦。二十六年，秦大良造白起、客卿錯伐魏，至軹，取城大小六十一。二十九年，秦司馬錯擊魏河內。魏獻安邑以和，又敗韓師於夏山。三十二年，秦、趙會于穰。秦拔魏安城，兵至大梁而還。三十九年，秦武安君伐魏，拔兩城。四十年，穰侯伐魏。韓暴鳶救魏，穰侯大破之，斬首四萬，魏納八城以和。穰侯復伐魏，走芒卯，入北宅，魏人割温以和。四十一年，魏復與齊合從。穰侯伐魏，拔四城，斬首四萬。四十二年，趙人、魏人伐韓華陽。韓人告急於秦，穰侯興武安君救韓，敗魏軍於華陽之下，走芒卯，虜三將，斬首十三萬。又與趙將賈偃戰，沈其卒二萬人於河。穰侯於韓、魏何嘗一日忘之哉。韓、魏既服於秦，秦王將使武安君與韓、魏伐楚。楚使者黄歇上書曰：「臣爲王慮，莫如善楚。秦、楚合而爲一以臨韓，韓必斂手而朝，王施以東山之險，帶以曲河之利，韓必爲關內之侯。若是而王以十萬戍鄭，梁氏寒心，許、鄢陵嬰城而上蔡、召陵不往來也，如此，魏亦關内侯矣。」王從之，謝韓魏。則當時言遠交近攻者又有一黄歇，而執政之人則仍穰侯也。且是時，楚、趙之强爲六國之冠，穰侯之前秦師勝楚惟丹陽、藍田二戰而已。赧王二年，秦右更疾伐趙，拔藺，虜其將莊豹。唯取一邑，無大功也。至穰侯當國，始足以制楚、趙。赧王十四年，伐楚，敗其師於重邱，殺其將唐昧，遂取重邱。十五年，秦華陽君伐楚，大破楚師，斬首三萬，殺其將景缺，取楚襄城。三十五年，使司馬錯發隴西兵，因蜀攻楚黔中，拔之。楚獻漢北及上庸地。三十六年，白起伐楚，取鄢、鄧、西陵。三十七年，秦大良造白起伐楚，拔郢，燒夷陵。楚襄王兵散，遂徙於陳。秦以郢爲南郡，封白起爲武安君。三十八年，秦武安君定巫、黔中，初置黔中郡。四十三年，楚以左徒黄歇侍太子完爲質於秦。又赧王二十七年，秦攻趙，拔杜陽。二十八年，秦攻趙，拔新垣、曲陽。三十三年，秦伐趙，拔兩城。三十四年，伐趙，拔石城。三十五年，秦白起敗趙軍，斬首二萬，取代光狼城。則秦之威加於楚、趙亦自穰侯始。穰侯去位，武安君與趙括戰于長平，趙師大敗，卒四十萬人皆降。趙自此不振，六國之亡從此遂定。武安君亦穰侯之舊將也。穰侯之功有大造于秦，與范雎何與哉！李斯之功在厚結諸侯名士，然秦人屢用此計，以取諸侯，亦不始於斯。自衛鞅、張儀、甘茂、范雎之外，秦之客卿尚多。赧王十二年，秦客卿通將兵救楚。十五年，以趙人樓緩爲丞相。二十三年，以客卿燭壽爲丞相。二十六年，客卿錯從大良造白起伐魏。四十二年，客卿胡陽從穰侯武安君救韓。四十五年，客卿竈伐齊。秦昭襄王五十二年，燕客蔡澤入秦，欲代應侯，王以爲相，皆無大功。客何益於秦哉！

通鑑劄記卷二

奸人在內，其禍最大。不特秦用術滅六國，即漢之定天下，亦未嘗不由於此。漢高帝元年十二月，項羽進至戲，沛公左司馬曹無傷使人言於項羽曰：「沛公欲王關中，令子嬰爲相，珍寶盡有之。」項羽大怒，饗士卒，期旦日擊沛公軍。當是時，項羽兵四十萬，號百萬，在新豐鴻門。沛公兵十萬，號二十萬，在霸上。范增説項羽曰：「沛公居山東時，貪財，好色；今入關，財物無所取，婦女無所幸，此其志不在小。吾令人望其氣，皆爲龍虎，成五采，此天子氣也。急擊勿失！」楚左尹項伯者，項羽季父也，素善張良，具告以事，欲呼與俱去，曰：「毋俱死也！」張良曰：「臣爲韓王送沛公；沛公今有急，亡去，不義，不可不語。」良乃入，具告沛公。沛公大驚。良曰：「料公士卒足以當項羽乎？」沛公默然曰：「固不如也。且爲之奈何？」張良曰：「請往謂項伯，言沛公之不敢叛也。」沛公曰：「君安與項伯有故？」張良曰：「秦時與臣游，嘗殺人，臣活之。今事有急，故幸來告良。」沛公曰：「孰與君少長？」良曰：「長於臣。」沛公曰：「君爲我呼入，吾得兄事之。」張良出，固要項伯；項伯即入見沛公。沛公奉卮酒爲壽，約爲婚姻，曰：「吾入關，秋毫不敢有所近，籍吏民，封府庫而待將軍。所以遣將守關者，備他盜之出入與非常也。日夜待將軍至，豈敢反乎！願伯具言臣之不敢倍德也。」項伯許諾，謂沛公曰：「旦日不可不蚤自來謝。」沛公曰：「諾。」於是項伯復夜去，至軍中，具以沛公言報項羽；因言曰：「沛公不先破關中，公豈敢入乎！今人有大功而擊之，不義也；不如因善遇之。」項羽許諾。沛公旦日從百餘騎來見項羽鴻門，謝曰：「臣與將軍戮力而攻秦，將軍戰河北，臣戰河南；不自意能先入關破秦，得復見將軍於此。今者有小人之言，令將軍與臣有隙。」項羽曰：「此沛公左司馬曹無傷言之；不然，籍何以至此！」沛公反，立殺曹無傷。蓋輸情敵國，罪莫大焉。故治之不得不急。若他國之人，高帝又誘致之以爲我用。如元年，鴻門之役，沛公因張良得交項伯，項伯勸項羽勿擊沛公，因善遇之。項羽許諾，且立沛公爲漢王。

漢高帝以財誘人，乃秦滅六國之計

漢王賜張良金百鎰，珠二斗，良具以獻項伯。漢王亦因良厚遺項伯，使盡請漢中地。項王許之。三年，漢王謂陳平曰：「天下紛紛，何時定乎？」陳平曰：「項王骨鯁之臣，亞父、鍾離眛、龍且、周殷之屬，不過數人耳。大王誠能捐數萬斤金，行反間，間其君臣，以疑其心；項王爲人，意忌信讒，必内相誅，漢因舉兵而攻之，破楚必矣。」漢王曰：「善！」乃出黄金四萬斤與平，恣所爲，不問其出入。平多以金縱反間於楚軍，宣言：「諸將鍾離眛等爲項王將，功多矣，然而終不得裂土而王，欲與漢爲一，以滅項氏而分王其地。」項羽果意不信鍾離眛等。夏四月，楚圍漢王於滎陽，急；漢王請和，割滎陽以西者爲漢。亞父勸羽急攻滎陽；漢王患之。項羽使使至漢，陳平使爲太牢具。舉進，見楚使，即佯驚曰：「吾以爲亞父使，乃項王使！」復持去，更以惡草具進楚使。楚使歸，具以報項王；項王果大疑亞父。亞父急欲攻下滎陽城，項王不信，不肯聽。亞父聞項王疑之，乃怒曰：「天下事大定矣，君王自爲之，願賜骸骨歸！」未至彭城，疽發背而死。十年九月，代相陳豨與王黄等反，自立爲代王。上自東擊之，聞豨將皆故賈人。上曰：「吾知所以與之矣。」乃多以金購豨將，豨將多降。十一年，帝購王黄、曼邱臣以千金，其麾下皆生致之。於是陳豨軍遂敗。有國家者，其臣民受敵賂，而爲之用，其國未有不亡者也！

高帝爲義帝發喪，實有吾臣之義

義帝雖非天下共主，然二世二年，沛公與張良俱見景駒，欲請兵以攻豐。後景駒走死梁地。沛公從騎百餘往見項梁，梁與沛公卒五千人，五大夫將十人。梁既敗死，楚懷王遣沛公西略地，收陳王、項梁散卒以伐秦，則沛公固楚將也。初，楚懷王與諸將約，先入關者王之。項羽曰：「巴蜀亦漢中地也。」立沛公爲漢王，則沛公之封於漢乃楚封之也。項羽尊懷王爲義帝，密使人殺之江中。羽爲楚將，則殺之爲弑君。漢王本楚臣，討賊之名甚正。高祖二年，漢王南度平陰津，至洛陽新城。三老董公遮説王曰：「臣聞『順德者昌，逆德者亡』；『兵出無名，事故不成』。故曰：『明其爲賊，敵乃可服。』項羽爲無道，放殺其主，天下之賊也。夫仁不以勇，義不以力。大王宜率三軍之衆爲之素服，以告諸侯而發之，則四海之内莫不仰德，此三王之舉也。」於是漢王爲義帝發喪，袒而大哭，哀臨三日，發使告諸侯曰：「天下共立義帝，北面事之。今項羽放殺義帝江南，大逆無道！寡人悉發關中兵，收三河士，南浮江漢以下。願從諸侯王擊楚之殺義帝者！」於是，五諸侯皆從。三年，隨何説九江王曰：「大王與項王俱列爲諸侯，北鄉而臣事之者，必以楚爲彊，可以託國也。項王伐齊，身負版築，爲士卒先。大王宜悉九江之衆，身自將之，爲楚前鋒。今乃發四千人以助楚。夫北面而臣事人者，固若是乎？漢王入彭城，項王未出齊也。大王宜悉九江之兵渡淮，日夜會戰彭城下；大王乃撫萬人之衆，無一人渡淮者，垂拱而觀其孰勝。夫託國於人者，固若是乎？大王提空名以鄉楚而欲厚自託，臣竊爲大王不取也！然而大王不背楚者，以漢爲弱也。夫楚兵雖强，天下負之以不義之名，以其背約而殺義帝也。漢王收諸侯，還守成皋、滎陽，下蜀漢之粟，深溝壁壘，分卒守徼乘塞。楚人深入敵國八九百里，老弱轉糧千里之外。漢堅守而不動，楚進則不得攻，退則不能解，故曰楚兵不足恃也。使楚勝漢，則諸侯自危懼而相救；夫楚之彊，適足以致天下之兵耳。故楚不如漢，其勢易見也。今大王不與萬全之漢而自託於危亡之楚，臣竊爲大王惑之！臣非以九江之兵足以亡楚也；大王發兵而倍楚，項王必留，留數月，漢之取天下可以萬全。臣請與大王提劍而歸漢，漢王必裂地而封大王；又況九江必大王有也。」九江王曰：「請奉命。」何之説九江王破其楚彊漢弱之成見，而斥楚負不義之名。於是，九江王歸漢。酈生説齊王亦曰：「項王遷殺義帝，漢王聞之，起蜀漢之兵，擊三秦出關，而責義帝之死，收天下之兵，立諸侯之後，降城即以侯其將，得賂即以分其士，與天下同其利，豪英賢才皆樂爲之用。」於是，齊王遣使與漢平。四年，楚漢相持於廣武間，漢王數項羽罪，其第九罪亦云，使人陰殺義帝江南，漢王爲義帝發喪，足以歆動天下。況羽爲楚將，漢王正義帝之名，則羽之罪益無所遁。衡陽王氏之論非通論也。

高帝用權術之士而不專任

高帝二年，陳平亡歸漢，漢王拜平爲都尉，使爲參乘，典護軍。周勃、灌嬰等言於漢王曰：「陳平雖美如冠玉，其中未必有也。臣聞平居家時盜其嫂；事魏不容，亡歸楚，不中，又亡歸漢。今日大王尊官之，令護軍。臣聞平受諸將金，金多者得善處，金少者得惡處。平，反覆亂臣也，願王察之！」漢王雖不聽，然實疑其心。平從帝征伐，凡六出奇計。十二年，帝疾甚，呂后問曰：「陛下百歲後，蕭相國死，誰令代之？」上曰：「曹參可。」問其次，曰：「王陵可，然少戇，陳平可以助之。陳平智有餘，然難獨任。周勃重厚少文，然安劉氏者必勃也。」陳平事高帝謀畫最多，而高帝稱之在曹參、王陵之後，又言其難獨任，豈非疑其心乎！張良運籌帷幄之中，決勝千里之外，從上入關即杜門不出，其心亦自疑矣。惠帝六年，張良薨。高后元年冬，太后議欲立諸呂爲王，問右丞相陵，陵曰：「高帝刑白馬盟曰：『非劉氏而王，天下共擊之。』今王呂氏非約也。」太后不悦，問左丞相平、太尉勃，對曰：「高帝定天下，王子弟；今太后稱制，王諸呂，無所不可。」太后喜。罷朝，王陵讓陳平曰：「始與高帝啑血盟，諸君不在耶！今高帝崩，太后女主，欲王呂氏；諸君縱欲阿意背約，何面目見高帝於地下乎？」陳平、絳侯曰：「於今，面折廷爭，臣不如君；全社稷，定劉氏之後，君亦不如臣。」高帝崩，平即背約，信乎其難獨任也。且絳侯素附平。初，高帝用陳平謀，使馳傳載周勃代樊噲將，平至軍，即斬噲頭。二人行計之，竟不斬噲，因而致之長安，畏呂嬃故，其爲平計顯然。文帝元年，帝朝而問右丞相勃曰：「天下一歲決獄幾何？」勃謝不知。又問：「一歲入錢粟幾何？」勃又謝不知，惶愧汗出沾背，上問左丞相平，平曰：「有主者。」上曰：「主者爲誰？」曰：「陛下即問決獄，責廷尉；問錢穀，責治粟内史。」上曰：「苟各有主者，而君所主者，何事也？」平謝曰：「陛下不知其駑下，使待罪宰相。宰相者，上佐天子，理陰陽，順四時；下遂萬物之宜；外鎮撫四夷諸侯；内親附百姓，使卿大夫各得任其職焉。」帝乃稱善。右丞相大慚，出而讓陳平曰：「君獨不素教我對！」則諸呂之封，平教之對明矣。高皇后七年，陳平患諸呂，力不能制，恐禍及己；嘗燕居深念，陸賈往，直入坐，而陳丞相不見。陸生曰：「何念之深也！」陳平曰：「生揣我何念？」陸生曰：「足下極富貴，無欲矣；然有憂念，不過患諸呂、少主耳。」陳平曰：「然。爲之奈何？」陸生曰：「天下安，注意相；天下危，注意將。將相和調，則士豫附；天下雖有變，權不分。爲社稷計，在兩君掌握耳。臣嘗欲謂太尉絳侯；絳侯與我戲，易吾言。君何不交驩太尉，深相結！」因爲陳平畫諸呂數事。陳平用其計，乃以五百金爲絳侯壽，厚具樂飲；太尉報亦如之。兩人深相結，則謀諸呂者陸生也。平聽生謀者，恐禍及己也。八年，太后崩，齊、楚舉兵，相國呂産遣灌嬰將兵擊之，嬰與連和，以待呂氏變。呂禄、呂産欲作亂，内憚絳侯、朱虚等，外畏齊、楚兵，又恐灌嬰畔之，猶豫未決。絳侯不得主兵，令酈寄、劉揭説呂禄，以兵屬太尉。太尉入北軍，誅諸呂，則誅諸呂者，絳、灌及齊、楚之兵也。陳平有附和之罪，而無纖毫之功。高祖言其難任，信矣！故帝王之用人，當取其心術純正、言行不苟者，雖其人或短於才，而實行任事，忠心事上，縱無大功，亦無大過。若爲一時之計，用權術之士，一或不慎，敗可立至，可不鑒諸？

高帝之所以有天下、項氏之所以失天下者何？

高祖既破楚，置酒洛陽宮。上曰：「吾所以有天下者何？項氏之所以失天下者何？」高起、王陵對曰：「陛下使人攻城略地，因以與之，與天下同其利。項羽不然，有功者，害之；賢者，疑之。此其所以失天下也。」上曰：「公知其一，未知其二。夫運籌帷幄之中，決勝千里之外，吾不如子房；鎮國家，撫百姓，給餽餉不絶糧道，吾不如蕭何；連百萬之衆，戰必勝，攻必取，吾不如韓信。三者，皆人傑。吾能用之，此吾所以取天下者也。」羣臣悦服。夫高起、王陵之言，一隅之見，不知天下之大計。即帝所自言，亦英雄欺人之語，非真言也。項羽之敗，在不知所重輕。項梁數使使告齊、趙發兵，共擊章邯。田榮曰：「楚殺田假，趙殺角間，乃出兵。」楚、趙不許。田榮怒，終不出兵。當秦兵方盛之時，楚人朝不保暮。楚敗，齊豈能獨存，榮舍秦而謀田假、角間，其志趣可想。常山王、成安君爲布衣時，相與爲刎頸之交。後爭張黶、陳澤之事，常山王殺成安君於泜水之南，頭足異處，則陳餘、張耳之無大用亦明矣。沛公居山東時，貪財好色。入關財物無所取，婦女無所幸，此其志不在小，范增已言之矣。項羽爲天下宰，不均。田榮自立爲齊王，并王三齊。陳餘悉兵攻常山，常山王敗走，陳餘迎趙王於代，復爲趙王。趙王德陳餘，立以爲代王。漢王引兵出，定三秦。張良遺項王書曰：「漢王失職，欲得關中；如約即止，不敢東。」又以齊、梁反書遺項王曰：「齊欲與趙并滅楚。」項王以此無西意，而北擊齊。此其失於輕漢，而重齊、趙也。沛公來見項羽鴻門，項羽因留沛公與飲，范增數目羽，舉所佩玉玦示之者三，項羽不應。韓王成無功，不遣之國，已又殺之。舍漢王而殺韓王成，其輕重更不當矣。長吏欣有德於項梁，立爲塞王。董翳勸章邯降楚，立爲翟王。申陽者，張耳嬖臣，先下河南郡，迎楚，立爲河南王。趙將司馬卬定河内，有功，立爲殷王。燕將臧荼從楚救趙，立爲燕王。齊將田都從楚救趙，因從入關，立爲齊王。田榮、陳餘獨不封。其處置天下諸王之輕重，亦失其宜矣。高祖則不然，生平竭力以拒者唯楚。二年，漢王率諸侯兵五十萬人伐楚，大敗。五月，復至滎陽，諸敗軍皆會，蕭何亦發關中老弱未傅者悉詣滎陽。魏王豹反漢王，使韓信、灌嬰、曹參俱擊魏。韓信定魏，請兵三萬人，願以北舉燕趙，東擊齊，南絶楚糧道。信破代兵，禽夏説。信之下魏破代，漢輒使人收其精兵詣滎陽以拒楚。三年，韓信破趙，行定趙城邑，漢王馳入其壁，而奪其軍以敵楚。四年，韓信定齊，又徵其兵擊楚。漢王本欲致力於楚，因力不足敵，乃北定燕、趙，東取齊，以自張其軍力，徐以圖羽。故克一國，必收其兵以拒楚。蓋漢王深知，與爭天下者，唯項羽一人，餘不足忌也。項羽敗死，王翳取其頭，楊喜、呂馬童、呂勝、楊武各得其一體，皆爲列侯，其重之如此。其於諸侯王亦有輕重之權，非漫無區別也。高帝元年，引兵定三秦，塞王欣、翟王翳皆降。二年，河南王申陽降，魏王豹亦降，漢王視之如常人。二年，常山王張耳走漢，漢王厚遇之。耳素有虚名，不得不寵異之，以動衆聽也。三年，韓信、張耳破趙，請以張耳王趙，漢王許之。四年，立張耳爲趙王。韓信盡定齊地，使人言漢王曰：「齊僞詐多變，反覆之國也。南邊楚，請爲假王以鎮之。」漢王發書大怒罵曰：

「吾困於此，旦暮望若來佐我，乃欲自立爲王。」張良、陳平躡漢王足，因附耳語曰：「漢方不利，甯能禁信之自王乎？不如因而立之，善遇，使自爲守。」漢王亦悟，復罵曰：「大丈夫定諸侯即爲真王耳，何以假爲！」遂立韓信爲齊王。耳請王趙，信請王齊，事同一例。漢王一則許之，一則大怒者，固知耳徒有虚名，而無大用；信有大略，與之以地，將不可制也。其於諸將亦然。元年，韓信歸漢王，拜爲大將。二年，以爲左丞相。四年，立爲齊王。五年，漢王從張良計，從陳以東傅海與韓王信，彭越將其兵歸漢在高帝二年。漢王拜爲魏相國。五年，漢王從張良計，取睢陽以北至穀城皆以王彭越，封爲梁王。九江王英布降漢在漢三年。王方踞床洗足，召布入見。布大怒，悔來，欲自殺；及出就舍，帳御、飲食、從官皆如漢王居，又大喜過望。於是益九江王兵，與俱屯成皋。而六年始剖符封諸將。蓋知諸將皆易爲用，而三人者難以制也。惟張良能得其心。二年，漢王曰：「吾欲捐關以東；等棄之，誰可與共功者？」張良曰：「九江王布，楚梟將，與項王有隙；彭越與齊反梁地；此兩人可急使。而漢王之將，獨韓信可屬大事，當一面。」五年，與齊王信、魏相國越期會擊楚。信、越不至，楚擊漢軍，大破之。漢王謂張良曰：「諸侯不從，奈何？」張良乃教以取睢陽以北至穀城，皆以王彭越；從陳以東傅海與韓王信，則楚易破也。亦知二人者，非是不足以用之也。破楚之後，五年，漢王還至定陶，馳入齊王信壁，奪其軍，更立齊王信爲楚王，則高祖之意，於三將之中又以信爲重矣。

秦所以失天下，漢所以得之

高帝十一年，高帝謂陸生曰：「試爲我著秦所以失天下，吾所以得之者，及古成敗之國。」陸生乃粗述存亡之徵，凡著十二篇，每奏一篇，帝未嘗不稱善，左右呼萬歲，其書曰「新語」。余以爲陸生之言尚未盡善，秦百戰而滅六國，天下既定，元元之民冀得安其性命，莫不虚心而仰上，取之甚難，而守之實易。高帝之得天下，因秦政之暴，天下皆欲亡之，其事易集，而當時天下匈匈，人思爲帝，守之實難，與秦事相反。而秦之所以不能守，高帝之所以能守者，則在於其心之公私。始皇二十六年，收天下兵聚咸陽，銷以爲鐘鐻。三十四年，丞相李斯上書，請史官非秦紀皆燒之，非博士官所職，天下有藏《詩》、《書》、百家語者，皆詣守、尉雜燒之。有敢偶語《詩》、《書》，棄市；以古非今者，族；吏見知不舉，與同罪。令下三十日，不燒，黥爲城旦。所不去者，醫藥、卜筮、種樹之書。若有欲學法令者，以吏爲師。制曰：「可其心，唯欲利。」秦而視天下皆外國也。高帝五年，楚地悉定，獨魯不下，漢王引天下兵欲屠之。至其城下，猶聞絃誦之聲；爲其守禮義之國，爲主死節，乃持項王頭以示魯父兄，魯乃降。又詔故衡山王吴芮，誅暴秦有功，以爲長沙王。故粤王無諸，身率兵以佐滅秦，以爲閩粤王。惠帝三年，立閩越君摇爲東海王。摇與無諸，從諸侯滅秦，功多，故立之。高帝以天下之利爲利，非徒以漢之利爲利，其所以得一也。秦每破諸侯，寫放其宫室作之咸陽北阪上。二十七年，作極廟，道通驪山，作甘泉前殿，築甬道自咸陽屬之，治馳道於天下。二十八年，始皇東行郡縣。三十三年，築長城。三十五年，除直道，塹山堙谷千八百里。作阿房宫，作驪山。發北山石椁，寫蜀、荆地材，皆至。關中計宫三百，關外四百餘。二世元年，盡徵材士五萬人爲屯衛咸陽，令教射。狗馬禽獸當食者多，度不足，下調郡縣，轉輸菽粟、芻槀，皆令自齎糧食，咸陽三百里内不得食其穀。視天下人民皆己之私，用之唯恐不竭。高帝五年，楚初定，詔民前或相聚保山澤，不書名數。今天下已定，令各歸其縣，復故爵、田宅；吏以文法教訓辨告，勿笞辱軍吏卒；爵及七大夫以上皆令食邑，非七大夫已下皆復其身及户，勿事。高帝唯以安民爲務，其所以得二也。大梁人張耳、陳餘爲刎頸交，秦滅魏重賞購求之，則秦於諸侯之名士忌之甚深矣。楚人季布爲項籍將，項籍滅滕公，言於上，召拜郎中。上憂諸將爲變，留侯曰：「上平生所憎、羣臣所共知，誰最甚者？」上曰：「雍齒數嘗窘辱我。」留侯曰：「今急先封雍齒，則羣臣人人自堅矣。」於是封雍齒爲什方侯。此度量之相越，其所以得三也。始皇二十八年，遣徐市求仙及不死之藥，唯恐己死，不得常享天下之樂。高帝十二年，疾甚，吕后迎良醫。醫入見曰：「疾可治。」上嫚駡之曰：「吾以布衣提三尺取天下，此非天命乎！命乃在天，雖扁鵲何益！」此胸襟之濶達，其所以得四也。

賈誼、鼂錯之言，皆能言而不能行

文帝元年，賈誼請改正朔，易服色，定官名，興禮樂，以立漢制，更秦法。四年，上議以賈誼任以公卿之位，大臣多短之曰：「洛陽之人，年少初學，專欲擅權，紛亂諸事。」於是，天子後亦疏之，不用其議。夫曰正朔、曰服色、曰官、曰名，則非當時之急務明矣。六年，誼陳政事疏，痛哭者一，流涕者二，長太息者六。可痛哭者，莫大諸侯。可爲流涕者，匈奴嫚侮，漢歲致金絮、彩繒以奉之。可爲長太息者：其一，庶人屋壁得爲帝服，倡優下賤得爲后飾。其二，秦人家富子壯則出分，家貧子壯則出贅。遺風餘俗，猶尚未改。其三，太子之善，在於早諭教與選左右。其四，在定取舍。其五，廉耻節讓以治君子。有賜死，而無戮辱。誼既悉諸侯大矣，前十一年又上疏，願舉淮南地以益淮陽，而爲梁王立後，割淮南北邊二、三列城與東郡以益梁。何其言之相悖也。是時，吴王濞招致天下亡命者以鑄錢。五年，帝除盗鑄錢令，正以制吴。誼又上疏諫，不惟不悟帝意，抑亦無術以制莫大諸侯矣。匈奴爲患，高帝姑與和親，養其力以待後用。文帝之世，力猶未也。誼遽欲係單于之頸，何其急耶。太子之善，在於早諭教與選左右固矣。然使以誼居太子左右，未必有益。觀其爲長沙王、梁王太傅，不能輔之以正，其術可知矣。《通鑑》於誼疏特記之曰：「誼以絳侯前逮繫獄，卒無事，故以此譏上。」温公之意，蓋以誼之疏惟末一條有當於事，餘皆無可取也。文帝朝誼與鼂錯皆上書言事。前十一年，錯上言兵事，又上言募民徙塞下。十二年，又言令民入粟縣官，得以拜爵、除罪，紙上談兵，娓娓可聽。景帝二年，以鼂錯爲御史大夫，謀削諸侯地。七國反，錯欲令帝將兵，而身居守，又欲以徐僮旁之城邑予吴，遂棄市。錯之能言不能行已書於史，使文帝用誼，誼亦錯也。

上書言事之風，開於漢武帝

武帝初即位，招選天下文學材智之士，待以不次之位。四方士多上書，言得失，自眩鬻者以千數。上簡拔其俊異者，寵用之。莊助最先進，後又以朱買臣、吾丘壽王、司馬相如、東方朔、枚皋、終軍等，並在左右，每令與大臣辨論，中外相應以義理之文，大臣數屈焉。然相如以辭賦得幸；朔、皋不根持論，好詼諧，上以俳優畜之，雖數賞賜，終不任以事也。建元三年，吾丘壽王起上林苑。元狩元年，淮南王謀反自殺，莊助素與相結交，私論議，王厚賂遺助，助竟棄市。元鼎元年，朱買臣等三長史陷張湯，天子案誅三長史。初，司馬相如病且死，有遺書頌功德、言符瑞，勸上封泰山。上感其言，與諸生議封禪。則武帝所招文學之士固無一人足以任國事也。又元朔元年，臨菑人主父偃、嚴安，無終人徐樂，皆上書言事。始，偃遊齊、燕、趙，皆莫能厚遇，諸生相與排擯不容；家貧，假貸無所得，乃西入關上書闕下，所言九事，其八事爲律令，一事諫伐匈奴。嚴安、徐樂上書大旨亦言邊境之事，天子皆拜爲郎中。偃尤親幸，一歲中凡四遷，爲中大夫。大臣畏其口，賂遺累千金，或謂偃曰：「太横矣。」偃曰：「吾生不五鼎食，死當五鼎烹耳！」偃等三人皆無賴少年，無所得食，因天子喜事，遂敢上書以取富貴，大都因襲陳言，並無新議。偃書歷引秦李斯、漢御史成之言，並非出己。徐樂、嚴安又從而和之，更不足道矣。二年，偃説上，令諸侯王推恩，分子弟邑，徙天下豪傑實京師。此皆賈誼、劉敬之唾餘。又説上，繕故秦時蒙恬所爲塞，則與其先所論伐匈奴事自相矛盾。蓋偃勦襲陳言，拉雜上奏，本無成見也。是歲，偃欲納其女於齊王，齊紀太后不許。偃因言於上，請治之。王自殺。趙王上書告偃受諸侯金，以故諸侯子弟多以得封者。及齊王自殺，上聞，大怒，遂族偃。武帝所招文學之士，主父偃等三人尤爲狂悖。宣帝地節四年，霍山曰：「諸儒多窶人子，遠客饑寒，喜妄説狂言，不避忌諱，大將軍常讎之。」元帝好儒術，文辭頗改宣帝之政，言事者多進見，人以爲得上意。則霍光之當國，宣帝之圖治，皆懲武帝之弊，言事之人概不進見，故有中興之績。至元帝之世，又復其故，而漢祚遂不昌矣！

衛、霍皆以貴戚爲大將，故戰比有功

用將之道，必與以威權，可以使人富貴，而後士樂爲用，人人爲之致死以立功。武帝建元二年，上祓霸上，還，過上姊平陽公主，悦謳者衛子夫。召子夫同母弟衛青爲建章監、侍中，既而以子夫爲夫人，青爲大中大夫。元光六年，遣車騎將軍衛青出上谷，公孫敖出代，公孫賀出雲中，李廣出雁門，各萬騎，擊胡關市下。衛青至龍城，得胡首虜七百人，封關内侯。元朔元年，青將三萬騎出雁門，李息出代，青斬首虜數千人。元朔五年，青將三萬騎出塞六、七百里，得裨將十餘人，衆男女萬五千人，畜數十百萬。天子使使者即軍中，拜青爲大將軍，諸將皆屬焉，益封青八千七百户，三子皆爲列侯。青固謝。天子乃封諸校尉皆爲列侯。是時，諸宿將皆無大功者，天子尊寵青，其部將皆欲乘時立功，以取封侯之位，而諸宿將所將兵不若青多，部將皆知主帥之無權，亦不樂爲之用，非盡由於勇怯之殊也。六年，青出定襄擊匈奴，以合騎侯公孫敖爲中將軍，太僕公孫賀爲左將軍，翕侯趙信爲前將軍，衛尉蘇建爲右將軍，郎中令李廣爲後將軍，左内史李沮爲彊弩將軍，咸屬大將軍。斬首數千級而還。初，平陽縣吏霍仲孺給事平陽侯家，與青姊衛少兒私通，生霍去病。去病十八爲侍中，善騎射，再從大將軍擊匈奴，爲票姚校尉，與輕勇騎八百，直棄大軍數百里赴利，斬捕首虜過當。天子封爲冠軍侯。是歲，失兩將軍，亡翕侯，軍功不多，大將軍不益封。元狩二年，霍去病爲驃騎將軍，將萬騎出隴西，擊匈奴，歷五王國，轉戰六日，過焉支山千餘里，殺折蘭王，斬盧侯王，執渾邪王子及相國、都尉，獲首虜八千九百餘級，詔益封去病二千户。夏，去病復出深入二千餘里，至祁連山，得單桓、酋涂王及相國、都尉以衆降者二千五百人，斬首虜三萬二百級，獲裨小王七十餘人。天子益封去病五千户，封其裨將有功者鷹擊司馬趙破奴爲從票侯，校尉高不識爲宜冠侯，校尉僕多爲輝渠侯。是時，諸宿將所將士、馬、兵皆不如驃騎。驃騎所將常選，然亦敢深入，常與壯騎先其大軍；軍亦有天幸，未嘗困絶也。而諸宿將常留落不偶，由此驃騎日以親貴，比大將軍矣。四年，上大發士卒，令大將軍青，驃騎將軍去病，各將五萬騎，私負從馬復四萬匹，步兵轉者踵軍後又數十萬人，而敢力戰深入之士皆屬驃騎。驃騎始爲出定襄，當單于，捕虜言單于東。乃更令驃騎出代郡，大將軍出定襄。郎中令李廣請行，天子以其老，不許。良久，乃許之，以爲前將軍。太僕公孫賀爲左將軍，主爵都尉趙食其爲右將軍，平陽侯曹襄爲後將軍，皆屬大將軍。大將軍既出塞，捕虜知單于所居，乃自以精兵走之，而令前將軍并於右將軍，軍出東道。東道回遠而水草少，公孫敖新失侯，大將軍亦欲使敖與俱當單于，故徙前將軍廣。廣固辭於大將軍，大將軍不聽。大將軍出塞千餘里，單于視漢兵多，遂馳去。漢兵追之不及，斬首虜萬九千級而歸。前將軍廣軍失道，引刀自剄。驃騎將軍出代、右北平二千餘里，絶大幕，直左方兵，獲屯頭王、韓王等三人，將軍、相國、當户、都尉八十三人，鹵獲七萬四百四十三級。天子以五千八百户益封驃騎將軍，又封其所部爲列侯、關内侯，軍吏卒爲官，賞賜甚多。而大將軍不益封，軍吏卒皆無封侯者。非大將軍之前勇，而後怯也。天子之心屬於驃騎，將士之善戰者，亦爭趨之，其有功也固宜。讀史者至李廣老數奇，未有不爲之流涕者也。太初元年，上聞宛有善馬，在貳師城，而欲侯寵姬李氏，乃拜李夫人兄廣利爲貳師將軍，以伐宛。期至貳師城取馬。二年，廣利敗而還。天子使使遮玉門曰：「軍有敢入者輒斬之！」貳師恐，因留燉煌。三年，大發兵六萬人，牛十萬，馬三萬匹，驢、橐駝以萬數，齎糧、兵弩甚設。於是貳師復行，宛人殺其王毋寡以降。匈奴聞貳師在大宛，欲遮之，貳師兵盛，不敢當。天漢二年，遣貳師將軍以三萬騎出酒泉，擊右賢王於天山，得胡首虜萬餘級而還。匈奴大圍貳師將軍，漢軍乏食數日，死傷者多。假司馬隴西趙充國與壯士百餘人潰圍陷陣，貳師引兵隨之，遂得解。征和三年，遣李廣利三將軍擊匈奴。貳師將軍出塞，匈奴要擊，漢軍於夫羊勾山陿，貳師將軍擊破之，匈奴奔走，莫敢距敵。和帝永光元年，竇憲征北匈奴，大破之，勒銘燕然山而還。二年，竇憲出屯涼州。三年，憲遣耿夔等破北單于於金微山，出塞五千里而還。李廣利、竇憲庸材耳，猶能破敵，於以見衛、霍之功爲不足貴也。

西漢多僞儒

西漢承亡秦焚書之後，聖道不明，故當時儒者，小人儒居多。元光五年，徵吏民有明當世之務，習先聖之術者。甾川人公孫弘對策，天子擢爲第一，拜爲博士，待詔金馬門。齊人轅固曰：「公孫子，務正學以言，無曲學以阿世！」則弘之爲人固早知之矣。弘每朝會，開陳其端，使人主自擇，不肯面折廷爭。嘗與公卿約議，至上前，皆倍其約以順上旨。時西南夷數反，詔使公孫弘視焉。弘盛毁西南夷無所用。元朔三年，以弘爲御史大夫。是時，方通西南夷，東置蒼海，北築朔方之郡。公孫弘數諫，以爲罷敝中國以奉無用之地，願罷之。弘爲布被，食不重肉。汲黯曰：「弘位在三公，奉禄甚多，然爲布被，此詐也。」上問弘，弘謝。天子以爲謙讓，愈益尊之。五年，以弘爲丞相，封平津侯。弘嘗奏言十賊彍弩，百吏不敢前。請禁民毋得挾弓弩。弘性意忌，外寬内深；諸嘗與弘有隙，無近遠，雖陽與善，後竟報其過。董仲舒爲人廉直，以弘爲從諛，弘嫉之。薦爲膠西相，仲舒以病免。汲黯常面觸弘，弘欲誅之以事，乃請徙黯爲右内史，上從之。此弘之行也。元朔三年，中大夫張湯爲廷尉。湯爲人多詐，舞智以御人。時上方鄉文學，湯陽浮慕，事董仲舒、公孫弘等得聲譽。元狩四年，有司請更錢造幣以贍用，乃爲皮幣及白金三品。又詔禁民私鑄鐵器、煑鹽，又令賈人末作各以物自占，率緡錢二千而一算。其法大抵出張湯。湯每朝奏事，語國家用，日晏，天子忘食，丞相充位，天下事皆決於湯。百姓騷動，不安其生，咸指怨湯。元狩六年，大農令顔異誅。初，異以廉直，稍遷至九卿。上與湯既造白鹿皮幣，問異，異曰：「今王侯朝賀以蒼璧，直數千，而以皮薦反四十萬，本末不相稱。」天子不悦。湯又與異有郤，及人有告異以他事，下湯治異。異與客語初令下有不便者，異不應，微反脣。湯奏當：「異，九卿，見令不便，不入言而腹誹，論死。」自是之後，有腹誹之法比，而公卿大夫多諂諛取容矣。元鼎二年，御史中丞李文，與湯有隙，湯所厚吏魯謁居陰使人上變告文姦事，事下湯治，論殺之。謁居病，湯親爲摩足。趙王上書告：「湯大臣，乃與吏摩足，疑與爲大姦。」事下廷尉。謁居死，其弟告湯與謁居謀共變告李文事。丞相長史朱買臣等使吏捕案賈人田信等，曰：「湯且欲奏請，信輒先知之，居物致富，與湯分之。」天子切責湯，湯自殺。湯母載以牛車，有棺無槨。天子乃殺三長史吏。此湯之行也。史稱湯陽浮慕公孫弘，弘嫉董仲舒、汲黯。湯殺李文，弘爲布被，湯載牛車，豈特浮慕哉？其僞詐之性實相同也。宣帝地節三年，京師大雨雹，大行丞東海蕭望之上疏，言大臣任政，一姓專權之所致。上素聞望之名，乃拜爲謁者。是時，霍光已卒，宣帝親政，大臣何得專權。且望之於光執政之時，何不言之？乃於光卒之後而爲此疏。非逆探上意而何？元康元年，莎車王、呼屠徵畔漢，馮奉世以節諭告諸國王，發其兵進擊莎車，莎車王自殺，諸國悉平，威振西域。上甚説，議封奉世。少府蕭望之以爲：「奉世擅制違命，發諸國兵，雖有功效，不可以爲後法。即封奉世，開後奉使者利以奉世爲比，爭逐發兵，要功萬里之外，爲國家生事夷狄，漸不可長。奉世不宜受封。」上善望之議，以奉世爲光禄大夫。五鳳元年，匈奴五單于爭立。漢議者多曰：「匈奴爲害日久，可因其壞亂，舉兵滅之。」詔問御史大夫蕭望之，對曰：「《春秋》，晉士匄帥師侵齊，聞齊侯卒，引師而還，君子大其不伐喪，以爲恩足以服孝子，誼足以動諸侯。前單于慕化鄉善，稱弟，遣使請求和親，海内欣然，夷狄莫不聞。未終奉約，不幸爲賊臣所殺，今而伐之，是乘亂而幸災也，彼必奔走遠遁。不以義動，兵恐勞而無功。宜遣使者弔問，輔其微弱，救其災患；四夷聞之，咸貴中國之仁義。如遂蒙恩得復其位，必稱臣服從，此德之盛也。」上從其議。甘露二年，匈奴呼韓邪單于款五原塞，願奉國珍，朝三年正月。詔有司議其儀。太子太傅蕭望之以爲：「單于非正朔所加，故稱敵國，宜待以不臣之禮，位在諸侯王上。」天子采之。望之之議，與公孫弘罷朔方之説相應，而又加甚焉，且沮尼奉世之封，亦猶弘嫉董仲舒、汲黯之意也。推其極致，匈奴果强，雖稱臣入貢，望之亦不以爲耻也。元帝建昭三年，甘延壽、陳湯矯制，發城郭諸國兵，斬郅支單于於康居。四年，郅支首至京師。丞相匡衡等以爲：「方春掩骼、埋胔之時，宜勿縣。」詔縣十日，乃埋之。初，中書令石顯嘗欲以姊妻甘延壽，延壽不取。及破郅支還，丞相、御史亦惡其矯制，皆不與延壽等。既至，論功，石顯、匡衡以爲：「延壽、湯擅師矯制，幸得不誅；如復加爵土，則後奉使者爭欲乘危徼幸，生事於蠻夷，爲國招難。」帝内嘉延壽、湯功而重違衡、顯之議，久之不決。故宗正劉向上疏，於是天子下詔赦延壽、湯罪勿治，今公卿議封焉。議者以爲，宜如軍法捕斬單于令。匡衡石顯以爲「郅支本亡逃失國，非真單于。」帝取安遠侯鄭吉故事，封千户。衡、顯復爭。夏，四月，封延壽爲義成侯，賜湯爵關内侯，食邑各三百户，加賜黄金百斤，拜延壽爲長水校尉，湯爲射聲校尉。衡之見，與蕭望之無以異，然望之持己見，衡阿附石顯，其心更私矣！成帝建始元年，石顯免官。司隸校尉王尊劾衡知顯等顓權擅執，阿附曲從。衡慚懼，上丞相、侯印綬。上以初即位，重傷大臣，乃左遷尊爲高陵令。羣下多是尊者，衡嘿嘿不自安。三年，衡坐多取封邑四百頃，監臨盜所主守直十金以上，免爲庶人。阿附之事，當非一端，而延壽、湯封侯之事其一也。西漢之時，僞爲儒者五人，公孫弘、張湯、蕭望之、匡衡、王莽是也。使弘、湯、望之、衡而得志，則亦莽也。使莽終於下位，則亦與弘、湯、望之、衡無以異矣！

西漢之亡，亡於元帝變更法令

西漢之時，外戚當國已成故事，何至於亡！其亡也，亡於元帝變更法令。王莽秉政，遂取漢家制度而大變之，更漢制而行己私意，更漢臣而用己私人，於是遂更漢室而爲新室矣！元帝永光五年，上頗改先帝之政，匡衡上疏有云：「陛下聖德天覆，子愛海内，然而陰陽未和、姦邪未禁者，殆議者未丕揚先帝之盛功，爭言制度不可用也，務變更之，所更不可行而復復之，是以羣下更相是非，吏民無所信。臣竊恨國家釋樂成之業而虚爲此紛紛也！」考衡之言，不爲無據。元帝初元元年，夏六月，以民疾疫，令太官損膳，減樂府員，省苑馬，以振困乏。又置戊己校尉。三年，罷珠崖郡，罷建章、甘泉宫衛。永光三年，復鹽鐵官。置博士弟子員。四年，罷昭靈后等園，皆不奉祠，裁置吏卒守焉。又罷郡國廟。五年，毁太上皇、孝惠廟寢園。建昭五年，復太上皇、昭靈后等廟寢園，唯廢郡國廟。竟寧元年，復罷太上皇等廟寢園。其事不一，有爲武帝弊政，而宣帝時所改者；亦有武帝以後經營數十年而成者，亦有文帝以下相傳至於數十百年者，亦有實爲弊政而其事細微有不必改者，元帝一再改易，甚至罷而又復，復而又罷。自此以後，王莽秉政，不難舉漢家制度，一切任其所爲，而無人敢沮尼之矣！哀帝元壽二年，王莽秉政，奏免何武、公孫禄等與其黨。王舜、王邑、甄豐、甄邯、劉秀等更相唱和，以自尊大。平帝元始三年，莽殺其子宇，並滅帝舅衛氏，因連引漢忠臣及豪傑。何武、鮑宣等皆死。四年，莽奏起明堂、辟雍、靈臺，爲學者築舍萬區，制度甚盛。立《樂經》，益博士員，經各五人。徵天下通一藝、教授十一人以上，及有《逸禮》、古書、天文、圖讖、鐘律、《月令》、兵法、《史篇》文字，通知其意者，皆詣公車。網羅天下異能之士，前後至者以千數。於是，誘風西羌獻地，置西海郡，又增法五十條，更易官名，罷置郡縣，天下多事，吏不能紀矣。五年，正月，祫祭明堂，復南北郊，郡國各置宗師以糾之。又奏爲市無二價，官無獄訟，邑無盜賊，野無饑民，道不拾遺，男女異路之制，犯者象刑。於是，王莽遂篡漢矣。設法令不更，大臣尚在，威權之旁落尚未必若此之甚也。史稱漢室之業衰於元帝，其旨深矣。

漢外戚之禍，不始於王氏

呂后佐漢帝定天下，漢外戚之禍即伏於此。高后元年，太后欲王諸呂，問左丞相平、太尉勃，對曰：「高帝定天下，王子弟。今太后稱制，王諸呂，無所不可。」絳侯誅諸呂，諸大臣謀視諸王最賢者立之，或言：「齊王。」大臣皆曰：「齊王舅駟鈞，虎而冠，即立齊王，復爲呂氏矣。代王方今高帝見子最長，仁孝寬厚；太后家薄氏謹良。」乃使人召代王。方立君之時，先議其外家之善否，固明明以外家有執政之權，而不可奪矣。文帝元年，立太子母竇氏爲皇后。皇后有弟廣國，幼爲人所略賣，傳十餘家，聞竇后立，乃上書自陳。召見，驗問，得實，乃厚賜田宅、金錢，與兄長君家於長安。絳侯、灌將軍等曰：「吾屬不死，命乃且縣此兩人。兩人所出微，不可不爲擇師傅、賓客；又復效呂氏，大事也！」於是選士之有節行者與居。竇長君、少君由此爲退讓君子，不敢以尊貴驕人。后方立而即重其家如此。文帝時，薄昭爲將軍。景帝即位，尊竇皇后曰「皇太后」。竇嬰嘗爲大將軍，又爲太子太傅。武帝即位，尊王皇后曰「皇太后」，封皇太后同母弟田蚡爲武安侯。蚡不任職，以王太后故親幸，數言事多效。士吏趨勢利者，皆歸蚡。蚡日益横。建元四年，蚡爲丞相。蚡驕侈，治宅甲諸第，田園極膏腴；市買郡縣物，相屬於道；多受四方賂遺；其家金玉、婦女、狗馬、聲樂、玩好，不可勝數。每入奏事，坐語移日，所言皆聽；薦人或起家至二千石，權移主上。上乃曰：「君除吏已盡未？吾亦欲除吏。」嘗請考工地益宅，上怒曰：「君何不遂取武庫！」是後乃稍退。是漢外戚之用事已成故事，而蚡又其甚焉者也。武帝後元元年，時鈎弋夫人之子弗陵，年數歲，形體壯大，多知，上奇愛之，心欲立焉；以其年穉，母少，猶與久之。欲以大臣輔之，察羣臣，唯奉車都尉、光禄大夫霍光，忠厚可任大事，上乃使黄門畫周公負成王朝諸侯以賜光。後數日，帝譴責鈎弋夫人，夫人脱簪珥，叩頭。帝曰：「引持去，送掖廷獄！」夫人還顧，帝曰：「趣行，汝不得活！」卒賜死。欲立其子先殺其母，是明知外戚執政已成故事，無可如何而出此下策矣！二年，武帝崩。霍光、金日磾、上官桀共領尚書事，輔幼主。昭帝元始三年，上官桀子安生女，年甫五歲，内之宫中。宣帝本始三年，時霍光夫人顯欲貴其少女成君，道無從。會許后當娠，病，顯使女醫淳于衍毒殺之。四年，立霍光女爲后，則執政之人仍以爲外戚爲榮矣！地節三年，上自初即位，數遣使求外家；久遠，多似類而非是。是歲，求得外祖母王媪，及媪男無故、武。上賜無故、武爵關内侯。旬日間，賞賜以萬計。四年，賜外祖母號博平君；封舅無故爲平昌侯，武爲樂昌侯。黄龍元年，帝寢疾，選大臣可屬者，引外屬侍中樂陵侯史高等受遺詔輔政，領尚書事。雖以宣帝之綜核外戚之弊，亦不能革。建始元年，封舅王崇爲安成侯，賜舅譚、商、立、根逢時爵關内侯。河平二年，一日之間，悉封諸舅爲列侯。王鳳死，音、商、根、莽相繼爲大司馬。王氏之權實成帝釀之，元后主之，然實未盡然也！成帝崩，哀帝即位，王莽罷就第，衆庶歸望於傅喜。喜，傅太后從弟。何武、唐林皆上書言喜「忠誠、憂國，内輔之臣」。上亦自重，尋復進用。建平元年，傅喜爲大司馬。元壽元年，以傅晏、丁明爲大司馬將軍。王莽退而傅喜進，仍外戚也。建平二年，傅太后欲求尊號，喜不順，太后怒。遂策免喜，遣就國。元壽元年，鮑宣上書，請復徵傅喜，使民易視。以傅喜一人之去留，而何武、唐林言之於前，鮑宣爭之於後，人心之向外戚已可概見。傅喜就國之歲，王莽亦遣就國。天下多冤王氏者，莽在國三歲，吏民上書冤訟莽者百數，賢良周護、宋崇等對策復深訟莽功德。上於是徵莽及平阿侯仁還京師。成、哀之際，大臣去位不以其罪者甚多，而人心獨向王莽者，豈非習俗移人、積漸使然哉？故外戚之禍，西漢之風氣，非盡由於王氏也！

王莽事事師古

天下之好師古者，莫如王莽。漢平帝元始四年，莽奏起明堂、辟雍、靈臺，築學舍萬區，更公侯、大夫、八十一元士官名、位次及十二州名。五年，冬十二月，莽因臘日上椒酒，置毒酒中；帝有疾。莽作策，請命於泰畤，願以身代，藏策金縢，置於前殿，敕諸公勿敢言。帝崩。太后下詔，令安漢公居攝踐祚，如周公故事。居攝元年，立宣帝玄孫嬰爲皇太子，號曰「孺子」。初始元年，依周制，爵五等，以封功臣。始建國元年，更名天下田曰「王田」。二年，倣周禮，作五均諸筦之法。甄豐、子尋亡走，歲餘，捕得，辭連國師公秀子棻及秀門人丁隆等。乃流棻於幽州，方尋於三危，殛隆於羽山。天鳳元年，下詔行四巡之禮，置六鄉、六遂、六服。更始元年，漢兵入城。莽避火宣室前殿，火趣隨之。莽紺袀服，持虞帝匕首；天文郎按式而前，莽旋席隨斗柄而坐，曰：「天生德於予，漢兵其如予何！」莽事事師古，醜穢之狀，讀史者幾欲爲之掩鼻。後世迂儒猶有泥古以非今者，浮薄之士因從而附和之，不憚多所徵引以文其奸，皆王莽之類也！

通鑑劄記卷三

光武本無爲天子之志

更始元年，以劉秀行大司馬事，持節北度河，鎮慰州郡。除王莽苛政，復漢官名，吏民喜悦，爭持牛酒迎勞，秀皆不受。南陽鄧禹杖策追秀，及於鄴。秀曰：「我得專封拜，生遠來，寧欲仕乎？」禹曰：「不願也。」秀曰：「即如是，欲何爲？」禹曰：「但願明公威德加於四海，禹得効其尺寸，垂功名於竹帛耳！」秀笑。秀自兄縯之死，每獨居輒不御酒肉，枕席有涕泣處，主簿馮異獨叩頭寬譬，秀止之曰：「卿勿妄言！」更始封秀爲蕭王，使罷兵。耿弇入，造牀下請間，因説曰：「吏士死傷者多，請歸上谷益兵。」蕭王曰：「王郎已破，河北略平，復用兵何爲？」弇曰：「王郎雖破，天下兵革乃始耳。今使者從西方來，欲罷兵，不可聽也。銅馬、赤眉之屬數十輩，輩數十百萬人，所向無前，聖公不能辦也，敗必不久。」蕭王起坐曰：「卿失言，我斬卿！」弇曰：「大王哀厚弇如父子，故敢披赤心。」蕭王曰：「我戲卿耳，何以言之？」弇曰：「百姓患苦王莽，復思劉氏，聞漢兵起，莫不歡喜，如去虎口得歸慈母。今更始爲天子，而諸將擅命於山東，貴戚縱横於都内，虜掠自恣，元元叩心，更思莽朝，是以知其必敗也。公功名已著，以義征伐，天下可傳檄而定也。天下至重，公可自取，毋令他姓得之！」蕭王乃辭以河北未平，不就徵，始貳於更始。建武元年，朱鮪攻河内，寇恂、馮異奔擊，大破之。諸將入賀，因上尊號。將軍南陽馬武先進曰：「大王雖執謙退，奈宗廟社稷何！宜先即尊位，乃議征伐。今此誰賊而馳騖擊之乎？」王驚曰：「何將軍出此言？可斬也！」還薊至中山，諸將復上尊號，王又不聽。行到南平棘，諸將復固請之，王不許。諸將且出，耿純進曰：「天下士大夫，捐親戚，棄土壤，從大王于矢石之間者，其計固望攀龍鱗，附鳳翼，以成其所志耳。今大王留時逆衆，不正號位，純恐士大夫望絶計窮，則有歸去之思，無爲久自苦也。大衆一散，難可復合。」純言甚誠切，王深感曰：「吾將思之。」行至鄗，召馮異，問四方動静。異曰：「更始必敗，宗廟之憂在于大王，宜從衆議！」會儒生彊華自關中奉「赤伏符」詣王曰：「劉秀發兵捕不道，四夷雲集龍鬭野，四七之際火爲主。」羣臣因復奏請。六月，己未，即皇帝位於鄗南。英雄起事皆迫於不得已，而出此一途，以暫全性命於一時，豈有稱帝、稱王之志哉！若乘時之亂，覬覦非常適足以速其敗而已矣！張豐肘石玉璽，其前鑒也！

光武以大度容人，故能成大功

更始元年，更始殺劉縯，秀聞之，自父城馳詣宛謝。司徒官屬迎弔秀，秀不與交私語，惟深引過而已。未嘗自伐昆陽之功，又不敢爲縯服喪，飲食言笑如平時。二年，秀收王郎文書，得吏民與郎交關謗毀者數千章，秀不省。會諸將燒之，曰：「令反側子自安！」更始立秀爲蕭王。王擊銅馬賊悉破降之，封其渠帥爲列侯。諸將未能信賊，降者亦不自安。王知其意，敕令降者各歸營勒兵，自乘輕騎按行部陳。降者更相語曰：「蕭王推赤心置人腹中，安得不投死乎！」由是皆服。建武元年，王即皇帝位。諸將圍洛陽數月，朱鮪堅守不下。帝以廷尉岑彭嘗爲鮪校尉，令往説之，鮪在城上，彭在城下，爲陳成敗。鮪曰：「大司徒被害時，鮪與其謀，又諫更始無遣蕭王北伐，誠知罪深，不敢降！」彭還，具言于帝。帝曰：「舉大事者不忌小怨。鮪今若降，官爵可保，況誅罰乎！河水在此，吾不食言！」彭復往告鮪，鮪從城上下索，曰：「必信，可乘此上。」彭趣索欲上，鮪見其誠，即許降。帝之豁達、大度同符高祖，馬援之言豈阿其所好哉！更始二年，劉秀進軍邯鄲，連戰，破之。王郎使其諫大夫杜威請降。威雅稱郎實成帝遺體。秀曰：「設使成帝復生，天下不可得，況詐于輿者乎！」威請求萬户侯，秀曰：「顧得全身可矣。」威怒而去。秀急攻之，歷二十餘日，乃拔之。建武三年，馮異大破赤眉，其餘衆東向宜陽，帝親勒六軍，嚴陣以待之。赤眉忽遇大軍，驚震不知所謂，乃遣劉恭乞降，曰：「盆子將百萬衆降陛下，何以待之？」帝曰：「待汝以不死耳！」盆子降。帝以寬得衆，復以誠待人，此其所以能成中興之功也！獻帝建安五年，曹操破袁紹於官渡，得許下及軍中人書，皆焚之，曰：「當紹之强，孤猶不自保，況衆人乎！」似欲效光武之大度待人，而無其心。魏邵陵厲公嘉平元年，曹爽等從帝謁高平陵，司馬懿將兵屯洛水浮橋，奏罷爽等吏兵，以侯就第，又使尹大目謂爽但免官而已。爽奉帝還宫，兄弟歸家，懿殺之。三年，王淩謀反，懿將中軍乘水道討王淩。先下詔赦淩，罪，又爲書諭淩，已而大軍掩至，淩出迎，面縛水次，懿承詔遣主簿解其縛。淩既蒙赦，加恃舊好，不復自疑，乘小船欲趨懿。懿使人逆止之，淩乃謂懿曰：「卿直以折簡召我，我當敢不至耶，而乃引軍來乎！」懿曰：「以卿非肯逐折簡者故也。」淩曰：「卿負我。」懿卒殺之。此則直以術欺人而已。漢靈帝建寧元年，竇武謀盡誅宦官。五官史朱瑀盜發武奏，罵曰：「中官放縱者，自可誅。我曹何罪，而當盡見族滅。」因共謀殺武。中平六年，靈帝崩，皇子辯即位。何進欲誅宦官，何太后不可。進欲但誅其放縱者，袁紹勸盡誅之。中常侍張讓等誘進入省，殺進。獻帝初平三年，王允誅董卓，牛輔走死，李傕、郭汜等無所依，遣使求赦，允不許。傕等引兵攻長安，陷之。操之急者，易以生變，其敗也固宜！

光武因匈奴、烏桓之未降，故不遽從事於西域

說者謂光武厭兵事，故不從事西域。其實不然，光武欲有事於匈奴，力有未及，是以緩西域而圖匈奴，非忘情於西域也！建武九年，吴漢率王常等四將軍，兵五萬餘人，擊盧芳將賈覽、閔堪於高柳。匈奴救之，漢軍不利。於是匈奴轉盛，鈔暴日增。十二年，盧芳與匈奴、烏桓連兵，數寇邊。帝遣杜茂等將兵鎮守北邊，凡與匈奴、烏桓大小數十百戰，終不能克。十五年，匈奴寇鈔日盛，州郡不能禁。二月，遣吴漢率馬成、馬武等北擊匈奴，徙鴈門、代郡、上谷吏民六萬餘口，置居庸、常山關以東，以避胡寇。匈奴左部遂復轉居塞内，朝廷患之，增緣邊部數千人。是歲，使馬成代杜茂備匈奴，使騎都尉張堪擊破匈奴於高柳。拜堪漁陽太守。十六年，盧芳降。初，匈奴聞漢購求芳，貪得財帛，故遣芳還降。既而芳以自歸爲功，單于復又耻言其計，故賞遂不行。由是大恨，入寇尤深。十七年，匈奴、鮮卑、赤山、烏桓數連兵，入塞，殺略吏民。二十年，匈奴寇上黨、天水，遂至扶風。二十一年，烏桓與匈奴、鮮卑連兵爲寇，代郡以東尤被烏桓之害，其居止近塞，朝發穹廬，暮至城郭。五郡民庶，家受其辜，至於郡縣損壞，百姓流亡，邊陲蕭條，無復人迹。帝遣馬援與謁者分築堡塞，稍興立郡縣，或空置太守、令、長，招還人民。則當時匈奴之爲害，固與漢初無異矣。建武二十一年，莎車王賢欲兼并西域，數攻諸國。諸國恐懼。車師前王、鄯善、焉耆等十八國俱遣子入侍，獻其珍寶。及得見，皆流涕，稽首，願得都護。帝以中國初定，北邊未服，皆還其侍子，厚賞賜之。諸國聞都護不出，而侍子皆還，大憂恐，乃與燉煌太守檄「願留侍子以示莎車，言侍子見留，都護尋出，冀且息其兵。」裴遵以狀聞，帝許之。二十二年，西域侍子久留燉煌，皆愁思亡歸。莎車王賢知都護不至，擊破鄯善，攻殺龜兹王，鄯善王安上書：「願復遣子入侍，更請都護。都護不出，誠迫於匈奴。」帝報曰：「今使者、大兵未能得出，如諸國力不從心，東西南北自在也！」於是，鄯善、車師復附匈奴。則帝固明言，北方未平，無暇從事西域矣！二十四年，匈奴八部大人共議立日逐王比爲呼韓邪單于，款五原塞，願永爲藩蔽，扞禦北虜。事下公卿，議者皆以爲「天下初定，中

國空虛，夷狄情僞難知，不可許。」五官中郎將耿國獨以爲「宜如孝宣故事，受之，令東捍鮮卑，北拒匈奴，率厲四夷，完復邊郡」。帝從之。冬十月，匈奴日逐王比自立爲南單于，遣使詣闕奉藩稱臣。二十五年，三月，南單于復遣使詣闕貢獻，求使者監護，遣侍子，修舊約。是歲，遼西烏桓大人郝旦等率衆内屬，詔封烏桓渠帥爲侯、王、君長者八十一人，使居塞内，布於緣邊諸郡，令招來種人，給其衣食，遂爲漢偵候，助擊匈奴、鮮卑。班彪請復置烏桓校尉，帝從之。二十六年，詔聽南單于入居雲中，始置匈奴中郎將，將兵衛之。冬，南單于與北單于戰不利，於是復詔單于徙居西河美稷，因使中郎將留西河，擁護之。二十七年，臧宫馬武請擊匈奴，詔報曰：「誠能舉天下之半以滅大寇，豈非至願！苟非其時，不如息民。」則帝之於北虜又明言欲滅之，而力未足矣！明帝永平十六年，遣祭肜、竇固等四道伐匈奴，固使班超使鄯善，斬匈奴使者，又使于窴降其王。於是，諸國皆遣子入侍。西域與漢絶六十五載，至是乃復通焉。明帝之明，豈欲擅改光武之制哉！固知厥考之心，本以北方未平，無暇從事於西域。今匈奴已弱，則西域之事亦不容緩矣！章帝建初五年，班超上疏曰：「先帝欲開西域，故北擊匈奴，西使外國。」超先朝之臣，固知漢之擊匈奴專爲西域也！

不任三公，事歸臺閣，非始於光武

漢安帝永初元年，以災異、寇賊策免三公。仲長統昌言曰：「光武皇帝愠數世之失權，忿强臣之竊命，矯枉過直，政不任下，雖置三公，事歸臺閣。自此以來，三公之職備員而已。」其實，漢之不任三公，不自光武始。漢成帝綏和元年，何武建言：「末俗之敝，政事煩多，而丞相獨兼三公之事，所以久廢而不治也。宜建三公官。」上從之。自是以來，三公分任丞相之職。然武帝時，丞相之權已輕。元狩四年，更錢造幣，禁盜鑄諸金錢及私鑄鐵、煮鹽、算緡錢、舟車，其法大抵出張湯。湯每朝奏事，語國家，日晏，天子忘食，丞相充位，天下事皆決于湯。太初二年，以公孫賀爲丞相。賀不受印綬，頓首涕泣不肯起。上乃起去，賀不得已拜，出曰：「我從此殆矣！」蓋自公孫弘後，丞相比坐事死，石慶雖以謹得終，然數被譴。公孫賀後果得罪死，劉屈氂亦相繼被誅。征和四年，以田千秋爲丞相。千秋無它材，特以一言寤意，數月取宰相。帝雄才大略，目中無人，豈有堯憂不得舜，舜憂不得禹。皋陶之意，智能之士，本非所重，非特任相爲然。而宰相之職，尤其不能假以事權，乃政策也。後元二年，上病篤，立弗陵爲皇太子，以霍光爲大司馬、大將軍，金日磾爲車騎將軍，太僕上官桀爲左將軍，受遺詔輔少主。帝崩，太子即位。光、日磾、桀共領尚書事，丞相不與焉。自是而後，終漢之世，皆沿是俗。宣帝地節元年，霍光卒，以張安世爲大司馬、車騎將軍、領尚書事。黄龍元年，帝寢疾，以史高爲大司馬、車騎將軍，蕭望之爲前將軍，光禄勳周堪爲光禄大夫，皆受遺詔輔政，領尚書事。元帝竟寧元年，帝崩，太子即位，以王鳳領尚書事。哀帝元壽二年，帝崩，太皇太后自用莽爲大司馬、領尚書事，遂以篡漢。蓋英主之意，不難以一手攬天下之大權，及其將死，爲身後之計，欲授諸卑賤者，以防後患。孰知事權所在，則卑者仍尊而賤者立貴，雖事歸尚書，然尚書其名而丞相其實也。唐宋爲中書、尚書令、僕射者，多不典政權。同平章事者，又非三省長官。明太祖罷丞相職，分權六部，後以殿閣學士備帷幄、筦樞機，而爵秩頗卑，皆襲漢代之遺意而其失則一也！

東漢文學氣節之盛，自光武興學始

西漢文章盛矣，而學不粹；才氣盛矣，而節未貞。由於高帝起一匹夫，未遑禮樂，文、景務在養民，武、宣胥崇霸術。衡諸有周，郁郁之盛。洙泗禮義之教，猶多讓焉。東漢文章、氣節之盛倡，之光武即位後，崇尚儒術。建武元年，訪求卓茂，以爲太傅，封褒德侯。天下未平，首崇有德，誠爲卓識。五年，初，起太學。上征張步還，幸太學，稽式古典，修明禮樂，焕然文物可觀。是歲，詔徵處士周黨、嚴光等，不屈。帝少與光同學，物色訪之，光不仕。帝所以立士節，光之高也！帝不臣光，所以養士氣，帝之大也！史稱帝每旦視朝，日昃乃罷，數引公卿、郎將講論經理，夜分乃寐。以天子之貴，提倡經學，不遺餘力，宜當時學者翕然從風，孜孜於六經之學，文亦和平雅正，一洗西漢策士之餘風，蔚爲儒家之文學。而以崇儒明經之故，魁儒、碩士輩起代作，西京僞儒之風一時爲之湔滌俱盡，終漢之世，尊師、興學相繼不衰。明帝永平二年，宗祀光武皇帝於明堂。帝及公卿列侯，始服冠冕、玉佩以行事。禮畢，登靈臺，望雲物，臨太學，初行大射禮。幸辟雍，初行養老禮。禮畢，引桓榮及弟子升堂，上自爲下説，諸儒執經問難於前。上自爲太子，受尚書於桓榮，及即位，猶尊榮以師禮。崇尚儒學，自皇太子、諸王侯及大臣子弟、功臣子孫，莫不受經。又爲外戚樊氏、郭氏、陰氏、馬氏諸子立學於南宮，號「四姓小侯」，置「五經」師，搜選高能，以授其業。期門、羽林之士，悉令通《孝經》章句。匈奴亦遣子入學。十五年，上東巡至魯，幸孔宅，御講堂，命太子、諸王說「經」。章帝建初四年，校書郎楊終建言：「宜帝博徵羣儒，論定『五經』於石渠閣。方今天下少事，學者得成其業，而章句之徒，破壞大體。宜如石渠故事，永爲後世則。」帝從之。詔太常：「將、大夫、博士、郎官及諸儒會白虎觀，議『五經』同異。」使五官中郎將魏應承制問，侍中淳于恭奏，帝親稱制臨決，作《白虎議奏》，名儒丁鴻、樓望、成封、桓郁、班固、賈逵及廣平王羨皆與焉。元和元年，大鴻臚韋彪上議貢舉曰：「士宜以才行爲先。」帝納之。廬江毛義、東平鄭均皆以行義稱於鄉里。帝下詔褒寵之，賜穀各千斛，常以八月長吏問起居，加賜羊酒。二年，帝之爲太子也，受《尚書》於東郡太守汝南張酺。帝東巡，幸東郡，引酺及門生并郡縣掾史並會庭中。帝先備弟子之儀，使酺講《尚書》一篇，然後修君臣之禮，賞賜殊特，莫不沾洽。行過任城，幸鄭均舍，賜尚書祿以終其身。帝幸魯，祠孔子於闕里，及七十二弟子，作六代之樂，大會孔氏男子二十以上者六十二人。秋七月，詔曰：「《春秋》重三正，慎三微。其定律無以十一月、十二月報囚，止用冬初十月而已。」三年，曹褒上疏，以爲「宜定文制，著成漢禮」。乃拜褒侍中。章和元年，召褒，授以叔孫通《漢儀》十二篇，曰：「此制散略，多不合經，今宜依禮條正，使可施行。」和帝永元十四年，徐防爲司空。防上疏，以爲：「漢立博士十有四家，設甲乙之科以勉勸學者。伏見太學試博士弟子，皆以意說，不修家法，私相容隱，開生姦路。每有策試，輒興諍訟，論議紛錯，互相是非。孔子稱『述而不作』，又曰『吾猶及史之闕文』。今不依章句，妄生穿鑿，以遵師爲非義，意說爲得理，輕侮道術，浸以成俗，誠非詔書實選本意。改薄從忠，三代常道。專精務本，儒學所先。臣以爲博士及甲乙策試，宜從其家章句，開五十難以試之，解釋多者爲上第，引文明者爲高說，若不依先師，義有相伐，皆正以爲非。」上從之。和帝之世，猶有明、章之風也。殤帝延平元年，尚書郎南陽樊準以儒風寖衰，上疏曰：「臣聞人君不可以不學。光武皇帝受命中興，東西誅戰，不遑啟處，然猶投戈講藝，息馬論道。孝明皇帝庶政萬機，無不簡心，而垂情古典，游意經藝，每饗射禮畢，正坐自講，諸儒並聽，四方欣欣。又多徵多儒，布在廊廟，每讌會則論難衎衎，共求政化，期門、羽林介胄之士，悉通《孝經》，化自聖躬，流及蠻荒。是以議者每稱盛時，咸言永平。今學者益少，遠方尤甚，博士倚席不講，儒者競論浮麗，忘蹇蹇之忠，習諓諓之辭。臣愚以爲宜下明詔，博求幽隱，寵進儒雅，以俟聖上講習之期。」太后深納其言，詔：「公、卿、中二千石各舉隱士、大儒，務取高行，以勸後進，妙簡博士，必得其人。」是東漢之文章、氣節倡自光武，盛於明、章，易世相承，雖至中葉，流風餘韻猶未之改。故賈逵、許慎明經術於和安之際，李固、杜喬標直節於沖質之時，馬融、鄭玄抱絕學於桓、靈之際，至若黃瓊、陳蕃、徐穉、郭泰、李膺、范滂之徒，或立大業於朝，或樹高名於野。雖終有黨錮之禍，賢人君子不能救漢業之衰，而其氣節之隆，尤足以挽頹波而勵薄俗。以董卓之凶暴，議廢立，盧植獨能持正不撓。漢室雖亡，文章學問固猶不與之俱亡也！建安二十四年，孫權上書稱臣於曹操，稱天命。侍中陳羣皆言：「漢祚已終，宜正大位。」操曰：「若天命在吾，吾爲周文王矣！」司馬光曰：「以魏武之暴戾彊亢，加有大功於天下，其蓄無君之心久矣，乃至没身不敢廢漢而自立，豈其志之不欲哉？猶畏名義而自抑也。由是觀之，教化安可慢，風俗安可忽哉！」經術之有益於世道人心也如此，光武貽謀之善過於西漢諸帝也遠矣！

鄧太后臨朝有功於漢

太后臨政，非道也。然漢之鄧太后，則有不可以尋常例者。和帝崩，殤帝即位，尊皇后曰「皇太后」。太后臨朝，宮中亡大珠一篋。太后念欲考問，必有不辜。乃親閲宮人，觀察顔色，即時首服。又，和帝幸人吉成御者共枉以巫蠱事，下掖庭考訊，辭證明白。太后以吉成先帝左右，待之有恩，平日尚無惡言，今反若此，不合人情。更自呼見實覈，果御者所爲，莫不歎服。安帝永初二年，太后幸洛陽寺及若盧獄録囚徒。有囚實不殺人而被考自誣，羸困輿見，畏吏不敢言，將去，舉首若欲自訴。太后察視覺之，即呼還問狀，具得枉實。則太后之明，固非安帝所能及也。殤帝延平元年，減太官、導官、尚方、内署諸服御、珍膳、靡麗之物，悉斥賣上林鷹犬，省離宮、別館儲峙米糒、薪炭，罷魚龍曼延戲。安帝永初元年，減黄門鼓吹以補羽林士，廐馬非乘輿常所御者，皆減半食。諸所造作，非供宗廟園陵之用，皆且止。二年，樊準請減無事之物，從之。三年，詔歲終饗遣衛士勿設戲作樂。四年，元會，徹樂，不陳充庭車。六年，詔「供薦新味，須時乃上」。凡所有二十三種。此太后宮閫節儉之事也。延平元年，敕司隷校尉、部刺史曰：「間者郡國或有水災，妨害秋稼，朝廷惟咎，憂惶悼懼。而郡國欲獲豐穰虚飾之譽，遂覆蔽災害，競增户口，掩匿盜賊。自今以後將糾其罰，二千石長吏其各實覈所傷害，爲除田租芻稾。」永初二年，悉以公田賦與貧民，此太后勤心民事之事也。延平元年，詔公卿、中二千石，各舉院士、大儒，務取高行以勸後進。此太后虚心求賢之事也。是年詔親屬犯罪無所假貸。永初元年，鄧騭兄弟求還第，太后許之。騭及諸弟皆封列侯，騭等辭讓不獲，遂逃避使者，間關詣闕，上疏自陳，至於五六，乃許之。元初二年，鄧弘卒。太后追弘雅意，不加贈位，衣服，但賜錢千萬，布萬匹。兄騭等復辭不受。則太后之於外戚又未嘗稍有所寬貸也。太后之過在於挾私心以立安帝。安帝之闇，又不足以任事。太后專政，有不得不然之勢。杜根爲郎中，言「帝年長，宜親政事」；成翊世亦諫太后不歸政。建光元年，太后崩。尚書陳忠薦根及翊世，上皆納用之。使杜根、成翊世之言有可采，當太后臨朝之時，忠何以不言太后？既崩，忠乃薦之於帝，豈非迎合帝意，而爲之耶！忠，真小人哉！安帝之世，弊政多矣。杜根、成翊世以敢言名，又何以不言？根及翊世亦小人矣哉！

東漢太后臨朝皆立幼帝

母后臨朝，鄧太后猶有善政。下此者，弗能及也。和帝元興元年，帝崩。初，帝失皇子，前後十數，後生者，輒隱秘養於民間，羣臣無知者。及是，鄧皇后乃收皇子於民間。長子勝，有痼疾；少子隆，生始百餘日，迎立以爲皇太子，即位。尊皇后爲皇太后，太后臨朝。殤帝延平元年，太后以帝幼弱，遠慮不虞，留清河王慶子祜居京邸。祜年十三。帝崩，以祜爲孝和皇帝嗣即位。太后猶臨朝。安帝永初元年，初，太后以平原王勝有痼疾，而貪殤帝懷抱，養爲己子，故立焉。及殤帝崩，羣臣以勝疾非痼，意咸歸之；太后以前不立勝，恐後爲怨，乃迎帝而立之。司空周章以衆心不附，密謀閉宮門，誅鄧騭兄弟，劫尚書，廢太后，封帝爲遠國王而立平原王。事覺，章自殺。建光元年，太后崩，上始親政。帝少號聰明，故鄧太后立之。及長，多不德，稍不可太后意；帝乳母王聖知之。聖見太后久不歸政，慮有廢置，常與李閏、江京等共毀短太后於帝前，帝每懷忿懼。及太后崩，宮人先有受罰者懷怨恚，因誣告太后兄弟謀廢立。鄧騭等因是獲罪死。以鄧后臨朝嘗多善政，猶不免身後外家之禍。則利立幼主，一念之貪害之也。安帝延光四年，帝崩于葉。閻皇后與閻顯兄弟、江京、樊豐等謀，至京師乃發喪，尊皇后曰「皇太后」。太后臨朝，欲久專國政，貪立幼年，與顯等定策禁中，迎立濟北惠王子北鄉侯懿爲嗣。故皇太子濟陰王保以廢黜，不得上殿親臨梓宮，悲號不食，内外羣僚莫不哀之。閻后之德不如鄧后，廢保之惡尤爲内外所不平。故北鄉侯病篤，孫程即倡擁戴之謀。北鄉侯薨，顯白太后秘不發喪，更徵諸王子，簡所立。而程等夜迎濟陰正位，而閻顯兄弟駢誅，家屬皆徙，遷太后于離宮，亦未幾崩矣。沖帝永嘉元年，帝崩，梁太后臨朝，徵清和王蒜及渤海孝王鴻之子纘皆至京師。李固謂大將軍梁冀曰：「今當立帝，宜擇長年，高明有德行，任親政事者，願將軍審詳大計，察周、霍之立文、宣，戒鄧、閻之立幼弱！」冀不從，立纘，年八歲。質帝本初元年，冀毒弒帝，立蠡吾侯志，是爲桓帝，時年十五。太后猶臨朝政。固、冀之專横凶悖，亦太后有貪政權之心，仍欲踵鄧、閻之故智耳！桓帝崩，尊皇后曰皇太后。太后臨朝，定策禁中，立解瀆亭侯宏，時年十二，亦非長君也。蓋自和、熹而後，太后挾幼主臨朝，幾成爲漢家故事矣！

東漢宦官勢盛，由於太后臨朝

東漢外戚之勢未嘗不盛也！明、章以降，外家相繼秉政，然無有不見絀於宦官者。則以太后臨朝，深居宫禁，權臣專政，無論若何不能不假手於閹寺也！竇憲有破匈奴大功，威名爲最盛矣！和帝永元四年，竇氏父子、兄弟並爲卿、校，充滿朝廷，穰侯鄧疊、疊弟步兵校尉磊及母元、憲女婿射聲校尉郭舉、舉父長樂府璜共相交結，元、舉並出入禁中，舉得幸太后，遂共圖爲殺害，帝陰知其謀。是時，憲兄弟專權，帝與内外臣僚莫由親接，所與居者奄人而已。帝以朝臣上下莫不附憲，獨中常侍鈎盾令鄭衆，謹敏有心機，不事豪黨，遂與定議誅憲。詔執金吾、五校尉勒兵屯衛南、北宫，閉城門，收捕郭璜、郭舉、鄧疊、鄧磊，皆下獄死。收憲大將軍印綬，更封爲冠軍侯，與篤、景、瓌皆就國，選嚴能相督察之。憲、篤、景到國皆迫令自殺。鄭衆遷大長秋。帝策勳班賞，衆每辭多受少，帝由是賢之，常與之議論政事，宦官用權自此始矣！十四年，初，封衆爲鄛鄉侯，賞誅竇憲功也。宦官封侯自此始。安帝建光元年，帝乳母王聖見鄧太后久不歸政，慮有廢置，常與中黄門李閏、江京候伺左右，共毁短太后於帝。帝每懷忿懼，及太后崩，遂廢諸鄧。鄧騭不食死。廣宗等自殺。封江京都鄉侯，李閏雍鄉侯。閏、京並遷中常侍，兼大長秋，與中常侍樊豐及王聖、聖女伯榮等扇動内外，競爲侈虐。三年，以聖、京等譖廢皇太子保爲濟陰王。四年，帝崩。閻皇后與閻顯兄弟、京、豐等謀立北鄉侯懿。顯雖以外戚，兄弟並處權要，威權自由，然未幾爲中常侍孫程等所敗。北鄉侯薨，程等迎濟陰王即皇帝位，收顯及其弟城門校尉耀、執金吾晏並下獄誅。封程等十九人爲列侯，擢程爲騎都尉。陽嘉四年，初，聽中官以養子襲爵。初，帝之復位，宦官之力也。由是有寵，參與政事。御史張綱上書曰：「竊文、明二帝，德化尤盛，中官常侍，不過兩人，近倖賞賜，裁滿數金，惜費重民，故家給人足。而頃者以來，無功小人，皆有官爵，非愛民重器、承天順道者也。」書奏，不省。永和三年，大將軍梁商以小黄門曹節等用事於中，遣子冀、不疑與交友；而宦官忌其寵，反欲陷之。中常侍張逵、蘧政、楊定等與左右連謀，共譖商及中常侍曹騰、孟賁，云「欲徵諸王子，圖議廢立，請收商等案罪。」帝曰：「大將軍父子，我所親，騰、賁，我所愛，必無是。」以商外戚爲大將軍，而遣子與宦官爲友，其他宦官忌者，又敢於譖商，則宦官之勢横可見矣。冀繼父爲大將軍，冲帝永嘉元年，利質帝幼而立之。質帝本初元年，帝少而聰慧，嘗因朝會，目冀曰：「此跋扈將軍也！」冀惡而毒弑之。會公卿議所立，冀意氣凶凶，免太尉李固，立桓帝。梁太后猶臨朝政。桓帝建和元年，誣李固、杜喬罪，下獄死。和平元年，冀雖專朝縱横，猶結交左右宦官，任其子弟賓客爲州郡要職，欲以自固恩寵。則梁氏父子雖挾外戚之勢，已鑒前車之失，而欲結交宦官以固位，宦官之勢甚於外戚確乎其不可拔矣！延熹二年，梁冀一門，前後七侯，三皇后，六貴人，二大將軍，夫人、女食邑稱君者七人，尚公主者三人，其餘卿、將、尹、校五十七人。冀專擅威柄，凶恣日積，宫衛近侍，並樹所親，禁省起居，纖微必知。秉政幾二十年，威行内外，天子拱手，不得有所親與，帝既不平。冀多殺所惡及不便者，又欲殺鄧貴人之母。帝大怒，因如厠，獨呼小黄門史唐衡，問：「左右與外舍不相得者，誰乎？」衡對：「中常侍單超、小黄門左悺、中常侍徐璜、黄門令具瑗四人。」於是，帝呼超、悺入室，命圖之。又召璜、瑗等五人共定其議，帝齧超臂出血爲盟。使具瑗將千餘人圍冀第，收其印綬。冀及妻孫壽皆自殺。梁氏、孫氏無少長皆棄市，他所連及公卿、列校、刺史二千石，死者數十人，故吏、賓客免黜者三百餘人，朝廷爲空。是時猝從中發，使者交馳，公卿失其度，官府市里鼎沸，數日乃定。詔賞誅梁冀功，封單超等五人皆爲縣侯，世謂之「五侯」。又封中常侍侯覽高鄉侯，小黄門劉普、趙忠等八人爲鄉侯。自是權勢專歸宦官矣。然如梁冀之惡，猶可謂有罪當誅，固爲天下所快其敗也！宜若竇武、何進以外戚而謀誅宦官，名正言順，以大勢所趨，亦復不能成事。靈帝建寧元年，大將軍竇武謀誅曹節、王甫等，陳蕃佐之，反爲所殺。於是羣小得志，士大夫皆奪氣。二年，遂治黨人，士類殲滅，宦官之毒於斯爲極。中平元年，中常侍張讓、趙忠等皆封侯貴寵。帝常言：「張常侍是我公，趙常侍是我母。」獨呂强忠而殺之。六年，帝崩，大將軍何進欲盡誅宦官，反爲中常侍張讓等所殺，燒宫劫帝。雖袁紹勒兵捕諸宦者，盡誅之。漢遂以亡。蓋亡西漢者，外戚；亡東漢者，宦官。東漢雖有外戚專權，而胥爲宦官所覆。然以母后臨朝，非宦官不能上達，於是宦官之勢超於外戚之上，人主懲王氏之禍，有防制外戚之心，急不暇擇與奄人謀。於是事從中起，莫之能禦，然威福移下太阿倒持，其禍國覆宗較諸外戚之禍爲尤憯！宦者之害深於女禍，豈不然哉！

東漢於羌制馭失策

東漢至章和而後，匈奴服，西域通，邊患亦少息矣！然惟制馭羌人不得其道，卒以害民病國，漢業寖衰焉。羌之爲患，初起於章帝建初二年。初，安夷縣吏略妻卑湳種羌人婦，吏爲其夫所殺，安夷長追之出塞。種人遂與勒姐、吾良二種相結爲寇。於是燒當羌豪滇吾之子迷吾率諸種俱反，敗金城太守郝崇。詔以武威太守北地傅育爲護羌校尉，自安夷徙居臨羌。迷吾又與封養種豪布橋等五萬餘人共寇隴西、漢陽。遣行車騎將軍馬防、長水校尉耿恭將北軍五校兵及諸郡射士三萬人擊之。三年，馬防擊布橋，大破之。布橋種人萬餘降，詔徵防還。留耿恭擊諸未服者，斬首虜千餘人，勒姐、燒何等十三種數萬人，皆詣恭降。一吏失道，遂興大患。星星之火，足以燎原。猶幸當時全盛之勢，故不旋踵而敉平，然禍之根株未盡去也。元和三年，燒當羌迷吾復與弟號吾及諸種反。張紆得號吾生歸之，羌即解散。章和元年，護羌校尉傅育欲伐燒當羌，爲其新降，不欲出兵，乃募人鬭諸羌、胡。羌、胡不肯，遂復叛出塞，更依迷吾。育請發諸郡兵數萬人共擊羌。未及會，育獨進，爲羌所破，殺之，及吏士八百八十人。育貪功生事，喪身辱國，爲漢制羌失策之始。詔以隴西太守張紆爲校尉，將萬人屯臨羌。羌豪迷吾復以諸種寇金城塞，張紆遣從事司馬防與戰於木乘谷。迷吾兵敗走，因譯使欲降紆，納之。迷吾將人衆詣臨羌，紆設兵大會，施毒酒中，伏兵殺其酋豪八百餘人，斬迷吾頭以祭傅育冢。復放兵擊其餘衆，斬獲數千人。迷吾子迷唐與諸種解仇，結婚交質，據大小榆谷以叛，種衆熾盛，張紆不能制。羌豪既力絀來歸，紆不布德以收其心，如諸葛之於南蠻，而施毒伏兵爲詭詐之事，虜不可盡，只以怒寇而結仇。紆之失策大矣。羌患既熾，紆不能制，章帝不加譴責，則漢法亦已弛矣。和帝即位，太后臨朝，竇憲以侍中內掌機密之時也。憲擊匈奴，大發兵，及羌、胡兵出塞。公卿舉故張掖太守鄧訓代張紆。迷唐率兵萬騎，來至塞下，未敢攻訓，先欲脅小月氏胡。訓擁衛小月氏胡，令不得戰。議者咸以羌、胡相攻，縣官之利，不宜禁護。訓曰：「張紆失信，衆羌大動，涼州吏民命縣絲髮。原諸胡所以難得意者，皆恩信不厚耳。今因其迫急，以德懷之，庶能有用。」遂令開城及所居園門，悉驅羣胡妻子內之，嚴兵守衛。羌掠無所得，又不敢逼諸胡，因即解去。由是湟中諸胡皆言：「漢家常欲鬭我曹，今鄧使君待我以恩信，開門納我妻子，乃是得父母也！」咸歡喜叩頭曰：「唯使君所命！」訓遂撫養教諭，大小莫不感悅。於是賞賂諸羌種，使相招誘，迷唐叔父號吾將其種人八百户來降。訓因發湟中秦、胡、羌兵四千人出塞，掩擊迷唐於寫谷，破之。迷唐乃去大、小榆，居頗巖谷，衆悉離散。永元元年，迷唐欲歸故地。鄧訓發湟中六千人，令長史任尚將之，縫革爲船，置於簞上以度河，掩襲迷唐，大破之。斬首前後一千八百餘級，獲生口二千人，馬牛羊三萬餘頭，一種殆盡。迷唐收其餘衆西徙千餘里，諸附落小種皆畔之。燒當豪帥東號稽顙歸死，餘皆欵塞納質。於是訓撫綏歸附，威信大行。遂罷屯兵，各令歸郡；唯置弛刑徒二千餘人，分以屯田，修理塢壁而已。終東漢之世，能制羌者，以此時爲最初時代。四年，訓卒。蜀郡太守聶尚代之，欲以恩懷諸羌，乃遣譯使招迷唐，使還居大、小榆谷。迷唐既還，遣祖母卑缺詣尚，尚自送塞下，爲設祖道，令譯田汜等五人護送至廬落。迷唐遂反，與諸種共生屠裂汜等，以血盟詛，復寇金城塞。尚坐免。尚只知羌、胡懷鄧訓之德，而欲效之，而不知羌、胡之心時欲乘釁而起，馭之無術，備之未周，宜其敗也。五年，護羌校尉貫友遣譯使搆離，誘以財貨，由是解散。乃遣兵出塞，攻迷唐於大、小榆谷，獲首虜八百餘人，收麥數萬斛。遂夾逢留大河築城塢，作大航，造河橋，欲度兵擊迷唐。迷唐率部落遠徙，依賜支河曲。八年，友卒，以史充代之。充至，遂發湟中羌、胡出塞擊迷唐。迷唐迎敗充兵，殺數百人。充坐徵，以吴祉代之。九年，燒當羌迷唐率衆八千人寇隴西，脅塞内諸種羌合步騎三萬人擊破隴西兵，殺大夏長。詔遣行征西將軍劉尚，越騎校尉趙世副之，將漢兵、羌、胡共三萬人討之。尚屯狄道，世屯枹罕；尚遣司馬寇盱監諸郡兵，四面並會。迷唐懼，棄老弱，奔入臨洮南。尚等追至高山，大破之，斬虜千餘人。迷唐引去，漢兵死傷亦多，不能復追，乃還。是役，命將會師，爲自章帝以來第二次之大舉。漢之兵力足以制敵，尚爲全盛時代，然不能乘勝逐北，掃穴犁庭，以絶其患，則漢之失策也。十年，尚、世坐畏懦徵，免。王信領尚營，耿譚領世營。譚乃設賞，諸種頗來内附。迷唐恐，乃請降。信、譚遂受降罷兵。迷唐等帥種人詣闕貢獻。十二年，迷唐既入朝，其餘種人不滿二千，飢窘不立，入居金城。帝令迷唐將其種人還大、小榆谷。迷唐以漢作河橋，兵來無常，故地不可復居，辭以種人飢餓，不肯遠出。護羌校尉吴祉等多賜迷唐金帛，令糴穀市畜，促使出塞，種人更懷猜驚。是歲，迷唐復叛，脅將湟中諸胡寇鈔而去，信、譚、祉皆坐徵。迷唐狼子野心，固不可撫，然既招之來，其衆飢弱易餌，而散之何致，復縱爲患，祉等之無能甚矣！十三年，迷唐復還賜支河曲，將兵向塞。護羌校尉周鮪與金城太守侯霸及諸郡兵、屬國羌、胡合三萬人至允川。侯霸擊破迷唐，種人瓦解，降者六千餘口，分徙漢陽、安定、隴西。迷唐遂弱，遠踰賜支河首，依發羌居。久之，病死，其子來降，户不滿數十。十四年，春，安定降羌燒何種反，郡兵擊滅之。時西海及大、小榆谷左右無復羌寇，隃糜相曹鳳上言：「自建武以來，西羌犯法者，常從燒當種起。所以然者，以其居大、小榆谷，土地肥美，有西海魚鹽之利，阻大河以爲固。又，近塞内諸種，易以爲非，難以攻伐，故能彊大，常雄諸種，恃其拳勇，招誘羌、胡。今者衰困，黨援壞沮，亡逃棲竄，遠依發羌。臣愚以爲宜及此時建復西海郡縣，規固二榆，廣設屯田，隔塞羌、胡交關之路，遏絶狂狡窺欲之源。又殖穀富邊，省委輸之役，國家可以無西方之憂。」上從之，繕修故西海郡，徙金城西部都尉以戍之，拜鳳爲金城西部尉，屯龍耆。後增廣屯田，列屯夾河，合三十四部。其功垂立，會永初中，諸羌叛，乃罷。東漢以來，制羌初無成算，或擊或撫，往往不竟其功，惟此時羌勢稍熄。曹鳳之言，和帝雖用之，而五年之久工役未竣，致虧一簣，爲盛極而衰時代。安帝永初元年，夏，初，燒當羌豪東號之子麻奴隨父來降，居于安定。時諸降羌布在郡縣，皆爲吏民豪右所徭役，積以愁怨。及王弘西迎段禧，發金城、隴西、漢陽羌數百千騎與俱，郡縣迫促發遣。羣羌懼遠屯不還，行到酒泉，頗有散叛，諸郡各發邀遮，或覆其廬落。於是勒姐、當煎大豪東岸等愈驚，遂同時犇潰。麻奴兄弟與種人俱西出塞，滇零與鐘羌諸種大爲寇掠，斷隴道。時羌歸附既久，無復器甲，或持竹竿木枝以代戈矛，或負板案以爲楯，或執銅鏡以象兵，郡縣畏懦不能制。赦除諸羌相連結謀叛逆者罪。至冬，乃詔車騎將軍鄧騭、征西校尉任尚將五營及諸郡兵五萬人，屯漢陽以備羌。二年，騭爲鐘羌所敗，殺千餘人。梁慬破羌萬餘人。騭使任尚與滇零羌戰，又大敗，死者八千餘人。羌衆遂大盛，朝廷不能制。滇零自稱天子，於北地招集武都參狼、上郡、西河諸雜種羌斷隴道，寇鈔三輔，南入益州，殺漢中太守。四年，鄧騭欲棄涼州，乃會公卿集議，虞詡言於太尉張禹：「以爲不可棄。」五年，張禹免。先零羌寇河東，至河内，百姓相驚，多南犇度河，使北軍中候朱寵將五營士屯孟津，詔魏郡、趙國、常山、中山繕作塢候六百一十六所。羌既轉盛，而緣邊二千石、令、長多内郡人，並無守戰意，皆爭上徙郡縣以避寇難。詔隴西徙襄武，安定徙美陽，北地徙池陽，上郡治衙。百姓戀土，不樂去舊，遂乃刈其禾稼，發徹室屋，夷營壁，破積聚。時連年旱蝗饑荒，而驅蹙劫掠，流離分散，隨道死亡，或棄捐老弱，或爲人僕妾，喪其大半。是時，鄧后臨朝，鄧騭庸材畏縮，爲羌禍爆發時代。自羌叛十餘年間，軍旅之費，凡用二百四十餘億，府帑空竭，邊民及内郡死者不可勝數。中國虚耗，盜賊漸起，漢室自是而衰不可復振，非馭羌失策之過乎！

東漢隱士皆有虚名而無實用

東漢之風氣，多以虚聲驚人。延光三年，陳忠薦汝南周燮、南陽馮良，學行深純，隱居不仕，名重於世。帝以玄纁、羔幣聘之。燮與良皆載至近縣，稱疾而還。順帝永建二年，初，南陽樊英，少有學行，名著海内，隱於壺山之陽。州郡前後禮請，皆不應。公卿舉賢良、方正、有道，皆不行。安帝賜策書徵之，不赴。是歲，帝復以策書、玄纁，備禮徵英，英固辭疾篤。詔切責州郡，駕載上道。英不得已，到京，彊輿入殿，猶不能屈。及後應對，無奇謀深策，談者以爲失望。永和二年，上行幸長安。扶風田弱薦同郡法真博通内外學，隱居不仕，宜加衮職。帝虚心欲致之，前後四徵，終不屈。此四人者，無他事蹟見於史，不知其人若何。士君子藏器於身，待時而動，固將以有爲也！若專以隱居爲賢，是許由、巢父之行過於孔、孟矣。桓帝延熹七年，濟陰黄允與漢中晉文經並恃其才智，曜名遠近，徵辟不就。託言療病京師，不通賓客，公卿大夫遣門生旦暮問疾，郎吏雜坐其門，猶不得見。三公所辟召者，輒以詢訪之，隨所臧否，以爲與奪。符融謂李膺曰：「二子行業無聞，以豪傑自置，遂使公卿問疾，王臣坐門，融恐其小道破義，空譽違實，特宜察焉。」膺然之。二人自是名論漸衰，賓徒稍替，旬日之間，慙歎逃去，後並以罪廢。前四人者亦此二子之流也，惜無李膺以擿其姦耳！

東漢太學生之干政無益於國事

桓帝永興元年，朱穆徵詣廷尉。太學書生劉陶等數千人詣闕，上書訟朱穆。永壽元年，劉陶上疏陳事，言朱穆、李膺宜還本朝。永壽三年，或上言「民之貧困，以貨輕錢薄，宜改鑄大錢」。事下四府羣僚及太學能言之士議之。劉陶上議：「憂不在於貨，在於民饑。民可百年無貨，不可一朝有饑。」延熹五年，皇甫規輸左校。太學生張鳳等三百餘人詣闕訟之。九年，太學諸生三萬餘人，與李膺、陳蕃等更相褒重。自公卿以下，莫不畏其貶議，屣履到門。夫太學之興，在本初元年。至次年，建和元年，即有梁冀誣殺李固、杜喬之事。陶等不上書訟其冤，而獨訟朱穆。皇甫規是明明畏梁冀之橫，而不敢攖其鋒矣。黄允、晉文經療疾京師，公卿、大夫遣門生旦暮問疾，郎吏雜坐其門，李膺黜之，二人逃去。太學諸生之行徑與二人無異。正李膺所嫉，乃以膺爲名，互相標榜，致使小人側目，一網而盡，皆太學生之罪，尚何褒重之有哉！至於議鑄大錢，謂民可百年無貨，不特不知國家之大計，並《管子》而未嘗讀矣！

東漢黨人非陳蕃、李膺

桓帝延熹九年，初，帝爲蠡吾侯，受學於甘陵周福，及即位擢爲尚書。時同郡河南尹房植有名當朝，鄉人爲之謠曰：「天下規矩，房伯武；因師獲印，周仲進。」二家賓客，互相譏揣，遂各樹朋徒，漸成尤隙。由是甘陵有南北部，黨人之議自此始。是黨人乃周福、房植爲之倡，而二家賓客和而成之，非李膺、陳蕃也。太學諸生三萬餘人，郭泰及潁川賈彪爲其冠，與李膺、陳蕃、王暢更相褒重，則李膺、陳蕃所交者僅郭泰、賈彪二人，非盡太學生而交之也。延熹九年，南陽太守成瑨以岑晊爲功曹，委心聽任使之。宛有富賈張汎與後宮有親，又善雕鏤玩好之物，頗以賂遺中官，以此得顯位，用勢縱橫。晊勸瑨收捕汎等。既而遇赦，瑨竟誅之，並收其宗族賓客，殺二百餘人，後乃奏聞。於是中常侍侯覽使張汎妻上書訟冤，宦者因緣譖瑨。帝大怒，徵瑨下獄。岑晊逃竄獲免，親友競匿之。賈彪獨閉門不納。彪曰：「傳言『相時而動，無累後人』公孝以要君致釁，自遺其咎，吾已不能奮戈相待，反可容隱之乎！」靈帝建寧元年，竇武、陳蕃誅宦官不克，見殺。二年，曹節諷有司奏「諸鉤黨者虞放、李膺、杜密、范滂等請下州郡考治」。死者百餘人，妻子皆徙邊，宦官指引忿家陷害，死、徙、廢、禁者又六七百人。郭泰雖好臧否人倫，而不爲危言覈論，故處濁世而咎禍不及焉。則賈彪、郭泰二人之爲人，固異於小丈夫，悻悻者之所爲，此其所以得交於李膺、陳蕃也。當時太學諸生横議於下，藉二公之名以歆動天下。奸人之在側者，遂舉太學諸生之罪加之於二公，而羣臣之公正者，言二公之無罪自不得不兼及太學諸生。實按其事，乃太學諸生之附二公，非二公以太學諸生爲賢而暱之也。要之，亡漢者，太學諸生也，黨人也，而二公非黨人也！

東漢末講武

國之盛衰存亡，視乎政治之臧否，不關乎兵備之强弱。東漢之末，兵未嘗不盛也。靈帝中平五年，初置西園八校尉，以小黄門蹇碩爲上軍校尉，虎賁中郎將袁紹爲中軍校尉，屯騎校尉鮑鴻爲下軍校尉，議郎曹操爲典軍校尉，趙融爲助軍左校尉，馮芳爲助軍右校尉，諫議大夫夏牟爲左校尉，淳于瓊爲右校尉，皆統於蹇碩。帝自黄巾之起，留心戎事，碩壯健有武略，帝親任之，雖大將軍亦領屬焉。望氣者以爲京師當有大兵，兩宫流血。帝欲厭之，乃大發四方兵，講武於平樂觀下，起大壇，上建十二重華蓋，蓋高十丈。壇東北爲小壇，復建九重華蓋，高九丈，列步騎數萬人，結營爲陳。帝親出臨軍，駐大華蓋下，大將軍何進駐小華蓋下。帝躬擐甲、介馬，稱「無上將軍」，行陳三帀而還，以兵授進。帝問討虜校尉蓋勳曰：「吾講武如是，何如？」對曰：「臣聞先王曜德不觀兵。今寇在遠而設近陣，不足以昭果毅，祇黷武耳！」漢末州郡兵能破黄巾，不爲不强矣！靈帝復置八校尉，講武京師，所謂弗戢而自焚焉！乃不旋踵而帝崩，外戚、宦官輩皆欲引兵自重，互相殘殺，董卓入洛陽，臺省喋血，宫闕爲墟，可哀也哉！

臧洪之事不可爲訓

興平二年，曹操圍張超於雍邱，急，超曰：「惟臧洪當來救吾。」衆曰：「袁曹方睦，洪爲袁所表用，必不敗好以招禍。」超曰：「子源天下義士，終不背本。但恐見制强力，不相及耳！」洪時爲東郡太守，徒跣號泣，從紹請兵，紹不與。請自率所領以行，亦不許。雍邱遂潰，超自殺，操夷其三族。洪由是怨紹，絶不與通。紹興兵圍之，歷年不下。紹令陳琳以書喻之降，洪答書拒之，紹增兵急攻。城中糧穀已盡，外無强救，洪自度必不免，呼將吏士民謂曰：「袁氏無道，所圖不軌，且不救洪郡將，洪於大義，不得不死。念諸君無事，空與此禍，可先城未敗，將妻子出。」皆垂泣辭不去。初尚掘鼠煮筋角，後無可復食者。洪出内厨餘米三升，作薄糜，徧班士衆，又殺其愛妾以食將士。將士咸流涕，無能仰視者。男女七八千人相枕而死，莫有離叛者。城陷，生執洪。紹欲令屈服，原之。洪據地瞋目斥紹，紹知洪終不爲己用，乃殺之。洪邑人陳容，時在坐，亦起斥紹而死。洪之死勇也，先遣將吏士民仁也，獨惜其於義猶有未盡當耳。周赧王五十七年，秦圍趙，急。趙平原君之夫人、公子無忌之姊也。平原君使者冠蓋相屬於魏，讓公子曰：「勝所以自附於婚姻者，以公子之高義，能急人之困也。今邯鄲旦暮降秦，而魏救不至，縱公子輕勝棄之，獨不憐公子姊邪？」公子患之，數請魏王敕晉鄙，令救趙，及賓客辯士游説萬端，王終不聽。公子乃屬賓客約車騎百餘乘，欲赴鬬，以死於趙。侯生不從行，公子復還，見之。生笑曰：「臣固知公子之還也。今公子無佗端，而欲赴秦軍。譬如以肉投餒虎，何功之有？」公子再拜，問計。生始教公子：「屬如姬盜虎符，請朱亥與俱殺晉鄙，將其兵救趙。」卒解邯鄲之圍。侯生之笑公子，以其有佗策不用，而徒赴死無益耳。臧洪所處異於信陵，冀州之兵既不可得而奪，則自卒所領以行，往死張超之難，未爲不可。與其絕紹於超死之後，而致圍城之禍陷及無辜之士民，何若逕行己意於雍邱未潰之前，身即死，而報郡將之志已達。尤不致累城中男女七八千人相枕而死，固不得以，計出無聊，嗤之也。唐肅宗至德二載，尹子奇久圍睢陽，城中食盡，議棄城東走，張巡、許遠謀以爲：「睢陽，江淮之保障，若棄之去，賊必乘勝長驅，是無江淮也。且我衆飢羸，走必不達。古者，戰國諸侯尚相救恤，況密邇羣帥乎。不如堅守以待之。」茶紙既盡，遂食馬，馬盡，羅雀掘鼠，雀、鼠又盡，巡出愛妾殺以食士，遠亦殺其奴，然後括城中婦人食之，繼以男子老弱。人知必死，莫有叛者。巡、遠守天子之土地，以一城障江淮，誓死勿去而至於食人。衡陽王氏猶議其非。況臧洪不過身殉故主，無爲國守土之義，而作俑殺人以食人，立一己高義之名，卒陷數千人於死地，尤不可爲訓已。漢高帝五年，彭越既受漢封，田橫與其徒屬五百人餘人入海。帝召之，橫與客二人來至尸鄉廐置，自剄，令其客奉其頭從使者馳奏。帝大驚，拜其客爲都尉，以王者禮葬之。既葬，二客皆自剄。餘五百人尚在海中，聞橫死，亦皆自殺。橫於宗國既亡之後，與其徒屬逃之海隅，及終不免，乃自殺以殉其宗國；其客亦皆從死，以報其主，而不重累三齊無辜之士民。洪當日即不赴死，雍邱苟能師田橫，庶亦無愧於義士之名矣！

通鑑劄記卷四

曹操於漢功不抵罪

論者謂曹操於漢有大功，其實不然。獻帝初平三年，兖州刺史劉岱爲黄巾所殺，曹操部將陳宫往説州别駕治中曰：「今天下分裂，而州無主，曹東郡，命世之才也，若迎以牧州，必寧生民。」鮑信等亦以爲然，乃與州吏萬潛等至東郡，迎操領兖州刺史。操遂進擊黄巾於壽張東，走之。又追至濟北，悉降之，得戎卒三十餘萬。建安三年，操克下邳，擒吕布。四年，袁術欲從下邳北過，歸其從兄紹。操邀之，術不得過，歐血死。五年，操拒袁紹於官渡，紹軍大潰。六年，復破紹軍於倉亭。七年，紹死，操攻紹子譚、尚於黎陽，譚、尚敗走。八年，譚、尚既敗，自相攻戰。九年，操克鄴。十年，克南皮，斬袁譚，袁熙、袁尚奔烏桓。十二年，操擊破烏桓，尚、熙奔遼東。公孫康斬其首送操。十三年，操擊荆州，劉琮迎降。十六年，操擊破韓遂、馬超等，遂、超奔凉州。二十年，操破張魯，克漢中。操之功止於此。然此皆操之自爲計，非爲漢也！破黄巾者，奪其地也；擒吕布者，去其逼也；滅二袁者，與之共爭天下者也；取劉琮、張魯者，拓其境也；何嘗有一事有功於漢哉！如謂定一州之地爲有功，則吕布、二袁、劉表、劉璋、張魯何嘗不定一州之地哉？如謂克敵爲有功，則袁紹何嘗不克公孫瓚哉？天下如無操，二袁等誠未易平，然袁紹之徒圖割據而已無混一之志也！興平二年，車駕蒙塵，紹按兵不動，其無篡志明矣！建安七年，曹操下書責孫權任子，周瑜曰：「若曹氏能率義以正天下，將軍事之未晚。」則孫氏之臣，猶觀望也。天下無操，則羣雄割據一方，漢之爲漢尚未可知。操則速其亡而已，無大功也！

曹操父子爲晉清談之祖

人君有英雄之略，而兼擅文學之才者，唐太宗外，厥惟魏武父子。惟長於文學也，故嫻於詞令。惟嫻於辭令也，故不免於浮夸。漢獻帝建安十五年，操下令曰：「孤始舉孝廉，自以本非巖穴知名之士，恐爲世人所凡愚，欲好作政教以立名譽，故在濟南，除殘去穢，平心選舉。以是爲彊豪所忿，恐致家禍，故以病還鄉里。時年尚少，乃於譙東五十里築精舍，欲秋夏讀書，冬春射獵，爲二十年規，待天下清乃出仕耳。然不能得如意，徵爲典軍校尉。意遂更欲爲國家討賊立功，使題墓道言『漢故征西將軍曹侯之墓』，此其志也。而遭值董卓之難，興舉義兵。後領兖州，破降黄巾三十萬衆。又討擊袁術，使窮沮而死。摧破袁紹，梟其二子。復定劉表，遂平天下。身爲宰相，人臣之貴已極，意望已過矣。設使國家無有孤，不知當幾人稱帝，幾人稱王。或者人見孤彊盛，又性不信天命，恐妄相忖度，言有不遜之志，每用耿耿，故爲諸君陳道此言，皆肝鬲之要也。然欲孤便爾委捐所典兵衆以還執事，歸就武平侯國，實不可也。何者？誠恐已離兵爲人所禍，既爲子孫計，又已敗則國家傾危，是以不得慕虚名而處實禍也！然兼封四縣，食户三萬，何德堪之！江湖未靜，不可讓位。至於邑土，可得而辭。今上還陽夏、柘、苦三縣，户二萬，但食武平萬户，且以分損謗議，少減孤之責也！」按，操自迎帝遷許以來，刑賞征伐，政由己出，代漢之勢，事實已彰。乃猶正其名義，縟其文辭，布爲文告，以明己之不篡。雖蓄無君之心，猶有好名之意，抑其文字結習使然也！操少機警，有權數，而任俠放蕩，不治行業，世人未之奇也。唯太尉橋玄及南陽何顒異焉，玄謂操曰：「天下將亂，非命世之才不能濟也。安定之者，其在君乎！」顒見操，嘆曰：「漢家將亡，安天下者，必此人也！」玄謂操曰：「君未有名，可交許子將。」子將者，訓之從子劭也，好人倫，多所賞識，與從兄靖俱有高名，好共覈論鄉黨人物，每月輒更其品題，故汝南俗有「月旦」評焉。嘗爲郡功曹，府中聞之，莫不改操飾行。曹操往造劭而問之曰：「我何如人？」劭鄙其爲人，不之答，操乃劫之，劭曰：「子，治世之能臣，亂世之姦雄。」操大喜而去。子將「月旦」不過標榜，何關於得失榮辱，乃至於造問，爲其所鄙而劫之，使必言及，聞其評爲「姦雄」，乃又大喜而去。操亦不免慕處士之虚聲矣！建安七年，以太牢祀橋玄墓，亦此類也。其子丕、植皆擅文辭，植尤才藻敏贍。建安十九年，操留子植守鄴，操爲諸子高選官屬，以邢顒爲植家丞。顒防閑以禮，無所屈撓，由是不合。庶子劉楨美文辭，植親愛之。楨以書諫植曰：「君侯採庶子之春華，忘家丞之秋實，爲上招謗，其罪不小，愚實懼焉。」二十二年，魏以丕爲太子。初，操嘗出征，丕、植並送路側，植稱述功德，發言有章，左右屬目，操亦説焉。當時風氣浮誇於此可見。不然父子骨肉之間，何取乎稱頌文辭之美乎。丕文才遜植，吴質教之曰：「王當行，流涕可也。」及辭，丕涕泣而拜，操及左右咸欷歔，於是皆以植爲華辭而誠心不及也，而丕尤僞之甚矣。觀其「典論」一篇，繁縟浮誇過於乃父。蓋東漢之末，士人好爲評論已開清談之漸，然非有力者提倡之，則舉世尤不至於波靡。自曹操父子以文章言詞相尚，而何晏談玄之風以起，則晉人清談，操其不祧之祖矣！

文聘、潘濬、楊彪、羅憲、霍弋、司馬孚、王祥

漢獻帝建安十三年，劉琮降操，呼荊州大將文聘，欲與俱。聘曰：「聘不能全州，當待罪而已！」操濟漢，聘乃詣操。操曰：「來何遲耶？」聘曰：「先日不能輔弼劉荊州以奉國家。荊州雖没，常願據守漢川，保全土境。生不負於孤弱，死無愧於地下，而計不在己，以至如此，實懷悲慙，無顔早見耳！」遂歔欷流涕。操爲之愴然，字謂之曰：「仲業，卿真忠臣也。」厚禮待之，使統本兵，爲江夏太守。二十四年，孫權克荊州，將吏悉皆歸附，獨治中從事潘濬稱疾不見。權遣人以牀就家輿致之，濬伏面著牀席不起，涕泣交横，哀哽不能自勝。權呼其字與語，慰諭懇惻，使親近以手巾拭其面。濬起，下地拜謝，即以爲治中，荊州軍事一以諮之。樊伷誘導諸夷，圖以武陵附漢中王備。濬請以五千人往，權即遣，濬果斬平之。魏文帝黄初二年，初，帝欲以楊彪爲太尉，彪辭曰：「嘗爲漢朝三公，值世衰亂，不能立尺寸之益，若復爲魏臣，於國之選，亦不爲榮也。」帝乃止。冬，十月，己亥，公卿朝朔旦，並引彪，待以客禮；拜光禄大夫，秩中二千石；朝見，位次三公；又令門施行馬，置吏卒，以優崇之。魏元帝咸熙元年，巴東太守羅憲守永安。吴撫軍步協率衆而西，外託救援，内欲襲憲。憲告急於安東將軍陳騫，又送文武印綬，任子詣晉公。協攻永安，憲與戰，大破之，吴主復遣陸抗等帥衆三萬人增憲之圍。晉王遣胡烈救之，吴師退。晉王使憲因仍舊任，加陵江將軍，封萬年亭侯。建寧太守霍弋都督南中，成都不守，弋素服大臨三日。諸將咸勸弋宜速降，弋曰：「若魏以禮遇吾主，則保境而降不晚也；若萬一危辱，吾將以死拒之，何論遲速耶！」得劉禪東遷之問，始率六郡將守上表於魏。晉王善之，拜南中都尉，委以本任。魏高貴鄉公正元元年，邵陵厲公出就西宫，羣臣送者數十人，司馬孚悲不自勝。魏元帝景元元年，高貴鄉公没於車下，孚犇往，枕帝股而哭曰：「弒陛下者，臣之罪也！」晉世祖泰始元年，魏帝禪位於晉，出舍於金庸城，孚拜辭，執帝手，流涕歔欷不自勝，曰：「臣死之日，固大魏之純臣也。」臨終遺令曰：「有魏貞士、河内司馬孚，當衣以時服，斂以素棺。」魏元帝咸熙元年，進晉公爵爲王。王祥、何曾、荀顗共詣晉王，顗曰：「今日當相率而拜。」祥曰：「相國，魏之宰相，吾等魏之三公。王、公相去一階，安有天下三公可輒拜人者！」及入，

祥獨長揖，皆似不屈於晉。晉既代魏，封孚爲安平王，爲太宰都督中外諸軍事。孚子望、封義陽王，爲司徒。王祥爲太保。五代時馮道不拜郭威，先儒嗤之。此七人者，皆馮道也！

先主之伐吳非失計

漢昭烈帝章武元年，伐吳，諸葛瑾遺書曰：「關羽之親，何如先帝？荊州大小，孰與海内？俱應仇疾，誰當先後？」此吳臣之言，非公論也。先主奔走半生，皆爲羈旅，無尺寸之權。獻帝建安六年，曹操擊劉備，備奔劉表。十三年，表卒，子琮立，降於曹操。備與劉琦合兵屯夏口，使諸葛亮請救於孫權。是時，曹操遺權書，權以示臣下，莫不響震失色，議迎之。則當時先主困憊，權亦未嘗不岌岌矣！孫、劉合兵，大破操於赤壁。當時兩家合兵，各欲保其疆土。劉固得力於孫，孫亦未嘗不得力於劉。劉不能以保吳會爲功，而索吳會。孫自不能以全荊州爲利，而欲取荊州明矣！十三年，操留曹仁守江陵而還，周瑜進攻之。十四年，仁走，瑜據江陵。劉備表劉琦爲荊州刺史，南取零、桂等四郡，則即以兵力而論，周瑜所取者僅一郡，餘四郡皆先主所自取，而夏口等處又舊日未失之地也，烏用借爲哉？十五年，劉備自詣孫權求都督荊州地，周瑜勸留備，權不從。瑜卒，魯肅勸權以荊州借備。所借者，江陵一郡之地耳，非荊州全部也。二十年，備與權更尋盟好，分荊州以湘水爲界。長沙、江夏、桂陽以東屬權，南郡、零陵、武陵以西屬備，則先主之報權可謂至矣！十九年，備定蜀。二十四年，備自取漢中；劉封、孟達取房陵、上庸；關羽攻曹仁於樊，于禁等七軍皆没，羽威震華夏，曹操欲徙許都以避之。當此之時，荊州之師長驅而進，正諸葛武侯「命一上將將荊州之軍以向宛雒」之策也。先主身率益州之衆出於秦川正此時矣！劉封、孟達乘勢而下，東下襄、樊，北收宛、雒，以爲羽聲勢。又，蔣琬欲以舟師乘漢、沔，東下之策也！此漢業可成之時，而敗於孫權之襲荊州。關羽没，孟達降，漢室之亡，自此遂定。衡陽王氏猶曰：「先主之攻吳，無討賊之心。」豈通論哉！且先主伐吳之舉，猶有深謀遠慮，非他人所能測者。曹操既死，中原無人，聞蜀大舉攻吳，必思乘勢以爭其利。孫權之降魏，劉曄之請擊吳，先主所預知之也。如魏師早出，吳人備多力分，其勢必亡。吳亡，則大江之地皆蜀有也。因而席捲淮南，包舉宛、洛，大事成矣！此高帝擊楚不勝，北取趙、代，東定三齊，收其兵以擊楚之計也。曹丕之智未必如劉曄，曄見不及此，而丕獨不從者，天實爲之，謂之何哉！

姜維有功於蜀漢

姜維有功於漢。魏高貴鄉公正元二年，王經與維戰於洮西，大敗，以萬餘人還保狄道城，餘皆奔散，死者萬計。武侯六出祁山，尚未有此大勝，固當司馬懿、張郃勁敵，非王經之比。然維之功亦何可没也。甘露元年，維在鍾提，魏人多以爲維力已竭，未能更出。鄧艾曰：「洮西之敗，非小失也，士卒凋殘，倉廩空虛，百姓流離。」言出魏人口中，必非虛語。元帝景元三年，司馬昭患姜維數爲寇，官騎路遺爲刺客入蜀，則昭畏維可知。四年，魏軍大舉伐漢，遣征西將軍鄧艾督三萬餘人自狄道趣甘松、沓中，以連綴姜維；雍州刺史諸葛緒督三萬餘自祁山趣武街橋頭，絶維歸路。鍾會統十餘萬衆分從斜谷、子午谷趣漢中。取全蜀之衆十餘萬人，絆維之衆即用六七萬餘人，則魏人之重維亦可知。使非黄皓用事，與右大將軍閻宇親善，維不自疑懼，不種麥沓中，則漢事尚未可知；使蜀人從維計，遣左右車騎張翼、廖化督諸軍分護陽安關口及陰平之橋頭，則鄧鍾之軍未必能入。維計不行，關口已失，維敗走，聞諸葛緒已塞道，屯橋頭，乃從孔函谷入北道，欲出緒後，緒却還三十里。維聞緒軍却，尋還從橋頭過，則六七餘萬衆，尚未足以制維。維還至陰平，退趣白水，守劍閣，以拒鍾會。列營守險，會攻之不能克，欲引還，則會雖入陽安關亦無如維何。鄧艾從陰平由邪徑趣涪，諸葛瞻督諸軍拒艾。至涪，停住不進，尚書黄崇屢勸瞻速行，據險，無令敵得入平地，則鄧艾攀木緣崖之軍，將束手就縛，何待於戰。咸熙元年，漢主已降，諸軍皆盡，維猶欲搆成擾亂，説鍾會密白鄧艾有反狀，檻車徵艾。欲使會盡殺北來諸將，已因殺會，盡坑魏兵，復立漢主，密書與後主曰：「願陛下忍數日之辱，臣欲使社稷危而復安，日月幽而復明。」事雖未成，維之忠誠固可貫於日月矣！論者見其屢出師伐魏，以爲維罪，是猶惑於衆人之論，非通論也。邵陵厲公嘉平五年，維每欲興軍大舉，費禕常裁制不從，與兵不過萬人，曰：「吾等不如丞相亦已遠矣，丞相猶不能定中夏，况吾等乎？」高貴鄉公正元二年，維復議出軍，征西大將軍張翼廷爭以爲國小民勞，不宜黷武。甘露二年，中散大夫譙周作「仇國論」以諷之。元帝景元三年，右車騎將軍廖化曰：「兵不戢，必自焚；智不出敵而力小於寇，用之無厭，將何以存統。」觀四人之論，費禕不多與兵，非不與兵也。廖化、張翼偏裨之材，何足以知大計？譙周老而無耻，其言更不可爲據，皆不足以爲維病也。以武侯之明，尚兩表出師曰：「漢賊不兩立，王業不偏安。」曰：「坐而待亡，孰與伐之。」武侯卒，邵陵厲公正始元年，蔣琬欲自漢、沔襲魏興、上庸，則前乎維者，固無不以出師爲利矣。邵陵厲公嘉平五年，諸葛恪著論曰：「凡敵國欲相吞，即仇讎欲相除也。每鑒荆邯説公孫述以進取之圖，近見家叔父表陳與賊爭競之計，未嘗不喟然歎息也！」則旁觀者未嘗不明矣。高貴鄉公甘露元年，魏人以維未能更出，安西將軍鄧艾曰：「以策言之，彼有乘勝之勢，我有虛弱之實，一也。彼上下相習，五兵犀利，我將易兵新，器仗未復，二也。彼以船行，吾以陸軍，勞逸不同，三也。狄道、隴西、南安、祁山各當有守，彼專爲一，我分爲四，四也。則敵國之人亦無不以敵之出師爲利矣！何可以此爲維罪哉！

後主非亡國之君

魏文帝黄初四年，先主臨終命丞相亮輔太子，又爲詔敕太子曰：「汝與丞相從事，事之如父。」後主於武侯諫行言聽，凡用人、行政、出師，諸大政一切聽之，蓋不僅齊桓公之於管仲也。明帝青龍二年，武侯疾篤，漢使尚書僕射李福省侍，因諮以國家大計。亮謂蔣琬可繼。已後又請蔣琬之後誰可任者，亮曰：「文偉可以繼之。」後主即以蔣琬爲尚書令，總統國事。尋加琬行都護，假節領益州刺史。青龍三年，漢以蔣琬爲大將軍、録尚書事，費禕代琬爲尚書令。邵陵厲公正始四年，漢大司馬蔣琬疾甚，漢主以費禕爲大將軍、録尚書事。五年，琬以病固讓州職於禕。漢主乃以禕爲益州刺史。自琬及禕，雖出屯在外，慶賞刑威皆遥先諮斷，然後乃行，則不特於武侯如是，於蔣琬、費禕亦無不如是矣。元帝景元三年，姜維爲鄧艾所敗，退住沓中。初，維以羈旅依漢，身受重任，興兵累年，功績不立。黄皓用事於中，與右大將軍閻宇親善，陰欲廢維樹宇。維知之，請殺皓，後主不許。然亦終未廢維也。鍾會治軍關中，姜維表後主遣左右車騎張翼、廖化督諸軍分護陽安關口及陰平之橋頭。四年，漢人聞魏兵至，乃遣廖化將兵詣沓中爲姜維繼援，張翼、董厥等詣陽安關口爲諸圍外助。諸葛瞻督軍拒艾，則維計未嘗不用也。乃蔣舒守關口，率衆迎降；諸葛瞻至涪，停住不進，則舒之罪，瞻之疏，非後主之過也。咸熙元年，魏封劉禪爲安樂公。晉王與禪宴，爲之作蜀故伎，旁人皆爲之感愴，而禪喜笑自若。王問曰：「頗思蜀否？」禪曰：「此間樂，不思蜀也！」郤正謂禪曰：「若王復問，宜泣而答曰『先人墳墓遠在岷、蜀，乃心西悲，無日不思』，因閉其目。」會王復問，禪對如前，王曰：「何乃似郤正語耶！」禪驚視曰：「誠如尊命。」此則後主之善自韜匿，果如郤正所對，則晉王將疑之，雖欲終身爲安樂公而不可得矣！要之，後主非大有爲之君，謂蜀由之亡則未必然也！

曹爽之敗以改制度

曹爽，魏之宗室，無罪而爲司馬懿所殺。魏人曾不憐之，反以爲罪有應得。爽辟羊祜，祜不就。王淩之子廣曰：「凡舉大事，應本人情。」曹爽以驕奢失民。何平叔虚華不治。丁、畢、桓、鄧，雖並有宿望，皆專競於世，加變易朝典，政令數改，所存雖高而事不下接民習，於舊衆莫之從。傅嘏曰：「太初志大其量，能合虚聲而無實才。何平叔言遠而情近，好辯而無誠，所謂利口覆邦家人也。鄧玄茂有爲而無終，外要名利，内無關鑰，貴同惡異，多言而妒前；多言多釁，妒前無親。以吾觀此三人，皆將敗家。」嘏又謂爽弟羲曰：「何平叔外靜而内燥，銛巧好利，不念務本，吾恐必先惑子兄弟，仁人將遠而朝政廢矣。」人心多不屬之，其故由於變改制度。邵陵厲公正始八年，時尚書何晏等朋附曹爽，好變改法度。太尉蔣濟上疏曰：「爲國法度，惟命世大才乃能振其綱維，以垂於後，豈中下之吏所宜改易哉！終無益於治，適足傷民，宜使文武之臣各守其職，率以清平，則和氣祥瑞可感而致也。」又爽屢改制，度與懿有隙，則懿之謀爽，蔣濟之助懿，皆改制度之過也！

曹爽、何晏等之死不以其罪

司馬懿殺曹爽及其黨與，不以其罪，史臣所言皆文致之辭，多不以實。魏明帝景初三年，何晏、丁謐等咸共推戴爽，以爲重權不可委之於人，謐爲爽畫策轉司馬懿爲太傅，外以名號尊之，内欲令尚書奏事，先來由己，得制其輕重也。懿實始圖篡魏，則爽等之謀不得不謂之知幾。爽用晏等之計，遷太后於永寧宮。據陳壽「志」，太后本稱永寧宮，何得云遷。正始九年，爽驕奢無度，飲食衣服，擬於乘輿；尚方珍玩，充牣於家；又私取先帝才人以爲技樂。如真有此數罪，殺之自有餘辜，何必誣以陰謀反逆，何晏謀奪懿權。正始八年，請魏主從大臣，詢謀政事，講論經義，皆國家大計，何嘗附和？晏嘗注「論語」，王弼嘗注「易」，義何嘗謂「六經」聖人糟粕哉？

曹爽未除司馬氏之黨

曹爽雖奪司馬懿之權，而未除其黨。嘉平元年，懿收爽及何晏等殺之。初，何晏爲名士品目曰：「『唯深也，故能通天下之志』，夏侯泰初是也。『唯幾也，故能成天下之務』，司馬子元是也。『唯神也，不疾而速，不行而至』，吾聞其語，未見其人。」蓋欲以況諸己也。則晏等固引司馬師爲己黨矣。正始九年，懿陰與其子中護軍師、散騎常侍昭謀誅曹爽。則懿雖稱疾，而二子皆居要地，爽未嘗忌之，於以知調停之説固非計之得也。

魏人歸心司馬氏

曹操取天下本不以正，附之以起事者，亦皆非貞諒之臣，不忠於漢焉，得忠於魏？故司馬懿之起，附之者唯恐不及。邵陵厲公正始九年，孫禮曰：「本謂明公齊蹤伊吕匡輔魏室，上報明帝之託，下建萬方之勳。」嘉平元年，辛敞與其姊辛憲英謀曰：「天子在外，太傅閉城門，人云將不利國家，可得爾乎？」憲英曰：「太傅此舉不過以誅曹爽耳！」高貴鄉公正元元年，司馬師築殺李豐，收豐子韜及夏侯玄、張緝等，皆下廷尉。鍾毓按治，玄不肯下辭，鍾毓自臨治之，又爲作辭，令與事一相附，以竟其獄。元帝景元元年，高貴鄉公見威權日去，召侍中王沈、尚書王經、散騎常侍王業議出討，沈、業奔走告昭。孫禮、鍾毓皆魏之大臣，世所稱賢材，辛憲英又素有明智之名，王沈魏主所禮呼爲「文籍先生」，行徑皆若此。咸熙元年，鍾會在成都，悉請護軍、郡守、牙門騎督以上，爲太后發哀於蜀朝堂，矯太后遺詔，使會起兵廢司馬昭，諸軍鼓譟殺會。則雖魏太后之命，衆亦未必信矣。譙周《仇國論》曰：「天下土崩，或歲易主，或月易公，鳥驚獸駭，莫知所往。」正合當時風氣，特周以六國之勢比之，爲擬不於倫耳！

司馬氏無功於魏

司馬懿在魏明帝以前，惟有擒孟達、拒蜀兵二事。然孟達反覆小人，自取敗亡，非懿之力。蜀師入境，所向無前，懿畏之如虎，與諸葛武侯相守百餘日。懿不出，武侯乃遺懿巾幗婦人之服。武侯卒，蜀師退，懿追之。姜維令楊儀反旗鳴鼓，若將向懿者，懿驚走。當時已有「死諸葛走生仲達」之謡，則懿之無功已可概見。明帝已卒，懿誅曹爽，輔政，史臣盛稱其功，皆晉人曲筆，非公論也。明帝景初二年，孫權致公孫淵書曰：「司馬懿所向無前，深爲弟憂之。」孫權親破曹操於赤壁，劉先主、關壯繆尚非所畏，何至畏懿如是？邵陵厲公正始二年，夏，吴兵圍樊未下。五月，吴兵猶在荆州，懿督諸軍救樊。吴軍聞之，夜遁，追之，大獲而還。是時吴軍已退，懿何所獲？五年，曹爽伐蜀，懿止之不能得。爽失亡甚衆，關中爲之虚耗。爽師未大潰，關中何至虚耗？如誠關中虚耗，費禕、姜維豈有不乘其後者耶？二年，鄧艾開屯田於陳、蔡間，太傅懿善之。是時，爽執朝政，豈得歸功於司馬氏？淮南三將皆魏之舊臣，興義師以討賊不克而死。習鑿齒曰：「司馬大將軍於是役也，可謂能以德攻矣！」所謂子爲漢臣，安得不云爾哉！

淮南三將之敗由於吴

司馬氏專政，淮南三將聲罪致討，師以義起，而卒駢首就戮者，其故由於吴。高貴鄉公正元二年，毌丘儉、文欽矯太后詔，起兵壽春，移檄州郡以討司馬師。吴丞相孫峻率驃騎將軍吕據、左將軍留贊襲壽春。儉等既恐吴襲其後，軍心沮散，而魏人見吴兵之至，急於禦外侮，則不暇憂内亂。此儉等之所以敗也。甘露二年，司馬昭聽賈充言，詔以諸葛誕爲司空，召赴京師。誕得詔書，疑揚州刺史樂綝間己，殺之。斂淮南及淮北郡縣屯田口十餘萬官兵，揚州新附勝兵者四五萬人，聚穀足一年食，爲閉門自守之計。遣長史吴綱將少子靚至吴，稱臣，求救，並請以牙門子弟爲質。吴綱至吴，吴人大喜，使將軍全懌、全端、唐咨、王祚將三萬衆，與文欽同救誕。朱異率三萬人進屯安豐。吴兵既至，則誕益爲外寇，不復能申討賊之義矣！此誕之所以亦敗也。三年，吴李衡數以事侵琅邪王。及琅邪王即位，欲犇魏，其妻曰：「逃叛求活以此北歸，何面目見中國人乎？」誕之智曾不若一婦人也！

魏主謀司馬氏不密

夫有謀人之心而使人知之者，危也。高貴鄉公正元元年，邵陵厲公數召李豐，不知所説。司馬師知其議己，殺豐。

帝以豐之死，意殊不平，左右勸帝殺司馬昭，因退師，已書詔於前，帝懼，不敢發。昭引兵入城，師乃廢帝。高貴鄉公甘露四年，帝作《潛龍詩》以自諷，司馬昭見而惡之。次年，夏，帝見威權日去，不勝其忿。五月，召侍中王沈、尚書王經、散騎常侍王業謀自出討司馬昭，沈、業奔走告昭。賈充逆帝，戰於南闕下，成濟抽戈刺帝，死於車下。機事不密，死其宜矣。同時，吴主亮親覽政事，孫綝表奏，多所難問，綝甚懼。吴主又與全尚謀誅綝。尚以語其妻，綝同堂姊也，即使人密語綝。綝襲尚，執之，遂圍宫廢吴主爲會稽王，與魏事一轍。綝迎立琅邪王休，休恐其有變，數加賞賜。或有告綝欲圖反者，執以付綝，綝求出屯武昌，吴主許之。綝盡敕所督中營精兵萬餘人，皆令裝載，又取武庫兵器，吴主咸令給與。綝求中書兩郎典知荆州諸軍事，主者奏中書不應外出，吴主特聽之。其所請求，一無違者。密問輔義將軍張布以討綝事，布薦左將軍丁奉能斷大事。吴主召奉，用奉計，因臘會縛綝斬之。高貴鄉公常論夏少康、漢高祖優劣，以少康爲優。夫少康之在有虞，何嘗汲汲與寒浞較短長哉！少康不可及，豈吴主休亦不可及耶！

司馬昭殺鄧艾、鍾會

高貴鄉公甘露三年，司馬昭之克壽春，鍾會謀畫居多。昭親待日隆，委以腹心之任，時人比之子房。甘露元年，安西將軍鄧艾拒姜維，與戰於段谷，大破之。元帝景元三年，又戰於侯和，破之，維退住沓中。鍾、鄧俱有大功，又親滅蜀。四年，艾請因平蜀之勢以乘吴，煮鹽興冶爲軍農要用，並作舟船，豫爲順流之計。若從其計，吴必不支。而司馬昭不急於平吴，而急於殺鍾、鄧者，蓋昭竊魏之柄，恐人效其所爲，故於才能之士忌之甚深，不欲使之有大功以爲害於己。景元四年，鍾、鄧出師，或問平原劉寔曰：「鍾、鄧其平蜀乎？」寔曰：「破蜀必矣，而皆不還。」客問其故，寔笑而不答。西曹屬邵悌言於晉公曰：「會單身無任，不若使餘人行也」。晉公曰：「滅蜀之後，就如卿慮，何憂其不能辦也。夫蜀已破亡，遺民震恐，不足與共圖事。中國將士各自思歸，不肯與同也。會若作惡，祗自滅族耳。卿不須憂此，慎勿使人聞也。」則昭固籌之已久，帝觀者亦知其心矣。昭夫人王氏曰：「會見利忘義，好爲事端，寵過必亂，不可大任。」辛憲英謂其夫之從子羊祜曰：「會在事縱恣，非持久處下之道。」會請其子郎中琇爲參軍，憲英憂曰：「他日吾爲國憂，今日難至吾家矣。」則雖婦人女子亦未嘗不知也。會得晉公書曰：「恐鄧艾或不就徵，吾自將十萬屯長安，相見在近。」會驚呼所親語之曰：「但取鄧艾，相國知我獨辦之。今來太重，必覺我異矣，便當速發。」則會亦自知之矣。衛瓘執艾父子，諸將果欲劫艾，整仗趣瓘營。瓘僞作表章將明其事，諸將信之而止。鍾會獨統大衆，矯太后遺詔，起兵廢司馬昭。諸軍鼓譟而出，殺會。會將士死者數百人，天下洶洶莫知所從，將士各思奉其主。誠使鍾、鄧滅吴，其勢更必不可制，此固昭所熟慮而不敢輕於發者也！

三國之俗以幼慧爲忌

三國之末，離亂已久，人心皇皇皆以苟全亂世爲保身之計。幼而聰慧，人皆以爲忌。令狐愚爲白衣時，常有高志，衆人謂愚必興。令狐氏族父弘農太守邵獨以爲：「愚性倜儻，不修德而願大，必覆我宗。」諸葛恪少有盛名，吴大帝深器重之，而恪父瑾常以爲戚，曰：「非保家之主。」父友奮威將軍張承亦以恪必敗諸葛氏。此可以知當時之風俗矣！

史稱孫皓之初政皆吴史之辭

初，吴主之立，發優詔，恤士民，開倉廩，振貧乏，科出宮女以配無妻者，禽獸養於苑中者皆放之。當時翕然稱爲明主。按，吴主之立，在魏咸熙元年。是歲，執濮陽興、張布徙於廣州，道殺之。後二年寶鼎元年，晉泰始二年，散騎常侍王蕃，體氣高亮，不能承顏順指，吴主斬之殿下，出，登來山，使親近擲蕃首，作虎跳狼爭咋齧之。是歲，吴主居武昌，揚州之民泝流供給，甚苦之。則所謂恤士民者，固無有其事。陸凱上疏曰：「今國無一年之蓄，民有離散之怨，國有露根之漸，而官吏務爲苛急，莫之或恤。大帝時，後宮列女及諸織絡數不滿百。景帝以來，乃有千數，此耗財之甚也。」凱疏自景帝數之，則其間必無科出宮女事。是歲，使黄門徧行州郡，科取將吏家女。大臣子女簡閱不中，乃得出嫁。次年，作昭明宮，大開苑囿，起土山、樓觀，窮極伎巧，功役之費以億萬計。華覈上疏曰：「今倉庫空匱，編户失業，而北方積穀養民，專心東向。若舍此急務，盡力功作，卒有風塵不虞之變，當委版築而應烽燧，驅怨民而赴白刃，此乃大敵所因以爲資者也。」則不惟不振貧乏、放宮女，且又加甚焉。自皓即位以致於是年，皆三年以内之事。則其初年之善政，皆吴史之諛詞。或皓初即位時頗有此意，未之能行，而即大肆其奢心；或羣臣之中有以此相諫者，皓允之而未行，皆未可知。要之均未能行可必也！

通鑑劄記卷五

司馬氏以寬得衆

曹操乘喪亂之後，用崔琰、毛玠精刻之才以治天下。司馬氏誘之以寬，故人樂從之。吳張悌曰：「曹操雖功蓋中夏，民畏其威，而不懷其德也。丕、叡承之，刑繁役重，東西馳驅，無有寧歲。司馬懿父子除其煩苛，而布其平惠，民心歸之亦已久矣。」則當時之人早有定論矣。邵陵厲公嘉平五年，王昶、毋丘儉聞東軍敗，各燒屯走。朝議欲貶黜諸將，司馬師曰：「我不聽公休，此我過也，諸將何罪！」悉宥之。是歲，雍州刺史陳泰求敕并州并力討胡，師從之。未集，而新興、雁門二郡胡以遠役，遂驚反。師又謝朝士曰：「此我過也，非陳雍州之責！」此以寬待將士也。高貴鄉公甘露二年，吳孫壹將部曲來奔，拜車騎將軍、交州牧，封吳侯。全懌及全端帥衆出降，拜懌平東將軍，封臨湘侯，端等封拜各有差。三年，文欽子鴦虎踰城自歸，表爲將軍，賜爵關内侯。此以寬待降人也。晉武初受魏禪，泰始元年，除魏宗室禁錮，罷部曲將及長史納質任。二年，除漢宗室禁錮，罷山陽國督軍，除其禁制。五年，詔諸葛亮孫京宜隨才署吏，傳僉息著、募没入奚官，宜免爲庶人。此於前朝之人亦以寬待之也。太康元年，吳亡，諸葛靚逃竄不出。靚姊爲琅琊王妃，帝知靚在姊間，因就見焉。靚逃於厠，帝又逼見之，謂曰：「不謂今日復得相見！」靚流涕曰：「臣不能漆身皮面，復覩聖顔，誠爲慙恨！」詔以爲侍中，固辭不拜，歸於鄉里，終身不向朝廷而坐。靚，諸葛誕之子也。惠帝永興元年，徵前侍中嵇紹詣行在。蕩陰之敗，紹以身衛帝而死。紹，嵇康之子也。武帝能容靚於先，惠帝更用紹於後，且能令其衛主死難，則晉之於仇敵之子尤能以寬待之也。太康元年，胡威爲尚書，嘗諫時政之寬。十年，劉頌上疏：「陛下以法禁寬縱，積之有素，未可一旦以直繩御下。」當時臣下且以寬縱議朝廷，則司馬氏自執魏政，務從寬大，以結天下之心，其謀雖險，而惠已周矣！宜其一天下而傳祚且二百年也！

晉州郡專擅

晉武帝懲魏孤立，故大封宗室，授以職任，又詔諸王皆得自選國中長吏。然外權既重，州郡專擅，實所不免。泰始八年，汶山白馬胡侵略諸種，益州刺史皇甫晏討之。牙門張弘作亂，殺晏。廣漢主簿李毅言於太守弘農王濬「即時赴討」。濬欲先上請，毅曰：「殺主之賊，爲惡尤大，當不拘常制，何請之有！」濬擊弘斬之。詔以濬爲益州刺史，罷屯田軍，大作舟艦。別駕何攀以爲「屯田兵作船不能猝辦，宜召諸郡兵合萬餘人造之」。濬欲先上須報，攀曰：「朝廷猝聞召萬兵，必不聽。不如輒召，設當見却，功夫已成，勢不得止。」濬從之。濬雖受中制募兵，而無虎符。廣漢太守燉煌張斆收濬從事列上。帝召斆還，責曰：「何不密啟而便收從事？」斆曰：「蜀、漢絶遠，輒收，臣猶以爲輕。」帝善之。州郡用兵造艦先不請命於朝，而朝廷後亦不之責，固事勢宜然，而專擅之習則已成矣。晉惠帝大安二年，詔以劉弘都督荆州諸軍事。六月，弘以陶侃爲大都護。秋，弘遣侃等攻張昌，大破之。弘謂侃曰：「今觀卿必繼老夫矣。」時荆部守宰多缺，弘請補選，表皮初補襄陽太守。朝廷更以弘壻夏侯陟爲之，弘不受命，仍請用初。詔聽之。永興二年，弘遣侃等討陳敏，弘雖表請補官，然專任陶侃攻賊之事，不受夏侯典郡之命。史稱弘「專督江漢，威行南服」。厥後王敦、陶侃、庾亮、桓温等相繼典州，雖忠逆不同，而方鎮威勢可制京邑，外重之風由來久矣！

晉室忌人才

晉之得天下不以其道，唯恐人效其所爲。國家已定，專任賈充等茸闒無能之人，而才智之士立功之後，或誅逐，或疏遠，不復大用。魏元帝景元四年，司馬昭使鍾會、鄧艾滅蜀。咸熙元年，檻車徵鄧艾，艾及會皆死於蜀。晉武帝太康元年，使杜預、王渾、王濬等伐吴，吴亡。是後濬等别無所表見，則武帝忌之可知矣。張華亦以伐吴之謀，爲荀勗所譖而出之，都督幽州諸軍事。惠帝元康七年，齊萬年屯梁山，有衆七萬。梁王肜使周處以五千兵擊之。處軍士未食，肜促令速進，遂力戰而死。初，處嘗按劾梁王肜違法。元康六年，詔以處隸夏侯駿，討齊萬年。陳準言於朝曰：「駿及梁王皆貴戚，非將帥之才。周處吴人，忠直勇果，有仇無援，宜詔積弩將軍孟觀以精兵萬人爲處前鋒，必能殄寇。不然，梁王當使處先驅，以不救而陷之。其敗必也。」朝廷不從。及處戰死，朝廷雖以尤彤而亦不能罪也。東晉元帝之不任祖逖，亦其家法耳。大興四年，以戴淵爲征西將軍，都督司、兗、豫、并、雍、冀六州諸軍事，司州刺史，鎮合肥。逖以已剪荆棘，收河南地，而淵雍容，一旦來統之，意怏怏。聞王敦與劉、刁搆隙，將有内難，知大功不遂，感激發病死。逖大功之不成，固由於内亂，實則元帝於才智之將皆加猜忌。戴淵之來，雖以備敦，亦以防逖也。

晉染夷俗

晉武帝太康三年，賈充死，無嗣，妻郭槐欲以充外孫韓謐爲世孫，郎中令韓咸、中尉曹軫諫曰：「禮無異姓爲後之文。」槐不聽。咸等上書，求改立嗣，事寢不報。槐遂表陳之，云充遺意。帝許之。及太常議謚，博士秦秀曰：「充悖禮溺情，以亂大倫。昔鄫養外孫莒公子爲後，《春秋》書『莒人滅鄫』。絶父祖之血食，開朝廷之亂原。案《謚法》：『昏亂紀度曰荒』，請謚『荒』。」惠帝元康元年，賈后廢楊太后爲庶人，又殺太后母龐氏。太后上表詣賈后稱妾，請全母命，不見省。董養游太學，升堂歎曰：「朝廷建斯堂，將以何爲乎！每覽國家赦書，謀反大逆皆赦，至於殺祖父母、父母不赦者，以爲王法所不容故也。奈何公卿處議，文飾禮典，乃至此乎！天人之理既滅，大亂將作矣。」二年，故楊太后卒於金墉城。是時，太后尚有侍御十餘人，賈后悉奪之，絶膳八日而卒。七年，胡毋輔之嘗酣飲，其子謙之厲聲呼其父字曰：「彦國！年老，不得爲爾！」輔之歡笑，呼入共飲。愍帝建興四年，劉曜攻長安，帝出降。干寶論曰：「晉之興也，其創基立本固異於先代矣！風俗淫僻，耻尚失所。其婦女不知女工，任情而動，有逆於舅姑，有殺戮妾媵，父兄莫之罪也，天下莫之非也。禮法刑政，於此大壞。『國之將亡，本必先顛』其此之謂乎！」中國所以異於夷狄者，有人倫禮教也。晉室上下之所爲，無禮教甚矣！非用夷變夏，而何被髮祭野，辛有知其必戎。西晉之淪於胡羯亦其風俗召之也！

胡人利用中國名義之法

五胡之興，大都利用中國名義以爲號召。諸胡亂晉以匈奴爲烈。武帝咸寧五年，以劉淵爲左部帥。太康十年，詔以淵爲匈奴北部都尉。惠帝太熙元年，以淵爲建威將軍、匈奴五部大都督。永興元年，太弟穎拜淵爲北單于，參丞相軍事。淵至左國城，劉宣等上大單于之號。二旬之間有衆五萬。淵之坐大，晉自以威權授之也。武帝太康五年，塞外匈奴胡太阿厚帥部落二萬九千三百人來降，帝處之塞内西河。七年，秋，匈奴胡都大博及萎莎胡各帥種落十餘萬口詣雍州降。八年，匈奴都督大豆得一育鞠等復帥種落一千五百口來降。匈奴種族之蕃衍亦晉收之内地，不僅曹魏所招也。可見匈奴雖居塞内，不假威權，不增族類，其禍未必大。諸胡縱横河北，匈奴而外以，鮮卑爲最久。武帝太康十年，慕容廆遣使請降。詔拜廆爲鮮卑都督。元帝建武元年，以鮮卑大都督慕容廆爲都督遼左雜夷流民諸軍事、龍驤將軍、大單于昌黎公。廆不受。征虜將軍魯昌説廆曰：「琅邪王承制江東，爲四海所係屬。明公雖雄據一方，而諸部猶阻兵未服者，蓋以官非王命故也。謂宜通使琅邪，勸承大統，奉詔命以伐有罪，誰敢不從！」處士高詡曰：「晉室雖微，人心猶附之，宜遣使江東，示有所尊。然後杖大義以征諸部，不患無辭矣。」廆從之。大興元年，復遣使授廆龍驤將軍、大單于、昌黎公，廆辭公爵不受。裴嶷説廆，并取諸部以爲西討之資。廆以嶷爲長史，委以軍國之謀。諸部弱小者，稍稍擊取之。二年，廆擊破宇文氏，獲皇帝玉璽三紐，獻於建康。四年，以廆爲都督幽、平二州、東夷諸軍事、車騎將軍、平州牧，封遼東公，單于如故。成帝咸和九年，策拜慕容皝鎮軍大將軍、平州刺史、大單于、遼東公，持節承制，封拜一如廆故事。咸康三年，皝自稱燕王。四年，皝引兵攻掠令支以北諸城，大破段蘭兵，段遼棄令支奔密雲山，求迎於燕。皝盡得遼衆。七年，燕長史劉翔至建康，爲皝求封，爭之再三，始以皝爲使持節、大將軍、都督河北諸軍事、幽州牧、大單于、燕王，備物、典策，皆從殊禮。康帝建元元年，宇文逸豆歸遣其相莫淺渾將兵擊燕。皝擊之，盡俘其衆。二年，皝伐宇文逸豆歸，逸豆歸走死漠北，宇文氏由是散亡。皝悉收其畜産、資貨，從其部衆五千餘落於昌黎，闢地千餘里。穆帝永和八年，燕王儁稱皇帝。十一年，燕慕容恪擊段龕。十二年，龕降，恪撫安新民，悉定齊地，徙鮮卑、胡羯三千餘户於薊。慕容之强，尤在於憑藉寵靈，并兼他族，猶之乎匈奴也。其他如惠帝太安二年，以遼西郡封段務勿塵爲遼西公。懷帝永嘉四年，進爲大單于。穆帝永和七年，段龕以青州内附，詔以龕爲鎮北將軍、封齊公，亦是類也。與鮮卑競强者爲氐羌。穆帝永和五年，蒲洪遣使來降。六年，以洪爲氐王，使持節、征北大將軍、都督河北軍事，冀州刺史、廣川郡公。蒲健爲假節右將軍、監河北、征討前鋒諸軍事，襄國公。洪卒，健代統其衆，稱晉官爵，遣使來告喪，且請朝命。是歲，健入長安，以民心思晉，乃遣使詣建康，獻捷。於是秦、雍夷夏皆應之。七年，姚弋仲遣使來請降，詔以弋仲爲使，持節六夷大都督、督江北諸軍事、車騎大將軍、開府儀同三司、大單于、高陵郡公，又以其子襄爲持節平北將軍、都督并州諸軍事、并州刺史、平鄉縣公，符姚之起，亦師慕容之故智矣。孝武太元十九年，仇池氐楊盛來稱藩。安帝義熙三年，盛復通於晉，詔以盛爲都督隴右諸軍事、征西大將軍、開府儀同三司。十一年，河西王沮渠蒙遜上表：「願爲右翼，驅除戎虜。」十二年，西秦王乞伏熾盤遣使詣劉裕，求擊秦自効。裕拜熾盤平西將軍、河南公。則又效符姚當日之所爲矣。於以見諸胡之能亂晉，由於晉室假以聲威，遂悍然不可復制耳。

晉人亡走歸夷狄

武帝太康十年，以劉淵爲匈奴北部都尉。淵輕財好施，傾心接物，五部豪桀、幽冀名儒多往歸之。惠帝元康五年，代人衛操與從子雄及同郡箕澹往依拓跋氏，説猗㐌、猗盧招納晉人。猗㐌悦之，晉人附者稍衆。六年，略陽清水氐楊茂搜保仇池，自號輔國將軍、右賢王。關中人士避亂者多依之。八年，巴氐李特及庠、流等皆有材武，善騎射，性任俠，州黨多附之。及齊萬年反，關中荐饑，略陽、天水六郡民流移就穀入漢川者數萬家，道路有疾病窮乏者，特兄弟常營護振救之，由是得衆心。永興元年，劉淵遷都左國城，胡晉歸之者愈衆。懷帝永嘉二年，淵將石勒、劉靈等寇魏郡、汲郡、頓印，百姓望風降附者五十餘壘，皆假壘主將軍、都尉印綬，簡其强壯五萬爲軍士，老弱安堵如故。五年，遼東鮮卑連年爲寇，東夷校尉封釋不能討，民失其業，歸慕容廆者甚衆。廆稟給遣還，願留者即撫存之。釋卒，其子孫以道不通，喪不得還，皆留仕廆。愍帝建興元年，初，中國士民避亂者，多依王浚，浚不能存撫，又政法不立，士民往往復去歸慕容廆。廆以裴嶷、陽耽、黄泓、魯昌爲謀主，游邃、逄羨、西方虔、宋奭、封抽、裴開爲股肱，宋該、皇甫、岌岌弟真、繆愷、劉斌、封奕，封裕典機要。四年，河東平陽大蝗，民流殍者什五六。石勒招納流民，民歸之者二十萬户。穆帝永和十二年，姚襄勇而愛人，雖戰屢敗，民知襄所在，奔馳而赴之。升平元年，襄屯杏城，羌胡及秦民歸之者五萬餘户。安帝義熙十一年，琅邪太守劉朗帥二千餘家降魏。河西胡劉雲等帥數萬户降魏。十四年，夏，赫連璝至渭陽，關中民降之者屬路。終晉之世，以冠帶之族歸戎狄之庭者，不可勝數。大抵其先多遭時亂，道路壅絶，不得已而爲之，後則安之而與之俱化，殆亦忘其爲中國之民，神明之冑矣！然晉之不能招撫，以圖恢復，謀國者烏得辭其咎耶？曾子曰：「上失其道，民散久矣！」三復斯言，尤不能無慨然於兩晉之世也！

晋王公大臣結交夷狄

惠帝大安二年，安北將軍、都督幽州諸軍事王浚以天下方亂，欲結援夷狄，乃以一女妻鮮卑段務勿塵，一女妻宇文國素怒延，又表以遼西郡封務勿塵爲遼西公。永興元年，王浚、東嬴公騰與鮮卑段務勿塵、烏桓羯朱同討穎，劉淵説穎，請説五部以赴國難，以二部摧東嬴，三部梟王浚。穎悦，拜淵爲北單于、參丞相軍事。則五胡之崛起，其故皆晋諸臣之自相殘，賊招之使來，非其力之足亂華也。永興元年，東嬴公騰使索頭猗㐌、猗盧破淵於西河。二年，漢王劉淵攻東嬴公騰，騰乞師於拓跋猗㐌，猗㐌救騰，斬漢將綦母豚。光熙元年，司空越遣祁弘、宋胄、司馬纂帥鮮卑西迎車駕。弘等入長安，所部鮮卑大掠，殺二萬餘人，百官奔散，入山，拾橡實食之。懷帝永嘉二年，并州刺史劉琨使上黨太守劉惇帥鮮卑攻壺關，漢征東將軍綦母達戰敗亡歸。三年，王浚遣祁宏與鮮卑段務勿塵擊石勒於飛龍山，大破之。四年，劉琨討劉虎及白部，遣使卑辭厚禮説鮮卑拓跋猗盧以請兵。猗盧使其弟弗之子鬱律帥騎二萬助之，遂破劉虎、白部，屠其營。琨與猗盧結爲兄弟，表猗盧爲大單于，以代郡封之爲代公。猗盧從琨求陘北之地，琨不能制，且欲倚之爲援，以其地與之。六年，漢寇并州，入晉陽，琨求救於代公猗盧。猗盧帥衆與漢劉曜戰於汾東，曜兵敗而歸。猗盧追之，戰於藍谷，漢兵大敗。是歲，王浚遣督護王昌及遼西公段疾陸眷攻石勒於襄國，勒先擊破疾陸眷等軍，獲末柸質之，遣使求和於疾陸眷，結爲兄弟。疾陸眷引歸，王昌不能獨留，亦引兵還薊。勒與末柸誓爲父子，遣還遼西。由是段氏專心附勒，王浚之勢遂衰。愍帝建興元年，浚召疾陸眷共擊石勒，疾陸眷不至。浚怒，以重幣賂拓跋猗盧，并檄慕容廆等共討疾陸眷。猗盧爲疾陸眷所敗，廆亦還。劉琨與代公猗盧擊漢，亦不克而還。則王浚、劉琨二人身居重鎮，未嘗有恢復之志，徒欲倚人以爲重，而卒亦不能得其力。浚雖可耻，琨亦失計矣。懷帝永嘉五年，劉琨得石勒母王氏，并其從子虎，送於勒。勒厚禮其使，謝而絶之。則石勒者，亦琨所欲結而未能者也。愍帝建興元年，張賓爲石勒謀，遣使多齎珍寶奉表於浚，勸之稱帝。浚大悦，遣使報聘。二年，使至襄國，勒北面拜使者而受書。勒將襲王浚，畏劉琨爲後患，遣使奉牋送質於琨，請討浚自効，琨大喜。勒遂至薊，執浚斬於襄國市。琨始知勒無降意，大懼。則王浚、劉琨之術，石勒早知之，因將計就計而取之。勒之狡固非琨、浚所能制，然浚已受疾陸眷之欺而不知懲，琨又見浚之敗而不以爲鑒，其愚何至於是哉。四年，石勒圍樂平太守韓據於坫城，據請救於劉琨。琨悉發其衆，命箕澹爲前驅。勒大破濬軍。琨奔薊，段匹磾與之結婚，結爲兄弟。元帝建武元年，劉琨、段匹磾相與歃血同盟，期以翼戴晉室。大興元年，琨子羣爲段末柸所得，末柸欲與之襲匹磾，密遣使齎羣書，請琨爲内應，爲匹磾邏騎所得。匹磾收琨，縊殺之。琨之死雖與浚異，然其愚一也。元帝大興二年，平州刺史崔毖説高句驪、段氏、宇文氏，使共攻慕容廆，大敗。毖聞之懼，使其兄子燾詣棘城僞賀。會三國使者亦至，請和，曰：「非我本意，崔平州教我。」廆以示燾，臨之以兵，燾懼，首服。廆遣燾歸，引兵隨之，毖棄家奔高句驪。毖歷見浚、琨之敗而不悟，其愚更在浚、琨下。總之，欲結異族以爲己用，自非有不世出之略以御之，如唐之用突厥，鮮有不敗亡者。晉代其顯焉者耳！吁可鑒已！

五胡要結晉民

五胡之起，皆肆行侵略，爲萬民害，及據有城邑，則禁止其衆，不復强掠，以小惠結民。當時之民，困於兵燹，亦遂安之。晉惠帝永寧元年，李特入成都，縱兵大掠。大安二年，李雄説流民曰：「吾屬前已殘暴蜀民。」言出於雄之口，必是當時實事。然是歲李特入據蜀郡，惟取馬以供軍，餘無侵掠。蜀民相聚爲塢者，皆送欵於特。特遣使就撫之，以軍中糧少，乃分六郡流民於諸塢就食。李流言於特曰：「諸塢新附，人心未固，宜質其大姓子弟，聚兵自守，以備不虞。」雄亦爲言，特怒曰：「大事已定，但當安民，何爲更逆加疑忌，使之離叛乎？」惠帝永興元年，劉淵遣喬晞取介休。介休令賈渾不降，晞殺之，將納其妻宗氏。宗氏罵晞而哭，晞又殺之。淵聞之，大怒，曰：「使天道有知，喬晞望有種乎？」追晞還降秩四等，收渾屍，葬之。懷帝永嘉三年，漢主淵以滅晉大將軍劉景爲大都督，將兵攻黎陽，克之。又敗王堪於延津，沈男女三萬人於河。淵聞之怒曰：「景何面復見朕，且天道豈能容之，吾所欲除者，司馬氏耳，細民何罪？」黜景爲平虜將軍。元帝大興二年，石勒即趙王位，重禁胡人不得凌侮衣冠、華族。三年，石虎攻邵續執之，送於襄國。勒以爲忠，釋而禮之，以爲從事中郎。因下令，自今克敵，獲士人，毋得擅殺，必生致之。穆帝永和元年，燕王皝下令，悉罷苑囿以給民之無田者，實貧者，官與之牛；溝瀆各有益者，令以時修治。穆帝永和七年，秦王健分遣使者問民疾苦，搜羅雋異，寬重斂之税，弛離宮之禁，罷無用之器，去侈靡之服。凡趙之苛政不便於民者，皆除之。升平元年，秦王堅舉異材，修廢職，課農桑，恤困窮，禮百神，立學校，旌節義，繼絶世。秦民大悦。二年，秦大旱，堅減膳徹樂，命后妃以下悉去羅紈，開山澤之利，公私共之。息民養兵，旱不爲災。孝武帝太元元年，秦王堅分遣侍臣周巡郡縣，問民疾苦。安帝隆安三年，秦主興存問孤貧，舉拔賢俊，簡省法令，清察獄訟。守令之有政迹者，賞之；貪殘者，誅之。遠近肅然。五年，北涼沮渠蒙遜擢任賢才，文武咸悦。是歲，南涼秃髮利鹿孤命羣臣極言得失。諸胡煦煦施惠，皆欲要結民心以自保，且爲招徠計耳！

匈奴亂晉，晉人爲之先驅

惠帝永興元年，劉淵自稱大單于，僅欲興呼韓邪之故業而已，無大志也。至懷帝永嘉元年，石勒、王彌來降。二年，淵始命劉聰、石勒擊晉。王彌收集亡散，攻掠青、徐、兖、豫四州，所過攻陷郡縣，有衆數萬，遂入許昌。入自轘轅，敗官軍於伊北，京師大震。彌至洛陽，屯於津陽門。北宫純募勇士百餘人突陣，彌兵大敗。彌燒建春門而東，左衛將軍王秉追之，戰於七里澗，又敗之。彌走渡河，自軹關如平陽。漢王淵遣侍中兼御史大夫郊迎，令曰：「孤親行將軍之館，拂席洗爵，敬待將軍。」彌至，拜司隸校尉，加侍中、特進。自此以前，淵未嘗稱兵犯晉，其中猶有畏晉之心，不敢輕視也。彼見王彌一豎帥、一旅之師，晉兵即奔走惶懼，不敢攖其鋒，以至直逼京師。如是易與，亦何憚而不爲寇。是歲，淵寇平陽。未幾石勒、王彌寇鄴，淵遂即帝位。石勒、劉靈寇魏郡、頓邱，百姓望風降附。三年，漢劉聰等寇洛陽失利。王彌謂聰曰：「洛陽守備猶固，運車在陝，糧食不支數日。不如還平陽，裹糧發卒，更爲後舉。」聰乃還。五年，漢劉曜等入洛陽。王彌説曜曰：「洛陽天下之中，宜白主上徙都之。」曜不用。彌駡曰：「屠各子，豈有帝王之意耶！」使漢無王彌，則其先既不敢深入，其繼又不知進退，必不能成大事。又使終用彌之策，則晉之亡愈速，而偏安之局且不可保矣！又永嘉三年，左積弩將軍朱誕奔漢，具陳洛陽孤弱，勸漢主淵取之。淵以誕爲前鋒都督。六年，劉琨收令狐盛殺之。盛子泥奔漢，且言虚實。漢主聰大喜，遣兵寇并州，以令狐泥爲鄉導，遂入晉陽。其他甘爲異族先驅，以禍宗國，誠所謂陵之罪上通於天矣！

東晉無北伐之志

懷帝永嘉六年，石勒築壘於葛陂，課農造舟，將攻建業。琅邪王睿大集江南之衆於壽春，以鎮東長史紀瞻爲揚威將軍，都督諸軍以討之。會大雨三月不至，勒軍中飢疫死者大半。聞晉軍將至，集將佐議之。張賓曰：「將軍宜北徙，據鄴，以經營河北。晉之保壽春，畏將軍往攻之耳。彼聞吾去，喜於自全，何暇追襲吾後爲不利邪！」勒引兵發葛陂，遣石虎帥騎二千向壽春，爲紀瞻所敗。瞻追奔百里，前及勒軍。勒結陣待之，瞻不敢擊，退還。愍帝建興元年，詔左丞相睿以時進軍。睿辭以方平定江東，未暇北伐。祖逖言於睿曰：「晉室之亂，非上無道而下怨叛也。由宗室爭權，自相魚肉，遂使戎狄乘隙，毒流中土。今遺民既遭殘賊，人思自奮，大王誠能命將出師，使如逖者統之，以復中原郡國，豪傑必有望風響應者矣！」睿素無北伐之志，以逖爲奮威將軍、豫州刺史，給千人廩，布三千疋，不給鎧仗，使自召募。二年，巴郡嘗告急云：「有晉兵。」成主李雄曰：「吾常憂琅邪微弱，遂爲石勒所滅，以爲耿耿，不圖乃能舉兵，使人欣然。」則晉無北伐之志，不特帷幄之中，咸以是爲保國之要策。即其敵國之人，亦莫不知其情實矣。郗鑒、陶侃、蔡謨皆所謂賢大夫也。成帝咸康五年，庾亮上疏言：「蜀甚弱，而胡尚强，欲帥大衆十萬移鎮石城，遣諸軍羅布江、沔，爲伐趙之規。」太尉鑒以爲「資用未備，不可大舉」。太常蔡謨以爲「蘇峻之彊不及石虎，沔水之險不及大江。大江不能禦蘇峻，而欲以沔水禦石虎，愚所疑也。昔祖士雅在譙。當時，胡唯據河北，方之於今，四分之一。士雅不能捍其一而征西欲以禦其四，又所疑也」。左衛將軍陳光請伐趙，詔遣光攻壽陽。謨又上疏言其非策。初，陶侃在武昌，議者以江北有邾城，宜分兵戍之。侃乃渡水獵，引將佐語之曰：「我所設險而禦寇者，正以長江耳。邾城隔在江北，非以禦寇也。」及庾亮鎮武昌，使毛寶等戍邾城，皆敗死。穆帝永和五年，桓温聞趙亂，出屯安陸，遣諸將經營北方。趙揚州刺史王陜舉壽春降。征北大將軍褚裒上表請伐趙，北方士民降附者日以千計。光禄大夫蔡謨曰：「今日之事，殆非時賢所及，必將疲民以逞。既而才略疎短，不能副心，財殫力竭，智勇俱困，安得不憂及朝廷乎！」褚裒果敗，焚壽春，積聚遁還。則晉之無志北伐，不惟常人多圖苟安，即當時賢者，亦不免於畏葸之見矣。永和七年，桓温聞石氏亂，上疏請出師經略中原。事久不報。温知朝廷杖殷浩以抗己，甚忿之。然知浩之爲人，亦不之憚。帥衆四五萬順流而下，軍於武昌。會稽王昱致書諭以禍福，温乃還鎮。八年，殷浩請北出許、洛，以安西將軍謝尚、北中郎將荀羨爲督統，謝尚、姚襄共攻許昌。秦王健救之，尚等大敗。浩之北伐也，中軍將軍王羲之以書止之，不聽。既而無功，復謀再舉。羲之遺浩書曰：「今軍破於外，資竭於內，保淮之志，非所復及，莫若還保長江，督將各復歸鎮。自長江而外，羈縻而已。」又與會稽王昱牋曰：「區區吴越經緯天下十分之九，不亡何待！」九年，姚襄屯歷陽，殷浩惡其强盛。襄疑懼。浩自壽春帥衆七萬北伐，以姚襄爲前驅，襄縱兵擊之，浩大敗。十年，桓温上疏數浩之罪，免爲庶人。浩雖無功，然阻之者亦衆矣。桓温伐秦、伐燕二次，皆無功，其故亦由於是。安帝義熙五年，劉裕抗表伐南燕，朝議尚以爲不可。則晉之北伐無功，由於無北伐之志，風氣之弱，百有餘年，何嘗非元帝啟之耶！

中原遺民思晉

愍帝建興四年，代大亂，左衛將軍衛雄、信義將軍箕澹，謀歸劉琨。乃言於衆曰：「聞舊人忌新人悍戰，欲盡殺之，奈何？」晉人驚懼曰：「死生隨二將軍！」乃與琨子遵帥晉人及烏桓三萬家、馬牛羊十萬頭歸於琨。元帝建武元年，初，張寔叔父肅爲西海太守，聞長安危逼，請爲先鋒入援。寔以其老，弗許。及聞長安不守，肅悲憤而卒。大興元年，劉聰卒，子粲立。靳準執粲殺之。劉氏男女，無少長皆斬東市。發永光、宣光二陵，斬聰屍，焚其宗廟。準謂安定胡嵩曰：「自古無胡人爲天子者，今以傳國璽付汝，還如晉家。」遣使告司州刺史李矩曰：「劉淵，屠各小醜，因晉之亂，矯稱天命，使二帝幽沒。輒率衆扶侍梓宮，請以上聞。」矩馳表於帝，帝遣太常韓胤等奉迎梓宮。是匈奴族滅，晉有恢復之望，而不能利用時會也。成帝咸和八年，石勒卒，趙將石聰及譙郡太守彭彪各遣使來降。聰本晉人，冒姓石氏。朝廷遣督護喬球將兵救之。未至，聰等爲虎所誅。成建寧、牂柯二郡來降，李壽復擊取之。九年，趙徐州從事朱縱以彭城來降，趙將王朗攻之。縱奔淮南。咸康二年，張駿上疏以爲：「勒、雄既死，虎、期繼逆，兆庶離主，漸冉經世；先老消落，後生不識，慕戀之心，日遠日忘，乞汎舟江、沔，首尾齊舉。」四年，成主期驕虐日甚，漢王壽懼不免。初，巴西處士龔壯父、叔皆爲李特所殺。壯欲報讎，往見壽曰：「巴、蜀之民本皆晉臣，節下若能西取成都，稱藩於晉，誰不爭爲節下前驅者！如此則名垂子孫，福流不朽，豈徒脱今日之禍而已！」壽克成都。羅恒、解思明、李奕等勸壽稱藩於晉，壽不從。蜀中久雨，壯上封事請舉國稱藩，壽祕而不宣。六年，趙王虎與漢主壽書，欲與之連兵入寇。壽大喜，龔壯諫，不聽。羣臣皆以壯言爲然，壽乃止，士卒咸稱萬歲。壯又欲使壽事晉，壽不從。壯乃詐稱耳聾，手不制物，辭歸，終身不復至成都。穆帝永和五年，趙人梁犢自稱晉征東大將軍，長驅至長安。趙王虎使姚弋仲等擊破之，斬犢。是歲，趙揚州刺史王浹舉壽春降，西中郎將陳逵進據壽春。北方士民降附者日以千計。魯郡民五百餘家起兵附晉。褚裒遣部將王龕、李邁迎之。趙騎二萬與龕等戰於代陂，龕等大敗，皆沒於趙。陳逵聞之，焚壽春積聚，遁還。六年，冉閔滅石氏。司徒申鍾等上尊號，閔曰：「吾屬故晉人也，今晉室猶存，請與諸君分割州郡，各稱牧、守，公、侯，奉迎晉天子還都洛陽。」尚書胡睦進曰：「陛下聖德應天，宜登大位，晉氏衰微，豈能混一海內乎！」閔乃即位。是羯亡之時，又一恢復時會，而晉失之者也。七年，魏徐州刺史周成、兗州刺史魏統、荆州刺史樂弘、豫州牧張遇以廩丘、許昌諸城來降。平南將軍高崇、征虜將軍吕護執洛州刺史鄭系，以其地來降。謝尚不能撫慰張遇，遇復據許昌叛降秦。九年，遇陰結關中豪傑，欲滅苻氏，以其地來歸。事覺，伏誅。於是孔持起池陽，劉珍、夏侯顯起鄠，喬秉起雍，胡陽赤起司竹，呼延毒起灞城，衆數萬人，各遣使請兵。晉兵不至，皆爲秦所滅。十年，張祚自稱涼王。郎中丁琪諫曰：「我自武公以來，世守臣節，故能以一州之衆，抗舉世之虜。士民所以用命，四遠所以歸嚮者，以吾能奉晉室故也。」祚怒斬之。十一年，上黨人馮鴦逐燕太守段剛，據安民城，遣使來降。升平元年，秦大將軍、冀州牧張平遣使請降，拜并州刺史。二年，燕司徒上庸王評討馮鴦不克，秦王堅自討張平降之。五年，燕河內太守吕護遣使來降。燕太宰恪討之，護軍將軍傅歆請急攻之，以省大費。恪曰：「護內無蓄積，外無救援，不過十旬，取之必矣。」護食盡，奔滎陽，降者雖多，晉不能顧常，得而復失。安帝義熙五年，劉裕伐南燕。北方之民執兵、負糧歸裕者日以千數。十三年，裕伐秦軍，至潼關，乏食，百姓競送義租，軍食復振。既克秦，裕欲還，三秦父老詣門流涕訴曰：「殘民不霑王化，於今百年，始觀衣冠，人人相賀。捨此欲何之乎。」終晉之世，中原遺民懷思故國、乘機歸附者實繁有徒，而晉室君臣類皆不能善用時勢，迅赴事機，使各因地建功以成中興之業，往往收撫不及，致慕義者事起無功，滅不旋踵可慨也夫！

東晉人猶有志氣，其民可用

謂晉人脆弱不能敵五胡者，妄也。愍帝建興四年，代國大亂，衛雄、箕澹言於衆曰：「聞舊人忌新人悍戰，欲盡殺之，將奈何？」乃帥衆歸於劉琨。註，舊人，索頭部人；新人，晉人也。建興元年，祖逖將其部曲百餘家渡江，中流擊楫而誓曰：「祖逖不能清中原而復濟者，有如大江。」遂屯淮陰，起冶鑄兵，募得二千餘人而後進。逖之志氣何其壯哉！元帝大興三年，祖逖鎮雍邱，數遣兵邀擊後趙兵，後趙鎮戍歸逖者甚多，境土漸蹙。自河以南多叛後趙歸於晉。逖練兵積穀，爲取河北之計。後趙王勒患之，乃爲逖修祖、父墓，因與逖書，求通使及互市。逖不報書，而聽其互市，收利十倍。則逖之功效已可睹矣。明帝太寧元年，成攻寧州，刺史褒中壯公王遜使將軍姚嶽等拒，戰於螗蜋，成兵大敗。嶽追至瀘水，成兵爭濟，溺死者千餘人。嶽以道遠，不敢濟而還。遜以嶽不窮追，鞭之，怒甚，冠裂而卒。其忠烈若是。成帝咸和七年，趙郭敬南掠江西，太尉陶侃遣其子平西參軍斌及南中郎將桓宣乘虛攻樊城，悉俘其衆。敬旋救樊，宣與戰於涅水，破之，皆得其所掠。侃兄子臻及竟陵太守李陽攻新野，拔之。敬懼，遁去。宣遂拔襄陽。侃使宣鎮襄陽。宣招懷初附，簡刑罰，略威儀，勸課農桑，或載鉏耒於軺軒，親帥民芸穫。在襄陽十餘年，趙人再攻之，宣以寡弱拒守，趙人不能勝。時人以爲亞於祖逖、周訪。咸康元年，趙征虜將軍石遇攻桓宣於襄，不克。宣之見稱於時，誠不虛也。八年，趙主勒遣使來修好，詔「焚其幣」。壯哉，此舉可見晉之君臣猶有志氣，非南宋稱臣稱姪之比。咸康六年，燕王皝使劉翔來獻捷。七年，翔至建康，謂諸公曰：「王師縱未能澄清北方，且當從事巴蜀。」中護軍謝廣曰：「是吾心也。」康帝建元元年，庾翼以滅胡取蜀爲已任。朝議多以爲難，唯庾冰意與之同，而桓温、譙王無忌皆贊成之。穆帝永和二年，桓温將伐漢，將佐皆以爲不可。江夏相袁喬勸之曰：「蜀雖險固，比胡爲弱，將欲除之，宜先其易者。李勢無道，臣民不附，宜以精卒萬人輕齎疾趨，比其覺之，我已出其險要，可一戰擒也。」温從之。三年，温至彭模。議者欲分爲兩軍，袁喬曰：「今懸軍深入，勝則大功可立，不勝則噍類無遺，當合勢齊力，以取一戰之捷。不如全軍而進，棄去釜甑，齎三日糧，以示無還心，勝可必也。」温從之。比戰，温前鋒不利，袁喬拔劍督士卒力戰，遂大破之。孝武帝太元八年，謝石、謝玄帥八萬人，大破苻堅數十萬衆於淝水。遇大敵勇卒，成不世之功，江東士氣之壯益可見矣！安帝隆安三年，秦寇洛陽。雍州刺史楊佺期使求救於魏，曰：「此間兵弱、糧寡，洛陽之救，恃魏而已。若其保全，必有厚報；若其不保，與其使羌得之，不若使魏得之。」魏遣騎救之。初，秦寇襄陽，雍州刺史郗恢亦求救於魏常山王遵。魏師不出，佺期效韓馮亭，獻上黨以拒秦。雖無可如何之策，然亦可見晉之未嘗無人也！

通鑑劄記卷六

東晉内訌

西晉八王召亂，致有五胡之禍，而東晉諸臣亦復不知大計，互相猜忌，故終無擴清中原之日，非兵力之不敵也。元帝大興元年，以刁協爲尚書令。協性剛悍，與物多忤，與侍中劉隗俱爲帝所寵任。欲矯時弊，每崇上抑下，排沮豪强，故爲王氏所疾，諸刻碎之政，皆爲隗、協所建。協又使酒放肆，侵毀公卿，見者皆側目憚之。三年，王敦殺武陵内史向碩。帝之始鎮江東也，敦與從弟導同心翼戴，帝亦推心任之。後敦自恃有功，且宗族强盛，稍益驕恣，帝畏而惡之，乃引隗、協等以爲腹心，稍抑損王氏之權。永昌元年，王敦舉兵於武昌，上疏罪狀劉隗，稱：「隗佞邪殘賊，威福自由，妄興事役，勞擾士民，賦役煩重，怨聲盈路。臣備位宰輔，不可坐視成敗，輒進軍致討。」至蕪湖，又上表罪狀刁協。帝徵戴淵、劉隗入衛建康。隗至，百官迎於道，隗岸幘大言，意氣自若。及入見，與刁協勸帝盡誅王氏。帝不許，隗始有懼色。敦入據石頭，協出奔，爲人所殺。隗奔後趙，敦遂殺周顗、戴淵，又拔長沙，殺譙王丞。襄陽太守周慮密承敦意，襲殺甘卓。敦自領寧、益二州都督。以王邃都督青、徐、幽、平四州諸軍事，鎮淮陰；王含都督沔南諸軍事，領荆州刺史；王諒爲交州刺史。使諒收交州刺史修湛、新昌太守梁碩殺之。明帝太寧二年，敦死，其禍始已。成帝咸和元年，初，王導輔政，以寬和得衆。及庾亮用事，任法裁物，頗失人心。豫州刺史祖約，自以名輩不後郗鑒、卞壺，而不豫顧命，又望開府復不得，及諸表請多不見許，遂懷怨望。及遺詔褒進大臣，又不及約與陶侃，二人皆疑庾亮刪之。歷陽内史蘇峻，有功於國，威望漸著，有鋭卒萬人，器械甚精，峻頗懷驕溢，有輕朝廷之志，招納亡命，衆力日多，皆仰食縣官，運漕相屬，稍不如意，輒肆忿言。亮既疑峻、約，又畏侃之得衆。八月，以温嶠爲都督江州諸軍事、江州刺史，鎮武昌；王舒爲會稽内史，以廣聲援；又修石頭以備之。南頓王宗自以失職怨望，又素與蘇峻善，亮收殺之；又免太宰西陵王羕，降封弋陽縣王。宗，宗室近屬；羕，先帝保傅，亮一旦剪黜，由是愈失遠近之心。二年，庾亮以蘇峻終爲禍亂，欲徵之。訪於王導，導謂：「峻猜險，必不奉詔，不若且包容之。」亮言於朝曰：「峻狼子野心，終必爲亂，今日徵之，縱不順命，爲禍猶淺。若復經年，不可復制，猶七國之於漢也。」朝臣無敢難者，獨卞壼爭之。亮不聽。壼以書告嶠共諫止之。舉朝以爲不可，亮皆不聽。峻聞之，使人請曰：「討賊外任，遠近惟命，至於内輔，實非所堪。」亮不許，召郭默爲後將軍、領屯騎校尉，庾冰爲吴國内史，皆將兵以備峻。於是下詔，徵峻，峻復請補青州界一荒郡，復不許。嶠聞之，即欲帥衆下衛建康，亮不聽，報嶠書曰：「吾憂西陲，過於歷陽。」西陲，謂侃也。峻遂不應命，請祖約共討亮。約以兵會峻。三年，峻濟自横江，臺兵禦之，屢敗。峻兵入臺城，庾亮奔尋陽。峻遣兵攻吴國内史庾冰，冰不能禦，棄郡奔會稽。庾亮、温嶠起兵討蘇峻，嶠邀陶侃與之同赴國難。侃猶以不豫顧命爲恨，答曰：「吾疆埸外將，不敢越局。」嶠與侃書，侃感悟，率衆至尋陽。亮用嶠計，詣侃拜謝，侃驚，止之曰：「庾元規乃拜陶士行邪！」亮引咎自責，風止可觀，侃不覺釋然，曰：「君侯修石頭以擬老子，今日反見求耶！」即與之談宴終日，遂與亮、嶠同趣建康。侃等舟師直指石頭，庾亮遣督護王彰擊峻黨張曜，反爲所敗。亮送節傳以謝侃。侃曰：「古人三敗，君侯始二；當今事急，不宜數爾。」侃、嶠等與峻久相持未決。嶠軍食盡，貸於侃，侃怒欲西歸，嶠與毛寶、李陽共説侃，侃乃分米餉嶠軍，遂留不去。四年，祖約奔後趙，峻誅。司徒王導入石頭，令取故節，陶侃笑曰：「蘇武節似不如是。」導有慙色。則王敦、蘇峻固顯有跋扈之迹，誅鋤異己。即陶侃之於庾亮、王導其隙亦未能盡泯也。咸康四年，庾亮與郗鑒欲共起兵廢導，鑒不從。是時亮雖居外鎮，而遥執朝廷之權，既據上流，擁强兵，趣勢者多歸之。導内不能平，常遇西風塵起，舉扇自蔽，徐曰：「元規塵污人！」則亮與導又幾於兩不相容矣。八年，豫州刺史庾懌以酒餉江州刺史王允之。允之，覺毒，飲犬，犬斃，密奏之。帝曰：「大舅已亂天下，小舅復欲爾邪！」懌飲酖而卒。帝疾篤。庾冰自以兄弟秉權日久，若易世之後，親屬愈疏，爲他人所間，請以母弟岳爲嗣，帝許之。何充以爲不可，冰不聽。及康帝即位，以何充鎮京口，避諸庾也。二年，帝疾篤，庾冰、庾翼欲立會稽王昱爲嗣。何充建議立皇子聃，帝從之。由是冰、翼深恨充。穆帝永和元年，庾翼既卒，朝議以庾爰之代其任。何充以桓温都督荆、司、雍、益、梁、寧六州諸軍事，荆州刺史；又以劉惔監沔中諸軍事，領義成太守，代庾方之。徙方之、爰之於豫章。諸庾亦未嘗無芥蒂也。永和四年，桓温既滅蜀，威名大振，朝廷憚之。會稽王昱以揚州刺史殷浩有盛名，引爲心膂，與參綜朝權，欲以抗温。由是與温寖相疑貳。浩以荀羡爲吴國内史，王羲之爲護軍將軍，以爲羽翼。羲之以爲内外協和，然後國家可安，勸浩不宜與温搆隙，浩不從。七年，温知朝廷杖殷浩以抗己，甚忿之，帥衆四五萬順流而下，軍於武昌。殷浩欲去位以避温。會稽王昱致書諭以禍福，温乃還鎮。八年，浩北出許、洛，敗還。九年，浩帥衆七萬北伐，以姚襄爲前驅。襄縱兵擊之。浩大敗。十年，桓温上疏數浩之罪，朝廷不得已免爲庶人。温伐秦，大敗秦兵，將軍桓冲又敗秦丞相雄於白鹿原。温轉戰而前，進至灞上。秦王健與老弱六千固守長安小城，悉發精兵以拒温。三輔郡縣皆來降。温撫諭居民，使安堵復業。民爭持牛酒迎勞，男女夾路觀之，耆老有垂泣者，曰：「不圖今日復覩官軍。」初，温指秦麥以爲糧，既而秦人悉芟麥，清野以待之，温軍乏食。徙關中三千餘户而歸。十二年，桓温請移都洛陽，修復園陵，章十餘上，不許。拜温征討大都督，司、冀二州諸軍事，以討姚襄。温至伊水，襄拒水而敗。温親披甲督戰，襄衆大敗，死者數千人。襄帥數千騎奔洛陽北山，襄西走。温追之不及。海西公太和四年，大司馬温請與徐、兗二州刺史郗愔、江州刺史桓冲、豫州刺史袁真等伐燕。燕兵大敗。申胤曰：「以温今日聲勢，似能有爲。然晉室衰弱，温專制其國，晉之朝臣未必皆與之同心。故温之得志，衆所不願也！必將乖阻以敗其事，必不戰自敗。」初，温使袁真攻譙、梁，開石門以通水運。真克譙、梁而不能開石門，水運路塞。温糧儲後竭，自陸道奔還。燕吴王垂追擊温，大破之。温歸罪於袁真，奏免真爲庶人。真據壽春叛降燕。五年，真死，子瑾嗣。温討瑾，燕將軍孟尚救之，會秦伐燕，燕召尚還。簡文帝咸安元年，温克壽春，誅瑾。温兩次出師伐秦、伐燕皆有破竹之勢，卒以糧運不繼，喪師而反者，非温之罪，晉室諸臣亦有罪焉。晉臣唯恐温之得志遂不可制，(封)(申)胤已言之。殊不知燕、秦强敵，未必一旦遂定，果助温以資力，率之以往，燕、秦諸將非温之敵，必將犇走疲敝而莫能自立。温不久即死，然後朝廷特簡大臣以統其衆，以方新之氣，乘屢勝之威，當疲敝之虜，克之必矣。計不出此，唯以温爲慮，汲汲防之，温敗而晉益以弱，南朝終不能振，豈非晉室諸臣之罪哉！當時，温雖屢挫，氣猶不撓，雖以秦王堅之强、王猛之略，終無如温何也。簡文帝咸安元年，秦遣武衛將軍武都王鑒、前將軍張蚝帥步騎二萬救袁瑾，温大破之。秦後將軍金城俱難攻桃山，温又擊却之。温之才略殆非秦將所能敵，唯晉室諸臣日以防温爲事，温意亦不自安，故不從事於外，而從事於内。是歲，宣太后令，廢帝爲東海王，免太宰武陵王晞官，并免其世子綜、梁王璡等官。又惡殷、庾宗强，欲去之，稱晞及子綜、著作郎殷涓、太宰長史庾倩、掾曹秀合人劉彊、散騎常侍庾柔等謀反，皆收付廷尉族誅。二年，庾希、庾邈反温，擒斬之。温誠不道，激之者非晉廷諸臣乎！孝武寧康元年，桓温卒，桓冲代領其衆。或勸冲誅除時望，專執時權，冲不從。三年，冲以謝安素有重望，欲以揚州讓之，自求外出。桓氏族黨皆以爲非計，莫不扼腕固諫，郗超亦深止之。冲皆不聽，處之澹然。詔以冲都督徐、豫、兗、青、揚五州諸軍事，徐州刺史，鎮京口以安，領揚州刺史，並加侍中。太元二年，解冲徐州，以爲車騎將軍、都督豫、江二州之六郡諸軍事，自京口徙鎮姑孰。二年，加安侍，中都督揚、豫、徐、兗、青五州諸軍事，以冲都督江、荆、梁、益、寧、交、廣七州諸軍事，領荆州刺史。冲能與安推誠相與，故戰比有功。孝武帝太元四年，秦俱難、彭超攻淮南，兗州刺史謝玄自廣陵救三阿。難、超戰敗，退保盱眙。玄攻盱眙，難、超又敗，玄追之，戰於君川，復大破之。難、超北走，僅以身免。七年，秦王堅將伐晉，問于羣臣，權翼曰：「昔紂爲無道，三仁在朝，武王猶爲之旋師。今晉雖微弱，未有大惡。謝安、桓冲皆江表偉人，君臣輯睦，内外同心，以臣觀之，未可圖也。」堅不聽。其幼子詵亦諫曰：「晉有謝安、桓冲，而陛下伐之，臣竊惑之！」可見冲與安同心夾輔，敵國亦知而畏之矣。八年，秦王堅大舉入寇，戎卒六十餘萬，騎二十七萬，旗鼓相望，前後千里。謝石、謝玄等拒之，秦衛將軍梁成等帥衆五萬屯於洛澗，玄遣廣陵相劉牢之渡水擊成，大破之，斬成。水陸繼進，秦兵潰，玄等乘勝追擊，秦兵大敗，死者什七八。此雖謝安之功，然亦桓冲推誠相與，不掣其肘，使安得以行其志也！假令當時朝臣盡如桓冲，和衷共濟，乘中原之亂，西取雍、涼，東收許、洛，豈不大善，而其功竟不能成者，亦以内訌之故。安婿王國寶，坦之之子。安惡其爲人，每抑而不用，以爲尚書郎。國寶自以望族，故事唯作吏部，不爲餘曹，固辭不拜，由是怨安。國寶從妹爲會稽王道子妃，乃譖安於道子，使離間之於帝。安功名既盛，而險詖求進之徒，多毁短安，帝由是稍稍疎忌之。九年，桓冲卒，朝議欲以謝玄爲荆、江二州刺史。安自以父子名位太盛，又懼桓氏怨望失職，乃以桓石民爲荆州刺史，桓石虔爲豫州刺史，桓伊爲江州刺史。安之所處，蓋幾日居荆棘中矣。是歲，梁州刺史楊亮伐蜀。十年，蜀郡太守任權攻拔成都，復取益州，此取蜀之師也。太元九年，竟陵太守趙統攻襄陽，秦荆州刺史都貴奔魯陽，將軍劉春又攻之，貴奔還長安。荆州刺史桓石民據魯陽，遣河南太守高茂北戍洛陽，此襄沔北向之師也。太元九年，徐、兗二州刺史謝玄伐秦，進據彭城，河南城堡皆來歸附。十年，劉牢之進兵至鄴，燕王垂逆戰而敗，牢之軍疾趨二百里，爭燕輜重敗還，此自淮泗北向之師也。皆略取邊邑而已無大功也。卒之安及玄皆不安其位。十年，會稽王道子好專權，與太保安有隙，安避之，出鎮廣陵之步邱，有疾求還，遂薨。十一年，初，謝玄欲使朱序屯梁國，自屯彭城，以北固河上，西援洛陽，朝議以征役既久，欲令玄置戍而還。會翟遼張願繼叛，北方騷動，玄謝罪乞解職，詔慰諭令還淮陰。十二年，以玄爲會稽内史，兵權從此遂去。安帝元興元年，桓玄當國，以劉牢之爲會稽内史。牢之尚曰：「始爾便奪我兵，禍其至矣。」未幾，遂自殺。謝玄之憂憤不可知乎。十三年，玄卒，未幾，謝石亦卒。淝水功臣彫謝殆盡，而朝中紛爭如故。十六年，太學博士范弘之論殷浩宜加贈謚，因叙桓温不臣之迹。是時桓氏猶盛，王珣，温之故吏也。黜弘之爲餘杭令。温既死矣，功猶不足以補過喋喋者仍未已，此桓玄之所以生心也。十五年，以王恭都督兗、青、幽、并、冀五州諸軍事，兗、青二州刺史，鎮京口。十七年，以殷仲堪都督荆、益、寧三州諸軍事，荆州刺史，鎮江陵。桓玄負其才地，以雄豪自處，朝廷疑而不用。玄嘗詣琅邪王道子，值其酣醉，張目謂衆客曰：「桓温晚塗欲作賊，云何。」玄伏地流汗不能起。由是益不自安，常切齒於道子，後出補義興太守，鬱鬱不得志，遂棄官歸國。二十年，會稽王道子專權奢縱，帝惡道子而逼於太后不忍廢黜，乃擢時望及所親幸王恭、郗恢、殷仲堪、王珣、王雅等使居内外要任，以防道子。道子亦引王國寶及國寶從弟緒以爲心腹。由是朋黨競起。帝崩，安帝立。隆安元年，國寶、緒惡王恭、殷仲堪，勸道子裁損其兵權。中外恟恟不安。恭等各繕甲勒兵，表請北伐，道子疑之，悉使解嚴。桓玄以仕不得志，欲假仲堪兵勢以作亂，説仲堪興晉陽之甲除君側之惡。會王恭使至，仲堪許之。恭大喜，舉兵討國寶、道子，殺國寶及緒。遣使謝恭，恭乃罷兵。會稽世子元顯説道子，以王殷終必爲患，請潛爲之備。道子乃拜元顯征虜將軍，以其衛府及徐州文武悉配之。二年，道子忌王、殷之逼，以其司馬王愉爲江州刺史，都督江州及豫州之四郡軍事。是歲，桓玄求爲廣州，道子以玄爲督交、廣二州軍事，廣州刺史。玄受命而不行。豫州刺史庾楷，以道子割其四郡使王愉督之，怒説王恭圖之，恭以告殷仲堪、桓玄。仲堪、玄許之，推恭爲盟主，刻期同趨京師。道子使人説楷圖恭，楷不從。仲堪使楊佺期、桓玄帥兵相繼而下。佺期、玄奄至湓口，王愉惶遽，奔臨川，追獲之。道子以世子元顯爲征討都督，遣衛將軍王珣、右將軍謝琰討王恭，譙王尚之討庾楷。尚之大破庾楷於牛渚，楷奔桓玄。玄大破官軍於白石，進至横江。元顯使人説劉牢之，使叛王恭，許事成即以恭位號授之。牢之襲擊恭，恭單騎奔，爲人所獲，送京師，斬於倪塘。遂以劉牢之爲都督兖、青、冀、幽、并、徐、揚、州、晉、陵諸軍事，以代恭。左衛將軍桓修説道子，以重利啗玄及佺期，道子納之。以玄爲江州刺史；以佺期爲都督梁、雍、秦三州諸軍事，雍州刺史；以修爲荆州刺史。黜仲堪爲廣州刺史，仲堪大怒，南歸。玄等亦西還。仲堪既失職，倚玄等爲援，玄等亦資仲堪兵。雖内相疑阻，勢不得不合，乃以子弟交質，盟於尋陽，俱不受朝命。朝廷深憚之，内外騷然。後罷桓、修，以荆州還仲堪，優詔慰愉以求和解，仲堪等乃受命。三年，仲堪恐玄跋扈，乃與楊佺期結昏爲援。佺期屢欲攻玄，仲堪每抑止之。玄恐終爲殷、楊所滅，乃告執政求廣所統。執政亦欲交構，使之乖離，乃加玄都督荆州四郡軍事。又以玄兄偉代佺期兄廣爲南蠻校尉。佺期欲與仲堪共襲玄。仲堪雖外結佺期，而内疑其心，苦止之。猶慮弗能禁，遣人屯北境，以遏之。玄帥兵西上，仲堪召楊佺期自救。玄兵至，佺期敗死；仲堪將奔長安，玄追獲之，逼令自殺。四年，詔以玄爲都督荆、司、雍、秦、梁、益、寧七州諸軍事、荆州刺史，以桓修爲江州刺史。玄上疏固求江州，於是進玄督八州及揚、豫八郡諸軍事，復領江州刺史。玄輒以兄偉爲雍州刺史，朝廷不能違，又以從子振爲淮南太守。是時，淮南郡僑立於江南，丹楊之于湖在境内。玄使振守之，是逼建康之漸矣。道子、元顯離解諸鎮，使自相攻。元興元年，下詔罪狀桓玄，以尚書令元顯爲驃騎大將軍、征討大都督、都督十八州諸軍事，以鎮北將軍劉牢之爲前鋒都督，前將軍譙王尚之爲後部。玄舉兵東下，至姑孰，尚之衆潰。牢之素惡元顯，恐玄既滅，元顯益驕恣；又恐己功名愈盛，不爲元顯所容。且自恃材武，擁强兵，欲假玄以除執政，復伺玄之隙而自取之。詣玄請降，玄入京師。詔以玄總百揆，都督中外諸軍事、丞相、録尚書事、揚州牧，領徐、荆、江、三州刺史，假黄鉞。徙道子於安成，斬元顯及東海王彦璋等。二年，玄篡位，遷帝於尋陽。玄之篡逆亦朝廷有以激之也。三年，劉裕、劉毅、何無忌、諸葛長民等共討玄，殺之。義熙元年，奉帝反正，而裕與毅等又不睦。八年，劉毅爲荆州刺史，毅深自矜伐，雖權事推裕而心不服，常怏怏。會毅病，郗僧施等恐毅死，其黨危，乃勸毅請從弟藩以自副。太尉裕召藩賜死。因襲江陵，克之殺毅。諸葛長民驕縱貪侈，所爲不法，常懼太尉裕按之。其弟黎民勸長民因裕討江陵未還，圖之。長民猶豫未發。九年，裕自江陵還，輕舟徑進，潛入東府，召長民殺之。十年，荆州刺史司馬休之子譙王文思在建康，性凶暴，好通輕俠。裕執文思送休之，意欲休之殺之，休之但表廢文思，裕由是不悦。十一年，裕收休之次子文寶、兄子文祖，並賜死。發兵擊之，休之兵敗，奔秦。十四年，裕克秦，留子義真鎮關中而還。魏崔浩曰：「裕克秦而歸，必篡其主。關中人情未洽，適足爲寇敵之資。」夏王買德亦曰：「裕狼狽而歸，正欲急成篡事，不暇復以中原爲慮，此天以關中賜我，不可失也。」裕之心事，晉之情勢，崔浩、王買德皆知之矣。而關中諸將亦以内訌而敗。裕將還，沈田子傅宏之屢言王鎮惡不可保信。裕私謂田子曰：「猛獸不如羣狐，卿等十餘人何懼王鎮惡。」十四年，沈田子誘斬王鎮惡。王脩執田子，數以專戮，亦斬之。義真左右又譖殺脩。關中大亂，郡縣皆降於夏。義真奔還。夏兵追至，執傅宏之、朱齡石等殺之。鎮惡、田子、齡石、宏之皆名將也，自相殘害而爲外寇所乘，死亡略盡，南朝之勢衰矣！裕欲北伐。鄭鮮之上表以爲後患甚多，返顧之憂更在腹心，裕乃止。則裕之不能北伐以身自外出，將爲人所算也。是歲，裕弑安帝，立恭帝德文。後二年，晉禪於宋。晉之内訌與國相終始，氐、羌、胡羯之禍不能覆其社稷，而卒亡於内訌，孰謂安内之事緩於攘外哉！

東晉將畏敵退守

東晉諸將祖逖而外，未有能克敵取地者，日蹙之勢，朝不保暮，宜其蹩處一隅，中原雖有隙可乘，終不能復其故土也。元帝永昌元年，兗州刺史郗鑒在鄒山三年，有衆數萬，爲後趙所逼，退屯合肥，徐、兗間諸塢多降於後趙。祖逖卒，後趙屢寇河南，拔襄城、城父，圍譙。豫州刺史祖約不能禦，退屯壽春。後趙遂取陳留，梁、鄭之間復騷然矣。明帝太寧元年，後趙寇彭城、下邳，徐州刺史卞敦與征北將軍王邃退保盱眙。二年，後趙石瞻寇下邳、彭城，取東莞，東海劉遐退保泗口。成帝咸和五年，趙荆州監軍郭敬寇襄陽。南中郎將周撫監沔北軍事，屯襄陽。趙主勒以驛書敕敬退屯樊城，使之偃藏旗幟，寂若無人。曰：「彼若使人觀察，則告之曰：『汝宜自愛堅守，後七八日，大騎將至，相策，不復得走矣。』」敬使人浴馬於津，周而復始，晝夜不絶。偵者還以告周撫，撫以爲趙兵大至，懼，奔武昌。敬入襄陽，中州流民悉降於趙，成攻巴東建平，拔之。巴東太守楊謙、監軍毌丘奥退保宜都。穆帝永和十二年，燕慕容恪擊段龕，詔徐州刺史荀羨救之，羨至琅邪，憚燕兵之强，不敢進。龕敗，羨退還下邳。哀帝興寧二年，燕攻許昌、汝南，汝南太守朱斌犇壽春，陳郡太守朱輔退保彭城。燕人遂拔許昌、汝南、陳郡。是歲，燕太宰恪將逼洛陽，先遣人招納士民，遠近諸塢皆歸之。乃使司馬悦希軍於盟津，豫州刺史孫興軍於成皐，進逼洛陽，冠軍將軍陳祐以救許昌爲名，留沈勁五百人守洛陽，祐帥衆而東，聞許昌已没，遂犇新城，燕悦希引兵略河南諸城，盡取之，帥衆而東。三年，恪攻洛陽，克之。孝武帝寧康元年，王堅使王統、朱肜、王當、徐成入寇梁、益，梁州刺史楊亮兵敗，奔固西城。肜遂拔漢中。楊安克梓潼，桓豁遣竺瑶救梁、益，瑶聞廣漢太守趙長戰死，引軍退。益州刺史周仲孫拒肜於綿竹，聞當將至成都，仲孫帥騎五千奔于南中。秦遂取梁、益二州。太元三年，秦攻襄陽，桓冲在上明擁兵七萬，憚秦兵之强，不敢進。四年，詔冠軍將軍劉波帥衆八千救襄陽，波畏秦不敢進，襄陽遂陷。十九年，燕主垂略地青、兖、高平、泰山、琅邪諸郡，皆委城犇潰。燕進軍臨海，徧置守宰。終晉之世，守邊將帥畏敵退縮者踵相接，惟桓温能滅蜀，劉裕克燕、秦，英武之流晉不能用，邊疆將吏但知唯阿取容爲藏身之固耳！

五胡之族皆滅

塞外諸族以馳逐爲長技，一入中夏便無以施其技，未有不滅。安帝隆安元年，武威王利鹿孤欲稱帝，將軍鍮勿崙曰：「吾國無冠帶之飾，逐水草遷徙，無城郭屋廬，故雖雄視沙漠，抗衡中夏。今舉大號，建都立邑，難以避患，儲蓄倉庫啟敵人心，不如帥國人以習騎射，鄰國弱則乘之，强則避之，此久長之策也。」胡氏以爲，自漢以來，善爲夷狄謀者，莫過此策。晉之五胡雖盤踞中國，稱王稱帝數十年，然其族皆滅，未爲得也。元帝大興元年，劉聰卒，子粲立。斬準執粲殺之，劉氏男女，無少長皆斬東市。成帝咸和三年，石勒擒劉曜。四年，石虎滅趙，執趙太子熙、南陽王胤及其將、王公、卿校以下三千餘人，皆殺之；又阬五郡屠各五千餘人於洛陽。匈奴滅亡之禍如此。羯與氐、羌、鮮卑往往自相殘殺而卒底於亡，其最慘者莫如羯。成帝咸和八年，石勒卒，太子弘立。彭城王堪謀襲兗州，不克，丞相虎炙而殺之。河東王生鎮關中，石朗鎮洛陽，皆舉兵討虎，虎攻朗獲而斬之，生麾下斬生以降。九年，虎稱居攝天王，幽弘及太后程氏，秦王宏、南陽王恢於崇訓宮，尋皆殺之。穆帝永和四年，趙太子宣使人殺秦王韜，趙王虎斷宣手足，斫眼潰腸，四面縱火，火滅，取灰分置諸門交道中，殺其妻子九人。五年，虎卒，子世立。彭城王遵假太后劉氏令，以遵嗣位。遵即位，廢世爲譙王，劉氏爲太妃，尋皆殺之。沛王冲討遵，敗死。武興公閔執遵殺之，并殺鄭太后、張后、太子衍，立義陽王鑒。鑒即位，使樂平王苞等攻閔，不克，鑒懼，殺苞。中領軍石成、侍中石啟、前河東太守石睪謀誅閔。閔皆殺之。閔知胡之不爲己用，班令内外：「趙人斬一胡首送鳳陽門，文官進位三等，武官悉拜牙門。」一日之中，斬首數萬。閔親帥趙人以誅胡、羯，無貴賤、男女、少長皆斬之，死者二十餘萬，尸諸城外，悉爲野犬豺狼所食。其屯戍四方者，閔皆以書命趙人爲將帥者誅之，或高鼻多須濫死者半。六年，廢鑒，殺之，并殺趙主虎二十八孫，盡滅石氏。石祇自立於襄國。七年，劉顯弑祇及其丞相樂安王炳、太宰庶等十餘人，傳首於鄴。八年，冉閔焚襄國，趙汝陰王琨以其妻妾來奔，斬於建康市，石氏遂絶。成帝咸康四年，成主期驕虐日甚，多所誅殺，而籍沒其資財婦女，由是，大臣多不自安。漢王壽自涪襲成都，奏建寧王越及將軍李遐、李西等皆殺之，矯以太后任氏令廢期爲卭都郡公，期縊而卒。又盡誅成主雄諸子，則李特之嗣早已絶於壽手。穆帝永和三年，桓温克蜀，送勢及宗室十餘人於建康，以後不見於史，則流驤諸人之後亦從此雜居中國，受廛爲氓，不復還其故土矣。氐族之自殘也。升平元年，秦廣平王黄眉謀反，死，事連王公親戚，死者甚衆。東海王堅執秦主，生殺之，苟太后又殺東海公瀍。哀帝興寧二年，秦汝南公騰謀反伏誅。三年，淮南公幼襲長安李威，擊斬之。海西公太和二年，晉公柳、趙公雙、魏公庾、燕公武皆舉兵反。三年，秦王堅討斬之。孝武帝太元五年，秦行唐公洛與北海公重反，秦王堅討之，斬重擒洛，徙涼州之西海郡。七年，東海公陽謀反，徙涼州之高昌郡。十年，堅爲後秦王姚萇所殺，子丕嗣位。十一年，揚威將軍馮該殺丕，執其太子寧，長樂王壽送建康。詔赦不誅。十九年，後秦王興執秦王登，殺之，太子崇奔湟中，即帝位。又奔隴西王楊宣，與梁王乞伏乾歸戰，大敗，崇、宣皆死。安帝隆安三年，秦王登之弟廣自稱秦王，擊南燕，南燕王德討斬之。安帝隆安元年，涼郭麐反，得涼王光孫八人悉投於鋒上，枝分節解，飲其血以盟衆。三年，光卒，子紹即位。太原公纂爲亂，紹自殺，纂遂即天王位。四年，常山公弘作亂，出走，道過廣武，吕方執送獄，纂殺之。五年，沓禾太守吕超、超兄中領軍隆殺纂，并殺纂弟隴西公緯。隆即天王位，旋舉族降秦。十二年，秦主泓殺吕隆、吕超。鮮卑之見夷也。孝武帝太元九年，秦王堅殺故燕王暐及其宗族，城内鮮卑無少長、男女皆殺之。十年，秦王堅擊西燕王冲，大破之，虜鮮卑萬餘人而還，悉阬之。十一年，西燕主永悉誅燕主儁及燕主垂之子孫，男女無遺。十九年，垂攻殺永。二十年，燕伐魏遁還，魏主珪追擊之，燕兵四五萬人斂手就擒，殺燕陳留王紹，生擒魯陽王倭奴、桂林王道成、濟陰公尹國等文武數千人，盡阬之。安帝隆安元年，燕趙王麟欲殺燕主寶，不果，殺北地王精。是歲，清河王會殺高陽王隆。燕主寶欲誅之，不克，走入龍城，會攻之，兵敗而死。寶殺會母及其三子。開封公詳守中山，荒淫好殺，中山人殺之。二年，范陽王德殺趙王麟。燕主寶至乙連，長上速骨等作亂，殺樂浪威王宙及宗室諸王。寶奔遼西王農營，奔還龍城，速骨攻城，農出赴之，寶輕騎南走。尚書蘭汗襲速骨，殺之，奉太子策，承制大赦，遣使迎寶。寶還，汗弒之，并殺太子策及王公卿士百餘人。長樂王盛誅汗，即位。太原王奇不受命，盛賜奇死，桓王恪之嗣遂絶。步兵校尉馬勒等謀反，事連高陽公崇，崇弟東平公澄皆賜死。三年，東陽公根坐謀反，誅。五年，左將軍慕容國等謀反，伏誅。前將軍段璣等復作亂，燕主盛傷重而卒。河間公熙立，平原公元以嫌賜死。中領軍慕容提等謀立故太子定，事覺，伏誅，定亦賜死。元興元年，燕丁太后謀廢熙立章武公淵，事覺，熙逼丁太后自殺，并殺淵。義熙二年，傳陵公虔、上黨公昭以嫌賜死。三年，馮跋等作亂，殺熙及其諸子。安帝義熙元年，初，南燕主備德與燕主垂舉兵於山東，符氏收其兄納及備德諸子皆誅。五年，慕容氏在魏者百餘家謀逃去，魏王珪盡殺之。六年，劉裕滅南燕，斬其王公以下三千人，没入家口萬餘，送南燕主超詣建康斬之。羌族之不終也，安帝義熙十二年，秦主興疾，廣平公弼、南陽公愔作亂，興力疾臨前殿賜弼死，興卒，泓即位，誅愔。十三年，齊公恢反，討殺之及其三弟。晉兵深入，姚洽等敗死，東平公紹憤恚嘔血死。劉裕兵入長安，秦主泓降，送建康，斬於市。平原公璞、東平公讚及宗族百餘人詣裕降，裕皆殺之。五胡亂中國，而適以自殲其族，豈非遷地弗良，無所施其技耶！

東晉賢人在位

東晉政猶不肅，然賢人君子未嘗不用，故朝政猶有可觀。成帝咸康元年，王導辟太原王濛爲掾，王述爲中兵屬。

濛不修小廉，而以清約見稱。述，性沈靜，每坐客辯論蠭起，而述處之恬如也。嘗見導每發言，一坐莫不贊美，述正色曰：「人非堯、舜，何得每事盡善！」導改容謝之。五年，導薨。導簡素寡欲，善因事就功，雖無日用之益而歲計有餘，輔相三世，倉無儲穀，衣不重帛。初，導薦丹陽尹何充於帝，請以爲己副。由是以充爲護軍將軍，庾亮弟冰爲中書監、揚州刺史，參録尚書事。冰既當重任，經綸時務，不捨晝夜，賓禮朝賢，升擢後進，朝野翕然稱之，以爲賢相。康帝建元元年，庾翼爲人忼慨，喜功名，琅邪内史桓温豪爽，有風概，翼與之友善，相期以寧濟海内。元和四年，會稽王昱以揚州刺史殷浩有盛名，與參綜朝權。浩以荀羨與王羲之有令名，以羨爲吴國内史、羲之爲護軍將軍。穆帝升平四年，征西大將軍桓温以謝安爲司馬。哀帝興寧元年，桓温以撫軍司馬王坦之爲長史，又以征西掾郗超爲參軍、王珣爲主簿。珣，導之子也，與謝玄皆爲温掾，温俱重之，曰：「謝掾年四十必擁旄杖節，王掾當作黑頭公，皆未易才也。」簡文帝咸安二年，帝不豫，遺詔大司馬温依周公居攝故事，又曰：「少子可輔者輔之，如不可，君自取之。」侍中王坦之自持詔入，於帝前毁之。帝曰：「天下儻來之運，卿何所嫌。」坦之曰：「天下宣元之天下，陛下何得專之。」帝乃使坦之改詔曰：「家國事一稟大司馬，如諸葛武侯、王丞相故事。」是日，帝崩，羣臣疑惑未敢立嗣，或曰：「當須大司馬處分。」尚書僕射王彪之正色曰：「天子崩，太子代立，大司馬何得異議。」朝議乃定，太子即位。崇德太后令温依周公居攝故事，彪之封還之，事遂不行。孝武帝寧康元年，時天子幼弱，外有彊臣。謝安與王坦之盡忠輔衛，卒安晉室。八月，以王彪之爲尚書令，謝安爲僕射領吏部，共掌朝政。安每歎曰：「朝廷大事衆所不能決者，以諮王公，無不立決。」三年，王坦之卒。臨終與謝安、桓沖書，惟以國家爲憂，言不及私。是歲桓沖以安素有重望，以揚州讓之。太元二年，以安爲司徒，安讓不拜。安以兄子玄鎮禦北方，郗超聞之，歎曰：「安之明乃能違衆舉親，玄之才足以不負所舉。」玄募驍勇之士，得彭城劉牢之等數人，以牢之爲參軍，常領精鋭爲前鋒，戰無不捷，時號「北府兵」。敵人畏之，故卒有「淝水之捷」。東晉之所以未忽焉亡者，豈非賢人在位之故耶！及謝安老死，國虚無人，姦豪乘之，遂以不祀。

東晉之俗奢侈

成帝咸康五年，燕王皝遣長史劉翔來獻捷。七年，翔至建康，疾江南士大夫以驕奢酣縱相尚，嘗因朝會宴集，謂何充等曰：「四海板蕩，奄踰三紀，宗杜爲墟，黎民塗炭。斯乃廟堂焦慮之時，忠臣畢命之秋也！而諸君宴安江沱，肆情縱欲，以奢靡爲榮，以傲誕爲賢，將何以尊主濟民乎！」充等甚慚。孝武帝太元二年，王彪之卒。初，謝安欲增修宮室，王彪之曰：「中興之初，即東府爲宮，殊爲儉陋。蘇峻之亂，成帝止蘭臺都坐，殆不蔽寒暑，是以更營新宮。比之漢魏則爲儉，比之初過江則爲侈矣！今寇敵方强，豈可大興功役、勞擾百姓邪！」安曰：「宮室弊陋，後人謂人無能。」彪之曰：「凡任天下之重者，當保國寧家，緝熙政事，乃以修宮室爲能邪！」安不能奪其議，故終彪之之世，無所營造。三年，作新宮。十四年，帝溺於酒色，委事於琅邪王道子。道子亦嗜酒，日夕與帝以酣歌爲事。又崇尚浮屠，窮奢極費。范甯上疏言：「今邊烽不舉，而倉庫空匱。古者使民，歲不過三日，今之勞擾殆無三日之休。又人性無涯，奢儉由勢。今并兼之室亦多不贍，非其財力不足，蓋由用之無節，爭以靡麗相高，無有限極故也。」安帝隆安元年，僕射王國寶、建威將軍王緒依附會稽王道子納賄，窮奢不知紀極。元興元年，桓玄奢豪縱逸，朝廷裁損乘輿供奉之具，帝幾不免饑寒。由是衆心失望，三吴大饑，富室皆衣羅紈，懷金玉，閉門相守餓死。綜觀東晉奢侈之弊，賢者不免，不肖者益推其波，上下沉迷不復，以至於人消物盡，固由於天地之大數，亦豈非上失其道之所致哉！

趙、燕、秦大舉侵中國，皆有亡兆

成帝咸康八年，青州上言：「濟南平陵城北石虎一夕移於城東南，有狼狐千餘迹隨之，迹皆成蹊。」虎喜曰：「石虎者，朕也。自西北徙而東南者，天意欲使朕平蕩江南也。其敕諸州兵明年悉集，朕當親董六師，以奉天命」。征士五人出車一乘，牛二頭，米十五斛，絹十匹，調不辦者斬。民至鬻子以供軍須，猶不能給，自經於道樹者相望。不數年，虎死，趙亂，至於滅族。穆帝升平四年，燕王儁大閲於鄴，欲使大司馬恪、司空陽騖將之入寇。病篤，遂卒。所徵郡國兵，以燕朝多難，互相驚動，往往擅自散歸。自鄴以南道路斷塞。不數年，恪亦卒。秦遂圖燕，滅之。孝武帝太元七年，秦王堅將入寇，會羣臣於太極殿議之。尚書左僕射權翼議以爲不可，堅嘿然良久，太子左衛率石越亦以爲不可。於是羣臣各言利害久之，不決。堅曰：「吾當内斷於心。」羣臣皆出，獨留陽平公融問之，融亦言「不可伐」，繼之以泣。堅不聽。於是，朝臣進諫者衆，太子宏曰：「大舉不捷，恐威名外挫，財力内竭。此羣下所以疑也。」獨慕容垂勸堅南伐，融復切諫。堅素信重沙門道安，羣臣使道安乘間進言。所幸張夫人諫曰：「王者出師，必上觀天道，下順人心。今人心既不然矣，請驗之天道。諺云：『雞夜鳴者不利行師，犬羣嘷者宮室將空，兵動馬驚，軍敗不歸。』自秋、冬以來，衆鷄夜鳴，羣犬哀嘷，廄馬多驚，武庫兵器自動有聲，此皆非出師之祥也。」幼子中山公詵亦諫，堅皆不聽。八年，下詔大舉入寇。是時，朝臣皆不欲堅行，獨慕容垂、姚萇等勸之，融復諫，堅不聽，以姚萇爲龍驤將軍，謂之曰：「昔朕以龍驤建業，未嘗輕以授人，卿其勉之。」竇衝曰：「王者無戲言，此不祥之徵也。」堅默然。堅發長安戎卒六十餘萬，騎二十七萬，旗鼓相望，前後千里。及淝水戰敗，諸軍皆潰，慕容垂、姚萇先後叛堅，堅卒敗死。未幾，秦亡。夷狄憑陵中國，其驕暴過甚者，亡即隨之；即或不亡，其身未有不受其殃，如魏拓跋燾、遼耶律德光、金完顔亮之事是已！

東晉政不苛，故雖弱不亡

成帝咸和五年，始度百姓田，取十分之一率，畝税米三升。哀帝隆和元年，減田租，畝收二升。孝武帝太元二年，除度田收租之制，王公以下，口税米三斛，蠲在役之身。八年，始增民税米，口五石，東晉賦税之不苛如此。

通鑑劄記卷七

宋武帝之得天下非取之於晉

安帝之時，晉室亡矣。劉裕之得天下，取之於孫恩、盧循，取之於桓玄，取之於姚泓、慕容超，非取之於晉也。孫恩、盧循之滅，皆裕一人之力。先是，安帝隆安三年，劉牢之擊孫恩，使裕將數十人覘賊。遇賊數千人，即迎擊之，從者皆死，裕墜岸下，奮長刀仰斫殺數人，乃得登岸，仍大呼「逐之」，賊皆走，裕所殺傷甚衆。劉敬宣怪裕久不返，引兵尋之，見裕獨驅數千人，咸共歎息，因進擊賊，大破之，斬獲千餘人。五年，孫恩北趣海鹽，劉裕隨而拒之，築城於海鹽故治。恩日來攻城，裕屢擊破之，斬其將姚盛。城中兵少不敵，裕夜偃旗匿衆。明晨開門，使羸疾數人登城，賊遥問劉裕所在，曰：「夜已走矣。」賊信之，爭入城。裕奮擊，大破之。恩知城不可拔，乃進向滬瀆，裕復棄城追之。海鹽令遣子嗣之帥吴兵一千，請爲前驅。裕曰：「賊兵甚精，吴人不習戰，若前驅失利，必敗我軍，可在後爲聲勢。」嗣之不從。裕乃多伏旗鼓。前驅既交，諸伏皆出，裕舉旗鳴鼓，賊以爲四面有軍，乃退。嗣之追之，戰没。裕且戰且退，所領死傷且盡，大呼更戰，賊懼而退，裕乃引歸。恩浮海奄至丹徒，戰士十餘萬，樓船千餘艘，建康震駭，内外戒嚴。裕自海鹽入援，兵不滿千人，倍道兼行，與恩俱至丹徒。裕衆既少，加以涉遠疲勞，而丹徒守軍莫有鬬志。恩帥衆鼓譟，登蒜山，居民皆荷擔而立。裕帥所領奔擊，大破之，恩狼狽僅得還船。詔以裕爲下邳太守，討孫恩於郁洲，累戰，大破之。恩由是衰弱，復緣海南走，裕亦隨而邀之。裕追恩至滬瀆、海鹽，又破之，俘斬以萬數。恩遠竄入海。元興元年，恩投海死，餘衆數千人復推盧循爲主。則孫恩之敗死皆裕之功。元興二年，盧循使徐道覆寇東陽，裕擊破之，又破循於永嘉，追至晉安，屢破之。循浮海走。三年，裕討桓玄，循乘勢襲陷廣州。義熙五年，裕伐南燕。六年，徐道覆説盧循乘虚襲建康。循自始興寇長沙，道覆寇南康、廬陵、豫章，諸守相皆委任奔走。道覆順流而下，舟械甚盛。何無忌與戰於豫章，敗死。循發巴陵，與道覆合兵而下，劉毅帥舟師二萬與戰於桑落洲，毅兵大敗，棄船，以數百人步走，餘衆皆爲循所虜。循既克二鎮，戰士十餘萬，乘勝徑進。敗還者爭言其强盛，朝議欲奉乘輿過江。劉裕已破南燕，還至建康，不聽，伐樹柵石頭淮口，修治越城，築查浦、藥園、廷尉三壘，皆以兵守之。循南還尋陽，裕使孫處等自海道襲番禺，率兖州刺史劉藩等南擊盧循，大破之於大雷，又破之於左里。循奔番禺，徐道覆走保始興。七年，劉藩帥孟懷玉等諸將追循至嶺表，懷玉克始興，斬徐道覆。循收兵至番禺，孫處先已克番禺，平嶺南。循爲沈田子所擊破，奔交州。交州刺史杜慧度擊斬之，妖賊自此乃平。使當日無裕，則晉亡於妖賊可知也。元興元年，桓玄入京師。二年，册命玄爲相國，總百揆，封楚王。帝奉璽綬禪位於楚，玄遷帝於尋陽。宗廟主祏皆隨帝西上。三年，益州刺史毛璩傳檄遠近，列玄罪狀，劉裕、劉毅、何無忌、王元德、仲德、孟昶、裕弟道規及魏詠之、檀憑之、諸葛長民、辛扈興、童厚之合謀起兵。道規爲桓弘中兵參軍，裕使毅就道規及昶於江北，共殺弘，據廣陵。長民爲刁逵參軍，使長民殺逵，據歷陽。元德、扈興、厚之在建康，使之聚衆攻玄爲内應，刻期齊發。裕與無忌收合徒衆，得百餘人。斬桓修於京口。司馬刁弘帥文武佐來赴，裕登城，謂之曰：「郭江州已奉乘輿返正於尋陽，我等並被密詔，誅除逆黨，今日賊玄之首已當梟於大航矣。諸君非大晉之臣乎，今來欲何爲？」弘等信之，收衆而返。劉毅、劉道規斬桓弘，收衆濟江。裕使毅誅刁弘。先是，裕遣人入建康報劉邁，邁惶懼白玄，玄殺之，悉誅元德、扈興、厚之等。衆推裕爲盟主，總督徐州事，以孟昶爲長史，守京口，檀憑之爲司馬。彭城人應募者，裕悉使郡主簿劉鍾統之。裕帥二州之衆千七百人，軍於竹里，移檄遠近。玄遣吴甫之、皇甫敷北上擊裕，裕軍與吴甫之遇於江乘。甫之，玄驍將也，其兵甚鋭。裕手執長刀，大呼以衝之，衆皆披靡，即斬甫之。皇甫敷帥衆數千人逆戰，檀憑之敗死。裕進戰彌厲，圍之數重，裕倚大樹挺戰。敷曰：「汝欲作何死！」拔戟將刺，裕瞋目叱之，敷辟易，遂斬敷。玄遣桓謙等屯東陵及覆舟山。裕與劉毅等分爲數隊，進突謙陣。裕以身先之，將士皆殊死戰，無不一當百，呼聲動天地。時東北風急，因縱火焚之，煙炎熛天，鼓噪之音震動京邑，謙等諸軍大潰。玄浮江南走。裕入建康，立留臺百官，造晉新主，納於太廟。遣諸將追玄。初，諸葛長民至豫州，失期，不得發。刁逵執長民，檻車送玄。至當利而玄敗，送人共破檻出長民，還趣歷陽。逵棄城走，爲其下所執，斬於石頭。當時起事之人雖多，唯裕兄弟功大，餘則非敗即死耳。玄至尋陽，劉毅遣何無忌、劉道規等追之，玄挾帝至江陵，留何澹之等守湓口。何無忌、劉道規進攻，大破之，克湓口，進據尋陽，遣使奉送宗廟主祏還京師。玄收荆州兵東下，劉毅、道規等復大破之於崢嶸洲，玄棄江陵，西走，死於枚回州。王康産等奉帝返正。桓振、桓謙復襲陷江陵，殺康産等，奉還璽綬於帝。義熙元年，劉毅等克江陵，桓謙及其黨奔秦。帝東還，劉裕爲首功，劉毅、何無忌次之，劉邁等無與焉。毛璩雖有首先倡義之勞，而成都内亂，譙縱稱王，功不補過也。益州自義熙元年陷於譙縱，潛通氐羌，爲中國患。義熙八年，以朱齡石爲益州刺史，督諸軍伐蜀。裕與齡石密謀進取，曰：「劉敬宣往年出黃虎，無功而還。賊謂我今應從外水往，而料我出其不意猶從內水來也。若向黃虎，正墮其計。今以大衆自外水取成都，疑兵向內水，此制敵之奇也。」而慮此聲先馳，賊審虛實。別有函書付之，署函邊曰：「至白帝乃開。」九年，齡石等至白帝，發函書曰：「衆軍悉從外水取成都，臧熹從中水取廣漢，老弱乘高艦十餘，從內水向黃虎。」於是諸軍倍道兼行。譙縱果重兵鎮涪城，齡石乘虛入成都，縱自縊死，遂定蜀。是蜀之失而復得，亦裕之謀也。當時與晉毗鄰者，曰秦，曰南燕。秦之强，在當時爲巨擘；南燕慕容備德雖錯處一方，其志亦不小。元興二年，備德講武城西，步卒三十七萬人，騎五萬三千匹，車萬七千乘，欲以伐晉。三年，聞桓玄敗，命北地王鍾等將兵欲取江南，會備德有疾而止。義熙五年，南燕寇宿、豫，拔之，大掠而去。裕抗表伐南燕，帥舟師自淮入泗。五月，至下邳，留船艦、輜重，步進至琅邪，所過皆築城，留兵守之。或謂裕曰：「燕人若塞大峴之險，或堅壁清野，大軍深入，不唯無功，將不能自歸，奈何？」裕曰：「吾慮之熟矣，鮮卑貪婪，不知遠計，進利虜獲，退惜禾苗，謂我孤軍遠入，不能持久；不過進據臨朐，退守廣固，必不能守險清野，敢爲諸君保之。」裕過大峴，燕兵不出。裕舉手指天，喜形於色。左右曰：「公未見敵而先喜，何也？」裕曰：「兵已過險，士有必死之志。餘糧棲畝，人無匱乏之憂。虜已入吾掌中矣。」裕至東莞。南燕主超遣軍五萬屯臨朐。聞晉兵入峴，自將步騎四萬往就之，裕以車四千乘爲左右翼，方軌徐進，與燕兵戰於臨朐南，燕大敗，乘勝逐北至廣固，克其大城。南燕主超退保小城。裕築長圍守之，圍高三丈，穿塹三重。撫納降附，采拔賢俊，華夷大悦。於是因齊地糧儲，悉停江淮漕運。六年，克之，斬王公以下三千人，没入家口萬餘，送超詣建康，斬之。十二年，裕伐秦，所向皆捷。檀道濟拔成皋，克洛陽。十三年，王鎮惡引兵徑前抵潼關。道濟、林子皆會，裕將水軍自淮、泗入清河，泝河西上。沈田子入武關，鎮惡請帥水軍自河入渭趨長安，大破姚丕於渭橋，遂入長安。秦主泓降，送建康，斬於市。秦東平公讚等及宗族百餘人詣裕降，裕皆殺之。滅燕及秦，奄有中原之半，皆裕百戰得之也。宋武帝永初元年，傅亮諷晉恭帝禪位於宋，帝欣然操筆，謂左右曰：「桓玄之時，晉室已無，天下重爲劉公所延將二十載，今日之事本所甘心。」語出於恭帝之口，可見宋武帝之得天下非取之於晉，晉室亦自知之矣！

武帝猜忌功臣，致身没國削

擾亂之時，人人有稱帝稱王之志，故英主崛起。天下既定，往往誅戮功臣，以免後患。漢高帝之誅信、布亦有不得已之勢，非盡由於殘刻之性也。晉、宋之間，天下尚未定，武帝不先以天下爲慮，而惟内患是憂，稍有材武之士，猜防備至，以速其死，人之云亡邦國殄瘁。易世之後，雖以文帝元嘉之治繼之，國猶不競可哀也哉！初，晉安帝義熙八年，太尉裕襲江陵，殺劉毅。九年，還建康，殺諸葛長民。此猶初起之時，比肩昆弟未必心服，殺之以除害也。十三年，太尉裕滅秦王。鎮惡先入長安，鎮惡性貪，秦府庫盈積，盜取不可勝紀。或譖諸裕曰：「鎮惡藏僞輦，將有異志。」裕使人覘之，鎮惡剔取其金銀，棄輦於垣側，裕意乃安。裕將還，以次子義真爲都督雍、梁、秦三州諸軍事，安西將軍，領雍、東秦二州刺史，義真時年十二。以王修爲長史，王鎮惡爲司馬、領馮翊太守，沈田子、毛德祖皆爲中兵參軍，仍以田子領秦州刺史、天水太守，傅弘之爲雍州治中從事史。關中人素重王猛，裕之克長安，鎮惡功爲多，由是南人皆忌之。田子自以嶢柳之捷，與鎮惡爭功不平。田子及傅弘之屢言於裕曰：「鎮惡家在關中，不可保信。」裕曰：「今留卿文武將士精兵萬人，彼若爲不善，正足自滅耳，勿復多言。」裕私謂田子曰：「鍾會不得遂其亂者，以有衛瓘故也。語曰『猛獸不如羣狐』，卿等十餘輩，何懼王鎮惡！」裕還。十四年，夏赫連璝至渭陽，關中民降之者屬路。沈田子將兵拒之，畏其衆盛，退屯劉迴堡，遣使還報鎮惡。鎮惡謂王脩曰：「公以十歲兒付吾屬，當共思竭力，而擁兵不進，虜何由得平！」使者還，以告田子。田子與鎮惡素有相圖之志，由是益忿懼。未幾，鎮惡與田子俱出北地以拒夏兵，軍中訛言：「鎮惡欲盡殺南人，以數十人送義真南還，因據關中反。」田子請鎮惡至傅弘之營計事，田子求屏人語，使其宗人沈敬仁斬之幕下，矯稱受太尉令誅之。弘之奔告義真，義真與王脩披甲登横門以察其變。俄而，田子帥數十人來，言鎮惡反，脩執田子，數以專戮之罪，斬之。裕聞王鎮惡死，表言：「沈田子忽發狂易，奄害功勳。」追贈鎮惡左將軍、青州刺史。義真年少，賜與左右無節，脩每抑之，左右怨，譖、脩於義真曰：「王鎮惡欲反，故沈田子殺之。脩殺田子，是亦欲反也。」義真信之，使左右劉乞等殺脩。脩既死，人情離駭，莫相統壹。義真悉召外軍入長安，閉門拒守。關中郡縣悉降於夏。夏王勃勃進據咸陽，長安樵采路絶。裕聞之，召義真還，以朱齡石代鎮長安。義真將士貪縱，大掠而東，多載寶貨、子女，方軌徐行。夏兵追及，傅弘之、毛脩之皆死。朱齡石爲長安百姓所逐，奔潼關，往從王敬先於曹公壘。夏兵來攻，城破，被執，亦見殺。名將盡矣。裕之出師伐秦也。十二年，遣左長史王弘還建康，諷朝廷，求九錫。時劉穆之常留任，而旨從北來，穆之由是愧懼，發病。十三年，卒。始，裕欲留長安，經略西北，聞穆之卒，以根本無託，乃還。則裕大功之不成，穆之之死爲之也。穆之之死由於慚懼，又審知裕平日猜忌之心而然也。裕之謀臣，穆之而外，厥惟謝晦。裕即帝位，永初三年，臨終謂太子曰：「晦數從征伐，頗識機變，若有同異，必此人也。」又有疑晦之心，此晦之所以不安也。營陽王即位，景平元年，魏師南侵，攻拔金墉、許昌，竺夔守東陽，毛德祖守虎牢，以拒魏，久之，東陽魏兵解去。德祖守虎牢二百餘日。時檀道濟軍湖陸，劉粹軍項城，沈叔貍軍高橋，皆畏魏兵强，不敢進。魏人遂拔虎牢，悉定司、兖、豫諸郡縣。文帝元嘉元年，徐羨之、傅亮、謝晦廢營陽王，帝即位。三年，帝誅羨之、亮，并發兵討晦。召檀道濟問策，道濟曰：「臣昔與晦同從北征，入關十策，晦有其九，才略明練殆爲少敵，然未嘗孤軍決勝，戎事非其所長，可未陣而擒也。」則晦之才，武帝嘗資之以爲用，雖道濟亦知之矣。晦誅，武帝之謀臣亦於是乎盡。此時武將之中僅一檀道濟矣，文帝仍不能用而殺之，宜其有胡馬飲江之患，而憂且悔也。無人才以遺後世，又收其良以死，詒謀不臧，武帝不得辭其咎矣！

宋之擇儲教子不如後魏

宋高祖永初三年，上不豫，皇太子多狎羣小。謝晦言於上曰：「陛下春秋既高，宜思存萬世，神器至重，不可使負荷非才。」上曰：「廬陵何如？」晦曰：「臣請觀焉。」出造廬陵王義真，義真盛欲與談，晦不甚答，還曰：「德輕於才，非人主也。」出義真爲都督南豫、豫、雍、司、秦、并六州諸軍事，車騎將軍，開府儀同三司，南豫州刺史。晦不於太子未立之先勸帝慎擇賢儲，帝亦不於晦有所言之後選賢輔導太子，君臣蓋兩失之矣！帝殂，太子即位。宋太祖元嘉元年，營陽王居喪，無禮，好與左右狎暱，游戲無度。范泰上封事諫，不聽。徐羨之等密謀廢帝，而次立者應在義真，乃因義真與帝有隙，先奏列其罪惡，廢爲庶人。張約之諫，不聽，見殺。羨之等召檀道濟、王弘入朝，以廢立之謀告之。謝晦使邢安泰、潘盛爲內應，道濟引兵居前，羨之等繼其後。時帝方於華林園爲列肆，親自沽賣，又與左右引船爲樂，夕游天淵池，即龍舟而寢。未興，乃稱皇太后令，數帝過惡，廢爲營陽王，既而弑之。裴子野論曰：「古者人君養子，能言而師授之辭，能行而傅相之禮。宋之教誨，雅異於斯，居中則任僕妾，處外則近趨走。太子、皇子，有師，有侍，是二職者，皆臺皁也。制其行止，授其濾則，導達臧否，罔弗由之；言不及於禮義，識不達於今古，瑾敕者能勸之以吝嗇，狂愚者或誘之以凶慝。雖有師傅，多以耆艾大夫爲之；雖有友及文學，多以膏粱年少爲之；具位而已，亦弗與游。幼王臨州，長史行事；宣傳教命，又有典籤；往往專恣，竊弄威權，是以本根雖茂而端良甚寡。嗣君沖幼，世繼姦回，雖惡物醜類，天然自出，然習則生常，其流遠矣。降及太宗，舉天下而棄之，亦昵比之爲也。嗚呼！有國有家，其鑑之矣！」文帝元嘉三年，袁皇后生皇子劭，后自詳視，使馳白帝曰：「此兒形貌異常，必破國亡家，不可舉。」即欲殺之。帝狼狽至后殿户外，手撥幔禁之，乃止。六年，立劭爲太子。十六年，劭加元服。劭便弓馬，喜延賓客，意之所欲，帝必從之，至三十年而禍作。初，帝以宗室强盛，慮有内難，特加東宮兵，使與羽林相若，至有實甲萬人，劭性黠而剛猛，帝深倚之，因集素所畜養兵士上殿弑帝。劭不足道，文帝聞袁后之言，而猶立之爲太子，已失擇儲之道，復假以重兵，倚其剛猛，縱其意之所欲，豈教子之方哉！武帝開創英君，文帝守成令主，其於擇儲、教子之道闕焉，未講不如後魏遠矣！永初三年，魏主服寒食散，頻年樂發，災異屢見，遣使密問崔浩曰：「恐一旦不諱，諸子並少，將若之何？其爲我思身後之計！」浩曰：「陛下春秋富盛，行就平愈，必不得已，請陳瞽言。自聖代龍興，不崇儲貳，是以永興之始，社稷幾危。今宜早建東宮，選賢公卿以爲師傅，左右信臣以爲賓友；入總萬機，出撫戎政。如此，則陛下可以優游無爲，頤神養壽。萬歲之後，國有成主，民有所歸，姦宄息望，禍無自生矣。皇子燾年將周星，明叡温和，立子以長，禮之大經，若必待成人然後擇之，倒錯天倫，則召亂之道也。」魏主復以問南平公長孫嵩。嵩亦勸立燾，從之。使之居正殿，臨朝爲國副主，以嵩及山陽公奚斤、北新公安同爲左輔，坐東廂，西面。浩與太尉穆觀、散騎常侍邱堆爲右弼，坐西廂，東面。百官總己以聽。帝避居西宮，時隱而窺之，聽其決斷。大悦，謂侍臣曰：「嵩宿德舊臣，歷事四世，功存社稷；斤辨捷智謀，名聞遐邇。同曉解俗情，明練於事。觀達於政要，識吾旨趣。浩博聞彊識，精察天人。堆雖無大用，然在公專謹。以此六人輔相太子，吾與汝曹巡行四境，伐叛柔服，足以得志於天下矣。」又以劉絜、古弼、盧魯元忠謹恭勤，使之給侍東宮，分典機要，宣納辭令。魏之擇儲教子可謂慎矣。宜其自道武以至孝文代有英主，非南朝所可跂及也！

宋初猶用古親親之意

晉懲魏孤立之弊，大封子弟，雖不免矯枉過正，然未始非古者親親之意。宋初亦然，高祖永初元年，以司空道憐爲太尉，封長沙王，追封司徒道規爲臨川王，以道憐子義慶襲其爵，立皇子桂陽公義真爲廬陵王，彭城公義隆爲宜都王，義康爲彭城王。先是，帝入建康，留義康爲都督豫、司、雍、并四州諸軍事，豫州刺史，鎮壽陽。二年，以揚州刺史廬陵王義真爲司徒，尚書、僕射。三年，詔分豫州淮以東爲南豫州，治歷陽，以彭城王義康爲刺史。上不豫，謝晦言義真之短，出之爲都督南豫、豫、雍、司、秦并六州諸軍事，車騎將軍，開府儀同三司，南豫州刺史。帝殂，道憐亦卒，義真出外。故徐羨之、傅亮、謝晦等得廢營陽，而殺義真。所幸者，宜都王在江陵，能踵漢文故事耳。文帝元嘉元年，封皇弟義恭爲江夏王，義宣爲竟陵王，義季爲衡陽王。仍以義宣爲左將軍，鎮石頭。三年，下詔暴羨之、亮、晦殺營陽廬陵王之罪，討誅之。六年，春，以義康爲侍中，都督揚、南徐、兗三州諸軍事，司徒，録尚書事，領南徐州刺史，又以撫軍將軍江夏王義恭爲都督荆、湘等八州諸軍事、荆州刺史。七年，伐魏，使後將軍長沙王義欣將兵三萬，監征討諸軍事。義欣，道憐之子也。又命義欣出鎮彭城，爲衆軍聲援。及諸軍敗退，將佐勸義欣委鎮還都，義欣不從。以義欣爲豫州刺史，鎮壽陽。義欣隨宜經理，境内安業，城府完實，遂爲盛藩。是文帝簡任親賢尤獲其效已。八年，左僕射臨川王義慶固求解職，以義慶爲中書令、丹楊尹如故。九年，義康改領揚州刺史，以江夏王義恭爲都督南、兗等六州諸軍事，開府儀同三司、南兗州刺史，臨川王義慶爲都督荆、雍等七州諸軍事、荆州刺史，竟陵王義宣爲中書監，衡陽王義季爲南徐州刺史。初，高祖以荆州居上流之重，土地廣遠，資實、兵甲居朝廷之半，故遺詔令諸子居之。上以義慶宗室、令美，且烈武王道規有大功於社稷，故特用之。初，帝以少子紹爲廬陵孝獻王嗣，以江夏王義恭子朗爲營陽王嗣，封紹爲廬陵王、朗爲南豐縣王。十三年，殺江州刺史檀道濟，以中軍將軍南譙王義宣爲江州刺史。十六年，司徒義康進位大將軍，領司徒、南兗州刺史，江夏王義恭進位司空。初，高祖遺詔令諸子次第居荆州。臨川王義慶在荆州八年，欲爲之選代，其次應在南譙王義宣。帝以義宣人才凡鄙，置不用，以衡陽王義季爲都督荆、湘等八州諸軍事。立皇子鑠爲南平王，司徒義康專總朝權，上羸疾積年，義康盡心營奉，藥石非口所親嘗不進，或連夕不寐，内外衆事皆專決施行，性好盡職，糾剔文案，莫不精盡。上由是多委以事，凡所陳奏，入無不可，方伯以下竝令選用，生殺大事或以録命斷之，自謂兄弟至親不復存君臣形迹。義康固素無學術，不識大體，竟至黜廢。然其始，友愛恩遇之隆，雖漢明之於東平，蔑以加焉。二十年，立皇子誕爲廣陵王。二十一年，江夏王義恭進位大尉，領司徒。立皇子弘爲建平王，以荆州刺史衡陽王義季爲征北大將軍、開府儀同三司、南兖州刺史，以南譙王義宣爲荆州刺史。初，帝以義宣不才，故不用。會稽公主屢以爲言，故用之。公主高祖長女，帝深加禮敬，家事大小必咨之。二十二年，以武陵王駿爲雍州刺史。帝謀伐魏，以南平王鑠爲豫州刺史。二十五年，以武陵王駿爲安北將軍、徐州刺史，鎮彭城。義宣進位司空。封皇子彧爲淮陽王。二十六年，以廣陵王誕爲雍州刺史。二十八年，以江夏王義恭領南兖州刺史，徙鎮盱眙，增督十二州軍事。二十九年，江夏王義恭還朝，以爲大將軍、南徐州刺史、録尚書如故。三十年，以義宣爲司徒、揚州刺史。文帝並建子弟，信任諸王，故雖有逆劭之禍，而武陵義師一舉，元凶殄滅，而宋室復安。至孝武惡宗室彊盛，太傅義恭請省録尚書事。孝建二年，上欲削弱王侯。江夏王義恭、竟陵王誕奏裁王侯車服、器用、樂舞、制度凡九事。上因諷有司奏增廣爲二十四條。親親之意始替，而宋亦寖衰矣！

宋内訌之習未除

宋既代晉，内訌如故。文帝元嘉元年，徐羡之、傅亮、謝晦等惡廬陵王義真與謝靈運、顔延之等遊，義真故吏范宴從容戒之，義真曰：「靈運空疏，延之隘薄，魏文帝所謂『古今文人類不護細行者也』，但性情所得，未得忘言於悟賞耳。」於是羡之等以爲靈運、延之搆扇異同，非毁執政，出靈運爲永嘉太守，延之爲始安太守。義真至歷陽，多所求索，執政每裁量不盡與，義真深怨之，數有不平之言。又表求還都，諮議參軍、廬江何尚之屢諫不聽。時羡之等已密謀廢營陽王，而次立者應在義真，乃因義真與營陽王有隙，先奏列其罪，廢爲庶人，徙新安郡。又稱皇太后令，廢營陽王，迎宜陽王義隆即帝位。二年，步兵校尉孔甯子與侍中王華並有富貴之願，疾徐羡之、傅亮專權，日夜搆之於帝。三年，帝下詔，暴羡之、亮、晦殺營陽廬陵王之罪，命有司誅之。羡之自殺，亮伏誅，并發兵討晦，晦奉表稱：「羡之、亮等忠貞，横被冤酷。王弘、王曇首、王華險躁猜忌，讒搆成禍，今當舉兵以除君側之惡。」初，晦與徐羡之、傅亮爲自全之計，以爲晦據上流，而檀道濟鎮廣陵，各有强兵，足以制朝廷。羡之、亮居中秉權，可得持久。及聞道濟帥衆來討，惶懼無計，尋敗潰被誅。王華爲中護軍、侍中如故。華以王弘輔政，王曇首上所親任，與已相埒，自謂力用不盡，每歎息曰：「宰相頓有數人，天下何由得治。」是時宰相無常官，唯人主所與議論政事、委以機密者皆宰相也。故華有是言。徐、傅雖死，憂未已也。六年，王弘上表乞解州鎮，以授彭城王義康。帝優詔不許，以義康爲侍中，都督揚、南徐、兗三州諸軍事，司徒，録尚書事，領南徐州刺史。弘與義康二府並置佐領兵，共輔朝政。弘既多疾，且欲委遠大權，每事推讓。義康專總内外之務。七年，義康意猶怏怏，欲得揚州，形於辭旨。以弘弟曇首居中，爲上所親委，愈不悦。弘以老病，屢乞骸骨，曇首自求吴郡，上皆不許。曇首勸弘減府中文武之半以授義康，上聽割二千人，義康乃悦。十二年，領軍將軍劉湛與僕射殷景仁素善。湛之入也，景仁實引之。湛既至，以景仁位遇本不踰已，而一旦居前，意甚憤憤。俱被時遇，以景仁專管内任，謂爲間己。知帝信仗景仁，不可移奪。時司徒義康專秉朝權，湛嘗爲義康上佐，遂委心自結，欲因宰相之力以回上意，傾黜景仁，獨當時務，帝加景仁中書令、中護軍，即家爲府。湛爲太子詹事。湛愈憤怒，使義康毁景仁於帝，帝遇之益隆。景仁對親舊歎曰：「引之令入，入便噬人！」乃稱疾解職，表疏累上，帝不許，使停家養病。湛議遣人若劫盜者於外殺之，以爲帝雖知之，當有以解之，不能傷義康至親之愛。帝微聞之，遷護軍府於西掖門外，使近宫禁，故湛謀不行。義康僚屬及諸附麗湛者，潛相約勒，無敢歷殷氏之門。彭城王主簿沛郡劉敬文父成，未悟其機，詣景仁求郡。敬文遽往謝湛曰：「老父悖耄，遂就殷鐵干禄。由敬文闇淺，上負生成，闔門慙懼，無地自處。」唯後將軍司馬庾炳之遊二人之間，皆得其歡心，而密輸忠於朝廷。景仁卧家不朝謁，帝常使炳之銜命往來，湛不疑也。十三年，湛説義康勸帝除檀道濟，召之入朝，會帝疾，義康矯詔殺之，並其子植等。蓋帝亦早疑忌道濟耳。十七年，義康專總朝權，勢傾遠近，朝野輻輳，然素無學術，不識大體，朝士有才用者皆引入己府，府僚無施及忤旨者乃斥爲臺官。私置僮六千餘人，不以言。義康權勢已盛，湛愈推崇之，上浸不能平。景仁密言於上曰：「相王權重，非社稷計，宜少加裁抑！」上陰然之。湛與其宗斌等欲上晏駕後，義康嗣位。斌等邀結朋黨，伺察禁省，有不與己同者，必百方搆陷之，又採拾景仁短長，或虚造異同，以告湛。自是主相之勢分矣。自去年秋，上不復往東府。湛遭母喪去職，湛自知罪釁已彰，無復全地，嘗與所親言之。上以義康嫌隙已著，將成禍亂，收湛付廷尉，下詔暴其罪惡，就獄誅之及其黨，遣人宣旨告義康以湛等罪狀。義康上表遜位，詔以爲江州刺史，出鎮豫章。初，殷景仁卧疾五年，雖不見上，而密函去來，日以十數，朝政大小，必以咨之。影迹周密，莫有窺其際者。收湛之日，景仁使拂拭衣冠，其夜上召之入，誅討處分，一以委之。二十二年，范曄、張熙先以仕不得志，且據星讖，謀弑帝，立義康。徐湛之白帝，伏誅，免義康及其男女皆爲庶人，絶屬籍徙，付安成郡。二十四年，胡誕世反，欲奉前彭城王義康爲主，檀和之擊斬之。二十七年，上欲伐魏，徐湛之、江湛等並勸之。劉康祖、沈慶之、太子劭、蕭思話相繼諫阻，上皆不從。及魏師南下至瓜步，聲言欲渡江，建康震懼，魏遣使求和請婚，上亦遣使往魏主言求和親之意。使還，上召太子劭及羣臣議之。衆並謂宜許，江湛曰：「戎狄無親，許之無益。」劭怒，謂湛曰：「今三王在阨，詎能苟執異議！」坐散，俱出，劭使班劍反左右排湛，湛幾至僵仆。劭又言於上曰：「北伐敗辱，數州淪破，獨有斬江湛、徐湛之可以謝天下。」上曰：「北伐自是我意，江、徐但不異耳。」由是太子與江、徐不平。二十八年，殺故彭城王義康。二十九年，劭及始興王濬多過失，恐上聞之，使巫嚴道育爲巫蠱，祝詛上。事覺，道育亡命。帝雖怒劭、濬，不忍廢之。三十年，劭藏道育事覺，上欲廢之，與江、徐等議，久不決，竟洩，劭乃謀爲逆。初，帝以宗室彊盛，慮有內難，特加東宮兵，使與羽林相若，至有實甲萬人。劭以兵入宮，弑帝，殺江、徐。終文帝之世，內訌最烈，甚至太子與羣臣爭，帝亦疑忌最深，而乃死於其子之手，猜忌亦何益哉！孝武帝孝建元年，劭既誅，荊州刺史南郡王義宣與江州刺史臧質功皆第一，由是驕恣，事多專行，凡所求欲，無不必從。義宣在荊州十年，財富兵强。朝廷所下制度，意有不同，一不遵承。質自建康之江州，舫千餘乘，部伍前後百餘里。帝方自攬威權，而質以少主遇之，政刑慶賞，一不咨稟。擅用湓口、鉤圻米，臺符屢加檢詰，漸致猜懼。遂勸義宣反帝，欲奉乘輿、灋物迎之，竟陵王誕固執不可，乃命柳元景、王玄謨等討之。義宣、質敗走，質死於南湖，義宣伏誅。明帝泰始元年，初，沈攸之隨沈慶之討隨王誕有功，慶之抑其賞，由是恨之。廢帝使攸之殺慶之。壽寂之弑廢帝，立明帝。先是，鄧琬奉晉安王子勛起兵於尋陽，至是琬與袁顗不肯罷兵，詐稱被太皇太后令，使其起兵，即建牙馳檄，奉表勸子勛即大位。傳檄建康，謂上「矯害明茂，篡竊大寶，干我昭穆，寡我兄弟。藐孤同氣，猶有十三，聖靈何辜，而當乏饗。」荆郢、會稽皆應子勛。二年，子勛兵敗，爲沈攸之所殺。司徒休仁勸帝殺永嘉王子仁等世祖二十八孫皆盡。五年，休仁寵寄甚隆，朝野輻輳，上漸不悦，休仁悟其旨，表解楊州。七年，以太子幼弱，深忌諸弟，殺休祐、休仁，賜休若死。泰豫元年，上疾篤，慮晏駕之後，皇后臨朝，王景文以皇后之勢，必爲宰相，門族彊盛，或有異圖。手敕賜景文死。帝大漸，袁粲、褚淵、劉勔、蔡興宗並受顧命，淵引蕭道成同受顧命。明帝立非其序，致啟同室之爭，事平猜忌尤甚，夷滅宗親而不知道成之窺神器。宋之骨肉相殘尤烈於晉室八王之禍也。時蒼梧王方十歲，袁粲、褚淵秉政，承太宗奢侈之後，務弘節儉，欲救其弊，而阮佃夫、王道隆等用事，貨賂公行，不能禁也。蒼梧王元徽元年，桂陽王休範自謂尊親莫二，應入爲宰輔。既不如志，怨憤頗甚。朝廷知其有異志，亦陰爲之備，以晉熙王燮爲郢州刺史。燮始四歲，以王奂爲長史，行府事，配以資力，使鎮夏口。復恐其過尋陽爲休範所劫留，使自太洑徑去。休範聞之，大怒，密與許公輿謀襲建康。二年，休範反，朝廷惶駭。褚淵等集中書省計事，莫有言者，獨道成決計，頓新亭以當其鋒。孫千齡陰與休範通謀，欲沮其計。道成正色斥之。即日內外戒嚴，道成將前鋒兵出屯新亭。張敬兒詐降休範，斬之。其將杜黑騾攻陷東城，道成拒却之。陳顯達等引兵出戰，大破黑騾。張敬兒等又破黑騾等，斬黑騾及丁文豪，餘黨悉平。內爭愈烈，道成奸篡之勢愈得以成矣休。範之反也，使道士陳公昭作『天公書』，題云『沈丞相』，付荊州刺史沈攸之門者。攸之不開視，推得公昭，送之朝廷。及休範反，攸之與王景素等同舉兵討休範，襲破尋陽，殺其二子。執政欲徵休之而憚於發命，乃以太后令，遣中使謂曰：「公久勞於外，宜還京師。任寄實重，未欲輕之。進退可否，在公所擇。」加攸之開府儀同三司，攸之辭曰：「臣無廊廟之資，居中實非其才。」乃止。三年張敬兒求鎮襄陽，謂道成曰：「沈攸之在荊州，公知其欲何所作。不出敬兒，以表裏制之，恐非公之利。」道成笑而無言。三月，己巳，以驍騎將軍張敬兒都督雍、梁二州諸軍事、雍州刺史。沈攸之聞敬兒上，恐其見襲，陰爲之備。敬兒陽親敬攸之，攸之信之，敬兒得其事迹皆密白道成。道成與攸之書，問：「張雍州遷代之日，將欲誰擬？」攸之即以示敬兒，欲以間之。四年，楊運長、阮佃夫忌建平王景素益甚，景素乃與殷瀰、垣慶延、沈顒、左暄等謀爲自全之計。遣人往來建康，要結才力之士，黃回、高道慶、曹欣之、韓道清、郭蘭之、垣祇祖皆陰與通謀。武人不得志者，無不歸之。時帝好獨出游走郊野，欣之謀據石頭城，伺帝出作亂。道清、蘭之欲說蕭道成因帝夜出，執帝迎景素，道成不從者，即圖之。景素每禁使緩之。楊、阮微聞其事，祇祖率數百人奔京口，云京師已潰亂，勸令速入。景素信之，據京口敗死。攸之遣軍赴建康，劉攘兵、劉道欣疑攸之有異，謀阻其兵。攸之遣攘兵子天賜往諭，攘兵釋甲。道欣不聽，乃攻斬之。順帝昇明元年，蒼梧王被弑。道成、王敬則脅袁粲、劉秉等議立安成王，蕭道成爲司空、録尚書事、驃騎大將軍，兼總軍國，布置心膂，與奪自專。褚淵素相憑附，秉、粲閣手仰成矣。粲知道成有不臣之志，陰欲圖之。初，攸之與道成於大明、景和之間，同直殿省，深相親善。攸之在荊州，高道慶假還，過江陵，與攸之爭戲槊。馳還建康，言攸之反狀已成，請以三千人襲之。楊運長惡攸之，密與道慶謀遣刺客殺攸之，不克。會蒼梧王遇弑，宗儼之等勸攸之因此起兵。攸之以其子元琰在建康，故未發。道成遣元琰以蒼梧王刳斮之具示攸之。攸之以道成名位素出己下，一旦專制朝權，心不平，因留元琰。張敬兒素與攘兵善，疑攸之將起事，密問之攘兵。攘兵寄馬鐙一隻，敬兒乃爲之備。攸之稱太后手令，起兵東下，遣書詰責道成。道成入守朝堂，命武陵王贊等討之，王蘊與粲、秉等謀誅道成，黃回等皆與通謀。道成初聞攸之事起，自往詣粲，粲辭不見。道成乃召褚淵與之連席，每事必引淵共之。淵嘗恨粲，戒道成先備其内。粲謀既定，告淵，淵即以告道成。粲謀矯太后令，攻道成。劉秉恇擾謀洩，道成遣戴僧靜攻殺粲。攸之攻郢城不能下，沈慶之子文秀收攸之弟登之，誅其宗族。張敬兒偵攸之下，即襲江陵，克之，誅攸之二子、四孫，攸之敗走自縊死。道成殺黄回。次年，順帝下詔禪位於道成。内訌紛紜之世，姦逆因之以爲資，而國以滅，宋與晉如出一轍已。

通鑑劄記卷八

文帝無北伐之志，僅欲復河南

軍志曰：「先人有奪人之心，文帝之心無大志也。」元嘉六年，先是帝因魏使者還，告魏主曰：「汝趣歸我河南地，不然，將盡我將士之力。」魏主聞之大笑，曰：「龜鼈小豎，自救不暇，夫何能爲！」時魏將北伐，公卿曰：「南寇方伺國隙，何以待之。」崔浩曰：「不然，今不先破蠕蠕，則無以待南寇。南人聞國家克統萬以來，內懷恐懼，故揚聲動衆以衛淮北。比吾破蠕蠕，往還之間，南寇必不動也。」則文帝之心僅欲復河南，本無長駕遠馭之策，不特不能克紹其祖，抑亦桓温之不若矣。魏之君臣知之已審。七年，帝自踐位以來，有恢復河南之志，詔簡甲卒五萬給右將軍到彦之，統安北將軍王仲德、兖州刺史竺靈秀帥舟師入河，又使驍騎將軍段宏將精騎八千直指虎牢，豫州刺史劉德武將兵一萬繼進，後將軍長沙王義欣將兵三萬監征討諸軍事。先遣殿中將軍田奇使於魏，曰：「河南舊是宋土，中爲彼所侵，今當修復舊境，不關河北。」帝之一再遣使，皆宣言無深入之志，徒示人以弱耳。魏人知之甚深。魏南邊諸將乞簡幽州以南勁兵助己戍守，及就漳水造船嚴備以拒之，公卿皆以爲宜如所請，并署司馬楚之、魯軌、韓延之等爲將帥，使招誘南人。崔浩曰：「非長策也。楚之等皆彼所畏忌，今聞國家悉發幽州以南精兵，大造舟艦，隨以輕騎，謂國家欲立司馬氏，誅除劉宗。必舉國震駭，懼於滅亡，當悉發精鋭，并心竭力，以死爭之，則我南邊諸將無以禦之。」是宋之精鋭並未悉發，宋之君臣未能并心竭力可想而見矣。到彦之等泝河西上，魏主以河南四鎮兵少，命諸軍悉收衆北渡。魏碻磝、滑臺洛陽、虎牢戍兵皆棄城去，到彦之留朱修之守滑臺，尹冲守虎牢，建武將軍杜驥守金墉。諸軍進屯靈昌津，列守南岸，至於潼關。於是司、兖既平，頗有破竹之勢，假使驅兵深入，魏之爲魏未可知也。彦之本庸材，僅遣裨將姚聳夫渡河攻冶坂，與安頡戰，兵敗，死者甚衆。自此遂不敢渡河。是歲夏主遣使來求和，約合兵滅魏，魏主聞之，治兵將伐夏。羣臣咸曰：「劉義隆兵猶在河中，捨之西行，前寇未必可克，而義隆乘虛濟河，則失山東矣。」魏主以問崔浩，對曰：「臣始謂，義隆軍來，當屯止河中，兩道北上，東道向冀州，西道衝鄴，如此則陛下當自討之，不得徐行。今則不然。東西列兵徑二千里，一處不過數千，形分勢弱。儜兒情見，此不過欲固河自守，無北度意也。赫連定殘根易摧，擬之必仆。克定之後，東出潼關，席卷而前，則威震南極，江、淮以北無立草矣。」則帝之苟安，彥之之恇怯，皆在崔浩意料之中。到彥之、王仲德沿河置守，還保東平。魏安頡攻金墉，拔之，洛陽、虎牢不守，諸軍相繼奔敗。到彥之欲引兵還，殿中將軍垣護之以書諫之，以爲宜使竺靈秀助朱修之守滑臺，自率大軍進擬河北，且曰：「昔人有連年攻戰，失衆乏糧，猶張膽爭前，莫肯經退。況今青州豐穰，濟漕流通，士馬飽逸，威力無損。若空棄滑臺，坐喪成業，豈朝廷受任之旨耶！」彥之不從，欲焚舟步走。王仲德曰：「洛陽既陷，虎牢不守，自然之勢也。今虜去我猶千里，滑臺尚有强兵，若遽捨舟南走，士卒必散。當引舟入濟，至馬耳谷口，更詳所宜。」觀二人之言，則當時宋兵未嘗不精糧，未嘗不足使。彥之聽護之之言，固當大有所爲，即不然，與仲德引舟入濟，稍緩須臾，以待檀道濟之至，猶可言也。計不出此，焚舟棄甲而逃，步趨彭城，靈秀棄須昌，奔湖陸，青、兗大擾。八年，檀道濟救滑臺，與王仲德大破魏軍，進至濟上，二十餘日，前後與魏三十餘戰，道濟多捷。軍至歷城，叔孫建等縱輕騎邀其前後，焚燒草穀，道濟軍乏食，不能進。魏遂克滑臺。道濟等食盡，自歷城引還，全軍而返，青州刺史蕭思話棄鎮，奔平昌。劉振之戍下邳，聞之，亦委城走。魏軍竟不至，而東陽積聚已爲百姓所焚。則是役之無功，固諸將畏葸退縮之故，尤咎在文帝無進取大志，而僅欲收復河南也。二十七年，上欲伐魏，曰：「虜所恃者，唯馬。今夏水浩汗，河道流通，汎舟北上，碻磝必走，滑臺小戍，易可覆拔。克此二城，館穀弔民，虎牢、洛陽自然不固。比及冬初，城守相接，虜馬過河，即成擒也。」文帝之志始終不過欲阻河而守，保河南地耳。其志不壯，其氣不勇，將帥承爲畏縮之風，宜其重辱王師而召胡馬飲江之患也。二十九年，上聞魏世祖殂，更謀北伐。於是遣蕭思話督張永等向碻磝，魯爽、魯秀、程天祚將荊州甲士四萬出許洛。青州刺史劉興祖上言，以爲「河南阻飢，野無所掠。脫諸城固守，非旬月可拔。稽留大衆，轉輸方勞。應機乘勢，事存急速。今僞帥始死，兼逼暑時，國內猜擾，不暇遠赴。愚謂宜長驅中山，據其關要。冀州以北，民人尚豐，兼麥已向熟，因資爲易，嚮義之徒，必應響赴，若中州震動，黃河以南，自當消潰。臣請發青、冀七千兵，遣將領之，直入其心腹。若前驅克勝，張永及河南衆軍，宜一時濟河，使聲實兼舉，並建司牧，撫柔初附，西拒太行，北塞軍都，因事指揮，隨宜加授，畏威欣寵，人百其懷。若能成功，清壹可待。若不克捷，不爲大傷。並催促裝束，伏聽敕旨。」上意只存河南，不從。諸將終亦無功，興祖之言，上策也。惜乎文帝非命世之英，不能用耳！

文帝不儲將才，故不能勝魏

宋至元嘉之世，高祖之謀臣、宿將芟除殆盡，碩果獨存，有將才而負盛名者，僅一檀道濟。元嘉三年，謝晦自江陵東下，到彦之已至彭城洲，畏懦不敢進，則彦之非將才可知。七年，伐魏，詔簡甲卒五萬給到彦之，統舟師入河。彦之之才不足當偏裨之任，乃使爲統將，則文帝之心唯恐檀道濟之不可制，而不敢用，固不問軍事之成敗矣。及至金墉，虎牢得而復失。諸軍相繼奔敗，乃加檀道濟都督征討諸軍事。八年，檀道濟等進至濟上，二十餘日間，前後與魏三十餘戰，道濟多捷，軍至歷城，乏食不能進。魏克滑臺。道濟食盡，全軍而返。是役之無功，在文帝之不早用道濟，非道濟之過也。十三年，道濟立功前朝，威名甚重，左右腹心竝經百戰，諸子又有才氣，朝廷疑畏之。詔收道濟，付廷尉，并其子植等十一人誅之。又殺其腹心薛彤、高進之，二人皆有勇力，時人比之「關、張」。道濟見收，憤怒，目光如炬，脱幘投地曰「乃壞汝萬里長城」。魏人聞之，喜，曰：「道濟死，吴子輩不足復憚。」當時將才僅道濟與其私屬。已患人才之少，乃文帝不惟不能鼓舞英雄儲才待用，其僅存者，且誅夷之惟恐不及，宜乎敵聞而喜，可知也。十七年，初，道濟薦吴興沈慶之忠謹、曉兵，上使領隊防東掖門。二十六年，帝欲經略中原。羣臣爭獻策，以迎合取寵。王玄謨尤好進言。帝謂侍臣曰：「觀玄謨所陳，令人有封狼居胥意。」袁淑言於上曰：「陛下今當席卷趙、魏，檢玉岱宗。臣逢千載之會，願上封禪書。」上悦，二十七年，沈慶之自冬至春，屢破雍州蠻，久之，蠻請降。慶之亦嘗有以自見矣。是歲上欲伐魏，徐湛之、江湛、王玄謨等並勸之。劉康祖以爲：「歲月已晚，請待明年」慶之諫曰：「我步彼騎，其勢不敵。檀道濟再行無功，到彦之失利而返。今料王玄謨，未踰兩將，六軍之盛，不過往時，恐重辱王師。」上不聽。慶之又固陳不可。上使徐湛之、江湛難之，慶之曰：「治國譬如治家，耕當問奴，織當訪婢。陛下今欲伐國而與白面書生謀之，事何由濟！」上大笑。太子劭及蕭思話亦諫，上皆不從，遣玄謨、慶之申坦水軍入河，受督於蕭斌。玄謨士衆甚盛，器械精嚴，而玄謨貪愎好殺。初圍滑臺，城中多茅屋，衆請以火箭燒之，玄謨曰：「彼，吾財也，何遽燒之！」城中即撤屋穴處。時河、洛之民競出租穀、操兵來赴者日以千數，玄謨不即其長帥而以配私暱。家付匹布，責大梨八百。由是衆心失望。攻城數月不下，聞魏救將至，衆請發車爲營，玄謨不從。冬，魏主渡河，衆號百萬，鞞鼓之聲，震動天地。玄謨懼，退走。魏人追擊之，死者萬餘人，麾下散亡略，盡委棄軍資器械山積。是初圍滑臺之日，事有可乘之機，惜玄謨非將才耳。斌遣慶之將五千人救玄謨，慶之曰：「玄謨士衆疲老，寇虜已逼，得數萬人乃可進，小軍輕往，無益也。」斌固遣之。會玄謨遁還，斌將斬之，慶之固諫曰：「佛狸威震天下，控弦百萬，豈玄謨所能當！且殺戰將以自弱，非良計也。」斌乃止。斌欲固守碻磝，慶之曰：「今青、冀虛弱，而坐守窮城，若虜衆東過，清東非國家有也。碻磝孤絶，復作朱修之滑臺耳！」會詔使至，不聽斌等退師。斌復召諸將議之，並謂宜留，慶之曰：「閫外之事，將軍得以專之。詔從遠來，不知事勢。節下有一范增不能用，空議何施斌！」及坐者並笑曰：「沈公乃更學問！」慶之厲聲曰：「衆人雖知古今，不如下官耳學也。」斌乃自帥諸軍還歷城，慶之之才不特優於玄謨，且賢於蕭斌，帝不使之專閫，亦誠可謂有一范增而不能用矣！魏主南侵至瓜步，聲言欲渡江，内外戒嚴，上登石頭城，有憂色，曰：「檀道濟若在，豈使胡馬至此！」帝不能儲才於事先，而徒憂悔於臨事，亦何益哉！且不用沈慶之而用玄謨、蕭斌，所謂雖有廉頗、李牧亦不能用者耳。二十八年，魏師退，凡破南兖、徐、兖、豫、青冀六州，殺傷不可勝計，丁壯即加斬截，嬰兒貫於槊上，盤舞以爲戲。所過赤地無餘，春燕歸，巢於林木。上每命將出師，常授以成律，交戰日時，亦待中詔，是以將帥趦趄，莫敢自決。又江南白丁，輕易進退，此其所以敗也。蓋帝雖無雄才大略，而好予智自雄，事從中制，故不以將才爲重輕，其不至覆亡者，幸耳！安能摧敵而破虜哉！

魏崔浩不死，太武必成南伐之功

晉安帝義熙十三年，劉裕伐秦，將泝河西上，先遣使假道於魏，秦主姚泓遣使請救於魏，魏主嗣使羣臣議之。皆曰：「宜發兵，斷河上流，勿使得西。」崔浩曰：「裕乘秦危而伐之，其志必取。若遏其上流，裕心忿戾，必上岸北侵，是我代秦受敵也。今柔然寇邊，民食又乏。若復與裕爲敵，發兵南赴，則北寇愈深，救北則南州復危，非良計也。不若假之水道，然後屯兵以塞其東，使裕克捷必德我之假道；不捷，吾不失救秦之名。」議者猶曰：「裕必聲西而實北。」嗣乃以長孫嵩督山東諸軍事，又遣娥清、阿薄干將步騎十萬屯河北岸。裕引軍入河，魏人以數千騎緣河隨裕軍西行。軍人於南岸牽百丈，風水迅急，有漂渡北岸者，輒爲魏人所殺。裕遣軍登岸擊之，魏人不能當，一時奔潰，死者相積，斬阿薄干。魏人退，宋兵追擊，又破之，殺獲千計。嗣聞之，乃恨不用崔浩之言。是浩之料事非常人所可及矣。齊郡太守王懿降於魏，上書言：「裕在洛，宜發兵絶其歸路，可不戰而克。」嗣善之，問崔浩曰：「劉裕代姚泓，克乎？」對曰：「克之。」嗣曰：「裕既入關，不能進退，我以精騎直擣彭城、壽春，裕將若之何。」對曰：「今西有屈丐，北有柔然，窺伺國隙。陛下既不可親御六師，雖有精兵，未睹良將。長孫嵩長於治國，短於用兵，非裕敵也。興兵遠攻，未見其利。不如且安靜以待之。裕克秦而歸，必篡其主。關中華、戎雜錯，風俗勁悍。裕欲以荆、揚之化施之函、秦，此無異解衣包火，雖留兵守之，人情未洽，趨尚未同，適足爲寇敵之資耳。願陛下按兵息民以觀其變，秦地終爲國家之有，可坐而守也。」嗣曰：「屈丐何如？」浩曰：「屈丐國破家覆，孤孑一身，寄食姚氏，受其封殖。不思酬恩報義，而乘時徼利，盜有一方，結怨四鄰。撅豎小人，雖能縱暴一時，終當爲人所吞食耳。」嗣大悦，語至夜半，賜浩御縹醪十觚，水精鹽一兩，曰：「朕味卿言，如此鹽、酒，故欲與卿共饗此美。」浩知己知彼，不汲汲於目前之功，可謂能深謀遠慮者矣。宋文帝元嘉三年，魏主詔問公卿：「今當用兵，赫連、蠕蠕，二國何先？」浩曰：「宜先伐赫連。」遣奚斤襲蒲阪，周幾襲陝城，魏主帥輕騎二萬襲統萬，敗夏主之師，鹵獲甚衆。夏弘農太守曹達不戰而走，魏主乘勝長驅，遂入三輔。斤亦克蒲阪，遂入長安。秦、雍、氐、羌皆詣斤降。河西王蒙遜及氐王楊玄聞之，皆遣使附魏。四年，魏主伐統萬，夏主將兵出戰，會有風雨從東南來，揚沙晦冥。趙倪請魏主攝騎避，浩叱之曰：「是何言也，吾千里制勝，一日之中，豈得變易！賊貪進不止，後軍已絶，宜隱軍分出，掩擊不意。風道在人，豈有常也！」魏主曰「善」！乃分騎爲左右隊以掎之，奮擊不輟，夏衆大潰。夏主奔上邽，遂入統萬。是浩不獨運籌帷幄，亦且能決機於兩陣之間矣。六年，魏主將擊柔然，内外羣臣皆不欲行，獨崔浩勸之。公卿或尤浩曰：「今南寇方伺國隙，而捨之北伐。若蠕蠕遠遁，前無所獲，後有强寇，將何以待之？」浩曰：「不然。今不先破蠕蠕，則無以待南寇。南人聞國家克統萬以來，内懷恐懼，故揚聲動衆以衛淮北。吾破蠕蠕，往還之間，必不動也。且彼步我騎，彼能北來，我亦南往。在彼甚困，於我未勞。況南北殊俗，水陸異宜。設使國家與之河南，彼亦不能守也。何以言之，以劉裕之雄傑，呑併關中，留其愛子，輔以良將，精兵數萬，猶不能守，全軍覆没。況義隆今日君臣上下非裕時之比。主上英武，士馬精彊。彼若果來，譬如以駒犢鬬虎狼也！何懼之有！蠕蠕恃其絶遠，謂國家力不能制，自寬日久。故夏則散衆放畜，秋肥乃聚，背寒向温，南來寇鈔。今掩其不備，必望塵駭散。牡馬護牝，牝馬戀駒，驅馳難制，不得水草，不過數日，必聚而困弊，可一舉而滅也。暫勞永逸，時不可失。」魏主自東道，使長孫翰自西道同會柔然之庭。魏主至漠南襲擊柔然，紇升蓋可汗先不設備，民畜滿野，驚怖散去，莫相收攝。紇升蓋燒廬舍，絶迹西走，莫知所之。魏主分軍搜討，東西五千里，南北三千里，俘斬其衆，降魏者三十餘萬落獲，戎馬百餘萬匹，畜産、車廬彌漫山澤，亡慮數百萬。魏主循弱水西行，至涿邪山，諸將慮深入有伏兵，勸魏主留止。先是，寇謙之謂崔浩曰：「蠕蠕果可克乎？」浩曰：「必克，但恐諸將瑣瑣，前後顧慮，不能乘勝深入，使不全舉耳。」至是，謙之以告，魏主不從。引兵東還，既而得降人言：「可汗將數百人入南山。民畜窘聚，無人統領，相去百八十里。追兵不至，乃徐西遁，唯此得免。」後聞涼州賈胡言：「若復前行二日，則盡滅之矣。」魏主深悔之。又擊破高車，迎降者數十萬落，獲馬牛羊百餘萬，乃加浩侍中、特進、撫軍大將軍，以賞其謀畫之功。嘗指浩以示新降高車渠帥曰：「汝曹視此人尪纖懦弱，不能彎弓持矛，然其胸中所懷，乃過於兵甲，朕雖有征伐之志而不能自決，前後有功，皆此人所教也。」又敕尚書曰：「凡軍國大計，汝曹所不能決者，皆當咨浩，然後施行。」太武可謂知人而善任矣。七年，魏南邊諸將表稱：「宋人大嚴，將入寇，請兵三萬，先其未發逆擊之，足以挫其鋭氣，使不敢深入。」魏主使公卿議之。皆以爲當然。浩曰：「不可，南方下濕，入夏之後，水潦方降，草木蒙密，地氣鬱蒸，易生疾癘，不可行師。且彼既嚴備，則城守必固，留屯久攻，則糧運不繼；分軍四掠，則衆力單寡，無以應敵，以今擊之，未見其利。彼若果能北來，宜待其勞倦，秋涼馬肥，因敵取食，徐往擊之。此萬全計也。朝廷羣臣及西北守將，從陛下征伐，西平赫連，北破蠕蠕，多獲美女、珍寶，牛馬成羣。南邊諸將聞而慕之，亦欲南鈔，以取資財，皆營私計，爲國生事，不可從也。」魏主乃止。諸將復表：「南寇已至，所部兵少，乞簡幽州以南勁兵助己戍守，及就漳水造船嚴備以拒之。」公卿皆以爲宜如所請，并署司馬楚之、魯軌、韓延之等爲將帥，使招誘南人。浩曰：「非長策也。楚之等皆彼所畏忌，今聞國家悉發幽州以南精兵，大造舟艦，隨以輕騎，謂國家欲存立司馬氏，誅除劉宗；必舉國震駭，懼於滅亡，當悉發精鋭，并心竭力，以死爭之，則我南邊諸將無以禦之。今公卿欲以威力却敵，乃所以速之也。張虚聲而召實害，此之謂矣。故楚之之徒，往則彼來，止則彼息，其勢然也。且楚之等皆纖利小才，止能招合輕薄無賴而不能成大功，徒使國家兵連禍結而已。」又曰：「興國之君，先修人事，次盡地利，後觀天時，故萬舉萬全。今劉義隆新造之國，人事未洽。災變屢見，天時不協。舟行水涸，地利不盡。三者無一可，而義隆行之，必敗無疑。」後到彦之等果敗退，夏主遣使來求和，約合兵滅魏。魏將伐夏，羣臣咸曰：「劉義隆兵猶在河中，捨之西行，前寇未必可克，而義隆乘虚濟河，則失山東矣。」魏主以問浩，浩對曰：「義隆與赫連定遥相招引，以虚聲唱和，共窺大國，義隆望定進，定待義隆前，皆莫敢先入。譬如連雞，不得俱飛，無能爲害也。赫連定殘根易摧，擬之必仆。克定之後，東出潼關，席卷而前，則威震南極，江淮以北無立草矣。聖策獨發，非愚近所及，願陛下勿疑。」魏主如統萬，遂襲平涼，夏主敗走，關中悉入於魏。八年，初，帝之遣到彦之也，戒之曰：「若北國兵動，先其未至，徑前入河。若其不動，留彭城勿進。」及安頡得宋俘，魏主始聞其言。謂公卿曰：「卿輩前謂我用崔浩計爲謬，驚怖固諫。常勝之家，自謂踰人，至于歸終，乃不能及。」十六年，魏主將討河西，以問崔浩，對曰：「牧犍逆心已露，不可不誅。官軍往年北伐，雖不克獲，實無所損。戰馬三十萬匹，計在道死傷不滿八千，常歲羸死亦不滅萬匹。而遠方乘虚，遽謂衰耗不能復振。今出其不意，大軍猝至，彼必駭擾，不知所爲，擒之必矣。」魏主曰：「善！吾意亦以爲然。」於是大集公卿議於西堂。奚斤等三十餘人皆曰：「國家新征蠕蠕，士馬疲弊，未可大舉。且聞其土地鹵瘠，難得水草，大軍既至，彼必嬰城固守。攻之不拔，野無所掠，此危道也。」李順受涼賂，亦與古弼皆曰：「自温圉水以西至姑臧，地皆枯石，絶無水草。浩曰：『漢書地理志』稱：『涼州之畜爲天下饒』，若無水草，畜何以蕃？又，漢人終不於無水草之地築城郭，建郡縣也。」代人伊馛言於帝曰：「涼州若果無水草，彼何以爲國家？衆議皆不可用，宜從浩言。」帝善之。遂伐涼，至姑臧，見城外水草豐饒，謂浩曰：「卿之昔言，今果驗矣。」姑臧城潰，牧犍降。浩之策大抵先清西北，以固根本，然後進取東南，惜乎，滅涼取夏之後，而浩以撰史被誅耳。二十七年，初，魏主使浩與高允共撰「國記」曰：「務從實録。」浩信閔湛、郗標言，刊所撰「國史」於石，立於郊壇東，方百步。浩書魏之先世，事皆詳實，列於衢路，往來見者咸以爲言。北人無不忿恚，相與譖浩於帝，以爲暴揚國惡。帝大怒，收浩誅之，既而悔之，曰：「崔司徒可惜！」是歲，宋遣王玄謨等伐魏。魏主渡河，衆號百萬，玄謨敗走。魏主命諸將並進，自攻彭城，不克，引兵南下，至瓜步，伐葦爲筏，聲言欲渡江，建康震懼，民皆荷擔而立。二十八年，魏掠居民，焚廬舍而去。過山陽，不敢留，因攻盱眙。魏主就臧質求酒，質封溲便與之。魏主怒，圍之三旬，不拔。或告以建康遣水軍自海入淮，又勅彭城斷其歸路。乃燒攻具，退走。過彭城，江夏王義恭不敢擊，或告「虜驅南口萬餘，夕應宿安王陂，去城數十里，今追之，可悉得。」諸將皆請行，義恭禁不許。明日，驛使至，上勅義恭悉力急追。魏師已遠，乃遣檀和之向蕭城。魏人先已聞之，盡殺所驅者而去。是役也，魏之士馬死傷亦過半。魏主還平城，以降民五萬餘家分置近畿，可謂得不償失。使浩尚在，苟無滅宋之成算，必不任魏主貿然深入；既深入矣，必不至廢然而返。當建康震懼之時，魏軍果神速渡江，宋之君臣必棄城而走，爲赫連氏之續矣。建康一舉，沿淮城戍必駭散瓦解，混一之功可成，何至勞而無功，受臧質匹夫之侮哉！

宋之文人多爲不軌

宋之文人多以不得志而爲不軌。宋文帝元嘉五年，祕書監謝靈運自以名輩、才能，應參時政。上唯接以文義，每侍宴談賞而已。王曇首、王華、殷景仁，名位素出靈運下，並見任遇。靈運意甚不平，多稱疾不朝直。或出郊游，行且二百里，經旬不歸。既無表聞，又不請急。上不欲傷大臣意，諷令自解。靈運乃上表陳疾，上賜假，令還會稽。而靈運游飲自若，爲法司所糾，免官。十年，靈運好爲山澤之游，窮幽極險，從者數百人，伐木開徑。百姓驚擾，以爲山賊。會稽太守孟顗與靈運有隙，表其有異志，發兵自防。靈運詣闕自陳，上以爲臨川内史。靈運游放自若，廢棄郡事，爲有司所糾。是歲，司徒遣使隨州從事鄭望生收靈運。靈運執望生，興兵逃逸，作詩曰：「韓亡子房奮，秦帝魯連恥。」追討，擒之。廷尉奏靈運率衆反叛，論正斬刑。上愛其才，欲免官而已。彭城王義康堅執，謂不宜恕。乃降死一等，徙廣州。久之，或告靈運令人買兵器，結健兒，欲於三江口篡取之，不果。詔於廣州棄市。靈運恃才放逸，多所陵忽，故及於禍。二十二年，初，魯國孔熙先博學文史，兼通數術，有縱横才志，爲員外散騎侍郎，不爲時所知，憤憤不得志。父默之爲廣州刺史，以贓獲罪，大將軍彭城王義康爲救解得免。及義康遷豫章，熙先密懷報效。且以爲天文、圖讖，帝必以非道晏駕，由骨肉相殘；江州應出天子。以范曄志意不滿，欲引與同謀，而熙先素不爲曄所重。太子中舍人謝綜，曄之甥也，熙先傾身事之，綜引熙先與曄相識，熙先家饒於財，數與曄博，故爲拙行，以物輸之。曄既利其財，又愛其文藝，由是情好款洽。熙先遂勸曄同反。曄與沈演之竝爲帝所知，曄先至，必待演之俱入；演之先至，嘗獨被引，曄以此爲怨。曄累經義康府佐，中間獲罪於義康。謝綜及父述，皆爲義康所厚，綜弟約娶義康女。綜爲義康記室參軍，自豫章還，申義康意於曄，求解晚隙，復敦往好。仲承祖有寵於義康，聞熙先有謀，密相結納。徐湛之素爲義康所愛，承祖因此結事湛之，告以密計。道人法略、尼法靜，皆感義康舊恩，竝與熙先往來。法靜妹夫許曜，領隊在臺，許爲内應。熙先又使弟休先作檄文。熙先以爲舉大事宜須以義康之旨諭衆，曄又詐作義康與湛之書，令誅君側之惡，宣示同黨。帝之燕武帳岡也，曄等謀以其日作亂，而許曜侍帝，扣刀目曄，曄不敢仰視。俄而座散，湛之恐事不濟，密以其謀白帝。帝使湛之具探取本末，得其檄書、選署姓名，上之。帝乃命有司收掩窮治。其夜，呼曄置客省，先於外收綜及熙先兄弟，皆款服。帝遣使詰問曄，曄猶隱拒；熙先聞之，笑曰：「凡處分、符檄、書疏皆范所造。」帝以曄墨迹示之，乃具陳本末，送付廷尉。熙先望風吐款，辭氣不撓。上奇其才，遣人慰諭之曰：「以卿之才而滯於集書省，理應有異志，此乃我負卿也。」又責前吏部尚書何尚之曰：「使孔熙先年將三十作散騎郎，那不作賊！」熙先於獄中上書謝恩，且陳圖讖，深戒上以骨肉之禍，曰：「願勿遺棄，存之中書。」曄在獄爲詩曰：「雖無嵇生琴，庶同夏侯色。」曄本意入獄即死，而上窮治其獄，遂經二旬，曄更有生望。獄吏戲之曰：「外傳詹事或當長繫。」曄聞之，驚喜。綜、熙先笑曰：「詹事疇昔攘袂瞋目，躍馬顧盼，自以爲一世之雄。今擾擾紛紜，畏死乃爾！設令賜以性命，人臣圖主，何顔可以生存！」十二月，曄、綜、熙先及其子弟、黨與伏誅。曄母至市，涕泣責曄，以手擊曄，顔色不怍。妹及妓妾來別，曄悲涕流漣。綜曰：「舅殊不及夏侯色。」曄收淚而止。裴子野曰：「夫有逸羣之才，必思冲天之據；蓋俗之量，則僨常均之下。其能守之以道，將之以禮，殆爲鮮乎！劉宏仁、范蔚宗，皆忸志而貪權，矜才以徇逆，累葉風素，一朝而隕。鄕之所謂智能，翻爲亡身之具矣。」夫張熙先輩之輕躁，固不足論。若靈運，名家之後，蔚宗亦累葉清通，而皆富有文采，不幸生當禪代之後，高尚其志，藏器待時，如陶靖節終爲處士可也，何必爭短長於叔世，較進退於荒朝，終乃行險儌幸以隕其宗，則二子有文藝而無器識。其爲人也，小有才適足以殺其軀而已！

宋奢侈之風未革

高祖起自田間，性清簡寡欲，被服居處儉於布素，財帛皆在外府，內無私藏。嶺南嘗獻入筒細布一端，八丈，帝惡其精麗勞人，即付有司。彈太守，以布還之。並制嶺南，禁作此布。公主出適，遣送不過二十萬，無錦繡之物，內外奉禁莫敢爲侈靡。文帝元嘉十五年，帝性仁厚、恭儉，江左之政稱元嘉，然奢侈之風，固未自此而革也。三十年，武陵王駿即位，日食，詔求直言，省細作、彫文、塗飾，周朗上疏謂：「舉天下以奉一君，何患不給？一體炫金，不及百兩，一歲美衣，不過數襲；而必收寶連櫝，集服累笥，目豈常視，身未常親，是櫝帶寶、笥著衣也，何糜蠹之劇，惑鄙之甚邪！且細作始并，以爲儉節；而市造華怪，即傳於民。如此，則遷也，非罷也。凡厥庶民，制度日侈，見車馬不辨貴賤，視冠服不知尊卑。尚方今造一物，小民明已睥睨；宮中朝製一衣，庶家晚已裁學。侈麗之源，實先宮閫。」書奏，忤旨，自解去職。孝武帝大明六年，葬宣貴妃於龍山，鑿岡通道數十里，民不堪役，死亡甚衆。自江南葬埋之盛未之有也。又爲之別立廟。七年，上奢欲無度，自晉氏渡江以來，宮室草創，朝宴所臨，東西二堂而已。晉孝武末，始作清暑殿。宋興，無所增改。上始大修宫室，土木被錦繡，嬖妾幸臣賞賜傾府藏。壞高祖所居陰室，於其處起玉燭殿。與羣臣觀之，牀頭有土障，壁上挂葛燈籠、麻蠅拂。侍中袁顗因盛稱高祖儉素之德。上不答，獨曰：「田舍公得此，已爲過矣。」明帝泰始七年，時淮、泗用兵，府藏空竭，内外百官並斷俸禄，而奢費過度，每所造器用，必爲正御、副御、次副各三十枚。泰豫元年，上殂，太子即位。袁粲、褚淵秉政，承太宗奢侈之後，務弘節儉，欲救其弊，而阮佃夫、王道隆等用事，貨賂公行，不能禁也。順帝昇明二年，蕭道成以大明以來，公私奢侈，奏罷御府，省二尚方、彫飾、器玩，又奏禁民間華僞、雜物凡十七條。宋高祖以儉垂教子孫，猶不能守，而日流於奢，況以侈示子孫者哉！

明帝殺戮宗親而祚以斬

劉宋親親之義，始衰於孝武之世，大明五年，春正月，戊午，朔，朝賀。雪落太宰義恭衣，有六出，義恭奏以爲瑞；上悦。義恭以上猜暴，懼不相容，每卑辭遜色，曲意祗奉；由是終上之世，得免於禍。可見帝雖猜暴親臣，猶有術自全，不似明帝之殺戮宗親，慘無人理也。泰始二年，晉安王子勛舉兵，兵敗被殺。安陸王子綏、臨海王子頊、邵陵王子元，並賜死。司徒休仁還自尋陽，言於上曰：「松滋侯兄弟尚在，將來非社稷計，宜早爲之所。」松滋侯子房、永嘉王子仁、始安王子真、淮南王子孟、南平王子産、廬陵王子輿、子趨、子期、東平王子嗣、子悦並賜死。世祖二十八子於此盡矣。休仁導上使去其兄子。致上手滑，而夷其諸弟，然非帝殘暴之性，亦烏肯自戮其枝葉哉！七年，上素無子，密取諸王姬有孕者，内宫中，生男則殺其母，使寵姬子之。至是寢疾，以太子幼弱，深忌諸弟。南徐州刺史晉平刺王休祐，前後忤上非一，上積不能平；慮將來難制，欲方便除之。休祐從上於巖山射雉，上遣左右壽寂之等數人，逼休祐令墜馬，因共毆，拉殺之。建安王休仁益不自安，上與嬖臣楊運長等爲身後之計，召休仁入見，既而曰：「今日停尚書下省宿，明可早來。」其夜，遣人齎藥賜死。召巴陵王休若至建康，賜死於第。時上諸弟皆盡，唯休範以人才凡劣，不爲上所忌，故得全。沈約論曰：「太宗翦落洪枝，不待顧慮。既而本根無庇，幼子孤立，神器以勢弱傾移，靈命隨樂推回改。」裴子野論曰：「夫噬虎之獸，知愛己子；搏狸之鳥，非護異巢。太宗保字螟蛉，剿拉同氣，既迷在原之天屬，未識父子之自然。宋德告終，非天廢也。夫危亡之君，未嘗不先棄本枝，嫗煦旁孽；推誠嬖狎，疾惡父兄。前乘覆車，後來并轡。借使叔仲有國，猶不失配天；而他人入室，將七廟絶祀；曾是莫懷，甘心剪落。」泰始七年，徵蕭道成入朝，道成所親以朝廷方誅大臣，勸勿就徵。道成曰：「諸卿殊不見事！主上自以太子稚弱，剪除諸弟，何預它人！且骨肉相殘，自非靈長之祚，禍難將興，方與卿等戮力耳。」則姦雄窺竊之心因之而起矣！蓋明帝自戮枝葉，没身未幾，蒼梧被弑，蕭齊易姓，宋宗殲焉。骨肉相殘，禍至此極，有國有家者其鑒於兹！

通鑑劄記卷九

蕭道成無勛名於宋

蕭道成雖久在兵間，無大勛名於宋。據蕭子顯《齊書》，文帝元嘉十九年，遣道成討竟陵蠻，然終元嘉之世，名未附於北伐諸將之次。孝武討義宣、臧質之役，亦未聞道成厠名其間。至明帝泰始二年，晉安王子勛舉兵，上命巴陵王休若督建威將軍吴興沈懷明、尚書張永、輔國將軍蕭道成等諸軍東討孔覬。道成始列於將佐之班，然亦未聞其立殊功也。六年，南兖州刺史蕭道成在軍中久，民間或言道成有異相，當爲天子。上疑之，徵爲黄門侍郎、越騎校尉。道成懼，不欲内遷，而無計得留。冠軍參軍廣陵荀伯玉勸道成遣數十騎入魏境，安置標榜，魏果遣游騎數百履行境上。道成以聞，上使道成復本任。秋，九月，命道成遷鎮淮陰。七年，或譖蕭道成在淮陰有貳心於魏，上封銀壺酒，使吴喜自持賜道成。道成懼，欲逃，喜以情告道成，且先爲之飲，道成即飲之。喜還朝，保證道成。或密以啓上，上以喜多計數，素得人情，恐其不能事幼主；乃召喜賜死。以淮陰爲北兖州，徵蕭道成入朝。拜散騎常侍、太子左右衛率。泰豫元年，遣使齎藥賜王景文死，又殺豫章太守劉愔。上大漸，詔褚淵、劉勔與尚書令袁粲、荆州刺史蔡興宗、郢州刺史沈攸之，並受顧命。褚淵素與蕭道成善，引薦於上，詔又以道成爲右衛將軍、領衛尉，與袁粲等共掌機事。使道成夙有勛威如檀道濟、沈慶之，或其名望如王景文，則安能免於明帝之忌，而反以禁兵機務委之哉！蒼梧王元徽二年，桂陽王休範反，朝廷惶駭。褚淵、張永、劉勔、劉秉、蕭道成、戴明寶、阮佃夫、王道隆、孫千齡、楊運長集中書省計事，莫有言者。道成曰：「我請頓新亭以當其鋒，征北守白下，領軍屯宣陽門爲諸軍節度；諸貴安坐殿中，不須競出，我自破賊必矣。」可知道成之獨當大事，乃諸貴之碌碌無能，道成得以承其乏，且休範人才凡劣，亦易與耳。順帝昇明元年，蒼梧王欲殺道成，陳太妃罵之，乃止。道成憂懼，密與袁粲、褚淵謀廢立。粲不可，淵默然。或勸道成奔廣陵起兵，劉善明等以爲不可。道成族弟順之及次子嶷皆以爲：「帝好單行道路，於此立計，易以成功。」道成乃止。楊玉夫等夜弑蒼梧王，道成入殿，殿中驚怖。旦，道成戎服出殿庭槐樹下，以太后令召袁粲、褚淵、劉秉入會議。道成謂秉曰：「此使君家事，何以斷之？」秉未答。道成鬚髯盡張，目光如電。秉曰：「尚書衆事，可以見付；軍旅處分，一委領軍。」道成次讓袁粲，粲亦不敢當。王敬則拔白刃，在床側跳躍曰：「天下事皆應關蕭公！敢有開一言者，血染敬則刀！」仍手取白紗帽加道成，令即位，曰：「今日誰敢復動！事須及熱！」道成正色呵之曰：「卿都自不解！」粲欲有言，敬則叱之，乃止。道成曰：「相與不肯，我安得辭！」乃下議，備法駕詣東城，迎立安成王。於是長刀遮粲、秉等，各失色而去。蓋蒼梧童稚，諸貴無能，道成兵權在手，故敢肆行凶逆，脅衆以從，非其勛名素有以服人，如劉裕之於晉也。順帝即位，道成兼總軍國，布置心膂，與奪自專，褚淵素相憑附，秉與袁粲閣手仰成矣。然上游猶有一沈攸之爲道成所忌，及攸之舉兵敗死，中外莫敢誰何。道成遂由公而王，由王而帝，其伎倆不過胠篋之盜，亦篡竊中之下駟耳！

導蕭齊篡宋者褚淵，厥罪浮於黨逆

蕭道成，宋室邊將耳。明帝聞人言而疑之。泰始七年，徵之入朝，不過拜散騎常侍、太子左衛率而已。非特無篡逆之資，抑且不見重於朝右也。褚淵素與道成善，引薦於上，詔又以道成爲右衛將軍、領衛尉，與袁粲等共掌機事。由是，禁衛兵柄皆歸道成，且預機務矣。順帝昇明元年，道成密與袁粲、褚淵謀廢蒼梧王，粲曰：「主上幼年，微過易改，伊、霍之事，非季世所行。縱使功成，亦無全地。」淵默然，淵蓋已歸心道成矣。七月，弑蒼梧王，以太后令召袁粲、褚淵、劉秉入會議。淵曰：「非蕭公無以了此。」手取事授道成。自此軍國之事一歸之矣。順帝既立，以道成爲司空、録尚書事、驃騎大將軍；袁粲遷中書監，褚淵加開府儀同三司；劉秉遷尚書令，加中領軍；秉謂尚書萬機，本以宗室居之，則天下無變；既而道成兼總軍國，布置心膂，與奪自專，褚淵素相憑附，秉、粲閣手仰成矣。沈攸之舉兵。初，湘州刺史王藴與粲、秉密謀誅道成。道成初聞攸之事起，自往詣粲，粲辭不見。道成乃召淵，與之連席，每事必引淵共之。淵曰：「西夏釁難，事必無成，公當先備其內耳。」粲謀既定，將以告淵；衆謂淵與道成素善，不可告。粲曰：「淵與彼雖善，豈容大作同異！令若不告，事定便應除之。」乃以謀告淵，淵即以告道成。道成亦先聞其謀，遣蘇烈、薛淵、王天生等將兵助粲守石頭。又以王敬則爲直閣，與卜伯興共總禁兵。粲謀矯太后令，使韞、伯興帥宿衛兵攻道成於朝堂，韞、伯興皆爲敬則所殺。粲爲道成軍主戴僧靜斫死。百姓哀之，謡曰：「可憐石頭城，寧爲袁粲死，不作褚淵生。」二年，攸之敗死，加道成太尉、都督南徐等十六州諸軍事，以褚淵爲中書監、司空，王儉唱議，加道成太傅，假黄鉞，淵無違異。詔進道成假黄鉞、大都督中外諸軍事、太傅、領揚州牧，劍履上殿，入朝不趨，贊拜不名，使持節太尉、驃騎大將軍、録尚書、南徐州刺史如故。齊高帝建元元年，以太傅爲相國，總百揆，封十郡，爲齊公。淵求爲齊官，齊公不許。淵聯姻宋室，久爲宰執，乃至覥顔求爲道成之屬，而恐其少晚，淵之無耻已甚，而其時道成篡勢已成，可不假淵之資矣。故以王儉爲齊尚書、右僕射，領吏部。復進齊公爵爲王，順帝下詔禪位於齊，帝出宫，百官雨泣。司空兼太保淵等奉璽綬，帥百官詣齊宫勸進；淵從弟炤謂淵子賁曰：「不知汝家司空將一家物與一家，亦復何謂！」齊既受禪，以淵爲司徒，炤歎曰：「彦回少立名行，何意披猖至此！門户不幸，乃復有今日之拜。使彦回作中書郎而死，不當爲一名士耶！名德不昌，乃復有期頤之壽！」四年，淵卒，子賁耻其父失節，以爵讓其弟蓁，屏居墓下。淵之子弟且耻惡其所爲，淵之罪蓋有浮於前代黨逆者矣！華歆之助曹氏，王祥之助司馬，傅亮之助劉裕，黨逆而已。非能援引奸雄以成其篡也，當日者道成若無淵之薦引，安得有篡奪之資耶！

永明承明之世，爲南北朝小康之時

永明之政可比元嘉孝文之治，江左莫及，雖論者譽之，或過其實，然南、北二主同時圖治，不可謂非小康之時也。其治道相同者，莫如頒禄。初，宋文帝元嘉二十七年，有魏師以軍興減百官俸禄，淮南太守諸葛闡求減俸禄比内百官，於是諸州郡、縣丞、尉並悉同減。至明帝時，軍旅不息，府藏空虚，内外百官並斷俸禄。齊武帝永明元年，詔以邊境寧晏，治民之官，普復田秩。北魏起於夷狄，專尚武功，不言文治，開國百年，官無常禄。永明二年，魏孝文承明八年，魏詔班禄以十月爲始季，别受之。淮南王佗奏請依舊斷禄，中書監高閭以爲：「飢寒切身，慈母不能保其子。今給禄，則廉者足以無濫，貪者足以勸慕；不給，則貪者得肆其姦，廉者不能自保。淮南之議不亦謬乎！」詔從之。齊與魏胥得爲治之本矣。其他如永明元年，宋末，以治民之官六年過久，乃以三年爲斷，謂之「小滿」，而遷換去來，又不能依三年之制。三月，癸丑，詔，自今一以「小滿」爲限。魏秦州刺史于洛侯，性殘酷，刑人必斷腕，拔舌，分懸四體。合州驚駭，有司劾奏之。魏主遣使至州，於洛侯常刑人處宣告吏民，然後斬之。三年，魏初，民多蔭附；蔭附者皆無官役，而豪强徵斂倍於公賦。李安世上言：「歲飢民流，田業多爲豪右所占奪；雖桑井難復，宜更均量，使力業相稱。又，所爭之田，宜限年斷，事久難明，悉歸今主，以絶詐妄。」魏主善之，由是始議均田。詔遣使者循行州郡，與牧守均給天下之田：諸男夫十五以上受露田四十畝，婦人二十畝，奴婢依良丁；牛一頭，受田三十畝，限止四牛。所授之田，率倍之；三易之田，再倍之，以供耕作及還受之盈縮。人年及課則受田，老免及身没則還田。奴婢、牛隨有無以還受。初受田者，男夫給二十畝，課種桑五十株；桑田皆爲世業，身終不還。恒計見口，有盈者無受無還，不足者受種如法，盈者得賣其盈。諸宰民之官，各隨近給公田有差，更代相付，賣者坐如律。四年，上耕籍田。魏初立黨、里、鄰三長，定民户籍。民始皆愁苦，豪强者尤不願。既而課調省費十餘倍，上下安之。又議定民官依户給俸。五年，魏大旱，代地尤甚。加以牛疫，民餒死者多。詔有司開倉賑貸，聽民出關就食。遣使者造籍，分遣去留，所過給糧廩，所至三長贍養之。又詔罷起部無益之作，出宫人不執機杼者。又詔罷尚方錦繡、綾羅之工；四民欲造，任之無禁。是時，魏久無事，府藏盈積。詔盡出御府衣服珍寶、太官雜器、太僕乘具、内庫弓矢刀鉾十分之八，外府衣服、繒布、絲纊非供國用者，以其太半班賚百司，下至工、商、皁隸，逮於六鎮邊戍，畿内鰥、寡、孤、獨、貧、癃，皆有差。六年，上以中外穀帛至賤，用尚書右丞江夏李珪之議，出上庫錢五千萬及出諸州錢皆令糴買。魏主訪羣臣以安民之術，李彪上封事，以爲：「豪貴之家，奢僭過度，第宅車服，宜爲之等制。又，漢置常平倉以救匱乏。去歲京師不稔，移民就豐，既廢營生，困而後達，又於國體，實有虚損。曷若豫儲倉粟，安而給之，豈不愈於驅督老弱餬口千里之外哉！宜析州郡常調九分之二，京師度支歲用之餘，各立官司，年豐糴粟積之於倉，儉則加私之二糶之於人。如此，民必力田以取官絹，積財以取官粟。年登則常積，歲凶則直給。數年之中，穀積而人足，雖災不爲害矣。魏主從之。由是，公私豐贍，雖時有水旱而民不困窮。永明十一年，上殂。上留心政事，務總大體，嚴明有斷，郡縣久於其職，長吏犯法，封刃行誅。故永明之世，百姓豐樂，賊盜屏息，當南北分峙之秋，二主皆能整飭官方，留心民事，兵革罕用，天下恂安，可不謂小康之世乎！

竟陵王子良仁厚，不樂世務，故見絀於蕭鸞

偏於仁厚者，不足以斷大事；不樂世務者，不足以立功名。齊竟陵王子良是也！齊武帝永明二年，以竟陵王子良爲護軍將軍兼司徒，領兵置佐，鎮西州。子良少有清尚，傾意賓客，才儁之士，皆游集其門。開西邸，多聚古人器服

以充之。記室參軍范雲、蕭琛、樂安任昉、法曹參軍王融、衛軍東閣祭酒蕭衍、鎮西功曹謝朓、步兵校尉沈約、揚州秀才吴郡陸倕，竝以文學，尤見親待，號曰「八友」。法曹參軍柳惲、太學博士王僧孺、南徐州秀才濟陽江革、尚書殿中郎范縝、會稽孔休源亦預焉。蕭衍好籌略，有文武才幹，王儉深器異之，曰：「蕭郎出三十，貴不可言。」是子良門下未嘗無英俊之才也。十年，以子良領尚書令。永明之治，雖多出於豫章王嶷之謀畫，然未嘗非子良輔弼之功也。十一年，太子長懋卒。太子與子良善，而素惡西昌侯鸞。嘗謂子良曰：「我意中殊不喜此人。」子良爲之救解。太子未嘗不知人，而子良反爲之救解。此子良偏於仁厚之失也。子良愛王融文學，特親厚之。融見上有北伐之志，數上書獎勸，因大習騎射。及魏將入寇，子良於東府募兵，板融寧朔將軍，使典其事。融傾意招納，得江西傖楚數百人，並有幹用。會上不豫，詔子良甲仗入延昌殿侍醫藥；子良以蕭衍、范雲等皆爲帳内軍主。子良日夜在内，太孫間日參承。上疾亟，蹔絶；太孫未入，内外惶懼，百僚皆已變服。王融欲矯詔立子良，詔草已立。蕭衍謂范雲曰：「道路籍籍，皆云將有非常之舉。王元長非濟世才，視其敗也。」雲曰：「憂國家者，惟有王中書耳。」衍曰：「憂國，欲爲周、召邪，欲爲豎刁邪？」雲不敢答。及太孫來，王融戎服絳衫，於中書省閤口斷東宮仗不得進，頃之，上復蘇，問太孫所在，因召東宮器甲皆入，以朝事委尚書左僕射西昌侯鸞。俄而上殂，融處分以子良兵禁諸門。鸞聞之，急馳至雲龍門，不得進，鸞曰：「有敕召我！」排之而入，奉太孫登殿，命左右扶出子良；指麾部署，音響如鐘，殿中無不從命。融知不遂，釋服還省，歎曰：「公誤我！」由是鬱林王深怨之。遺詔曰：「太孫進德日茂，社稷有寄。子良善相毗輔，思弘治道，内外衆事，無大小悉與鸞參懷，共下意！尚書中事，職務根本，悉委右僕射王晏、尚書徐孝嗣；軍旅之略，委王敬則、陳顯達、王廣之、王玄邈、沈文季、張瓌、薛淵等。」初，鸞居官名爲嚴能，故世祖亦重之。世祖遺詔，使子良輔政，鸞知尚書事。子良素仁厚，不樂世務，乃更推鸞，故遺詔云「事無大小，悉與鸞參懷」，子良之志也。融固輕躁，子良之志無他，武帝託孤委政可謂信之深而任之重，奈何其不樂世務，而輕授蕭鸞以篡奪之階也。子良誠有負於武帝矣！鬱林王少養於子良妃袁氏，慈愛甚著。及王融有謀，遂深忌子良。大行出太極殿，子良居中書省，帝使虎賁中郎將潘敞領二百人仗屯太極殿西階以防之。既成服，諸王皆出，子良乞停至山陵，不許。稱遺詔，以武陵王曅爲衛將軍，與征南大將軍陳顯達並開府儀同三司；尚書左僕射、西昌侯鸞爲尚書令；太孫詹事沈文季爲護軍。以竟陵王子良爲太傅；是時鸞知政，恩信兩行，衆皆悦之。可見子良本受遺詔輔政，因與蕭鸞相比，致爲所奪，自此而後，功名之士無不解體，篡國之勢成矣。明帝建武元年，鸞將謀廢立，引前鎮西諮議參軍蕭衍與同謀。衍爲畫策，徵隨王子隆、豫州刺史崔慧景、高、武舊將，鸞疑之，以衍爲寧朔將軍，戍壽陽。慧景懼，白服出迎；衍撫安之。衍，固子良門下士也。何爲而輸忠於鸞，非其大權在握，衍亦功名之士，故能欣然爲之效命乎。夏，竟陵文宣王子良以憂卒。鬱林王常憂子良爲變，聞其卒，甚喜。甚矣，鬱林之愚也。子良不死，鬱林不弑，處伊、周之任，而輕棄其權，復舉而授之簒竊之臣，春秋賢者之責子良惡可免哉！

魏孝文實爲南伐而遷洛

武帝永明十一年，魏主以平城地寒，六月雨雪，風沙常起，將遷都洛陽。恐羣臣不從，乃議大舉伐齊，欲以脅衆。齋於明堂左个，使太常卿王湛筮之，遇「革」，帝曰：「『湯、武革命，應乎天而順乎人。』吉孰大焉！」羣臣莫敢言。尚書任城王澄以爲不吉，帝厲聲作色詰之。既還宮，召澄入見，逆謂之曰：「明堂之忿，恐人人競言，沮我大計，故以聲色怖文武耳。」因屏人謂澄曰：「今日之舉，誠爲不易。但國家興自朔土，徙居平城，此乃用武之地，非可文治。今將移風易俗，其道誠難，朕欲因此遷宅中原，卿以爲何如？」澄曰：「陛下欲卜宅中土以經略四海，此周漢所以興隆也。」帝曰：「北人習常戀故，必將驚擾，奈何！」澄曰：「非常之事，故非常人之所及。陛下斷自聖心，彼亦何所能爲！」帝曰：「任城，吾之子房也！」蓋洛陽之遷，乃非常之策，孝文獨斷，任城贊同，君臣自有深心，固非失計也。命作河橋濟師，發平城，南伐，步騎三十餘萬。使太尉丕與廣陵王羽留守平城，並加使持節。以河南王幹爲車騎大將軍、都督關右諸軍事，又以穆亮等爲幹副，衆合七萬出子午谷。魏主至肆州，見道路民有跛眇者，停駕慰勞，給衣食終身。詔車駕所經傷民秋稼者，畝給穀五斛。濟河至洛陽，詣故太學觀「石經」。魏主自發平城至洛陽，霖雨不止。詔諸軍前發。帝戎服，執鞭乘馬而出。羣臣稽顙於馬前。帝曰：「廟算已定，大軍將進，諸公更欲何云！」尚書李沖等曰：「今者之舉，天下所不願，唯陛下欲之；臣不知陛下獨行，竟何之也！」帝大怒曰：「吾方經營天下，期於混壹，而卿等儒生，屢疑大計；斧鉞有常，卿勿復言！」策馬將出，於是安定王休等並殷勤泣諫。帝乃諭諸臣曰：「今者興發不小，動而無成，何以示後！朕世居幽朔，欲南遷中土；苟不南伐，當遷都於此，王公以爲何如？欲遷者左，不欲遷者右。」南安王楨進曰：「『成大功者不謀於衆。』今陛下苟輟南伐之謀，遷都洛邑，此臣等之願，蒼生之幸也。」羣臣皆呼萬歲。時舊人雖不願內徙，而憚於南伐，無敢言者；遂定遷都之計。任城王澄至平城，衆始聞遷都，莫不驚駭，澄援引古今以曉之，衆乃開伏。澄還報，魏主喜曰：「非任城，朕事不成。」蓋魏主遷都之意唯任城喻之於心，第任城不可以是諭諸衆人，衆雖開伏，仍以爲魏主假南伐而遷都，不知其遷都正爲南伐也。是歲魏主如鄴城。王肅見魏主於鄴，陳伐齊之策。魏主與之言，不覺促席移晷。自是器遇日隆，親舊貴臣莫能間也。魏主或屏左右與肅語，至夜分不罷，自謂君臣相得之晚。蓋其南遷之深意，任城而外亦唯王肅喻之矣！明帝建武元年，魏主北巡至平城，羣臣更論遷都利害，各言其志，穆羆等猶以爲不可。帝曰：「朕之遠祖，世居北荒。平文皇帝始都東木根山。昭成皇帝更營盛樂，道武皇帝遷於平城。朕幸屬勝殘之運，而獨不得遷乎！」羣臣不敢復言。魏之勢力漸已由北而南，魏主微示羣臣，猶不能以伐國之深謀洩之於衆耳。魏主遣行征南將軍薛真度督四將向襄陽，劉昶、王肅向義陽，拓跋衍向鍾離，劉藻向南鄭。魏主欲自將入寇，中外戒嚴。詔代民遷洛者，復租賦三年。二年，詔淮北之人不得侵掠，犯者以大辟論。魏主至壽陽，衆號三十萬，鐵騎彌望。魏主登八公山，賦詩。遇甚雨，命去蓋，見軍士病者，親撫慰之。循淮而東，民皆安堵，租運屬路。魏主欲南臨江水，會馮誕卒，乃罷。又欲自泗入河，泝流還洛，成淹諫以爲「河流悍猛，非萬乘所宜乘。」帝曰：「我以平城無漕運之路，故京邑民貧。今遷都洛陽，欲通四方之運，而民猶憚河流之險，故朕有此行，所以開百姓之心也。」魏主意殆欲北人服習舟楫，爲水道攻齊之備耳。三年，魏主謀入寇，引見公卿曰：「朕卜宅土中，綱條粗舉，惟南寇未平，安能效近世天子下帷於深宮之中乎。朕今南征決矣。」又曰：「寇戎咫尺，異日將爲社稷之憂。」可見魏主南遷欲以密邇寇戎自警，務成其南伐之功也。四年，魏軍發洛陽，寇雍州、南陽。永泰元年，魏拔新野、湖陽、赭陽、舞陰、南鄉，又拔南陽，敗崔慧景、蕭衍於鄧城，圍樊城，臨沔而還。又發州郡兵二十萬人，期八月中旬集懸瓠，聞明帝殂，下詔稱「禮不伐喪」引兵還。東昏侯永元元年，陳顯達、崔慧景等擊魏，拔馬圈，圍順陽，魏主自救之。顯達敗走，順陽圍亦解。魏主疾，遂殂於穀塘原，年三十三。使天假以年，乘東昏之虐，一舉而克江東，亦意中事也。魏主南遷以前，與齊通使不絶，遷洛以後，連年南伐，魏主爲伐齊而遷洛益可見矣！

東昏昏虐，爲南朝諸廢帝最

東昏之昏虐，非營陽、蒼梧、鬱林諸廢帝之比也。諸廢帝之惡度皆不過童昏游戲耳。徐羨之、蕭道成、蕭鸞行廢弒之事甚，且自篡其位，安得不甚言其君之惡，以自掩滔天之罪乎。東昏之於諸帝則有異矣。東昏侯永元元年，帝稍欲行意，徐孝嗣不能奪，蕭坦之時有異同，而江祏執制堅確；帝深忿之。帝左右茹法珍、梅蟲兒等，爲帝所委任，祏常裁折之，法珍等切齒。帝失德寖彰，祏議廢帝，立江夏王寶玄。劉暄不同議，欲立建安王寶寅。祏密謀於始安王遥光，遥光自以爲年長，欲自取，祏弟祀亦勸祏立遥光，祏以問蕭坦之，坦之以爲「非次，恐人不服」。暄發祏謀，帝誅祏、祀。帝自是無所忌憚，益得自恣，遷遥光爲司徒，遥光遂反。坦之討遥光，斬之。遥光死二十餘日，帝遣延明主帥黄文濟將兵圍坦之宅，殺之，又殺劉暄。初，高宗殂，以隆昌事戒帝曰：「作事不可在人後。」故帝數與近習謀誅大臣皆發於倉猝，決意無疑。於是大臣人人莫能自保。許準勸徐孝嗣廢立，孝嗣疑不決，帝殺孝嗣及沈文季。太尉陳顯達聞帝屢誅大臣，傳云當遣兵襲江州，顯達舉兵於尋陽。帝以崔慧景爲平南將軍，督衆軍擊顯達，顯達乘勝襲宫城，至西城，後敗死。東昏誅殺權貴、宿將如刈菅然，可見非諸廢帝童昏之比矣。帝既誅陳顯達，益自驕恣，漸出游走，又不欲人見之。每出，先驅斥所過人家，唯置空宅。尉司擊鼓蹋圍，鼓聲所聞，便應奔走，犯禁者應手格殺。一月凡二十餘出，出輒不言定所，東西南北，無處不驅。常以三四更中，鼓聲四出，火光照天。士民喧走相隨，老小震驚，啼號塞路。嘗至沈公城，有一婦人臨産不去，因剖腹視其男女又。嘗至定林寺，有沙門老病不去，藏草間，命左右射之，百箭俱發。二年，崔慧景反死。徐世檦與法珍等爭權，遣禁兵殺之。由是嬖倖專横。帝呼所幸潘貴妃父寶慶及法珍爲阿文。寶慶倚勢作姦，富人悉誣以罪，田宅、資財，莫不啟乞，一家被陷，禍及親鄰。又慮後患，盡殺其男口。帝大起芳樂、王壽等諸殿，刻畫裝飾，窮極綺麗。役者自夜達旦，猶不副速。後宫服御，極選珍奇。嬖倖因緣爲姦利，課一輸十。又各就州縣求爲人輸，準取見直，不爲輸送，守宰皆不敢言，重更科歛。如此相仍，前後不息，百姓困盡，號泣道路。是東昏之虐浮於桀、紂，豈營陽、蒼梧僅游戲無度，鬱林亦不過宴游奢侈之比哉！二年，尚書令蕭懿以無罪死，愈以速蕭衍之兵，螳螂、黄雀爭奮頻仍，讀史至此，等諸自鄶以下而已！

通鑑劄記卷十

梁高祖有儒者氣象

梁高祖起自儒生，得國之始，政教斐然，可觀天監元年下令：「凡東昏時浮費，自非可以習禮樂之容、繕甲兵之備者，餘皆禁絶。」詔「公車府謗木、肺石傍各置一函，若肉食莫言，欲有横議，投謗木函。若以功勞才器冤沈莫達，投肺石函」。上身服浣濯之衣，常膳唯以菜蔬。每簡長吏，務選廉平，皆召見於前，勗以政道。又著令：「小縣令有能，遷大縣，大縣令有能，遷二千石。」由是廉能莫不知勸。二年，斷諸郡縣獻奉。二宫惟諸州及會稽許貢，任土若非地産亦不得貢。帝恭儉帥下，察吏恤民，可謂知政本矣。天監元年，上欲釐正雅樂，乃自制四器，名之爲通。又制十二笛以考鍾律。三年，上雅好儒術，以東晉、宋、齊雖開置國學，不及十年，輒廢之。其存亦文具而已，無講授之實。四年，詔曰：「二漢登賢，莫非經術，服膺雅道，名立行成。魏、晉浮蕩，儒教淪歇，風節罔樹，抑此之由。可置『五經』博士各一人，廣開館宇，招内後進！」於是以賀瑒及平原明山賓、吴興沈峻、建平嚴植之補博士，各主一館，館有數百生，給其餼廩，其射策通明者，即除爲吏。朞年之間，懷經負笈者雲合。又選學生，往會稽雲門山從何允受業，命允選門徒中經明行修者，具以名聞。分遣博士祭酒巡州郡立學。九年，上幸國子學，親臨講肄。詔皇太子以下及王侯之子年可從師皆入學。十一年，初齊太子步兵校尉平昌伏曼容表求制一代禮樂，世祖詔選學士十人修五禮，丹陽尹王儉總之。儉卒，以事付國子祭酒何允。允還東山，齊明帝敕尚書令徐孝嗣掌之。孝嗣誅，率多散逸，詔驃騎將軍何佟之掌之。經齊末兵火，僅有在者。帝即位，佟之啟審置之宜，敕使外詳。時尚書以爲庶務權輿，宜俟隆平，欲且省禮局，併還尚書儀曹，詔曰：「禮壞樂缺，實宜以時修定。但頃之修撰不得其人，所以歷年不就，有名無實。此既經國所先，可即撰次。」於是尚書僕射沈約等奏：「請五禮各置舊學士一人，令自舉學古一人相助抄撰，其中疑者，依石渠、白虎故事，請制旨斷決。」乃以右軍記室明山賓等分掌五禮，佟之總其事。佟之卒，以鎮北諮議參軍伏暅代之。暅，曼容之子也。至是「五禮」成，列上之，合八千一十九條，詔有司遵行。帝崇學校，定雅樂，修五禮，文教蔚然，自漢以下固未有若斯之盛者也。天監八年，時有請封會稽、禪國山者，上命諸儒草封禪儀，欲行之。許懋建議，以爲「舜柴岱宗，是爲巡狩。而鄭引『孝經鉤命決』云：『封於太山，考績柴燎，禪乎梁甫，刻石紀號，』此緯書之曲説，非正經之通義也。舜五載一巡狩，春夏秋冬周徧四嶽，若爲封禪，何其數也！又如管夷吾所説七十二君，燧人之前，世質民淳，安得泥金檢玉！結繩而治，安得鎸文告成！夷吾又云：『唯受命之君然後得封禪，』周成王非受命之君，云何得封太山禪社首！神農即炎帝也，而夷吾分爲二人，妄亦甚矣。若聖主，不須封禪；凡主不應封禪。蓋齊桓公欲行此事，夷吾知其不可，故舉怪物以屈之。秦始皇嘗封太山，孫皓嘗遣兼司空董朝至陽羨封國山，皆非盛德之事，不足爲法。然則封禪之禮，皆道聽所説，失其本文，由主好名於上，而臣阿旨於下也。古者祀天祭地，禮有常數，誠敬之道，盡此而備，至於封禪，非所敢聞。」上嘉納之，因推演懋議，稱旨以答請者，由是遂止。則帝斥封禪之明決，且有過於光武矣！

魏胡后之惡多誣辭

史載廢后之惡，有未盡實者。晉賈后傳已然，於元魏胡后爲尤甚。梁高祖天監七年，魏皇子昌卒，侍御師王顯失於療治，時人皆以爲承高肇之意也。立高貴嬪爲皇后，肇益用事。九年，魏皇子詡生。詡母胡充華，臨涇人，父國珍襲武始伯。充華初選入掖庭，同列以故事祝之：「願生諸王、公主，勿生太子。」充華曰：「妾之志異於諸人，奈何畏一身之死而使國家無嗣乎！」及有娠，同列勸去之，充華不可，私自誓曰：「若幸而生男，次第當長，男生身死，所不憾也。」既而生詡。先是，魏主頻喪皇子，年漸長，深加慎護，擇良家宜子者以爲乳保，養於别宫，皇后、充華皆不得近。十一年，魏立皇子詡爲太子，始不殺其母。十四年，魏主殂。太子詡立。高后欲殺胡貴嬪。崔光使置貴嬪於别所。肇擁兵於外，朝野不安。于忠與門下議，以肅宗幼，未能親政，百官總已聽於高陽王雍、任城王澄，尊高后爲皇太后。召肇還，殺之。尊胡貴嬪爲皇太妃，以高太后爲尼，徙居金墉瑶光寺。尊胡太妃爲皇太后。羣臣奏請太后臨朝稱制。太后聽政，猶稱令以行事，羣臣上書，稱殿下。太后聰悟，頗好讀書屬文，射能中鍼孔，政事皆手筆自決。是胡后自入宫以至於聽政，其才與德固皆優於高后，有可稱者，且其臨朝稱制亦爲羣下所請，不出於后自爲之，非呂武比也。而何以聽政以後，史書后之失德，穢惡不下於賈后，前後若出兩人耶！然其政令之未嘗失，史氏亦有不能掩者。太后以魏主尚幼，未能祭，欲代行祭事，禮官博議以爲不可。崔光引漢和熹鄧太后祭宗廟故事，太后大悦，遂攝行祭事。鄧后既可行之於漢，胡后又何不可行之於魏。十五年，魏崔亮攻硤石，未下，與李崇約水陸並進，崇屢違期不至。胡太后以諸將不壹，乃以吏部尚書李平爲使持節、鎮軍大將軍兼尚書右僕射，將步騎二千赴壽陽，别爲行臺，節度諸軍，如有乖異，以軍法從事。平至硤石，督李崇、崔亮等水陸進攻，無敢乖互，戰屢有功。是后有御將之才也。十六年，魏初，民間皆不用錢，高祖太和十九年，始鑄太和五銖錢，遣錢工在所鼓鑄；民有欲鑄錢者，聽就官爐，銅必精錬，無得殽雜。世宗永平三年，又鑄五銖錢，禁天下用錢不依準式者。既而洛陽及諸州鎮所用錢各不同，商貨不通。尚書令任城王澄上言，以爲：「不行之錢，律有明式，指謂雞眼、鐶鑿，更無餘禁。乞立下諸方州鎮，其太和與新鑄五銖及古諸錢方俗所便用者，但内外全好，雖有大小之異，竝得通行，貴賤之差，自依鄉價。庶貨環海内，公私無壅。其雞眼、鐶鑿及盜鑄、毁大爲小、生新巧僞不如法者，據律罪之。」詔從之。魏人多竊冒軍功，尚書左丞盧同閲吏部勳書，因加檢覈，得竊階者三百餘人，乃奏：「乞集吏部、中兵二局勳簿，對勾奏案，更造兩通，一關吏部，一留兵局。又，在軍斬首成一階以上者，即令行臺軍司給券，當中豎裂，一支付勳人，一支送門下，以防僞巧。」太后從之。中尉元匡奏取景明元年已來，内外考簿、吏部除書、中兵勳案，并諸殿最，欲以案校竊階盜官之人，太后許之。尚書令任城王澄表以爲：「法忌煩苛，治貴清約。御史之體，風聞是司，若聞有冒勳妄階，止應攝其一簿，研檢虚實，繩以典刑。豈有移一省之案，尋兩紀之事，如此求過，誰堪其罪！斯實聖朝所宜重慎也。」太后乃止。任城魏之親賢，胡后任以爲相，諫行言聽。正光以前之治，亦何嘗遜於孝文之世，非胡后之功耶！正光以後，后爲元乂、劉騰所幽，二人表裏擅權。騰納貨榷利，中外苦之。元乂驕愎荒怠，州鎮多非其人，百姓家家思亂，六鎮始叛。則魏之衰亂，由后之被幽，逆臣擅權所致，非后之過也。至后之惡最爲世所詬病者，莫如天監十七年殺高太后、大通二年酖肅宗二事。然高后嘗欲殺后矣，肅宗以子脅母，召爾朱榮舉兵内向矣。較之賈后弑楊太后、殺太子，逼爲殘賊之主動者，固有不同。矧政治上之爭奪，英君令辟如唐太宗、宋太宗且不免於骨肉相殘之慙德，何責於胡后一婦人耶！至謂后宣淫縱恣則亦不過吕武之流，而或不如其甚，而何以詆胡后者，若其穢惡之不可嚮邇。殊不知爾朱榮賊弑兩宫，肆行凶逆，且殺王公以下二千餘人，敬宗入洛，惟山偉一人拜赦，榮之凶燄彌天，當時朝士尚有一人敢稱后之無罪，以拂榮之意旨者乎！則言語文字之間附會胡后之惡，掩飾凶逆之罪，以博爾朱榮之歡，亦意中事耳。當時播爲事實，史氏傳爲異辭非識，微闡幽者惡得而辨之。

魏之內訌

拓跋氏崛起朔方，奄有中夏之泰半者百有餘年，其所以召亂而致亡者，非由於敵國外患，亦內訌爲之。梁高祖普通元年，魏太傅、侍中、清河文獻王懌，美風儀，胡太后逼而幸之。然素有才能，輔政多所匡益，好文學，禮敬士人，時望甚重。侍中、領軍將軍元乂在門下，兼總禁兵，恃寵驕恣，志欲無極，懌每裁之以法，乂由是怨之。衛將軍、儀同三司劉騰，權傾中外，吏部希騰意，奏用騰弟爲郡，人資乖越，懌抑而不奏，騰怨之。龍驤府長史宋維，浮薄無行。義許維以富貴，使告司染都尉韓文殊父子謀作亂立懌。懌坐禁止，案驗，無反狀，得釋。乂恐懌終爲己害，乃與騰密謀，誣懌謀毒魏主。帝時年十一，信之。乂奉帝御殿，騰閉永巷門，太后不得出。執懌殺之。於是詐爲太后詔，自稱有疾，還政於帝。幽太后於北宮宣光殿，宮門晝夜長閉，內外斷絶，騰自執管鑰，帝亦不得省見，裁聽傳食而已。太后服膳俱廢，不免饑寒，又使中常侍賈粲侍帝書，密令防察動止。乂遂與太師高陽王雍等同輔政，乂與騰表裏擅權，乂爲外禦，騰爲內防，常直禁省，共裁刑賞，政無巨細，決於二人，威振內外，百僚重跡。朝野聞懌死，莫不喪氣，胡夷爲之剺面者數百人。中山王熙起兵於鄴，欲誅乂、騰，不克而死。熙弟略來奔。是歲始遣使來聘。二年，魏主朝太后於西林園，文武侍坐，酒酣迭舞，奚康生乃爲力士儛，及折旋之際，每顧視太后，舉手、蹈足、瞋目、頷首，爲執殺之勢，太后解其意而不敢言。日暮，太后欲携帝宿宣光殿，侯剛曰：「至尊已朝訖，嬪御在南，何必留宿！」康生曰：「至尊陛下之兒，隨陛下將東西，更復訪誰！」羣臣莫敢應。太后自起援帝臂，下堂而去。帝既升宣光殿，康生乘酒勢將出處分，爲乂所執，賈粲給太后下殿，即扶帝出，閉太后於宣光殿。斬康生。以劉騰爲司空。八坐、九卿常旦造騰宅，參其顏色，然後赴省府，亦有終日不得見者。公私屬請，唯視貨多少，舟車之利，山澤之饒，所在榷固，刻剥六鎮，交通互市，歲入利息以巨萬萬計，逼奪鄰舍以廣其居，遠近苦之。夏，魏南荆州刺史桓叔興據所部來降。東益、南秦氏皆反，以河間王琛討之。琛恃劉騰之勢，貪暴無所畏忌，大爲氐所敗。四年，劉騰卒。朝貴送葬者塞路滿野。初，元乂既幽胡太后，常入直於魏主所居殿側，曲盡佞媚。帝由是寵信之。乂出入禁中，恒令勇士持兵以自先後。時出休於千秋門外，施木欄楯，使腹心防守以備竊發，士民求見者，遥對之而已。其始執政之時，矯情自飾，以謙勤接物，時事得失，頗以關懷。既得志，遂自驕慢，嗜酒好色，貪吝寳賄，與奪任。情，紀綱壞亂。父京兆王繼尤貪縱，與其妻子各受賂遺，請屬有司，莫敢違者。乃至郡縣小吏亦不得公選，牧、守、令、長率皆貪污之人。由是百姓困窮，人人思亂。武衛將軍于景，忠之弟也，謀廢乂，乂黜爲懷荒鎮將。及柔然入寇，鎮民請糧，景不肯給，鎮民不勝忿，遂反，殺景，未幾，沃野鎮民破六韓拔陵聚衆反，殺鎮將，改元真王，諸鎮華、夷之民往往響應，拔陵引兵南侵，遣別帥衛可孤圍武川鎮，又攻懷朔鎮。尖山賀拔度拔及其三子允、勝、岳皆有材勇，懷朔鎮將楊鈞擢度拔爲統軍，三子爲軍主以拒之。五年，魏詔臨淮王彧討破六韓拔陵。高平鎮民赫連恩等反，推敕勒長胡琛爲高平王，攻高平鎮以應拔陵。彧頓兵不進，武川陷，懷朔亦潰，賀拔勝父子俱爲可孤所虜。彧與破六韓拔陵戰於五原，兵敗，安北將軍李叔仁又敗於白道，賊勢日盛。二夏、豳、涼，寇盜蜂起。秦州刺史李彦，政刑殘虐，在下皆怨，城内薛珍等聚黨突入州門，殺彦，政推其黨莫折大提爲帥，大提自稱秦王。南秦州城民亦攻殺刺史崔游以應大提，大提遣其黨襲高平，克之，殺其鎮將等。大提尋卒，子念生自稱天子。崔暹違李崇節度，與拔陵戰敗，李崇亦引還。崇與廣陽王深先後請改鎮爲州。深上言：「王師屢北，賊黨日盛，今日所慮非止西北，將恐諸鎮尋亦如此，天下之事，何易可量！」皆不省。詔徵崔暹繫廷尉，以女伎賂元乂，卒得不坐。東西部敕勒皆叛，始改鎮爲州，遣酈道元撫慰、六鎮。時六鎮已盡叛，道元不果行。裴邃襲魏壽春，入其外郭，魏邊城多降。六年，魏元法僧據彭城叛降。法僧乂所舉也。裴邃侵魏至鄭城，汝、潁響應，邃敗魏長孫稚、元琛於壽陽。魏之不競，未有如斯時之甚者也。矧六鎮叛，亂本根先拔，爲元魏亡國之由，非元乂等擅權之罪而誰之罪耶！是年魏解元乂領軍，復解乂侍中，太后復臨朝，除乂名，尋誅之，然國事已亂，不可弭矣。大通二年，魏胡太后殺肅宗所愛信者，由是母子有隙。是時車騎將軍、儀同三司并肆、汾、廣、恒、雲六州討虜大都督爾朱榮兵勢强盛，魏朝憚之。高歡言於榮曰：「今天子闇弱，太后淫亂，嬖孽擅命，朝政不行，以明公雄武，乘時奮發，討鄭儼、徐紇之罪以清帝側，霸業可舉鞭而成，此賀六渾之意也。」榮大悦。榮嘗與并州刺史元天穆及帳下都督賀拔岳密謀，欲舉兵入洛，内誅嬖倖，外清羣盜，二人皆勸成之。榮上書以：「山東羣盜方熾，冀、定覆没，官軍屢敗，請遣精騎三千東援相州。」太后疑之，報以「不須出兵。」榮復上書，勒兵召集義勇，北捍馬邑，東塞井陘。徐紇説太后以鐵券間榮左右，榮聞而恨之。肅宗亦惡儼、紇等，逼於太后，不能去，密詔榮舉兵内向，欲以脅太后。榮以高歡爲前鋒，行至上黨，帝復以私詔止之。儼、紇恐禍及己，陰與太后酖帝，立故臨洮王世子釗。榮聞之，大怒，與天穆謀抗表稱「大行皇帝背棄萬方，海内咸稱酖毒致禍。又選君於孩提之中，實使姦豎亂朝，隳亂綱紀，此何異掩目捕雀，塞耳盜鐘。今羣盜沸騰，鄰敵窺窬，而欲以未言之兒鎮安天下，不亦難乎！願聽臣赴闕，參預大議，問侍臣帝崩之由，以徐、鄭之徒付之司敗，雪同天之耻，謝遠近之怨，然後更擇宗親以承寶祚。」榮與天穆謀立長樂王子攸。榮乃起兵發晉陽，太后以李神軌爲大都督，帥衆拒之。榮至河内，密迎子攸即位，以榮爲侍中、都督中外諸軍事、大將軍、尚書令領軍將軍、領左右，封太原王。神軌至河橋，遁還。紇儼皆走。太后盡召肅宗後宮，皆令出家，太后亦自落髮。榮召百官迎敬宗於河橋，榮遣騎執太后及幼主，送至河陰，沈之於河。用費穆言，殺王公百官二千餘人，又殺無上王劭等，逼敬宗禪位。高歡勸榮稱帝，賀拔岳諫，乃奉帝入洛陽，大權歸於榮一人矣。中大通二年，帝手刃榮，尋爲爾朱兆所弑。及兆爲高歡所敗，則大權又落於歡手。魏由此亡。當日者，榮與歡雖有反側之心，使肅宗不召榮舉兵，則榮等固猶不知朝廷虚實，何敢遽有問鼎之心哉！則謂魏之亡，亡於内訌可也。

梁高祖無進取中原之志

梁普通、中大通之間，魏多内訌，六鎮叛亂，胡后弑主，爾朱榮沈其幼君於河，魏幾不國，非天授梁以進取之時乎？普通五年，命裴邃督諸軍伐魏，成景儁拔魏睢陵，趙景悦圍荆山。裴邃帥騎三千襲壽陽，克其外郭，魏邊城多降。六年，魏元灋僧以彭城來降，裴邃拔魏新蔡郡及鄭城汝、潁之間，所在響應。魏河間王琛等憚邃威名，軍於城父，累日不進。七年，遣元樹、夏侯亶等攻魏。夏侯亶等拔壽陽。大通元年，夏侯亶弟夔、裴邃子之禮等出義陽道，攻魏平靜、穆陵、陰山三關，皆克之。魏元慶和以廣陵降，陳慶之攻渦陽，詔韋叡子放將兵會之。魏人作十三城，欲以控制梁軍。慶之銜枚夜出，陷其四城，渦陽城主王緯乞降。韋放簡遣降者三十餘人分報魏諸營，慶之陳其俘馘，鼓噪隨之，九城皆潰，追擊之，俘斬略盡，尸咽渦水。二年魏元悦、元彧、元顥來奔。元顯達以郢州，元世儁以北青州，李志以南荆州，皆來降。泰山太守羊侃來奔。土地闢而人心歸，非進取中原之機乎，奈何其不善乘機而用時也。大通二年，帝以魏北海王顥爲魏王，遣東宫直閤將軍陳慶之將兵送之還北。帝亦效魏封劉昶之故智耳。其亦思中原之土固非元魏所固有乎。帝於是乎無遠志矣。中大通元年，元顥與陳慶之乘元天穆引兵東出，自銍城進拔榮城，遂至梁國。魏邱大千有衆七萬，分築九城以拒之。慶之拔其三壘，大千降，顥稱帝。魏濟陰王暉業帥羽林兵二萬軍考城，慶之攻拔其城，擒暉業。魏以楊昱鎮滎陽，爾朱世隆鎮虎牢，爾朱世承鎮崿岅。顥克梁國。顥以陳慶之爲徐州刺史，引兵而西。攻滎陽，未拔。元天穆等將大軍前後繼至，梁士卒皆恐，慶之解鞍秣馬，諭將士曰：「吾至此以來，屠城略地，實爲不少；君等殺人父兄、掠人子女，亦無算矣；天穆之衆，皆是仇讐。我輩衆纔七千，虜衆三十餘萬，今日之事，唯有必死乃可得生耳。虜騎多，不可與之野戰，當及其未盡至，急取其城而據之。諸君勿或狐疑，自取屠膾。」乃鼓之，使登城，將士即相帥蟻附而入，拔滎陽。俄而天穆等引兵圍城，慶之帥騎三千背城力戰，又破之。天穆等皆走，慶之進擊虎牢，爾朱世隆棄城走，獲辛纂。魏主將出走，未知所之，或勸之長安，中書舍人高道穆曰：「關中荒殘，何可復往！顥士衆不多，乘虛深入，由將帥不得其人，故能至此。陛下親帥宿衛，高募重賞，背城一戰，臣等竭其死力，破顥孤軍必矣。或恐勝負難期，則不若渡河，徵大將軍天穆、大丞相榮各使引兵來會，犄角進討，旬月之間，必見成功，此萬全之策也。」魏主從之。遂北行入河内。臨淮王彧等帥百官，封府庫，備法駕迎顥。入洛陽宫。慶之以數千之衆，自發銍縣至洛陽，凡取三十二城，四十七戰，所向皆克。顥既入洛，自河以南州郡多附之，而顥有驕怠之志。爾朱榮見魏主於長子，魏主即日南還，榮爲前驅。旬日之間，兵衆大集，資糧器仗，相繼而至。顥既得志，密與臨淮王彧、安豐王延明等謀叛梁。以事難未平，藉陳慶之兵力，故外同内異，言多猜忌。慶之亦密爲之備，説顥曰：「今遠來至此，未服者尚多，彼若知吾虚實，連兵四合，將何以禦之！宜啟天子，更請精兵，并敕諸州，有南人没此者悉須部送。」顥欲從之，延明曰：「慶之兵不出數千，已自難制。今更增其衆，寧肯復爲人用乎！大權一去，動息由人，魏之宗廟，於斯墜矣。」顥乃不用慶之言。又慮慶之密啟，乃表於上曰：「今河北、河南一時克定，唯爾朱榮尚敢跋扈，臣與慶之自能擒討。州郡新服，正須綏撫，不宜更復加兵，摇動百姓。」上乃詔諸軍繼進者皆停於境上。洛中南兵不滿一萬，而羌、胡之衆十倍，軍副馬佛念爲慶之曰：「將軍威行河、洛，聲震中原，功高勢重，爲魏所疑，一旦變生不測，可無慮乎！不若乘其無備，殺顥據洛，此千載一時也。」慶之不從。顥先以慶之爲徐州刺史，因固求之鎮，顥心憚之，不遣，曰：「主上以洛陽之地全相任委，忽聞捨此朝寄，欲往彭城，謂君遽取富貴，不爲國計，非徒有損於君，恐僕並受其責。」慶之不敢復言。爾朱榮與顥相持於河上。慶之守北中城，顥自據南岸。慶之三日十一戰，殺傷甚衆。延明緣河固守，榮用楊侃等言，縛材爲筏，渡河襲擒顥子冠受，延明衆潰。顥失據，帥麾下數百騎南走，慶之收步騎，結陳東還，顥所得諸城，一時復降於魏。榮自追慶之，會嵩高水漲，慶之軍士死散略盡，乃削須髮爲沙門，間行出汝陰，還建康。顥之能入洛陽，皆慶之南軍力戰之功，非顥之聲望能招北人也！其敗也，顥衆先敗，牽及慶之至於敗走。且顥即不敗早有疑忌南人之心，安能與慶之共事而終爲梁臣耶。梁之失，在於任慶之孤軍深入，而無諸道並進之大軍，蓋欲以取巧勝人，未爲大舉之計畫，以慶之送顥姑爲一試。綜帝生平有事於北堰淮水也，立元顥也，以及納侯景也，皆欲徼幸成功。初未有興復中原之成算，實則無進取中原之大志耳！失機不圖，而後欲收功於侯景，復爲高澄所紿，致有臺城之悔啜其泣矣！何嗟及矣，其梁高祖之自道乎！

梁立太子綱之誤

梁高祖子孫無父子之親，無兄弟之愛，自相吞噬，置高祖之難而不顧恤。論者有謂帝過於慈之失，不知帝之失，尤在舍適孫歡，而立太子綱也。中大通三年，昭明太子統卒。太子自加元服，上即使省録朝政，百司進事，填委於前，太子辯析詐謬，秋毫必睹，但令改正，不加案劾，平斷法獄，多所全宥，寬和容衆，喜愠不形於色。好讀書屬文，引接才俊，賞愛無倦。出宫二十餘年，不畜聲樂。每霖雨積雪，遣左右周行閭巷，視貧者賑之。天性孝謹，在東宫，雖燕居，坐起恒西向，或宿被召當入，危坐達旦。及寢疾，恐貽帝憂，勑參問，輒自力手書。及卒，朝野惋愕，建康男女奔走宫門，號泣道路。昭明賢孝，舉國所知，若立其適嗣，人心歸向可知，諸王非適自不敢生覬覦之心，高祖子孫猜嫌之隙固無自而起也！乃帝竟舍適孫不立。初，昭明太子葬其母丁貴嬪，遣人求墓地之吉者。或賂宦者俞三副求賣地，云若得錢三百萬，以百萬與之。三副密啟上，言「太子所得地不如今地於上爲吉。」上年老多忌，即命市之。葬畢，有道士云：「此地不利長子，若厭之，或可申延。」乃爲蠟鵝及諸物埋於墓側長子位。宫監鮑邈之、魏雅初皆有寵於太子，邈之晚見疎於雅，乃密啟上云：「雅爲太子厭禱。」上遣檢掘，果得鵝物，大驚，將窮其事，徐勉固諫而止，但誅道士。由是太子終身慙憤，不能自明。及卒，上徵其長子南徐州刺史華容公歡至建康，欲立以爲嗣，銜其前事，猶豫久之，卒不立。嗚呼，帝於豫章王綜、臨賀王正德，雖犯惡逆猶容忍之，至於昭明被讒，則終身銜其事。帝可謂不明矣。是年，立太子母弟晉安王綱爲皇太子。朝野多以爲不順，司議侍郎周弘正，嘗爲晉安王主簿，乃奏記曰：「謙讓道廢，多歷年所。伏惟明大王殿下，天挺將聖，四海歸仁，是以皇上發德音，以大王爲儲副。意者願聞殿下抗目夷上仁之義，執子臧大賢之節，逃玉輿而弗乘，棄萬乘如脱屣，庶改澆競之俗，以大吴國之風。古有其人，今聞其語，能行之者，非殿下而誰！使無爲之化復生於遂古，讓王之道不墜於來葉，豈不盛歟！」王不能從。使非人心大有所不安，周弘正亦何爲以讓位勸之哉。中大同元年，上年高，諸子心不相下，邵陵王綸爲丹陽尹，湘東王繹在江州，武陵王紀在益州，皆權侔人主。太子綱惡之，常選精兵以衞東宫。帝以東揚州刺史岳陽王詧爲雍州刺史。上捨詧兄弟而立太子綱，內嘗愧之，寵亞諸子。以會稽人物殷阜，故用詧兄弟迭爲東揚州以慰其心。詧兄弟亦內懷不平。詧以上衰老，朝多秕政，遂蓄聚貨財，折節下士，招募勇敢，左右至數千人。以襄陽形勝之地，梁業所基，遇亂可以圖大功。乃克己爲政，撫循士民，數施恩惠，延納規諫，所部稱治。帝之子孫蓄慮若此，即幸無侯景之，禍豈能相安無事者哉！揆厥由來，皆帝捨歡立綱，一念之差所致也。太清元年，東魏使軍司杜弼作檄移梁朝，有云：「廢立失」所是敵國亦斥言立綱之失矣。二年，侯景入宣陽門，據公車府，取東宮妓數百分給軍士。三年，景啟陳帝曰：「皇太子珠玉是好，酒色是耽，吐言止於輕薄，賦詠不出『桑中』。」景言固不足爲據，然太子好爲宮體，東宮之妓數百，固不虛也。簡文帝大寶二年，景廢帝，使謝昊爲詔書以爲：「弟姪爭立，星辰失次，皆由朕非正緒召亂致災。」廢立之際，獨以是昭示於國，可見簡文自爲太子，人心不洽，骨肉相猜，皆因非所當立。景揭其短，正以迎合人心耳！高祖當日之失不愈可見耶。

梁俗侈靡

梁高祖雖有恭儉之風，而不能革侈靡之俗，亦所謂惠而不知爲政者耳。大同五年，朱异善伺候人主意爲阿諛，用事三十年，廣納貨賂，欺罔世聽，遠近莫不忿疾。園宅、玩好、飲膳、聲色窮一時之盛。十一年，散騎常侍賀琛啟陳四事：其二，以爲今天下所以貪殘，良由風俗侈靡使之然也。今之燕喜，相競誇豪，積果如邱陵，列肴同綺繡，露臺之產，不周一燕之資，而賓主之間，裁取滿腹，未及下堂，已同臭腐。又，畜妓之夫，無有等秩，爲吏牧民者，致資巨億，罷歸之日，不支數年，率皆盡於燕飲之物、歌謠之具。所費事等邱山，爲歡止在俄頃，乃更追恨向所取之少；如復傅翼，增其搏噬，一何悖哉！其餘淫侈，著之凡百，習以成俗，日見滋甚，欲使人守廉白，安可得邪！誠宜嚴爲禁制，道以節儉，糾奏浮華，變其耳目。失節之嗟，亦民所自患，正耻不能及羣，故勉强而爲之；苟以純素爲先，足正彫流之弊矣。」啟奏，上大怒，召主書於前，口授敕書以責琛。大指以爲：「士民飲食過差，若加嚴禁，密房曲屋，云何可知？儻家家搜撿，恐益增苛擾。若指朝廷，我無此事。昔之牲牢，久不宰殺，朝中會同，菜蔬而已；若復減此，必有『蟋蟀』之譏。若以爲功德事者，皆是園中之物，變一瓜爲數十種，治一菜爲數十味；以變故多，何損於事！我自非公宴，不食國家之食，多歷年所；乃至宮人，亦不食國家之食。凡所營造，不關材官及以國匠，皆資雇借以成其事。

卿云『宜導之以節儉』，朕絶房室三十餘年，至於居處不過一牀之地，雕飾之物不入於宮；受生不飲酒，不好音聲，所以朝中曲宴，未嘗奏樂，此羣賢之所見也。朕三更出治事，隨事多少，事少午前得竟，事多日昃方食，日常一食，若晝若夜；昔要腹過於十圍，今之瘦削纔二尺餘，舊帶猶存，非爲妄説。爲誰爲之？救物故也。琛謝過，不敢復言。上爲人孝慈恭儉，博學能文，陰陽、卜筮、騎射、聲律、草隸、圍碁，無不精妙，勤於政務，冬月四更竟，即起視事，執筆觸寒，手爲皴裂。自天監中用釋氏法，長齋斷魚肉，日止一食，惟菜羹、糲飯而已，或遇事繁，日移中則嗽口以過。身衣布衣，木棉皀帳，一冠三載，一衾二年，後宮貴妃以下，衣不曳地。性不飲酒，非宗廟祭祀、大饗宴及諸法事，未嘗作樂。雖居暗室，恒理衣冠，小坐、盛暑，未嘗褰袒，對内豎小臣，如遇大賓。然優假士人太過，牧守多浸漁百姓，使者干擾郡縣。又好親任小人，頗傷苛察。多造塔廟，公私費損。江南久安，風俗奢靡，故琛啟及之。上惡其觸實，故怒。司馬光曰：「梁高祖之不終也，宜哉！賀琛之諫，未至於切直，而高祖已赫然震怒，護其所短，矜其所長。自以蔬食之儉爲盛德，日昃之勤爲至治，君道已備，無復可加，羣臣箴規，舉不足聽。如此，則自餘切直之言過於琛者，誰敢進哉！由是姦佞居前而不見，大謀顛錯而不知，名辱身危，覆邦絶祀，爲千古所閔笑，豈不哀哉！」時王侯子弟多驕淫不法，上年老，厭於萬幾。又專精佛戒，每斷重罪，則終日不懌。或謀反逆，事覺，亦泣而宥之。由是王侯益横。太清二年，侯景反，入建康，取東宮妓數百分給軍士。朱异遺景書，爲陳禍福。景報書並告城中士民，以爲：「梁自近歲以來，權倖用事，割剥齊民，以供嗜欲。如曰不然，公等試觀：今日國家池苑，王公第宅，僧尼寺塔；及在位庶僚，姬姜百室，僕從數千，不耕不織，錦衣玉食；不奪百姓，從何得之！」三年，景上啟陳帝十失，有曰：「修建浮圖，百度糜費，使四民饑餒，笮融、姚興之代也。」又言：「建康宮室崇侈，陛下唯與主書參斷萬機，政以賄成，諸閹豪盛，衆僧殷實。」景固悖逆，當時風俗奢淫誠不可掩。高祖之末，建康士民，服食、器用，爭尚豪華，糧無半年之儲，常資四方委輸。自景作亂，道路斷絶，數月之間，人至相食，猶不免餓死，存者百無一二。貴戚、豪族皆自出採稆，填委溝壑，不可勝紀。由是觀之，奢靡之害，匪特亡人家國，亦且殃及庶民，可以鑒矣！

元帝骨肉相殘

梁高祖子孫自相吞噬，前不能翦侯景犯闕之仇，後遂以召江陵亡國之禍，而其戎首罪魁，則元帝是已。江東之勢，重在上游。湘東王繹以荊州刺史都督荊、雍等九州，位尊勢重，使仗大義，爲諸王倡，則骨肉相殘無由而起。乃繹緩於寇仇，而亟攻骨肉，其後亡於江陵，非不幸也。梁高祖太清三年，湘東王繹軍於郢州之武城，湘州刺史河東王譽軍於青草湖，信州刺史桂陽王慥軍於西峽口，託云俟四方援兵，淹留不進。蕭賁以繹不早下，心非之，嘗與繹雙六，食子未下，賁曰：「殿下都無下意。」繹深銜之。及上許侯景和，繹得敕，欲旋師，賁曰：「景以人臣舉兵向闕，今若放兵，未及度江，童子能斬之矣，必不爲也。大王以十萬之衆，未見賊而退，奈何！」繹不悦，未幾，因事殺之。繹不急其君父之難，所謂至不仁之人，無怪其戕殺骨肉矣。初，上以河東王譽爲湘州刺史，徙湘州刺史張纘爲雍州刺史，代岳陽王詧。纘恃其才望，輕譽少年，迎候有闕。譽至，檢括州府付度事，留纘不遣。聞侯景作亂，頗陵蹙纘。纘恐爲所害，輕舟夜遁，將之雍部，復慮詧拒之。纘與湘東王繹有舊，欲因之以殺譽兄弟，乃如江陵。及臺城陷，諸王各還州鎮，譽自湖口歸湘州。桂陽王慥以荊州督府留軍江陵，欲待繹至拜謁，乃還信州。纘遺繹書曰：「河東戴檣上水，欲襲江陵，岳陽在雍，共謀不逞。」江陵游軍主朱榮，亦遣使告繹云：「桂陽留此，欲應譽、詧。」繹懼，鑿船，沈米，斬纜，自蠻中步道馳歸江陵，囚慥，殺之。湘東王繹之入援也，令所督諸州皆發兵，雍州刺史岳陽王詧遣府司馬劉方貴將兵出漢口，繹召詧使自行，詧不從。方貴潛與繹相知，謀襲襄陽，據樊城，詧攻殺之。繹厚資遣張纘赴鎮，詧聞臺城陷，遂不受代。纘逃，詧追擒之，纘乞爲沙門。是歲，上爲侯景所制，憂憤成疾而殂。太子以幼子大圜屬繹，并剪爪髮以寄之。上甲侯韶自建康出奔江陵，稱受高祖密詔徵兵，以繹爲侍中、假黃鉞、大都督中外諸軍事、司徒承制，可見梁之上下屬望於繹甚殷，而繹不惟不足副人望，且爲亡梁之罪魁也。湘州刺史河東王譽，得士心，繹將討侯景，遣使督其糧衆，譽不與，繹使世子方等討之，敗死，繹無戚容。又疑方等之母徐妃殺其寵姬，逼令自殺，不聽諸子制服。繹於妻子亦猜薄已甚，無怪其不念一本之愛也。繹遣王僧辯、鮑泉等擊湘州，譽戰敗，衆圍之，譽告急於詧，詧帥衆二萬、騎二千伐江陵以救湘州。繹降杜崱等，崱兄岸襲襄陽，詧聞之，夜遁，詧既與繹爲敵，恐不能自存，遣使求援於魏，請爲附庸。繹使柳仲禮圖詧，魏宇文泰遣楊忠等救之。簡文帝大寶元年，忠擊，獲仲禮。於是漢東之地盡入於魏。繹求和於魏，請同附庸。邵陵王綸欲救湘東王譽，而兵糧不足，乃致書於繹曰：「天時、地利不及人和，況於手足肱支，豈可相害，今社稷危耻，創巨痛深，唯應剖心嘗膽，泣血枕戈，其餘小忿或宜容貰。若外難未除，家禍仍構，料今訪古，未或不亡。夫征戰之理，唯求克勝。至於骨肉之戰，愈勝愈酷，捷則非功，敗則有喪。勞兵損義，虧失多矣。侯景之軍所以未窺江外者，良爲藩屏盤固，宗鎮彊密。弟若陷洞庭，不戢兵刃，雍州疑迫，何以自安，必引進魏軍以求形援。弟若不安，家國去矣。必希解湘州之圍，存社稷之計。」繹復書，陳譽過惡不赦，且曰：「譽引楊忠來相侵逼，曲直有在，不復自陳。臨湘旦平，暮便即路。」綸得書，投之於案，慷慨流涕曰：「天下之事，一至於斯，湘州若敗，吾亡無日矣！」綸雖昏狂，其告繹之言固猶愈於繹之安忍也。綸在郢州，其部下陵暴。諮議參軍府江仲舉説南平王恪圖之，恪不從，曰：「巨逆未梟，骨肉相殘，自亡之道也。」仲舉部分諸將，謀泄，綸殺之。恪狼狽往謝，綸曰：「羣小所作，非由兄也。凶黨既斃，兄勿深憂！」是綸與恪猶能相容，尚賢於繹矣。王僧辯急攻長沙，克之，斬譽。長沙既下，繹始爲高祖發喪。下令大舉討侯景，移檄遠近。武陵王紀移告征、鎮，使世子圓照帥兵三萬受湘東王節度。圓照軍至巴水，繹授以信州刺史，令屯白帝，未許東下。邵陵王綸大修鎧仗，將討侯景。繹惡之，遣王僧辯等帥舟師一萬東趣江、郢，聲言迎邵陵王還江陵，授以湘州。僧辯軍至鸚鵡洲，綸以書責之曰：「將軍前歲殺人之姪，今歲伐人之兄，以此求榮，恐天下不許！」僧辯送書於繹，繹命進軍。綸集其麾下，涕泣言曰：「我本無佗，志在滅賊，湘東常謂與之爭帝，遂爾見伐。今日欲守則交絶糧儲，欲戰則取笑千載，不容無事受縛，當於下流避之。」麾下壯士爭請出戰，綸不從，遂北走，屯於齊昌，遣使請和於齊，齊以綸爲梁王。時繹亦與齊連和，故齊人觀望不助綸。武陵王紀帥諸軍發成都，繹遣使以書止之。二年，江安侯圓正爲西陽太守，寬和好施，歸附者衆，有兵一萬。釋欲圖之，署爲平南將軍。及至，弗見，醉而囚之内省，分其部曲，使人告其罪。荆、益之釁自此起。是繹不特不自報讎，且不令人興師勤王，惟知剪滅骨肉以自益。則蕭梁失國，繹爲罪魁矣。元帝承聖元年，王僧辯等既破侯景，上表勸進，且迎都建業，繹答曰：「淮海長鯨，雖云授首，襄陽短狐，未全革面。」僧辯之發江陵也，啟繹曰：「平賊之後，嗣君萬福，未審何以爲禮？」王曰：「六門之内，自極兵威。」僧辯曰：「討賊之謀，臣爲己任，成濟之事，請別舉人。」繹乃密諭朱買臣，殺豫章王棟及其二弟。僧辯所不忍爲，而繹悍然爲之，且念念不忘情於譽，其猜忍如此。繹即位二年，聞武陵王紀東下，使方士畫版爲紀像，親釘肢體以厭之，與魏書曰：『子糾，親也，請君討之。』」太師宇文泰曰：「取蜀制梁，在兹一舉。」遣尉遲迥等伐蜀，蜀潼州刺史楊乾運之兄子略説乾運曰：「今侯景初平，宜同心戮力，保國寧民，而兄弟尋戈，此自亡之道也。夫木朽不雕，世衰難佐，不如送欵關中，可以功名兩全。」從之。魏遂取蜀。紀東進敗死，仍絶其屬籍，賜姓「饕餮氏」。武陵王子圓照兄弟皆下廷尉，絶食死。殘酷至此已極，江陵之亡蓋不待智者而後知矣！

爾朱氏骨肉搆隙

爾朱氏叔姪、兄弟悖逆無道，痛結人神。然榮雖被誅，世隆也，兆也，彦伯也，度律也，仲遠也，天光也，連合中外，其勢亦非易侮。使非骨肉相猜，高歡雖有雄略，亦安能遽亡之哉。梁高祖中大通二年，汾州刺史爾朱兆聞榮死，自汾州帥騎據晉陽。世隆至長子，兆來會之，共推長廣王曄爲帝。以兆爲大將軍，進爵爲；王世隆爲尚書令，賜爵樂平王，加太傅、司州牧；又以榮從弟度律爲太尉，世隆兄天柱長史彦伯爲侍中；徐州刺史仲遠爲車騎大將軍，兼尚書左僕射、三徐州大行臺。仲遠、天光俱引兵向洛。斯時爾朱子弟同仇雪憤之勢何其盛耶。是歲十二月，兆渡河入洛陽，執敬宗。世隆至，兆自以爲己功，責世隆曰：「叔父在朝日久，耳目應廣，如何令天柱受禍！」按劍瞋目，聲色甚厲。世隆遜辭拜謝，然後得已，由是深恨之。兆爲紇豆陵步蕃所破，召高歡，歡至，破步蕃，斬之。歡以計得統六鎮殘衆，又請就食山東，兆許之。慕容紹宗諫，兆曰：「有香火重誓，何慮耶！」紹宗曰：「親兄弟尚不可信，何論香火！」兆怒囚紹宗。是爾朱氏分裂之象，高歡爲來日之患，其親信已早及見而諷諫之。惜乎，其終不悟也。三年，世隆、天光等廢曄，立廣陵王恭。兆以不預廢立之謀，大怒，欲攻世隆，世隆使彦伯往諭之，乃止。是時天光專制關右，兆奄有并、汾，仲遠擅命徐、兗，世隆居中用事，四方之人皆憚其彊，莫敢違也。高歡起兵討爾朱氏，仲遠、度律恃其彊，不以爲慮，獨爾朱世隆憂之。歡立元朗爲帝，仲遠、度律討歡，與斛斯椿、賀拔勝等軍於陽平。兆出井陘，軍於廣阿，衆號十萬。歡縱反間，云：「世隆兄弟謀殺兆，」復云「兆與歡同謀殺仲遠等。」由是迭相猜貳，徘徊不進。仲遠等屢使斛斯椿、賀拔勝往諭兆，兆帥輕騎三百來就仲遠，同坐幕下，意色不平，手舞馬鞭，長嘯凝望，疑仲遠等有變，遂趨出，馳還。仲遠遣椿、勝追，曉説之，兆執椿、勝還營，仲遠、度律大懼，引兵南遁。兆數勝罪，將斬之，勝曰：「今日之事，生死在王，但寇賊密邇，骨肉搆隙，自古及今，未有如是而不亡者。勝不憚死，恐王失策。」兆乃捨之，歡大破兆，俘其甲卒五千餘人。四年，兆與世隆等互相猜阻，世隆卑辭厚禮諭兆，欲使之赴洛，唯其所欲。又請節閔帝納兆女爲后。兆乃悦，并與天光、度律更立誓約，復相親睦。斛斯椿與賀拔勝謀圖爾朱氏，説世隆追天光等赴洛共討高歡，以爲聚而殲旃之計。天光問策於賀拔岳，岳曰：「王家跨據三方，士馬殷盛，高歡烏合之衆，豈能爲敵！但能同心戮力，往無不捷。若骨肉相疑，則圖存之不暇，安能制人！如下官所見，莫若且鎮關中以固根本，分遣鋭師與衆軍合勢，進可以克敵，退可以自全。」天光不從，自長安東出。兆自晉陽，度律自洛陽，仲遠自東郡皆會於鄴，號二十萬，夾洹水而軍，節閔帝以長孫稚爲大行臺，總督之。與歡戰，大敗。兆還晉陽，仲遠奔東郡。爾朱彦伯聞度律等敗，欲自將兵守河橋，世隆不從。度律天光將之洛陽，斛斯椿等入據河橋，盡殺爾朱氏之黨，擒度律、天光，使長孫稚詣洛陽奏狀，請諸爾朱氏，斬彦伯、世隆。仲遠來奔，賀拔岳與侯莫陳悦襲長安，宇文泰帥輕騎爲前驅，擒爾朱顯壽，世隆弟弼亦爲帳下都督馮紹隆所殺。歡入洛陽，幽節閔帝，廢朗，立平陽王修，是爲孝武帝。歡還鄴，送度律、天光於洛陽，斬之。歡擊兆，魏主使高隆之帥步騎十萬會歡於太原。兆北走秀容。并州平。歡以晉陽四塞，建大丞相府而居之。魏主既酖節閔帝，復殺朗及曄。五年，竇泰大破爾朱兆，衆並降散，兆自縊，慕容紹宗携爾朱榮妻子及兆餘衆詣歡降。使兆早納紹宗之諫，思賀拔勝之言，天光用賀拔岳之策，亦何至忽焉而亡哉。

通鑑劄記卷十一

高洋用兵優於厥考

高歡雖有雄桀之才，然其決勝威敵，固猶弗其子若也。歡僅能用間，去自亡之爾朱氏，如發蒙振落耳。至其始不能縶賀拔岳，終又不能除宇文泰。梁高祖大同二年，歡伐西魏。三年，歡在蒲津，宇文泰襲竇泰於潼關，斬之。歡退泰，拔恒農。歡將二十萬人出蒲津，泰與歡戰於沙苑，大破之，喪甲兵八萬，棄鎧仗十八萬。八年，歡伐西魏，圍玉壁，不克而還。九年，泰襲歡於邙山，不利，尋復戰勝。其後歡卒大敗西魏軍，泰走，歡追至陝而還，不敢深入也。中大同元年，歡自舉衆伐西魏，圍玉壁以挑西師，西師不出，歡攻圍五十日，守將韋孝寬隨機拒之。東魏軍死者七萬人，歡不能克，智力俱困，發疾而還。是不獨不能除宇文泰，抑且不能勝韋孝寬矣。太清元年，歡卒。太宗大寶元年，歡子洋受魏禪，宇文泰帥諸軍討之。齊主簡練六坊之人，每一人必當百人，任其臨陳必死，然後取之，謂之「百保鮮卑」。又簡華人之勇力絶倫者，謂之「勇士」以備邊要。魏軍至潼關，齊主如晉陽，泰自弘農爲橋，濟河，至建州。齊主自將出頓東城。泰聞其軍容嚴整，歎曰：「高歡不死矣！」會久雨，自秋及冬，魏軍畜産多死，乃自蒲阪還。於是河南自洛陽，河北自平楊已東，皆入於齊。泰雖與歡爲敵，亦心折於洋矣。元帝承聖元年，齊主伐庫莫奚，大破之，俘獲四千人，雜畜十餘萬。齊主連年出塞，給事中兼中書舍人唐邕練習軍書，自督將以降，勞效本末及四方軍士彊弱多少，番代往還，器械精粗，糧儲虚實，靡不諳悉。或於帝前簡閲，雖數千人，不執文簿，唱其姓名，未嘗謬誤。帝嘗曰：「唐邕彊幹，一人當千。」又曰：「邕每有軍事，手作文書，口且處分，耳又聽受，實異人也！」寵待賞賜，羣臣莫及。齊自黄櫨嶺起長城，北至社平戍四百餘里，置三十六戍。二年，山胡圍齊離石，齊主討之，未至，胡已走。齊主送柔然可汗鐵伐之父登注及兄庫提還其國。鐵伐尋爲契丹所殺。契丹寇齊邊。齊主北巡冀、定、幽、安，遂伐契丹。使郭元建治水軍二萬餘人於合肥，將以襲建康。齊主至平州，從西道趣長壍，使司徒潘相樂帥精騎五千自東道趣青山，至白狼城及昌黎城，使安德王韓軌帥精騎四千東斷契丹走路。至陽師水，倍道兼行，掩襲契丹。齊主露髻肉袒，晝夜不息，行千餘里，踰越山嶺，爲士卒先，唯食肉飲水，壯氣彌厲。與契丹遇，奮擊，大破之，俘獲十餘萬口，雜畜數百萬頭。潘相樂又於青山破契丹別部。突厥復攻柔然，柔然舉國奔齊。齊主自晉陽北擊突厥，迎納柔然，廢其可汗庫提，立阿那瓌子菴羅辰爲可汗，置之馬邑川，給其廩餼繒帛；親追突厥於朔州，突厥請降，許之而還，自是貢獻相繼。三年，齊主自離石討山胡，遣斛律金從顯州道、常山王演從晉州道夾攻，大破之，男子十三以上皆斬，女子及幼弱以賞軍，遂平石樓。石樓絶險，自魏世所不能至。柔然可汗菴羅辰叛齊，齊主自將出擊，大破之，菴羅辰父子北走。柔然寇齊肆州，齊主自晉陽討之，至恒州，柔然散走。帝以二千餘騎爲殿，宿黄瓜堆。柔然別部數萬騎奄至。帝安卧，平明乃起，神色自若，指畫形勢，縱兵奮擊。柔然披靡，因潰圍而出。柔然走，追擊之，伏尸二十餘里，獲菴羅辰妻子，虜三萬餘口，令都督善無高阿那肱帥騎數千塞其走路。時柔然軍猶盛，阿那肱以兵少，請益，帝更減其半，阿那肱破之，菴羅辰超越巖谷，僅以身免。齊主復自擊柔然，大破之。柔然帥餘衆東徙，且欲南冠，齊主帥輕騎邀之於金川。柔然聞之，遠遁。營州刺史靈邱王峻設伏擊之，獲其名王數十人。齊王使常山王演、上黨王涣、清河王岳、平原王段韶，帥衆於洛陽西南築伐惡城、新城、嚴城、河南城。齊主巡四城，欲以致魏師，魏師不出。敬帝紹泰元年，齊主如晉陽，自將擊柔然，至白道，留輜重，帥輕騎五千追柔然，及之於懷朔鎮。齊主親犯矢石，頻戰，大破之，至於沃野，獲其酋長及生口二萬餘，牛羊數十萬。乃還晉陽。太平元年，齊主游宴東山，以關、隴未平，投盃震怒，召魏收於前，立爲詔書，宣示遠近，將事西行。魏人震恐，常爲度隴之計。齊自西河總秦戍，築長城，東至於海，前後所築東西凡三千餘里，率十里一戍，其要害置州鎮，凡二十五所。陳高祖永定元年，齊人於長城内築重城，自庫洛枝東至塢紇戍，凡四百餘里。洋之武力多用以制外夷，其兵威之盛，雖不如秦漢，然不在於宋武下矣。宜乎，宇文氏敢與歡敵，而不敢於洋爭也！

宇文泰政治較優於高氏

北齊高氏父子雖能用兵，其内政治法不如宇文遠甚。梁高祖大同元年，魏丞相泰以軍旅未息，吏民勞弊，命所司斟酌古今、可以便時適治者，爲二十四條新制，奏行之。泰用武功，蘇綽爲行臺郎中，居歲餘，泰未之知也。而臺中皆稱其能，有疑事皆就決之。泰與僕射周惠達論事，惠達不能對，出以告綽，綽爲之區處。惠達入白之，泰稱善，曰：「誰與卿爲此議者？」惠達以綽對，且稱綽有王佐之才。泰乃擢綽爲著作郎。泰召綽問「天地造化之始，歷代興亡之迹」，綽應對如流。遂留綽至夜，問以政事，卧而聽之。綽指陳爲治之要，泰起，整衣，危坐不覺膝之前席，語遂達曙不厭。詰朝，謂周惠達曰：「蘇綽真奇士，吾方任之以政。」即拜大行臺左丞，參典機密。自是寵遇日隆。綽始制文案程式朱出、墨入及計帳、户籍之法，後人多遵用之。則泰能勤心於民事，又得蘇綽政治之才以爲之輔，宜其治法斐然也。五年，泰於行臺置學，取丞郎、府佐德行明敏者充學生，令旦治公務，晚就講習。置紙筆於陽武門外以求得失。魏自西遷以來，禮樂散逸，泰命左僕射周惠達、吏部郎中北海唐瑾損益舊章，至是稍備。七年，泰欲革易時政，爲彊國富民之法。大行臺度支尚書兼司農卿蘇綽盡其智能，贊成其事，減官員，置二長，並置屯田以資軍國。又爲六條詔書，奏行之：一曰清心，二曰敦教化，三曰盡地利，四曰擢賢良，五曰恤獄訟，六曰均賦役。泰甚重之，嘗置諸坐右，又令百司習誦之，其牧守令長非通六條及計帳，不得居官。八年，魏初置六軍。九年，魏諸牧守共謁丞相泰，泰命河北太守裴俠別立，謂諸牧守曰：「裴俠清慎奉公，爲天下最，有如俠者，可與俱立！」衆默然，無敢應者。泰乃厚賜俠，朝野歎服，號爲「獨立君」。十年，魏更權衡度量，命尚書蘇綽損益三十六條之制，總爲五卷，頒行之。搜簡賢才爲牧守令長，皆依新制而遣焉。數年之間，百姓便之。十一年，晉氏以來文章競爲浮華，泰欲革其弊。六月，丁巳，魏主饗太廟，泰命大行臺度支尚書、領著作蘇綽作「大誥」，宣示羣臣，戒以政事。仍命：「自今文章皆依此體。」中大同元年，蘇綽卒。綽性忠儉，常以喪亂未平爲己任，紀綱庶政。丞相泰推心任之，人莫能間。或出游，常預署空紙以授綽。有須處分，隨事施行，及還，啟知而已。綽常謂：「爲國之道，當愛人如慈父，訓人如嚴師。」每與公卿論議，自晝達夜，事無巨細，若指諸掌，積勞成疾而卒。泰深痛惜之，謂公卿曰：「蘇尚書平生廉讓，吾欲全其素志，恐悠悠之徒有所未達。如厚相贈謚，又乖宿昔相知之心。何爲而可？」尚書令史麻瑶越次進曰：「儉約，所以彰其美也。」泰從之，歸葬武功，載以布車一乘，泰與羣公步送出同州郭外。泰於車後酹酒，言曰：「爾知吾心，吾知爾志，方與共定天下，遽捨吾去，奈何！」因舉聲慟哭，不覺卮落於手。泰之任綽，雖齊桓之於管仲，苻堅之於王猛，何多讓焉！宜其能定一代之制，而開貞觀郅治之先也。太清元年，魏岐州久經喪亂，刺史鄭穆初到，有户三千，穆撫循安集，數年之間，至四萬餘户，考績爲諸州之最。泰擢穆爲京兆尹。敬帝太平元年，魏初建六官，自餘百官皆倣周禮。綽與王辯所定也。其治道雖去古遠甚，而其法制固近乎古，豈高齊専務殺伐掊斂者之所可及哉！是以齊雖强大，卒滅於周。周之治法隋因之而以啟唐也！

陳高祖勛業略似宋武

宋武有大功而得國，曹魏、司馬、隋唐、趙宋舉弗如也。陳高祖似之，而抑微矣。然以視無功詭遇之流，則大有過人者。梁高祖大同八年，孫冏、盧子雄討李賁，以春瘴方起，請待至秋。廣州刺史新愉侯暎不許，武林侯諮又趣之。冏等至合浦，死者什六七，衆潰而歸。暎，憺之子也。武林侯諮奏冏及子雄與賊交通，逗留不進，敕於廣州賜死。子雄弟子略、子烈、主帥廣陵杜天合及弟僧明、新安周文育等帥子雄之衆攻廣州，欲殺暎、諮，爲子雄復冤。西江督護、高要太守吴興陳霸先帥精甲三千救之，大破子略等，擒僧明、文育。霸先以僧明、文育驍勇過人，釋之，以爲主帥。詔以霸先爲直閤將軍。十一年，上遣交州刺史楊瞟討李賁，以陳霸先爲司馬。命定州刺史蕭勃會瞟於西江。勃知軍士憚遠役，因詭説留瞟。瞟集諸將問計，霸先曰：「交趾叛换，罪由宗室，遂使溷亂數州，逋誅累歲。定州欲偷安目前，不顧大計。節下奉辭伐罪，當生死以之，豈可逗橈不進，長寇沮衆也！」遂勒兵先發。以霸先爲前鋒。至交州，賁帥衆三萬拒之，敗於朱鳶，又敗於蘇歷江口，賁奔嘉寧城，諸軍圍之。中大同元年，瞟克嘉寧城，李賁奔新昌，獠中諸軍頓於江口。賁復帥衆二萬自獠中出，屯典徹湖，大造船艦，充塞湖中。衆軍憚之，屯湖口，不敢進。陳霸先謂諸將曰：「我師已老，將士疲勞。且孤軍無援，入人心腹，若一戰不捷，豈望生全！今藉其屢奔，人情未固，夷、獠烏合，易爲摧殄。正當共出百死，決力取之。無故停留，時事去矣！」諸將皆默然莫應。是夜，江水暴起七丈，注湖中。霸先勒所部兵乘流先進，衆軍鼓譟俱前，賁衆大潰，竄入屈獠洞中。太清二年，屈獠洞斬李賁，傳首建康。賁兄天寶遁入九真，餘兵二萬圍愛州。霸先爲交州司馬，帥衆討平之。詔以霸先爲西江督護、高要太守、督七郡軍事。是霸先平寇之勇略如宋武之破孫恩、斬盧循也。三年，霸先欲起兵討侯景，景使人誘廣州刺史元景仲，許奉以爲主，景仲由是附景，陰圖霸先。霸先知之，與成州刺史王懷明等集兵南海，馳檄以討景仲曰：「景仲與賊合從，朝廷遣曲陽侯勃爲刺史，軍已頓朝亭。」景仲軍聞之，皆棄景仲而散。景仲縊於閤下死。霸先迎定州刺史蕭勃鎮廣州。前高州刺史蘭裕，欽之弟也，與其諸弟扇誘始興等十郡，攻監衡州事歐陽頠。勃使霸先救之，悉擒裕等，勃因以霸先監始興郡事。霸先爲始興太守，結郡中豪傑欲討侯景。郡人侯安都、張偲等各帥衆千餘人歸之。霸先遣主帥杜僧明將二千人頓於嶺上，蕭勃遣人止之曰：「侯景驍勇，天下無敵，前者援軍十萬，士馬精彊，猶不能克，君以區區之衆，將何所之！如聞嶺北王侯又皆鼎沸，親尋干戈，以君疏外，詎可暗投！未若且留始興，遥張聲勢，保泰山之安也。」霸先曰：「僕荷國恩，往聞侯景渡江，即欲赴援，遭值元、蘭，梗我中道。今京都覆没，君辱臣死，誰敢愛命！君侯體則皇枝，任重方岳，遣僕一軍，猶賢乎已，乃更止之乎！」乃遣使閒道詣江陵，受湘東王繹節度。時南康土豪蔡路養起兵據郡，勃乃以心腹譚世遠爲曲江令，與路養相結，同遏霸先。梁太宗大寶元年，霸先發始興，至大庾嶺，蔡路養將二萬人軍於南野以拒之。路養妻姪蘭陵蕭摩訶，年十三，單騎出戰，無敢當者。杜僧明馬被傷，霸先救之，授以所乘馬。僧明上馬復戰，衆軍因而乘之，路養大敗，脱身走。霸先軍南康，湘東王繹承制授霸先明威將軍、交州刺史。霸先修崎頭古城，徙居之。高州刺史李遷仕反，遣主帥杜平虜將兵入灨石，城魚梁以逼南康，霸先使周文育擊之。高涼太守馮寶妻洗氏襲破遷仕，文育亦擊走平虜。洗氏與霸先會於灨石，還，謂寶曰：「陳都督非常人也，甚得衆心，必能平賊，君宜厚資之。」湘東王繹以霸先爲豫州刺史，領豫章内史。二年遷仕收衆還擊南康，陳霸先遣其將杜僧明等拒之，生擒遷仕，斬之。湘東王繹使霸先進兵取江州，以爲江州刺史。霸先引兵發南康，灨石舊有二十四灘，會水暴漲數丈，三百里間，巨石皆没。霸先進頓西昌。王僧辯乘勝下湓城，霸先帥所部三萬人將會之，屯於巴邱。西軍乏食，霸先有糧五十萬石，分三十萬石以資之。湘東王繹以尚書令王僧辯爲江州刺史，霸先爲東揚州刺史。元帝承聖元年，湘東王命王僧辯等東擊侯景。二月，諸軍發尋陽，舳艫數百里。霸先帥甲士三萬，艦二千，自南江出湓口，會僧辯於白茅灣，築壇歃血，共讀盟文，流涕慷慨。僧辯督諸軍至張公洲，乘潮入淮，進至禪靈寺前，景召石頭津主張賓，使引淮中舣艕及海艟，以石縋之，塞淮口。緣淮作城，自石頭至於朱雀街，十餘里中，樓堞相接。僧辯問計於霸先，霸先曰：「前柳仲禮數十萬隔水而坐，韋粲在青溪，竟不度岸。賊登高望之，表裏俱盡，故能覆我師徒。今圍石頭，須度北岸。諸將若不能當鋒，霸先請先往立栅。」霸先於石頭西落星山築栅，衆軍次連八城，直出石頭西北。王僧辯進軍招提寺北。侯景帥衆萬餘人、鐵騎八百餘匹陳於西州之西。霸先曰：「我衆賊寡，應分其兵勢，以彊制弱，何故聚其鋒鋭，令致死於我！」乃命諸將分處置兵。景衝將軍王僧志陳，僧志小縮，霸先遣將軍安陸徐度將弩手二千横截其後，景兵乃却。霸先與王琳、杜龕等以鐵騎乘之，僧辯以大兵繼進，景兵敗退，據其栅。盧暉略守石頭北門降，僧辯入據之。景與霸先殊死戰，景帥百餘騎，棄矟執刀，左右衝陳。陳不動，衆遂大潰，景遂東走。僧辯啟霸先鎮京口。景爲羊鵾所殺。霸先復大破郭元建於士林。是霸先討賊之壯亦略同於宋武之討桓玄也。齊政煩賦重，江北之民不樂屬齊，豪傑數請兵於王僧辯，僧辯以與齊通好，皆不許。秋，七月，廣陵僑人朱盛等潛聚黨數千人，謀襲殺齊刺史温仲邕，遣使求援於霸先，云已克其外城。霸先使告僧辯，僧辯曰：「人之情僞，未易可測，若審克外城，亟須應援；如其不爾，無煩進軍。」使未報，霸先已濟江，僧辯乃命武州刺史杜崱等助之。會盛等謀泄，霸先因進軍圍廣陵。齊主使告僧辯、霸先曰：「請釋廣陵之圍，必歸廣陵、歷陽兩城。」霸先引兵還京口，江北之民從霸先濟江者萬餘口。湘東王以霸先爲征北大將軍、開府儀同三司、南徐州刺史。三年，霸先自丹徒濟江，圍齊廣陵。以霸先爲司空。江陵陷，僧辯、霸先等共奉晉安王方智爲太宰，承制。敬帝紹泰元年，齊納貞陽侯淵明。僧辯先拒之，及齊克東關，斬裴之横，僧辯大懼，遣使啟於淵明，定君臣之禮。又遣別使奉表於齊，以子顯及顯母劉氏、弟子世珍爲質於淵明，遣周弘正奉迎淵明入建康，即皇帝位，稱藩於齊。霸先聞僧辯將納淵明，遣使苦爭之，往返數四，僧辯不從。霸先竊歎，謂所親曰：「武帝子孫甚多，唯孝元能復讎雪恥，其子何罪，而忽廢之！吾與王公共處託孤之地，而王公一旦改圖，外依戎狄，援立非次，欲何所爲乎！」乃密具袍數千領及錦綵金銀爲賞賜之具。會有告齊師大舉至壽春將入寇者，僧辯遣記室江旰告霸先，使爲之備。霸先因是留旰於京口，舉兵襲僧辯。召部將侯安都、周文育及徐度、杜稜謀之。稜以爲難，霸先懼其謀泄，以手巾絞稜，部分將士，分賜金帛，使徐度、侯安都帥水軍趨石頭，霸先帥馬步自江乘羅落會之。是夜，皆發，召杜稜與同行。知其謀者，唯安都等四將，外人皆以爲江旰徵兵禦齊，不之怪也。安都至石頭城北，棄舟登岸。石頭城北接岡阜，不甚危峻，安都被甲帶長刀，軍人捧之，投於女垣內，衆隨之而入，進至僧辯室。霸先兵亦自南門入，遂執僧辯，縊殺之。其機權雖宋武之殺劉毅、諸葛長民不是過也，而功尤偉矣。使僧辯不除，則江東入於高氏，猶梁詧之於魏耳。僧辯黨杜龕據吴興拒霸先，義興應之，霸先遣文育攻之，不利，自表東討，留侯安都、杜稜宿衛臺省。軍至義興，拔其水栅。譙、秦二州刺史徐嗣徽從弟嗣先，僧辯之甥也。僧辯死，嗣先亡就嗣徽，以州入於齊。及霸先東討義興，嗣徽密結南豫州刺史任約，將精兵五千乘虚襲建康。是日，襲據石頭，游騎至闕下。侯安都閉門藏旗幟，示之以弱，及夕，嗣徽等收兵還石頭。安都夜爲戰備，將旦，出戰大破之。霸先既克義興，降韋裁、杜北叟，卷甲趨建康。齊遣兵五千度江，據姑孰，以應徐嗣徽、任約。霸先使合州刺史徐度立栅於冶城。未幾，齊又遣安州刺史翟子崇、楚州刺史劉士榮、淮州刺史柳達摩將兵萬人，於胡墅度米三萬石、馬千匹入石頭。霸先問計於韋載，載曰：「齊師若分兵先據三吴之路，略地東境，則時事去矣。今可急於淮南因侯景故壘築城，以通東道轉輸，分兵絶彼之糧運，則齊將之首旬日可致。」霸先從之。使安都夜襲胡墅，燒齊船千餘艘。仁威將軍周鐵虎斷齊運輸，擒北徐州刺史張領州。遣韋載於大航築侯景故壘，使杜稜守之。齊人於倉門、水南立二栅，與梁相拒。齊大都督蕭軌將兵屯江北。嗣徽等攻冶城柵，陳霸先將精甲自西明門出擊之，嗣徽等大敗，留柳達摩守城，自往迎齊援。安都破徐嗣徽柵，俘數百人。霸先對冶城立航，悉度衆軍，改其水南二柵。柳達摩等度淮置陳，霸先督兵疾戰，縱火燒柵，齊兵大敗，爭舟相擠，溺水者以千數，呼聲震天地，盡收其船艦。是日，嗣徽與任約引齊兵水步萬餘人還據石頭，霸先遣兵詣江寧，據要險，嗣徽等水步不敢進，頓江寧浦口，霸先遣安都將水軍襲破之，嗣徽單舸脱走，盡收其軍資器械。霸先四面攻石頭，達摩遣使請和，且求質子。朝臣皆欲與齊和，請以霸先從子曇朗爲質。霸先曰：「今在位諸賢欲息肩於齊，若違衆議，謂孤愛曇朗，不恤國家，今決遣曇朗，棄之寇庭。齊人無信，謂我微弱，必當背盟。齊寇若來，諸君須爲孤力鬥也！」乃許質。陳兵石頭南門，送齊人歸北。徐嗣徽、任約皆奔齊。霸先恐曇朗亡竄，自帥步騎至京口迎之。太平元年，斬杜龕。齊遣儀同三司蕭軌、庫狄伏連、堯難宗、東方老等與任約、嗣徽合兵十萬人入柵口，向梁山。陳霸先帳内盪主黄叢逆擊，破之，齊師退保蕪湖。霸先遣定州刺史沈泰等就侯安都，共據梁山以禦之。安都襲齊行臺司馬恭於歷陽，大破之，俘獲萬計。齊兵發蕪湖，入丹楊縣，至秣陵故治。霸先遣文育屯方山，徐度頓馬牧，杜稜頓大航南以禦之。齊人跨淮立橋柵度兵，夜至方山，徐嗣徽列艦於青墩，至於七磯，以斷周文育歸路。文育鼓譟而發，嗣徽不能制。至旦，反攻嗣徽。嗣徽驍將鮑砰獨以小艦殿軍，文育斬砰，嗣徽衆大駭，因留船蕪湖，自丹楊步上。霸先遣侯安都、徐度皆還。齊兵自方山進至倪塘，游騎至臺，建康震駭，霸先拒嗣徽等於白城，文育、安都擊破之。霸先潛撤精卒三千配沈泰度江，襲齊行臺趙彥深於瓜步，獲艦百餘艘，粟萬斛。又遣別將錢明將水軍出江乘，邀擊齊人糧運，盡獲其船米。齊軍乏食。齊軍進踰鍾山，霸先與衆軍分頓樂游苑東及覆舟山北，斷其衝要。齊軍至玄武湖西北，將據北郊壇，衆軍自覆舟山東移頓壇北，與齊人相對。會連日大雨，平地水丈餘，齊軍晝夜坐立泥中，足指皆爛，懸鬲以爨，而臺中及潮溝北路燥，梁軍每得番易。時四方壅隔，糧運不至，建康户口流散，徵求無所。會少霽，霸先將戰，調市人得麥飯，分給軍士，士皆飢疲。會陳蒨饋米三千斛、鴨千頭，霸先命炊米煮鴨，人人以荷葉裹飯，鴨肉數臠。乙卯，未明，蓐食，比曉，霸先帥麾下出莫府山。安都謂其部將蕭摩訶曰：「卿驍勇有名，千聞不如一見。」摩訶對曰：「今日令公見之。」及戰，安都墜馬，齊人圍之，摩訶單騎大呼，直衝齊軍，齊軍披靡，安都乃免。霸先與吴明徹、沈泰等衆軍首尾齊舉，縱兵大戰，安都自白下引兵横出其後，齊兵大潰，斬獲數千人，相蹂踐而死者不可勝計，生擒嗣徽及弟嗣宗，斬之以徇，追奔至於臨沂。其江乘、攝山、鍾山等諸軍相次克捷，虜蕭軌、東方老、王敬寶等將帥凡四十六人。其軍士得竄至江者，縛荻筏以濟，中江而溺，流尸至京口，翳水彌岸。唯任約、王僧愔得免。衆軍出南州，燒齊舟艦。斬齊將蕭軌等。是役也，江左無霸先，其不爲齊滅也幾希。蓋霸先敗齊之戰績，雖未若宋武之破南燕、滅姚泰，赫然不可一世，然自其禦侮攘外之志，略言之功，固不相上下也！豈蕭道成輩所可及哉！

陳高祖明於知人

陳高祖立功建國多得侯安都輩將帥之力，然能知其短。文帝天嘉四年，司空侯安都恃功驕横，數聚文武之士騎射賦詩，齋中賓客，動至千人。部下將帥，多不遵法度，檢問收攝，輒奔歸安都。上性嚴整，内銜之，安都不之覺。每有表啟，封訖，有事未盡，開封自書之云「又啟某事」。及侍宴，酒酣，或箕踞傾倚。常陪樂游園禊飲，謂上曰：「何如作臨川王時？」上不應。安都再三言之。上曰：「此雖天命，抑亦明公之力。」宴訖，啟借供帳水飾，欲載妻妾於御堂宴飲。上雖許之，意甚不懌。明日，安都坐於御座，賓客居羣臣位，稱觴上壽。會重雲殿災，安都帥將士帶甲入殿，上甚惡之，陰爲之備。及周迪反，朝議當使安都討之，而上更使吴明徹。又數遣臺使案問安都部下，檢括亡叛。安都遣其別駕周弘實自託於舍人蔡景歷，并問省中事。景歷録其狀，具奏之，因希旨稱安都謀反。上慮其不受召，故用爲江州。五月，安都自京口還建康，部伍入於石頭。帝引安都宴於嘉德殿，又集其部下將帥會於尚書朝堂，於坐收安都，囚於嘉德西省，又收其將帥，盡奪馬仗而釋之。因出蔡景歷表，以示於朝，乃下詔暴其罪惡。明日，賜死。初，高祖在京口嘗與諸將宴，杜僧明、周文育、侯安都爲壽，各稱功伐。高祖曰：「卿等悉良將也，而並有所短，杜公志大而識闇，狎於下而驕於上；周侯交不擇人，而推心過差；侯郎傲誕而無厭，輕佻而肆志，並非全身之道。」卒皆如其言。高祖能知其短而又能用其所長，此其所以多有功而建大業也！

文帝才足以繼體，故克保江東

江東自侯景之亂，州郡大半入於北朝，自巴陵以下至建康，以長江爲限。武陵之敗，江陵之降，長江上游又非南朝所有。敬帝時，虜騎曾窺建康，陳之得國疆宇隘矣。高祖雖有雄武之略，受禪三載而殂，威德未洽於人心。嗣位者，苟非其人，則中國遺民一綫之延，不可得而保。於此知陳文帝繼體之功亦偉矣！梁敬帝紹泰元年，霸先將圖王僧辯，密使兄子蒨還長城，立柵以備杜龕。僧辯死，龕據吴興拒霸先。陳蒨至長城，收兵纔數百人，龕遣其將杜泰將精兵五千奄至，將士相視失色。蒨言笑自若，部分益明，衆心乃定。泰晝夜苦攻，數旬，不克而退。太平元年，陳蒨、周文育合軍攻杜龕於吴興。龕之將杜泰陰與蒨等通。龕與蒨等戰，敗，泰因説龕使降，龕妻王氏阻之。泰降於蒨，遂斬龕。霸先將與齊軍戰，時四方壅隔，糧運不至，軍士皆飢。蒨饋米三千斛，鴨千頭，霸先命炊米煮鴨，人人以荷葉裹飯，婫以鴨肉數臠，未明，蓐食，比曉，出戰，遂破齊師，建康復完。是文帝於未嗣位之初，即有佐高祖創業之功，其才固足以纘高祖之業者也。高祖永定三年，上殂。時皇子昌在長安，内無嫡嗣，外有彊敵。章皇后召中領軍杜稜及中書侍郎蔡景歷定議，急召臨川王蒨、侯安都與羣臣定議，立蒨。王琳寇大雷，詔侯瑱、侯安都、徐度等將兵禦之。文帝永定二年，侯瑱破琳，琳奔齊。詔「衣冠士族、將帥戰兵陷在王琳黨中者，皆赦之，隨材銓叙」。能安反側也。使侍中周弘正通好於周善交鄰也。二年，周許歸安成王頊，上賂周以黔中魯山。三年，周人歸頊。頊妃柳氏及子叔寶猶在穰城，上復遣毛喜如周請之，周人皆歸之。是帝於昆弟非如皇子昌有爭位之逼者，待之尚厚，亦猶有親親之仁也。二年留異不受朝命。三年，周迪、陳寶應相繼叛，然皆次第削平。四年，侯安都恃功驕倨，賜死。是武能戡亂也。元年，詔自今孟春訖於夏首，大辟事已欵者，宜且申停。三年，詔以軍旅費廣，百姓空虛，凡供乘輿飲食衣服及宮中調度，悉從減削。至於百司，宜亦思有約。天康元年，上殂。上起自艱難，知民疾苦。性明察儉約，每夜刺閨取外事分判者，前後相續。敕傳更籤於殿中者，必投籤於階石之上，令鎗然有聲，曰：「吾雖眠，亦令驚覺。」是所謂克儉克勤有古賢君之風矣。以視北齊高演、高湛兄弟之淫昏暴虐，相去何啻天壤，其以弱小而存也不亦宜乎！

文帝明決不如北周世宗

陳文帝天嘉元年，周世宗明敏有識量，宇文護憚之，使膳部中大夫李安置毒於糖䭔而進之。帝頗覺之。大漸，口授遺詔五百餘言，且曰：「朕子年幼，未堪當國。魯公，朕之介弟，寬仁大度，海内共聞。能弘我周家，必此子也。」魯公幼有器質，特爲世宗所親愛，於朝廷大事，多與之參議。性深沈，有遠識，非因顧問，終不輒言。世宗每歎曰：「夫人不言，言必有中。」世宗殂，魯公即位。宣帝太建四年，周主誅宇文護。九年，周主滅齊世宗，可謂知人矣。使戀戀於立子，不惟不能討賊而克敵，或轉爲篡奪之資，如陳文帝之傳位伯宗，終爲安成王頊所奪。即以愛子而論，非所謂愛之適所以害之乎。文帝天康元年，上不豫，臺閣衆事並令尚書僕射劉仲舉、五兵尚書孔奂共決之。疾篤，奂、仲舉與司空、尚書令、揚州刺史安成王頊，吏部尚書袁樞，中書舍人劉師知入侍醫藥。太子伯宗柔弱，上憂其不能守位，謂頊曰：「吾欲遵泰伯之事。」頊拜伏泣涕，固辭。上又謂仲舉、奂等曰：「今三方鼎峙，四海事重，宜須長君。朕欲近則晉成，遠隆殷法，卿等宜遵此意。」孔奂流涕對曰：「陛下御膳違和，痊復非久。皇太子春秋鼎盛，聖德日躋。安成介弟之尊，足爲周旦。若有廢立之心，臣等愚誠，不敢聞詔。」上曰：「古之遺直，復見於卿。」乃以奂爲太子詹事。司馬光曰：「夫人臣之事君，將順其美，正救其惡。孔奂在陳，處腹心之重任，決社稷之大計，苟以世祖之言爲不誠，則當如竇嬰面辯，袁盎廷爭，防微杜漸以絶覬覦之心。以爲誠邪，則當請明下詔書，宣告中外，使世祖有宋宣之美，高宗無楚靈之惡。不然，謂太子嫡嗣，不可動摇，欲保輔而安全之，則當盡忠竭節，如晉之荀息，趙之肥義。奈何於君之存，則逆探其情而求合焉。及其既没，則權臣移國而不能救，嗣主失位而不能死！斯乃姦諛之尤者，而世祖謂之忠直，以託六尺之孤，豈不悖哉！」光爲人臣，深責孔奂之不忠，固足立臣道之防其譏。文帝託孤之悖亦當已第。文帝之悖，固不在託孤於孔奂，而在欲立宣帝而不誠。宣帝之於文帝，非能如諸葛之忠於昭烈，安可以空言餌之，適啟其覬覦之漸乎！臨海王光大元年，安成王頊居尚書省，劉師知等惡其權重，與王暹等謀出頊。殷不佞矯敕遣頊還東府，毛喜勸頊審奏，遂殺師知及暹。自是國政盡歸於頊。二年，始興王伯茂以安成王頊專政，意甚不平，屢肆惡言。頊以皇太后令誣帝，云與劉師知、華皎等通謀。且曰：「文皇知子之鑒，事等帝堯。傳弟之懷，又符泰伯。今可還申曩志，崇立賢君。」遂廢帝爲臨海王，以安成王入纂。又下令，黜伯茂爲温麻侯，置諸别館，安成王使盜邀之於道，殺之車中。文帝詒謀不臧之過也。以視北周世宗之明，於知人決然委託固多媿色矣！

陳亡於宣帝，非亡於後主

弱國不圖自强者亡弱，國横挑强敵者，其亡尤速。南朝至於陳宣之世，勢亦微矣。宣帝乘高偉之昏，取淮南以自廣，猶可説也。齊已滅周，益强，而乃欲與之爭，卒至將虜師熸，江左脆弱情形益露於北人之心目，偏安之局於是不可保矣。宣帝太建九年，上聞周人滅齊，欲爭徐、兖，詔南兖州刺史、司空吴明徹督諸軍伐之。明徹至吕梁，周徐州總管梁士彦帥衆拒戰。明徹擊破之，士彦嬰城自守，明徹圍之。帝鋭意以爲河南指麾可定。中書通事舍人蔡景歷諫曰：「師老將驕，不宜過窮遠略。」帝怒，以爲沮衆，出爲豫章内史。未行，有飛章劾景歷在省贓污狼籍，坐免官，削爵土。周遣上大將軍王軌將兵救徐州。吴明徹圍周彭城，環列舟艦於城下，攻之甚急。王軌引兵輕行，據淮口，結長圍，以鐵鎖貫車輪數百，沈之清水，以遏陳船歸路。軍中恟懼。譙州刺史蕭摩訶言於明徹曰：「聞王軌始築下流，其兩端築城，今尚未立，公若見遣擊之，彼必不敢相拒。水路未斷，賊勢不堅。彼城若立，則吾屬必爲虜矣。」明徹奮髯曰：「搴旗陷陳，將軍事也。長算遠略，老夫事也。」摩訶失色而退。一旬之間，水路遂斷。周兵益至，諸將議破堰拔軍，以舫載馬而去，馬主裴子烈曰：「若破堰下船，船必傾倒，不如先遣馬出。」時明徹苦背疾甚篤，蕭摩訶復請曰：「今求戰不得，進退無路。若潛軍突圍，未足爲耻。願公帥步卒、乘馬轝徐行，摩訶領鐵騎數千驅馳前後，必當使公安達京邑。」明徹曰：「弟之此策，乃良圖也。然步軍既多，吾爲總督，必須身居其後，相帥兼行。弟馬軍宜速，在前，不可遲緩。」摩訶因帥馬軍夜發。明徹決堰，乘水勢退軍，冀以入淮。至清口，水勢漸微，舟艦並礙車輪，不復得過。王軌引兵圍而蹙之，衆潰。明徹爲周人所執，將士三萬並器械皆没於周。蕭摩訶以精騎八十居前突圍，衆騎繼之，比旦，達淮南，與將軍任忠、周羅睺獨全軍得還。初，帝謀取彭、汴，以問五兵尚書毛喜，對曰：「淮左新平，邊民未輯。周氏始吞齊國，難與爭鋒。且棄舟檝之工，踐車騎之地，去長就短，非吴人所便。臣愚以爲不若安民保境，寢兵結好，斯久長之術也。」及明徹敗，帝謂喜曰：「卿言驗於今矣。」命中軍大將軍開府儀同三司淳于量爲大都督，總水陸諸軍事，鎮西將軍孫瑒都督荆郢諸軍，平北將軍樊毅都督清口上至荆山緣淮諸軍，寧遠將軍任忠都督壽陽、新蔡、霍州諸軍，以備周。立方明壇於婁湖，以揚州刺史始興王叔陵爲王官伯，臨盟百官。上幸婁湖誓衆。分遣大使以盟誓班下四方，上下相警戒。周以河陽總管滕王逌爲行軍元，帥帥衆入寇。十一年，周韋孝寬分遣杞公亮自安陸攻黄城，梁士彦攻廣陵，士彦至肥口。周軍進圍壽陽。任忠帥步騎七千趣秦郡，仁威將軍魯廣達帥衆入淮，樊毅將水軍二萬自東關入焦湖，武毅將軍蕭摩訶帥步騎趣歷陽。孝寬拔壽陽，杞公亮拔黄城，梁士彦拔廣陵。又取霍州。以揚州刺史始興王叔陵爲大都督，總水步衆軍。南北兖、晉三州及盱眙、山陽、陽平、馬頭、秦、歷陽、沛、北譙、南梁等九郡民並自拔還江南，周又取譙、北徐州。自是江北之地盡没於周。不惟不能成進取之功，且有日削之勢，其幸而不即亡於周者，周武帝殂，宣帝無道，隋文謀篡而不暇南伐，故能延及後主之世耳。由是而言，陳不横挑强敵，喪師失地，暴露其弱，猶可以不亡。是亡陳者，宣帝也。非後主也，後主雖荒淫，尚未至如宋諸廢帝、齊東昏侯之甚，宋、齊不亡於敵國，而陳遽亡乎！

王琳、尉遲迥皆能得士心

王琳以梁之親臣，不服陳霸先；尉遲迥以周之親臣，不服楊堅，舉兵而敗事，大相類。陳宣帝太建五年，吴明徹拔壽陽，生擒琳，送建康。琳體貌閑雅，喜怒不形於色。彊記内敏，軍府佐吏千數，皆能識其姓名。刑罰不濫，輕財愛士，得將卒心。雖失地流寓在鄴，齊人皆重其忠義。及被擒，故麾下將卒多在明徹軍中，見者皆歔欷，不能仰視，爭爲之請命，及致資給。明徹恐其爲變，遣使追斬之於壽陽東二十里，哭者聲如雷。有一叟以酒脯來祭，哭盡哀，收其血而去。田夫野老，知與不知，莫不流涕。太建十二年，韋孝寬進軍至鄴，尉遲迥等悉將其卒十三萬陳於城南。迥素習軍旅，老猶披甲臨陣，其麾下皆關中人，爲之力戰。孝寬等軍不利而却，鄴中士民觀戰者數萬人。宇文忻曰：「事急矣，吾當以詭道破之。」乃先射觀者，觀者皆走，轉相騰藉，聲如雷霆。忻乃傳呼曰：「賊敗矣。」衆復振，因其擾而乘之。迥軍大敗。迥之能得士心，尤與琳相類，宜其均不甘爲人下也！

通鑑劄記卷十二

隋初先制突厥，然後取江南

梁敬帝紹泰元年，突厥自木杆可汗擊滅柔然，東走契丹，北并契骨，威服塞外諸國，國始强大。自此挾兩端以與宇文高氏市。宇文歲給繒絮錦綵十萬以縻之，後且結爲婚姻。高氏亦厚賂焉，突厥嘗曰：「我在南兩兒常孝，何憂於貧。」則北朝屈於突厥者久矣。周滅齊，而隋篡周。陳之國勢削弱益甚。隋之取陳也，易若反掌。然遲之十年之久者，以突厥常爲邊患，後顧多憂，不得不緩於進取耳。陳宣帝太建十三年，隋主受禪，以上開府儀同三司賀若弼爲吴州總管，鎮廣陵，和州刺史河南韓擒虎爲廬州總管，鎮廬江。隋主有并吞江南之志，問將帥於高熲。熲薦弼與擒虎，故置於南邊，使潛爲經略。又以上柱國長孫覽、元景山並爲行軍元帥，發兵入寇；命尚書左僕射高熲節度諸軍。是歲，突厥佗鉢可汗病且卒，謂其子菴邏曰：「吾兄不立其子，委位於我。我死，汝曹當避大邏便。」及卒，國人將立大邏便。以其母賤，衆不服。菴邏實貴，突厥素重之。攝圖最後至，謂國人曰：「若立菴邏者，我當帥兄弟事之。若立大邏便，我必守境，利刃長矛以相待。」攝圖長，且雄勇，國人莫敢拒，竟立菴邏爲嗣。大邏便不得立，心不服菴邏，每遣人詈辱之。菴邏不能制，因以國讓攝圖。國中相與議曰：「四可汗子，攝圖最賢。」共迎立之，號「沙鉢略可汗」，居都斤山。菴邏降居獨洛水，稱「第二可汗」。大邏便乃謂沙鉢略曰：「我與爾俱可汗子，各承父後。爾今極尊，我獨無位，何也！」沙鉢略患之，以爲「阿波可汗」，還領所部。又沙鉢略從父玷厥，居西面，號「達頭可汗」。諸可汗各統部衆，分居四面。沙鉢略勇而得衆，北方皆畏附之。隋主既立，待突厥禮薄，突厥大怒。千金公主傷其宗祀覆滅，日夜言於沙鉢略，請爲周室復讐。沙鉢略謂其臣曰：「我，周之親也。今隋主自立而不能制，復何面目見可賀敦乎？」乃與故齊營州刺史高寶寧合兵爲寇。隋主患之，勑緣邊修保障，峻長城，命上柱國武威陰壽鎮幽州，京兆尹虞慶則鎮并州，屯兵數萬以備之。初，奉車都尉長孫晟送千金公主入突厥，突厥可汗愛其善射，留之竟歲，命諸子弟貴人與之親友，冀得其射法。沙鉢略弟處羅侯，號突利設，尤得衆心，爲沙鉢略所忌，密託心腹陰與晟盟。晟與之游獵，因察山川形勢，部衆彊弱，靡不知之。及突厥入寇，晟上書曰：「今諸夏雖安，戎虜尚梗，興師致討，未是其時，棄之度外，又相侵擾，故宜密運籌策，有以攘之。玷厥之於攝圖，兵彊而位下，外名相屬，内隙已彰；鼓動其情，必將自戰。又，處羅侯者，攝圖之弟，姦多勢弱，曲取衆心，國人愛之，因爲攝圖所忌，其心殊不自安，迹示彌縫，實懷疑懼。又，阿波首鼠，介在其間，頗畏攝圖，受其牽率，唯彊是與，未有定心。今宜遠交而近攻，離彊而合弱。通使玷厥，説合阿波，則攝圖迴兵，自防右地。又引處羅，遣連奚、霫，則攝圖分衆，還備左方。首尾猜嫌，腹心離阻，十數年後，乘釁討之，必可一舉而空其國矣。」帝省表，大悦，因召與語。晟復口陳形勢，手畫山川，寫其虚實，皆如指掌。帝深嗟異，皆納用之。遣太僕元渾出伊吾道，詣達頭，賜以狼頭纛。達頭使來，引居沙鉢略使上。以晟爲車騎將軍，出黄龍道，齎幣賜奚、霫契丹，遣爲鄉導，得至處羅侯所，深布心腹，誘之内附。反間既行，果相猜貳。十四年，上殂，隋元景山出漢口，遣上開府儀同三司鄧孝儒將卒四千攻甑山。鎮將軍陸綸以舟師救之，爲孝儒所敗。溳口、甑山，沌陽守將皆棄城走。遣使請和於隋，歸其胡墅。隋高熲奏，禮不伐喪。隋主詔熲等班師。當是時，突厥之患未除，隋不能用全力以滅陳，故假不伐喪以示義，而即以羈縻之，俾己得專力於突厥。突厥服而後取陳，隋之計誠得矣！是歲，隋大將軍韓僧壽破突厥於鷄頭山，上柱國李充破突厥於河北山。高寶寧引突厥寇隋平州，突厥悉發五可汗控弦之士四十萬入長城，隋上柱國李光敗突厥於馬邑。突厥又寇蘭州，涼州總管賀婁子幹敗之於可洛峐。隋太子勇屯兵咸陽以備突厥。隋遣沁源公虞慶則屯弘化以備突厥。行軍總管達奚長儒將兵二千，與突厥沙鉢略遇，沙鉢略有衆十餘萬，軍中大懼。長儒神色慷慨，且戰且行，爲虜所衝，散而復聚，四面抗拒。轉鬬三日，晝夜凡十四戰，五兵咸盡，士卒以拳毆之，手皆骨見，殺傷萬計。虜氣稍奪，於是解去。蘭州總管叱列長叉守臨洮，上柱國李崇屯幽州，皆爲突厥所敗。於是突厥縱兵自木硤、石門兩道入寇，武威、天水、金城、上郡、弘化、延安，六畜咸盡，沙鉢略更欲南入，達頭不從，引兵而去。長孫晟又説沙鉢略之子染干詐告沙鉢略曰：「鐵勒等反，欲襲其牙。」沙鉢略懼，迴兵出塞。長城公至德元年，突厥寇隋北邊。突厥數爲隋寇。隋主下詔曰：「往者周、齊抗衡，分割諸夏，突厥之虜，俱通二國。周人東虜，恐齊好之深，齊氏西虞，懼周交之厚；謂虜意輕重，國遂安危，蓋並有大敵之憂，思減一邊之防也。朕以爲厚斂兆庶，多惠豺狼，未嘗感恩，資而爲賊。節之以禮，不爲虚費，省徭薄賦，國用有餘。因入賊之物，加賜將士；息道路之民，務爲耕織，清邊制勝，成策在心。凶醜愚闇，未知深旨，將大定之日，比戰國之時；乘昔世之驕，結今時之恨。近者盡其巢窟，俱犯北邊，蓋上天所忿，驅就齊斧。諸將今行，義兼含育，有降者納，有違者死，使其不敢南望，永服威刑。何用侍子之朝，寧勞渭橋之拜！」於是命衛王爽等爲行軍元帥，分八道出塞擊之。爽督總管李充等四將出朔州道，與沙鉢略可汗遇於白道，李充言於爽曰：「突厥狃於驟勝，必輕我而無備，以精兵襲之，可破也。」諸將多以爲疑，唯長史李徹贊成之，遂與充帥精騎五千掩擊突厥，大破之。沙鉢略棄所服金甲，潛草中而遁。其軍中無食，粉骨爲糧，加以疾疫，死者甚衆。幽州總管陰壽帥步騎十萬出盧龍塞，擊高寶寧。寶寧求救於突厥，突厥方禦隋師，不能救。寶寧棄城奔磧北，和龍諸縣悉平。壽設重賞以購寶寧，又遣人離其腹心；寶寧奔契丹，爲其麾下所殺。突厥遣使入見於隋。隋行軍總管李晃破突厥於摩那度口。秦州總管竇榮定帥九總管步騎三萬出涼州，與阿波可汗相拒於高越原，阿波屢敗。前上大將軍京兆史萬歲，坐事配敦煌爲戍卒，詣榮定軍門，請自効，榮定素聞其名，見而大悅。將戰，榮定遣人謂突厥曰：「士卒何罪而殺之，但當各遣一壯士決勝負耳。」突厥許諾，因遣一騎挑戰。榮定遣萬歲出應之，萬歲馳斬其首而還。突厥大驚，不敢復戰，遂請盟，引軍而去。長孫晟時在榮定軍中爲偏將，使謂阿波曰：「攝圖每來，戰皆大勝。阿波纔入，遽即奔敗，此乃突厥之耻也。且攝圖之與阿波，兵勢本敵。今攝圖日勝，爲衆所崇；阿波不利，爲國生辱。攝圖必當以罪歸阿波，成其宿計，滅北牙矣。願自量度，能禦之乎？」阿波使至，晟又謂之曰：「今達頭與隋連和，而攝圖不能制，可汗何不依附天子，連結達頭，相合爲彊，此萬全計也，豈若喪兵負罪，歸就攝圖，受其戮辱邪！」阿波然之，遣使隨晟入朝。沙鉢略素忌阿波驍悍，自白道敗歸，又聞阿波貳於隋，因先歸，襲擊北牙，大破之，殺阿波之母。阿波還，無所歸，西奔達頭。達頭大怒，遣阿波帥兵而東，其部落歸之者將十萬騎，遂與沙鉢略相攻，屢破之，復得故地，兵勢益彊。貪汗可汗素睦於阿波，沙鉢略奪其衆而廢之，貪汗奔達頭。沙鉢略從弟地勤察，別統部落，與沙鉢略有隙，復以衆叛歸阿波。連兵不已，各遣使詣長安請和求援。隋主皆不許。突厥寇幽州，隋幽州總管廣宗壯公李崇帥步騎三千拒之。轉戰十餘日，師人多死，遂保砂城。突厥圍之，城荒頹，不可守禦，曉夕力戰，又無所食，每夜出掠虜營，得六畜以繼軍糧，突厥畏之，厚爲其備，每夜中結陳以待之。崇軍苦飢，出輒遇敵，死亡略盡，及明，奔還城者尚百許人，然多重傷，不堪更戰。突厥意欲降之，遣使謂崇曰：「若來降者，封爲特勒。」崇知不免，令其士卒曰：「崇喪師徒，罪當萬死。今日効命，以謝國家。汝俟吾死，且可降賊，便散走，努力還鄉。若見至尊，道崇此意。」乃挺刃突陳，復殺二人，突厥亂射，殺之。隋以豫州刺史代人周搖爲幽州總管，令李崇子敏襲爵。遣尚書左僕射高熲出寧州道，內史監虞慶則出原州道，以擊突厥。是歲，郢州城主張子譏遣使請降於隋，隋主以和好，不納。又遣兼散騎常侍薛舒、五劭來聘。時隋邊事猶急也。至德二年，突厥蘇尼部男女萬餘口降隋。達頭可汗亦請降於隋。沙鉢略可汗數爲隋敗，乃請和親。千金公主自請改姓楊氏，爲隋主女。隋主遣開府儀同三司徐平和使於沙鉢略，更封千金爲大義公主。晉王廣請因釁乘之，隋主不許。沙鉢略遣使致書曰：「從天生大突厥天下賢聖天子伊利居盧設莫何沙鉢略可汗致書大隋皇帝：皇帝，婦父，乃是翁比。此爲女夫，乃是兒例。兩境雖殊，情義如一。自今子子孫孫，乃至萬世，親好不絶。上天爲證，終不違負！此國羊馬，皆皇帝之畜。彼之繒綵，皆此國之物。」帝復書曰：「大隋天子貽書大突厥沙鉢略可汗：得書，知大有善意。既爲沙鉢略婦翁，今日視沙鉢略與兒子不異。時遣大臣往彼省女，復省沙鉢略也。」於是遣尚書右僕射虞慶則、車騎將軍長孫晟副之，沙鉢略陳兵列其珍寶，坐見慶則，稱病不能起，且曰：「我諸父以來，不向人拜。」慶則責而諭之。千金公主私謂慶則曰：「可汗豺狼性。過於爭，將齧人。」長孫晟謂沙鉢略曰：「突厥與隋皆大國天子，可汗不起，安敢違意。但可賀敦爲帝女，則可汗是大隋女壻，奈何不敬婦翁！」沙鉢略笑謂其達官曰：「須拜婦翁！」乃起拜頓顙，跪受璽書，以戴於首。既而大慙，與羣下相聚慟哭。慶則又遣稱臣，沙鉢略謂左右曰：「何謂臣？」左右曰：「隋言臣，猶此云奴耳。」沙鉢略曰：「得爲大隋天子奴，虞僕射之力也。」贈慶則馬千匹，並以從妹妻之。是歲，隋主遣散騎常侍薛道衡等來聘，戒道衡「當識朕意，勿以言辭相折。」隋之厚貌深情豈誠意也哉！三年，初，阿波可汗既與沙鉢略有隙，阿波浸彊，東距都斤，西越金山，龜兹、鐵勒、伊吾及西域諸胡悉附之，號「西突厥」。隋主亦遣上大將軍元契使於阿波以撫之。沙鉢略既爲達頭所困，又畏契丹，遣使告急於隋，請將部落度漠南，寄居白道川。隋主許之，命晉王廣以兵援之，給以衣食，賜之車服鼓吹。沙鉢略因而擊阿波，破之。而阿拔國乘虚掠其妻子；官軍爲擊阿拔，敗之，所獲悉與沙鉢略。沙鉢略大喜，乃立約，以磧爲界，因上表曰：「天無二日，土無二王，大隋皇帝真皇帝也，豈敢阻兵恃險，偷竊名號！今感慕淳風，歸心有道，屈膝稽顙，永爲藩附。」遣其子庫合真入朝。庫合真至長安。隋主下詔曰：「沙鉢略往雖與和，猶是二國。今作君臣，便成一體。」因命肅告郊廟，普頒遠近。凡賜沙鉢略詔，不稱名。宴庫合真於内殿，引見皇后，賞勞甚厚。沙鉢略大悦，自是歲時貢獻不絶。隋以上柱國楊素爲信州總管。隋主使司農少卿崔仲方發丁三萬，於朔方、靈武築長城，東距河，西至綏州，綿歷七百里，以遏胡寇。是歲，遣散騎常侍王話等聘於隋。時陳、隋交未絶也。四年，隋頒歷於突厥。禎明元年，沙鉢略可汗遣其子入貢於隋，因請獵於恒、代之間，隋主許之，仍遣人賜以酒食。沙鉢略帥部落再拜受賜。沙鉢略尋卒，隋爲之廢朝三日，遣太常弔祭。初，沙鉢略以其子雍虞閭懦弱，遺令立其弟葉護處羅侯。雍虞閭遣使迎處羅侯，立之，是爲「莫何可汗」。處羅侯以雍虞閭爲葉護。遣使上表言狀。隋使車騎將軍長孫晟持節拜之，賜以鼓吹、幡旗。莫何勇而有謀，以隋所賜旗鼓西擊阿波。阿波之衆以爲得隋兵助之，多望風降附。遂生擒阿波，上書請其死生之命。隋主下其議，長孫晟請兩存之。高熲曰：「宜存養以示寬大。」隋主從之。至此，而突厥不惟力絀，且心服矣。隋之邊患除矣。陳之君臣能於隋禦突厥之日，及時修其政治，完其軍備，早爲之所，或可自全。至突厥服而始爲之，已患其晚何。況荒淫不恤國事，猶晏然自若哉！其啟釁也。上答隋主書驕慢，隋主不悦，隋臣已爭獻平江南之策。及隋廢梁國，蕭巖等來降，隋主與李德林議伐陳之計，且忿然謂高熲曰：「我爲民父母，豈可限一衣帶水不拯之乎？」命大作戰船，人請密之。隋主曰：「吾將顯行天誅，何密之？」有使投其柹於江，隋於是時北邊既寧。平陳在其掌握，先聲足以奪人，固不須祕而勿宣矣。二年，隋主下詔聲陳之罪。又送璽書，暴帝二十惡，仍散寫詔書三十萬紙，遍諭江外。遂八道伐陳，凡總管九十，兵五十一萬八千，皆受晉王廣節度。東接滄海，西拒巴、蜀，旌旗舟楫，横亘數千里。軍威之壯若此，蓋以勝突厥之餘威，傾中國之全力，席卷江南，不待韓擒虎、賀若弼之入建康，而陳之大事固已去矣。及江南平而天下一，終開皇之世，罕有邊患，未嘗如漢高祖困於白登，唐太宗出至便橋也。非其先制突厥，而後取江南，當務爲急而制馭得宜乎！視漢唐且似過之，趙宋尤望塵弗及已。

柳彧請不以武將爲刺史

功臣任職非全下之道，武將補吏尤非愛民之道也。陳長城公至德元年，時隋刺史多任武將，類不稱職。治書侍御史柳彧上表曰：「昔漢光武與二十八將，披荆棘，定天下，及功成之後，無所任職。伏見詔書，以上柱國和干子爲杞州刺史。干子前任趙州，百姓歌之曰：『老禾不早殺，餘種穢良田。』干子，弓馬武用，是其所長，治民涖衆，非其所解。如謂優老尚年，自可厚賜金帛；若令刺舉，所損殊大。」帝善之。干子竟免。武人爲吏，厲民者多矣。安得柳彧痛陳其弊，隋文即除其害哉！

開皇初政可觀，有以開貞觀之先

隋文帝雖以篡竊得國，然法令制度頗有可觀。有唐貞觀之治未始非由此開之也。陳宣帝太建十三年，隋内史崔仲方勸隋主除周六官，依漢、魏之舊，置三師、三公及尚書、門下、內史、祕書、內侍五省，御史、都水二臺，太常等十一寺，左右衛等十二府，以分司統職。又置上柱國至都督十一等勳官，以酬勤勞；特進至朝散大夫七等散官，以加文武官之有德聲者。此官制之得也。初，魏制征税法頗重，蘇威奏減賦役，務從輕簡，隋主悉從之。長城公至德元年，隋初令民二十一成丁，減役者每歲十二番爲二十日役，減調絹一匹爲二丈。周末榷酒坊、鹽池、鹽井，至是皆罷之。此輕徭薄賦之善也。太建十三年，高熲深避權勢，上表遜位，讓於蘇威。帝欲成其美，聽解僕射。數日，帝曰：「蘇威高蹈前朝，熲能推舉。吾聞進賢受上賞，寧可使之去官！」命熲復位。熲、威同心協贊，政刑大小，帝無不與之謀議，然後行之。故革命數年，天下稱平。此知人善任之效也。初，周齊所鑄錢凡四等，及民間私錢，名品甚衆，輕重不等。隋主患之，更鑄五銖錢，背、面、肉好皆有周郭，每一千重四斤二兩。悉禁古錢及私錢。置樣於關，不如樣者，没官銷毀之。自是錢幣始壹，民間便之。此壹貨幣以利民也。初，周法比於齊律，煩而不要。隋主命高熲、鄭譯及上柱國楊素、率更令裴政等更加修定。政練習典故，達於從政，乃采魏、晉舊律，下至齊、梁，沿革重輕，取其折衷。時同修者十餘人，凡有疑滯，皆取決於政。於是去前世梟、轘及鞭法，自非謀叛以上，無收族之罪。始制死刑二，絞、斬。流刑三，自二千里至三千里。徒刑五，自一年至三年。杖刑五，自六十至百。笞刑五，自十至五十。又制議、請、減、贖、官當之科以優士大夫。除前世訊囚酷法，考掠不得過二百。枷杖大小，咸有程式。民有枉屈，縣不爲理者，聽以次經郡及州。若仍不爲理，聽詣闕伸訴。始行新律。詔曰：「夫絞以致斃，斬則殊形，除惡之體，於斯已極。梟首、轘身，義無所取，不益懲肅之理，徒表安忍之懷。鞭之爲用，殘剥膚體，徹骨侵肌，酷均臠切。雖云往古之式，事乖仁者之刑。梟、轘及鞭，並令去之。貴帶礪之書，不當徒罰。廣軒冕之蔭，旁及諸親。流役六年，改爲五載。刑徒五歲，變從三祀。其餘以輕代重，化死爲生，條目甚多，備於簡策。雜格、嚴科，並宜除削。」自是法制遂定，後世多遵用之。此革夷狄慘酷之法，有合於先王惻怛之仁，吾國近代刑律多本於唐，而唐之法律實出於隋也。隋主嘗怒一郎，於殿前笞之。諫議大夫劉行本進曰：「此人素清，其過又小，願少寬之。」帝不顧。行本於是正當帝前曰：「陛下不以臣不肖，置臣左右，臣言若是，陛下安得不聽。若非，當致之於理。」因置笏於地而退。帝斂容謝之，遂原所笞者。至德元年，隋主覽刑部奏，斷獄數猶至萬，以爲律尚嚴密，故人多陷罪。又敕蘇威、牛弘等更定新律，除死罪八十一條，流罪一百五十四條，徒杖等千餘條，唯定留五百條，凡十二卷。自是刑綱簡要，疏而不失。仍置律博士弟子員。可謂能慎刑矣。太建十三年，隋主如岐州。岐州刺史安定梁彦光，有惠政，隋主下詔褒美，賜束帛及御傘，以厲天下之吏，時又有相州刺史陳留樊叔略，有異政，帝以璽書褒美，班示天下，徵拜司農。新豐令房恭懿，政爲三輔之最，帝賜以粟帛。雍州諸縣令朝謁，帝見恭懿，必呼至榻前，咨以治民之術。累遷德州司馬。帝謂諸州朝集使曰：「房恭懿志存體國，愛養我民，此乃上天宗廟之所佑。朕若置而不賞，上天宗廟必當責我。卿等宜師範之。」因擢爲海州刺史。由是州縣令多稱職，百姓富庶。賞良吏即所以厚民生，宜乎成開皇之治矣！是皆恤民之政也。至德元年，祕書監牛弘上表，以「典籍屢經喪亂，率多散逸。周氏聚書，僅盈萬卷。平齊所得，除其重雜，裁益五千。興集之期，屬膺聖世。爲國之本，莫此爲先。豈可使之流落私家，不歸王府！必須勸之以天威，引之以微利，則異典必臻，觀閣斯積。」隋主從之。詔購求遺書於天下，每獻書一卷，賚縑一匹。其於文教之盛衰關係豈淺鮮哉！隋主以長安倉廩尚虛，是歲詔西自蒲、陝，東至衛、汴，水次十三州，募丁運米。又於衛州置黎陽倉，陝州置常平倉，華州置廣通倉，轉相灌輸。漕關東及汾、晉之粟以給長安。二年，隋主以渭水多沙，深淺不常，漕者苦之。詔宇文愷帥水工鑿渠，引渭水，自大興城東至潼關三百餘里，名曰「廣通渠」。漕運通利，關内賴之。亦善政善法也。隋主不喜詞華，詔天下公私文翰並宜實録。泗州刺史司馬幼之文表華艷，付所司治罪。治書侍御史趙郡李諤亦以當時屬文，體尚輕薄，上書曰：「魏之三祖，崇尚文詞，忽君人之大道，好雕蟲之小藝。下之從上，遂成風俗。江左、齊、梁，其弊彌甚：競一韵之奇，爭一字之巧。連篇累牘，不出月露之形，積案盈箱，唯是風雲之狀。世俗以此相高，朝廷據茲擢士。禄利之路既開，愛尚之情愈篤。於是閭里童昏，貴游總丱，未窺六甲，先製五言，至如羲皇、舜、禹之典，伊、傅、周孔之説，不復關心，何嘗入耳。以傲誕爲清虛，以緣情爲勳績，指儒素爲古拙，用詞賦爲君子。故文筆日繁，其政日亂，良由棄大聖之軌模，搆無用以爲用也。今朝廷雖有是詔，如聞外州遠縣，仍踵弊風：躬仁孝之行者，擯落私門，不加收齒；工輕薄之藝者，選充吏職，舉送天朝。蓋由刺史、縣令未遵風教。請普加采察，送臺推劾。」又上言：「士大夫矜代干進，無復廉耻，乞明加罪黜，以懲風軌。」詔以諤前後所奏頒示四方。黜浮崇實而厲廉耻尤善教也。三年，命禮部尚書牛宏修五禮，勒成百卷，詔行新禮。又命牛宏等參定雅樂。雖其制作未精，然草創規模，以待後王之訂正，不猶愈於並此而無之者耶。綜觀開皇之政，燦然可覩，蓋隋雖無德而有政，實開貞觀之先，所以啟有唐二百餘年承平之運，其一天下也，不亦宜乎！

陳叔寶善於韜匿，似蜀後主

隋文帝開皇九年，陳國皆平，得州三十，郡一百，縣四百。詔建康城邑宮室，並平蕩耕墾，更於石頭置蔣州。晉王廣班師。陳叔寶與其王公百司發建康，詣長安，大小在路，五百里纍纍不絶。帝命權分長安士民宅以俟之，內外修整，遣使迎勞。陳人至者如歸。諸軍凱入，獻俘太廟，陳叔寶及諸王侯將相并乘輿服御、天文圖籍等以次行列，仍以鐵騎圍之。帝坐廣陽門觀，引陳叔寶於前，及太子、諸王二十八人，司空司馬消難以下至尚書郎凡二百餘人，帝使納言宣詔勞之。次使內史令宣詔，責以君臣不相輔，乃至滅亡。叔寶及其羣臣並愧懼伏地，屏息不能對。既而宥之。帝詔賜陳叔寶甚厚，數得引見，班同三品。每預宴，恐致傷心，爲不奏吴音。後監守者奏言：「叔寶云：『既無秩位，每預朝集，願得一官號』」帝曰：「叔寶全無心肝！」監者又言「叔寶常醉，罕有醒時。」帝問：「飲酒幾何？」對曰：「與其子弟日飲一石。」帝大驚，使節其酒，既而曰：「任其性；不爾，何以過日！」嗚呼，此陳叔寶之所以得死於枕席也。叔寶之願得一官，且日飲一石，是叔寶之善自韜匿，與蜀後主爲「樂不思蜀」之言相似，所以蕲免於猜忌之朝也！豈真無心肝哉！

獨孤后未嘗誤文帝，帝自誤耳

隋文帝開皇十九年，獨孤后性妬忌，後宮莫敢進御。尉遲迥女孫，有美色，先没宮中，上於仁壽宮見而悦之，因得幸。后伺上聽朝，陰殺之，上由是大怒，單騎從苑中出，不由徑路，入山谷間二十餘里。高熲、楊素等追及上，扣馬苦諫。上太息曰：「吾貴爲天子，不得自由！」高熲曰：「陛下豈以一婦人而輕天下！」上意少解，駐馬良久，中夜方還宮。后俟上於閤內，及至，后流涕拜謝，熲、素等和解之，因置酒極歡，帝以開國大一統之君，乃不勝婦人之逼，至於出走行事，輕率若此，甚可怪矣！開皇元年，立王后獨孤氏爲皇后。后家世貴盛而能謙恭，雅好讀書，言事多與隋主意合，帝甚寵憚之，宮中稱爲「二聖」。帝每臨朝，后輒與帝方輦而進，至閤乃止。使宦官伺帝，政有所失，隨即匡諫。俟帝退朝，同反內寢。有司奏稱「周禮百官之妻，命於王后，請依古制。」后曰：「婦人與政，或從此爲漸，不可開其源也。」大都督崔長仁，后之中外兄弟也，犯法當斬，帝以后故，欲免其罪。后曰：「國家之事，焉可顧私！」長仁竟坐死。后性儉約，帝嘗合止利藥，須胡粉一兩。宮内不用，求之，竟不得。又欲賜柱國劉嵩妻織成衣二領，宮内亦無之。后初以小忠小信使帝敬憚，然後劫制帝，以成廢勇立廣之事。開皇二十年，勇妃元氏無寵，遇心疾，薨。后意有佗故，甚責望勇。頗遣人伺察，求勇過惡，遺楊素金，使贊上廢立。上曰：「此兒不堪承嗣，皇后恒勸我廢之。」由是而言廢立之謀。后實成之。仁壽二年，后崩。四年，上寢疾，陳夫人出更衣，爲太子廣所逼，拒之，得免，歸上所。上怪其神色有異，夫人泣然曰：「太子無禮。」上恚，抵床曰：「畜生，何足付大事，獨孤誤我！」召故太子勇，爲楊素所聞，白廣，令張衡入侍疾，俄而上崩。遂殺勇。當后崩之後，帝已無人劫持廣之梟獍，不能早見而廢之。立勇爲太子，及疾甚，始言獨孤誤我。嗚乎！后固誤帝，帝亦實自誤耳！

漢王諒不能聲煬帝之罪，如宋武陵王駿之討元凶劭，故事不成

兵以義動者勝，師出無名者敗。惜乎，隋漢王諒有可爲之勢，有正大之名，而不知以義興師，卒至於敗亡也。仁壽四年，上崩，中外頗有異論。太子廣即位，漢王諒有寵於高祖，爲并州總管，自山以東至於滄海，南距黃河，五十二州皆隸焉。特許以便宜從事，不拘律令。是夙有可爲之資也。諒自以所居天下精兵處，見太子勇讒廢，居常怏怏。及蜀王秀得罪，尤不自安，陰蓄異圖。言於高祖，「以突厥方彊，宜修武備。」於是大發工役，繕治器械，招集亡命，左右私人殆將數萬。突厥常寇邊，高祖使諒禦之，爲突厥所敗。其所領將帥坐除解者八十餘人，皆配防嶺表。諒以其宿舊，奏請留之，高祖怒曰：「爾爲藩王，惟當敬依朝命，何得私論宿舊，廢國家憲法邪！嗟乎小子，爾一旦無我，或欲妄動，彼取爾如籠内雞雛耳，何用腹心爲！」王頍者，僧辯之子，倜儻好奇略，爲諒諮議參軍，蕭摩訶，陳氏舊將，二人俱不得志，鬱鬱思亂，皆爲諒所親善，贊成其陰謀。會熒惑守東井，儀曹鄴人傅奕曉星歷，諒問之曰：「是何祥也？」對曰：「天上東井，黃道所經，熒惑過之，乃其常理，若入地上井，則可怪耳。」諒不悦。是諒亦早有不爲人下之概矣！及高祖崩，煬帝遣車騎將軍屈突通以高祖璽書徵之。先是，高祖與諒密約：「若璽書召汝，勑字旁別加一點，又與玉麟符合者，當就徵。」及發書無驗，諒知有變。詰通，通占對不屈，乃遣歸長安。諒遂發兵反。諒殆未審知逆廣之事，而遽爾興戎，爲無名之師耳。總管司馬安定皇甫誕切諫，諒不納。誕流涕曰：「竊料大王兵資非京師

之敵，加以君臣位定，逆順勢殊，士馬雖精，難以取勝。一旦陷身叛逆，絓於刑書，雖欲爲布衣，不可得也。」諒怒，囚之。嵐州刺史喬鍾葵將赴諒，其司馬京兆陶模拒之曰：「漢王所圖不軌，公荷國厚恩，當竭誠効命，豈得身爲厲階乎！」鍾葵失色曰：「司馬反邪！」臨之以兵，辭氣不撓，鍾葵義釋之。軍吏曰：「若不斬模，無以壓衆心。」乃囚之。蓋宮闈事祕，外人或未得知逆廣之惡，故吏士以諒興兵犯順爲疑。然中外既有異詞，且故太子勇之死事固顯，然則人心亦漸知去就矣！於是從諒反者十九州。王頍説諒曰：「王所部將吏，家屬盡在關西，若用此等，則宜長驅深入，直據京師，所謂疾雷不及掩耳。若但欲割據舊齊之地，宜任東人。」諒不能決，乃兼用二策，唱言楊素反，將誅之。總管府兵曹聞喜裴文安説諒曰：「井陘以西，在王掌握之內，山東士馬，亦爲我有，宜悉發之。分遣羸兵屯守要害，仍命隨方略地，帥其精鋭，直入蒲津。文安請爲前鋒，王以大軍繼後，風行雷擊，頓於霸上。咸陽以東，可指麾而定。京師震擾，兵不暇集，上下相疑，羣情離駭。我陳兵號令，誰敢不從！旬日之間，事可定矣。」諒大悦。頍之第一策與文安所陳其計固善，然從諒者已十九州，則當時逆廣之罪必已稍著，諒何以不念君父之仇，聲罪致討二子亦不議及，猶詐以誅楊素爲名，不亦失計之甚乎！於是遣所署大將軍余公理出太谷，趣河陽，大將軍綦良出滏口，趣黎陽，大將軍劉建出井陘，略燕、趙，柱國喬鍾葵出雁門，署文安爲柱國，與柱國紇單貴及王聃等直指京師。帝以右武衛將軍邱和爲蒲州刺史，鎮蒲津。諒選精鋭數百騎戴羃䍦，詐稱諒宫人還長安，門司弗覺，徑入蒲州，城中豪傑亦有應者。邱和覺其變，踰城，逃歸。長史高義明等皆被執。是諒亦未嘗無謀，其兵尤可用也。文安等未至蒲津百里，諒忽改圖，令紇單貴斷河橋，守蒲州，而召文安還。文安至，謂諒曰：「兵機詭速，本欲出其不意。王既不行，文安又返，使彼計成，大事去矣。」後果如文安言，諒敗，降於楊素，餘黨悉平。王頍將奔突厥，至山中，徑路斷絶，知必不免，謂其子曰：「吾之計數不減楊素，但坐言不見從，遂至於此。」頍與文安誠智矣，然俱未以討逆爲諒言者，諒亦自處於吴、濞、淮南之流，不能如宋武陵王駿之討元凶劭。名不正，則事不成，不亦宜乎！

楊素不特爲煬帝所忌，與文帝已勢不兩立

隋煬帝大業二年，楚景武公楊素，雖有大功，特爲帝所猜忌，外示殊禮，內情甚薄。太史言隋分野有大喪，乃徙素爲楚公，意言楚與隋同分，欲以厭之。素寢疾，帝每令名醫診候，賜以上藥，然密問醫者，恒恐不死。素亦自知名

位已極，不肯餌藥，亦不將慎，謂其弟約曰：「我豈須更活耶！」素薨，贈太尉公，宏農等十郡太守，葬送甚盛。素之免於煬廣之誅，幸也。然在隋文之世，素已爲幸免矣。隋氏開國佐命除一二考終者，餘皆或誅或廢，蓋文帝猜忌御下，功臣、故舊無始終保全者。素雖能結主帝，亦未嘗不疑之也。素弟約及從父文思、文紀、族父忌並爲尚書列卿，諸子無汗馬之勞，位至柱國、刺史。廣營資産，自京師及諸方都會處，邸店、碾磑、便利田宅，不可勝數。家僮千數，後庭曳綺羅者以千數。第宅華侈，制擬宮禁。親戚故吏布列清顯。既廢一太子及一王，威權愈盛，朝臣有違忤者，或至誅夷。有附會及親戚，雖無才用，必加進擢，朝廷靡然，莫不畏附。大理卿梁毗上封事劾之，上親詰毗，毗極言「素擅寵弄權，將領之處，殺戮無道。又太子、蜀王罪廢之日，百僚無不震竦，唯素揚眉露肘，喜見容色，利國家有事以爲身幸。」毗是言深動帝聽。雖徐階圖去嚴嵩父子用意之巧，措語之妙，無以過之。故上寖疏忌素，乃下勅曰：「僕射國之宰輔，不可躬親細務，但三五日一向省，評論大事。」外市優崇，實奪之權也。素由是終仁壽之末，不復通叛省事。出楊約爲伊州刺史。素既被疏，吏部尚書柳述益用事，攝兵部尚書，參掌機密。素惡之。四年，上寢疾於仁壽宮。素與述及黃門侍郎元巖皆入閤侍疾，上呼述、巖召故太子勇。素白太子廣，矯詔執述、巖，繫大理獄。追東宮兵士帖上臺宿衛，門禁出入，並取宇文述、郭衍節度。令右庶子張衡入寢殿侍疾，盡遣後宮出就別室。俄而帝崩。可知仁壽之末，素與帝已不兩立，素不弑帝，帝必殺素。即逆廣爲此覆載不容之事，亦爲素之傀儡耳！

煬帝開河，勞民於當時而利及後世

事有害於一時，而利及萬世者。秦之長城，隋之開河是也。煬帝大業元年，命尚書右丞皇甫議發河南、淮北諸郡民，前後百餘萬，開通濟渠。自西苑引穀、洛水達於河。復自板渚引河歷滎澤入汴。又自大梁之東引汴水入泗，達於淮。又發淮南民十餘萬開邗溝，自山陽至楊子入江。即今江北運河也。四年，詔發河北諸軍百餘萬，穿永濟渠，引沁水南達於河，北通涿郡。六年，敕穿江南河，自京口至餘杭八百餘里，廣十餘丈，使可通龍舟，欲東巡會稽。此今江南運河也。七年，上升釣臺，臨揚子津，大宴百僚。帝自江都行幸涿郡，御龍舟，度河入永濟渠。煬帝當日勞民開河，以供一己游觀之樂，然水道交通之利後世，多賴之以及於今。

煬帝開拓四邊，以通西域爲最盛

煬帝之北威突厥，晚節幾爲所困。南窮赤土，僅得貢使。東征高麗，則所失巨而國以亡，皆不能稱有功也。惟西域之通差强人意耳！大業三年，西域諸胡多至張掖交市，帝使吏部侍郎裴矩掌之。矩知帝好遠略，商胡至者，矩誘訪諸國山川風俗，王及庶人儀形服飾，撰「西域圖記」三卷，合四十四國，入朝奏之。仍别造地圖，窮其要害，從西傾以去，縱横所亘，將二萬里，發自敦煌，至於西海，凡爲三道，北道從伊吾，中道從高昌，南道從鄯善，總湊敦煌。帝於是慨然慕秦皇、漢武之功，甘心將通西域。使矩至張掖，引致諸胡，啗之以利，勸令入朝。五年，擊破吐谷渾。帝謂給事郎蔡徵曰：「自古天子有巡狩之禮。而江東諸帝多傅脂粉，坐深宫，不與百姓相見，此何理也？」西巡至燕支山，高昌王麴伯雅及伊吾吐屯設等及西域二十七國謁於道左，皆令佩金玉、被錦罽，焚香奏樂，歌舞諠譟。吐屯設獻其數千里之地，上大悦。置西海、河源、鄯善、且末等郡。是時，天下凡有郡一百九十，縣一千二百五十五，户八百九十萬有奇。東西九千三百里，南北萬四千八百一十五里。隋氏之盛極於此矣。即漢唐之盛，亦何多讓。雖西域之開，皆以利啗，然秦皇之滅六國，漢武之通西南夷，何嘗非以利購。帝固無道，第亦不必以其千失而掩其一得也！

大業時頗興製造機械之技

煬帝窮奢極欲，好爲奇技淫巧。上以是求，下即以是供，所謂「楚王好細腰，宫中多減食」也。大業三年，令宇文愷等造觀風行殿，上容侍衛者數百人，離合爲之，下施輪軸，倏忽推移。又作行城，周二千步，以板爲幹，衣之以布，飾以丹青，樓櫓悉備。胡人驚以爲神。四年，車駕出塞，巡長城，行宫設六合板城，載以槍車。每頓舍，則外其轅以爲外圍，内布鐵菱。次施弩床，皆插鋼錐，外向。上施旋機弩，以繩連機，人來觸繩，則弩機旋轉，向所觸而發。其外又以矰周圍，施鈴柱、槌磬以知所警。九年，攻遼東城，作八輪樓車，高出於城。十一年，於觀文殿前爲書室十四間，窗户床褥厨幔，咸極珍麗，每三間開方户，垂錦幔，上有二飛仙，户外地中施機。帝幸書室，有宫人執香爐，前行踐機，則飛仙下，收幔而上，户扉及厨扉皆自啟，帝出，則垂閉復故。當日製造機械之技已精如此，使非隋末大亂，唐興不獎奇技，則中國製造日精，其機械之巧或有過於西法矣！

煬帝玩盜而亡

不仁者，可與言愛民哉？煬帝，古今之亂臣賊子，至不仁者，其不愛民也無足怪，而莫甚於玩盜，玩盜以殃民其罪浮於胡亥之諱盜，安得不忽焉而亡哉！大業七年，民苦征役，始爲剽掠，所在蜂起。王薄起長白，自稱知世郎，言事可知矣。又作「無向遼東浪死歌」以相感勸。竇建德、張金稱、高士達起清河勃海。自是天下羣盜如毛，不可勝數。八年，征高麗，詔二十四軍分道趨平壤。凡兵一百一十三萬，餽運者倍之。帝當時方勤遠略，固不以盜爲意也。九年，楊玄感反，帝攻遼東城垂拔，夜引軍還，遣宇文述等擊殺之。朱燮、管崇寇掠江左。帝命趙六兒將兵萬人以備之，爲所敗，盜衆盛至十萬。東海民彭孝才起爲盜，有衆數萬。章邱杜伏威與臨濟輔公祏俱亡命爲羣盜。十年，詔復徵天下兵伐高麗。高麗乞降，乃班師。帝蓋重視楊玄感貪得高麗而玩視羣盜也。是歲，扶風賊帥唐弼立李弘芝爲天子，有衆十萬，自稱唐王帝猶出行幸。邯鄲賊帥楊公卿帥其黨八千抄駕後第八隊，得飛黃上廐馬四十二匹而去。汲郡賊帥王德仁擁衆數萬，保林慮山爲盜。孟讓自長白山寇掠諸郡，至盱眙，衆十餘萬，據都梁宮。涿郡賊帥盧明月衆十餘萬，軍祝阿。當時盜賊之爲患亦孔急矣。乃自董純擒彭孝才，王世充破孟讓，張須陀敗盧明月外，廣未嘗用兵大舉以擊盜。至十一年，增祕書省官，修撰新書，於觀文殿前爲書室，何其從容暇豫若斯之甚也。帝以盜多，詔民悉城居，郡縣驛亭村塢皆築城，而猶賀瑞鳥巡朔方。蘇威勸還西京，深根固本計。帝卒從宇文述之言，便道向洛陽，更造龍舟。帝何嘗以盜爲意哉！東海李子通、城父朱粲俱起爲盜。子通能得衆，粲則所過噍類無遺。十二年，朝集使不至者二十餘郡，始議分遣使者十二道發兵討捕盜賊。乃詔毗陵通守路道德集十郡兵數萬人，於郡東南起宮苑。帝與羣臣飲酒水上，命杜寶撰「水飾圖經」。徵求螢火，夜放之。問侍臣盜賊多少，宇文述曰：「漸少。」帝詰其少幾何，蘇威曰：「漸近。」帝不悅。帝方發兵捕盜而惡聞其盛，非諱盜，乃猶玩盜耳。帝幸江都，以詩留別宮人曰：「我夢江都好，征遼亦偶然。」崔民象以盜賊充斥，上表諫。帝怒，先解其頤，然後斬之。馮翊孫華舉兵爲盜。虞世基以盜賊充斥，請發兵屯洛口倉。帝曰：「卿是書生，定猶恇怯。」王愛仁復上表請還西京，斬之。梁郡人邀車駕上書曰：「陛下若遂幸江都，天下非陛下之有！」又斬之。遣陳稜將宿衛精兵討海陵李子通、淮北左才相、六合杜伏威等。賊帥趙萬海衆數十萬，自恒山寇高陽。翟讓爲盜於瓦崗，單雄信、徐世勣皆其屬也。李密亡命，因王伯當見讓，爲之畫策攻滎陽諸縣，多下之。太守王郇不能討。帝徙張須陀爲滎陽通守以討之。密設伏，須陀敗死。當時能擊賊者，莫若須陀。須陀死，而賊勢不可制矣。林士弘稱帝豫章，北自九江，南及番禺，皆爲所有。張金稱、郝孝德、孫宣雅、高士達、楊公卿等寇掠河北，屠陷郡縣。隋將帥敗亡者相繼，帝遣楊義臣討張金稱，大敗之。楊善會討擒金稱。義臣陳斬士達。夏，竇建德收其散兵。先是羣盜得隋官及士族子弟皆殺之，獨建德善遇之。由是隋官稍以城降，聲勢日盛，勝兵至十餘萬人。内史侍郎虞世基以帝惡聞賊盜，諸將及郡縣有告敗求救者，世基抑損，不以實聞。但云「鼠竊狗盜，郡縣捕逐，行當殄盡，願陛下勿以介懷！」帝以爲然。由是盜賊徧海内，陷没郡縣，帝皆弗之知也。及義臣破降河北賊數十萬，列狀上聞，帝聽世基譏，遽追義臣，放散其兵，賊由是復盛。恭帝義寧元年，李密敗東都兵，河南郡縣多陷於密。密逼東都。越王侗遣元善達間行賊中，詣江都奏稱：「李密有衆百萬，圍逼東都，據洛倉，城内無食。若陛下速還，烏合必散。不然者，東都決没。」因歔欷嗚咽，帝爲之改容。虞世基進曰：「越王年少，此輩誑之。若如所言，善達何緣來至！」帝乃勃然怒曰：「善達小人，敢廷辱我！」因使經賊中向東陽催運，善達遂爲盜殺。是後人人杜口，莫敢以賊聞。是歲，杜伏威據歷陽，分遣屬將徇屬縣，所至輒下。江淮間小盜爭附之。劉武周取汾陽宫，突厥立之爲定楊可汗。梁師都略定雕陰、弘化、延安等郡，遂即帝位，國號「梁」。汾陰薛舉與子仁杲起於金城，自稱「西秦霸王」。李淵亦起兵晉陽。李軌自稱「河西大涼王」。隋室至此大事已去。而帝猶戀江都，流連不返，馴至宇文化及之變，即欲爲長城公而不可得矣！詩曰：「敬之敬之，天惟顯思。」命不易哉！師尚父曰：「怠勝敬者凶。」帝，至不仁者，固不足以語此，然可爲玩盜殃民者戒矣！

通鑑劄記卷十三

唐高祖創業非盡太宗之力，建成、元吉未嘗無功

唐高祖舉兵晉陽，贊大計者雖爲太宗，然經營天下，非盡太宗之力，建成、元吉固未嘗無功，特死於太宗之手，史臣不免曲筆掩其長耳！其有未盡掩者，隋恭帝義寧元年，淵使建成、世民將兵擊西河，命太原令溫大有與之偕行，曰：「吾兒年少，以卿參謀軍事。事之成敗當以此行卜之。」時軍士新集，咸未閱習，建成、世民與之同甘苦，遇敵則以身先之。近道菜果，非買不食，軍士有竊之者，輒求其主償之，亦不詰竊者，軍士及民皆感悅。至西河城下，民有欲入城者，聽其入。郡丞高德儒閉城拒守，攻拔之。建成等引兵還晉陽，往返凡九日。淵喜曰：「以此行兵，雖橫行天下可也。」遂定入關之計。是起義之初，拔西河爲首功，建成與太宗共之也。淵以建成爲隴西公，左領軍大都督，左三統軍隸焉。世民爲敦煌公，右領軍大都督，右三統軍隸焉。各置官屬。以子元吉爲太原太守，留守晉陽宮，後事悉以委之。淵帥甲士三萬發晉陽。是出師之時，建成、元吉與太宗分任攻守之任矣。淵入雀鼠谷，軍賈胡堡，去霍邑五十餘里。代王侑遣虎牙郎將宋老生帥精兵二萬屯霍邑，左武侯大將軍屈突通屯河東以拒淵。會積雨，不得進。雨久不止，淵軍中乏糧。劉文靜使突厥未返，或傳突厥與劉武周乘虛襲晉陽。淵召將佐謀北還。裴寂等皆曰：「宋老生、屈突通連兵據險，未易猝下。李密雖云連和，姦謀難測。突厥貪而無信，唯利是視。武周，事胡者也。」太原一方都會，且義兵家屬在焉，不如還救根本，更圖後舉。」世民曰：「今禾菽被野，何憂乏糧！老生輕躁，一戰可擒。李密顧戀倉粟，未遑遠略。武周與突厥外雖相附，内實相猜。武周雖遠利太原，豈可近忘馬邑！本興大義，奮不顧身以救蒼生，當先入咸陽，號令天下。今遇小敵，遽已班師，恐從義之徒一朝解體，還守太原一城之地爲賊耳，何以自全。」建成亦以爲然。淵不聽，促令引發。世民將復入諫，會日暮，淵已寢。世民不得入，號哭於外，聲聞帳中。淵召問之，世民曰：「今兵以義動，進戰則克，退還則散。衆散於前，敵乘於後，死亡無日，何得不悲！」淵乃悟曰：「軍已發矣。」世民曰：「右軍嚴而未發，左軍雖去，計亦未遠，請自追之。」世民乃與建成夜追左軍復還。太原運糧亦至。雨

霽，進攻霍邑。淵恐宋老生不出，建成、世民曰：「老生勇而無謀，以輕騎挑之，理無不出。脱其固守，則誣以貳於我。彼恐爲左右所奏，安得不出！」淵曰：「汝測之善。」使建成、世民將數十騎至城下，舉鞭指麾，若將圍城之狀，且詬之。老生怒，引兵三萬自東門、南門分道而出，淵與建成陳於城東，世民陳於城南。淵、建成戰小却，世民自南原馳下，衝老生陳，出其背，世民手殺數十人，兩刀皆缺，流血滿袖，灑之復戰。淵兵復振，因傳呼曰：「已獲老生矣。」老生兵大敗，遂斬老生，入霍邑。是建成戰功不如太宗，其於謀事則志同道合也。淵帥諸軍濟河，遣世子建成、劉文靜帥王長諧等諸軍數萬人屯永豐倉，守潼關，以備東方兵，慰撫使竇軌等受其節度。敦煌公世民帥劉弘基等諸軍數萬人，徇渭北，慰撫使殷開山等受其節度。其後降者亦皆受世民節度，得房玄齡爲謀主。世民之功似多於建成者，世民職在進取，建成責在守備，職責不同耳。既入長安，立恭帝，封淵唐王，以建成爲太子，世民爲京兆尹秦公，元吉爲齊公。高祖武德元年，以建成爲左元帥，世民爲右元帥督諸軍十餘萬人救東都，以齊公元吉爲鎮北將軍、太原道行軍元帥，都督十五郡諸軍事，聽以便宜從事。當是時，太原繫唐根本，猶漢高之關中，光武之河北也。元吉雖不能如蕭何、寇恂，然固守根本，何嘗無功。建成等至東都，軍於芳華苑，東都閉門不出，城中多欲爲内應者，世民曰：「吾新定關中，根本未固，雖得東都，不能守也。」引軍還。建成等還長安。是歲，唐王受禪，立建成爲皇太子，世民爲秦王，元吉爲齊王，禮部尚書李綱領太子詹事。太子建成始甚禮之，久之，太子漸昵近小人，疾秦王世民功高，頗相猜忌。綱屢諫不聽，乞骸骨，上不許。綱復上書諫太子「飲酒無節」及「信讒慝、疏骨肉」。可見儲位未定以前，建成與太宗比肩兄弟，本無猜嫌。既立爲太子之後，建成固忌太宗，太宗亦豈甘爲建成下者。三年，詔世民督諸軍擊王世充。齊王元吉以善稍自負，嘗與尉遲敬德較。世民選精鋭千餘騎皆皂衣、玄甲，分爲左右隊，使秦叔寶、程知節、尉遲敬德等分將之。每戰，世民親披玄甲爲前鋒，乘機進擊，所向無不摧破，敵人畏之。四年，圍洛陽，世充求救於竇建德。建德來救，軍於成皋之東。世民中分麾下，使屈突通等副齊王元吉，圍守東都。世民將驍勇三千五百人東趣武牢，大破竇建德軍獲之。王世充降。世民至長安。世民被黄金甲，齊王元吉、李世勣等二十五大將從其後，鐵騎萬匹，前後部鼓吹，俘王世充、竇建德及隋乘輿、御物獻於太廟，行飲至之禮以饗之。可見羣賊之平者，太宗固爲勳首，元吉亦未嘗無功也！是歲命太子安撫北邊。上以秦王功大，前代官皆不足以稱之，特置「天策上將」，位在王公上。以世民爲「天策上將」，領司徒，陝東道大行臺尚書令，增邑二萬户，仍開天策府，置官屬。以齊王元吉爲司空。世民以海内浸平，乃開館舍於宮西，延四方文學之士，出教以王府屬杜如晦等十八人並以本官兼文學館學士，分爲三番，更日直宿，供給珍膳，恩禮優厚。世民朝謁公事之暇，輒至館中，引諸學生討論文籍。文謨武烈聚於世民之門，安得不成奪嫡之志哉！是年冬，命世民、元吉討劉黑闥。五年，大破之。黑闥奔突厥。上召世民入朝，以兵屬齊王元吉。突厥十五萬騎寇邊入雁門，寇并州，別軍寇原州。上命太子出幽州道，世民出秦州道，以禦之。劉黑闥陷瀛州，詔元吉討黑闥於山東，以元吉爲領軍大將軍、并州大總管。太子請討劉黑闥，上許之。詔太子將兵出討，其陝東道大行臺及山東道行軍元帥、河南、河北諸州並受建成處分，得以便宜從事。黑闥攻魏州未下，太子建成、齊王元吉大軍至昌樂，黑闥引兵拒之。魏徵請悉解黑闥黨與之囚俘，慰諭遣之，以散其衆。太子從之。黑闥食盡，衆多亡，或縛其渠帥以降。黑闥夜遁。齊王以大軍追之，其衆大潰，黑闥亡去。六年，黑闥所署饒州刺史諸葛德威執黑闥送詣太子，斬之。突厥又入寇，遣太子將兵屯北邊，世民屯并州，以備之。七年，詔世民、元吉將兵出幽州，以禦突厥。九年，世民伏兵於玄武門，殺建成、元吉及其諸子，遂立世民爲皇太子。蓋唐高祖本將家也，故太宗與建成元吉皆知兵。世民嘗與建成分將，元吉則屢爲太宗之副。是唐得天下，抑建成兄弟之力，非太宗一人之功矣！且平劉黑闥之役，建成獨將，不特元吉聽其指揮，即世民所領之陝東道大行臺亦受建成處分，卒用魏徵之策平黑闥之亂。建成將略於斯最著。武德七年，元吉勸建成除世民，曰：「當爲兄手刃之。」世民從上幸元吉第，元吉伏護軍宇文寶於寢内，欲刺世民。建成性頗仁厚，遽止之。建成不忍殺太宗，猶之乎項羽不殺漢高，尚有人君之度，而卒有玄武門之禍。長魚矯曰：「人將忍，君其斯之」謂與！

太宗制突厥之策先與後取

漢、唐開國之主皆善制北狄。漢祖輕敵匈奴，有平城之困，後用和親之策，貽謀甚遠，卒成衛、霍之功。唐高祖之制突厥，先與後取，克蕆厥志。兩朝豐功偉烈後先輝映，所謂華夏、蠻貊，罔不率俾者非與。唐高祖武德九年，八月，太宗即皇帝位。突厥頡利、突利二可汗合兵十餘萬寇涇州，進寇高陵。頡利可汗進至渭水便橋之北，遣其心腹執失思力入見，以觀虛實。思力盛稱「頡利與突利二可汗將兵百萬，今至矣」。上讓之曰：「吾與汝可汗面結和親，贈遺金帛，前後無算。汝可汗自負盟約，引兵深入，於我無愧！汝雖戎狄，亦有人心，何得全忘大恩，自誇彊盛。我今先斬汝矣！」思力懼而請命。蕭瑀、封德彝請禮遣之。上曰：「我今遣還，虜謂我畏之，愈肆憑凌。」乃囚思力於門下省。

上自玄武門，與高士廉、房玄齡等六騎徑詣渭水上，與頡利隔水而語，責以負約。突厥大驚，皆下馬羅拜。俄而諸軍繼至，旌甲蔽野，頡利見執失思力不返，而上挺身輕出，軍容甚盛，有懼色。上麾諸軍使却而布陳，獨留與頡利語。蕭瑀以上輕敵，叩馬固諫，上曰：「吾籌之已熟，非卿所知。突厥所以敢傾國而來，直抵郊甸者，以我國内有難，朕新即位，謂我不能抗禦故也。我若示之以弱，閉門拒守，虜必放兵大掠，不可復制。故朕輕騎獨出，示若輕之。又震曜軍容，使之必戰。出虜不意，使之失圖。虜入我地既深，必有懼心，故與戰則克，與和則固矣。制服突厥，在此一舉。卿第觀之！」是日，頡利來請和，詔許之。上即日還宮。又幸城西，斬白馬，與頡利盟於便橋之上。突厥引兵退。蕭瑀請於上曰：「突厥未和之時，諸將爭請戰，陛下不許，臣等亦以爲疑，既而虜自退，其策安在？」上曰：「吾觀突厥之衆雖多而不整，君臣之志唯賄是求，當其請和之時，可汗獨在水西，達官皆來謁我，我若醉而縛之，因襲擊其衆，勢如拉朽。又命長孫無忌、李靖伏兵幽州以待之，虜若奔歸，伏兵邀其前，大軍躡其後，覆之如反掌耳。所以不戰者，吾即位日淺，國家未安，百姓未富，且當靜以撫之。一與虜戰，所損實多。虜結怨既深，懼而修備，則吾未可以得志矣。故卷甲韜戈，啗以金帛，彼既得所欲，理當自退，志意驕惰，不復設備，然後養威伺釁，一舉可滅也。將欲取之，必固與之，此之謂矣。卿知之乎？」瑀再拜曰：「非所及也。」頡利獻馬三千匹，羊萬口。上不受，但詔歸所掠中國户口，徵温彦博還朝。引諸衛將卒習射於顯德殿庭。太宗貞觀元年，頡利用趙德言，變更舊俗，政令煩苛，國人始不悦。又好信任諸胡而疏突厥，胡人貪冒，多反覆，兵革歲動，會大雪，深數尺，雜畜多死，連年饑饉，民皆凍餒。頡利用度不給，重斂諸部，由是内外離怨，諸部多叛，兵浸弱。言事者多請擊之，上以問蕭瑀、長孫無忌，曰：「頡利君臣昏虐，危亡可必。今擊之，則新與之盟。不擊，恐失機會。如何而可？」瑀請擊之。無忌對曰：「虜不犯塞而棄信勞民，非王者之師也。」上乃止。回紇破頡利兵。薛延陁又破其四設。頡利不能制。頡利益衰，國人離散。會大雪，平地數尺，羊馬多死，民大饑，羣臣多勸上乘間擊之。上曰：「新與人盟而背之，不信。利人之災，不仁。乘人之危以取勝，不武縱。使其種落盡叛，六畜無餘，朕終不擊，必待有罪，然後討之。」太宗之問瑀、無忌，及論羣臣之言，蓋欲取姑與之計。成算在胸，待其有隙，然後用兵耳。二年，突利可汗以失部衆，見責於頡利可汗。突利怨之，陰欲叛頡利。頡利數徵兵於突利，突利不與，表請入朝。頡利攻之，突利遣使來求救。上謀於大臣，杜如晦曰：「戎狄無信，終當負約，今不因其亂而取之，後悔無及。取亂侮亡，古之道也。」契丹來降，頡利遣使請以梁師都易契丹。上謂使者曰：「契丹與突厥異類，今來歸附，何故索之！師都中國之人，盜我土地，暴我百姓，突厥受而庇之，我興兵致討，輒來救之，彼如魚游釜中，何患不爲我有！借使不得，亦終不以降附之民易之也。」遂滅師都，以其地爲夏州。秋，突厥寇邊，朝臣或請修古長城，發民乘堡障，上曰：「突厥災異相仍，頡利不懼而修德，暴虐滋甚，骨肉相攻，亡在朝夕。朕方爲公掃清沙漠，安用勞民遠修障塞乎！」西突厥亦亂，薛延陀彊，上方圖頡利，封其可汗，遣使入貢。三年，薛延陀毗加可汗遣其弟入貢。頡利大懼，始遣使稱臣。張公瑾上言：「突厥可取之狀有六。」上命兵部尚書李靖爲行軍總管討之，以公瑾爲副。是年冬，以行并州都督李世勣爲通漢道行軍總管，李靖爲定襄道行軍總管，華州刺史柴紹爲金河道行軍總管，靈州大都督薛萬徹爲暢武道行軍總管，衆合十餘萬，皆受李勣節度，分道出擊突厥。當時之未至，隱忍以待之，及時有可乘，則迅速以赴之，斯爲英雄之略耳！突利可汗入朝，上謂侍臣曰：「往者太上皇以百姓之故，稱臣於突厥。朕常痛心，今單于稽顙，庶幾可雪前恥。」靺鞨遣使入貢，上曰：「靺鞨遠來，蓋突厥已服之故也。昔人謂禦戎無上策，朕今治安中國，而四夷自服，豈非上策乎！」是時，頡利雖未擒，而虜已在掌中。太宗自喜其計之成，宜其躊躇滿志而言之耳。」四年，李靖襲破定襄，頡利大驚，徙牙於磧口。李世勣出雲中，大破突厥於白道。李靖大破頡利於陰山。頡利走欲度磧，世勣軍於磧口，不得度，其大酋長皆帥衆降，斥地自陰山北至大漠。頡利尋被擒，突厥遂亡。至長安，上御順天樓，盛陳文物，引見頡利，數其罪而赦之。上皇聞擒頡利，嘆曰：「漢高困白登不能報，今我子能滅突厥，吾付託得人，復何憂哉！」唐高祖、太宗父子相繼，尤今人睪然、高望於盛世之風已！

魏徵勸太宗施教化

戰國、暴秦之可以爲漢，魏、晉、南北朝之可以爲唐，五季之可以爲宋，帝王撥亂反正之功，文教優於武力。唐貞觀之治，魏鄭公嘉言讜論爲多，其有裨於當世，以勸太宗施教化之言爲最。貞觀四年，上之初即位也，嘗與羣臣語及教化，上曰：「今承大亂之後，恐斯民未易化也。」魏徵對曰：「不然，久安之民驕佚，驕佚則難教。經亂之民愁苦，愁苦則易化。譬猶飢者，易爲食。渴者，易爲飲也！」上深然之。封德彝非之曰：「三代以還，人漸澆訛，故秦任法律，漢雜霸道，蓋欲化而不能，豈能之而不欲邪！魏徵書生，未識時務，若信其虛論，必敗國家。」徵曰：「五帝、三王不易民而化。昔黃帝征蚩尤，顓頊誅九黎，湯放桀，武王伐紂，皆能身致太平，豈非承大亂之後邪？若謂古人淳樸，漸至澆訛，則至於今日當悉化爲鬼魅矣！人主安得治之。」上卒從徵言，遂成貞觀之治。徵所立論，大臣責難於君當如是矣。漢高祖六年，叔孫通説上曰：「夫儒者，難與進取，可與守成，願徵魯諸生共起朝儀，」遂成西漢文治。通亦識時務之俊傑，未可以其事十主而非之也！

唐高祖頗好游獵，及爲上皇遂罕行幸

甚矣，四海之富，萬乘之尊，爲大利之所在，骨肉至親猶因之而不能不相虞也！太宗玄武門之事，兄弟相殘無論矣。即與高祖父子之間，於授受之際，皆不能無歉於慈孝之誠，而高祖自爲上皇，尤韜晦以自處，雖不敢必其爲太宗所制，然不能如庶民之家人父子，融融洩洩而無虞，得坦然娛其暮景，則以天子受迫而退爲天子父者，固等於孤臣孽子操心危而慮患深矣！武德四年，諫議大夫蘇世長嘗從校獵高陵，大獲禽獸，上顧羣臣曰：「今日畋，樂乎？」世長對曰：「陛下遊獵，薄廢萬幾，不滿十旬，未足爲樂。」則高祖之好田獵可知。五年，上幸宜州，校獵於富平，又校獵於華池。六年，春，上幸驪山温湯。冬，上幸華陰，校獵於華陰。七年，夏，上幸宜州之仁智宫避暑。八年，夏，上幸鄠縣，校獵於甘谷，營大和宫於終南山。六月，上幸太和宫。冬，上校獵於鳴犢泉。九年，春，上幸昆明池，復幸周氏陂。夏，六月，秦王世民殺建成、元吉，上方泛舟海池，世民使尉遲敬德入宿衛。敬德擐甲持矛，直至上所。上大驚，問曰：「今日亂者誰邪？卿來此何爲？」對曰：「秦王以太子、齊王作亂，舉兵誅之。恐驚動陛下，遣臣宿衛。」上謂裴寂等曰：「不圖今日乃見此事。當如之何？」蕭瑀、陳叔達曰：「建成、元吉本不預義謀，又無功於天下，疾秦王功高望重，共爲姦謀。今秦王討而誅之，秦王功蓋宇宙，率土歸心，陛下若處以元良，委之國事，無復事矣。」敬德請降手敕「令諸軍並受秦王處分。」上從之。乃召世民撫之曰：「近日以來，幾有投杼之惑。」立世民爲皇太子。又詔：「自今軍國庶事，無大小，悉委太子處決，然後聞奏。」上以手詔賜裴寂等曰：「朕當加尊號爲太上皇。」秋，八月，制傳位於太子。太子固辭，不許，即皇帝位於東宫顯德殿。貞觀三年，上皇徙居弘義宫，更名大安宫。上始御太極殿。六年，春，上將幸九成宫。通直散騎常侍姚思廉諫。上曰：「朕有氣疾，暑輒頓劇，往避之。」監察御史馬周上疏，以爲「東宫在宫城之中，而大安宫乃在宫城之西，制度比於宸居，尚爲卑小，於四方觀聽，有所不足。宜增修高大，以稱中外之望。又太上皇春秋已高，陛下宜朝夕視膳。今九成宫去京師三百餘里，太上皇或時思念陛下，陛下何以赴之？又，車駕此行，欲以避暑。太上皇尚留暑中，而陛下獨居涼處，温凊之禮，竊所未安」。是高祖自爲上皇，深居大安宮內，未嘗游幸，而太宗亦未嘗奉之出游，孝思亦多闕矣！三月，上幸九成宮。冬，以左光禄大夫陳叔達爲禮部尚書。帝謂叔達曰：「卿武德中有讜言，故以此官相報。」對曰：「臣見隋室父子相殘，以取亂亡，當日之言，非爲陛下，乃社稷之計耳！」是太宗於乃父投杼之惑，猶未忘情也。七年。冬，上幸芙蓉園，校獵少陵原。還宮，從上皇置酒故漢未央宮。上皇命突厥頡利可汗起舞，又命南蠻酋長馮智戴詠詩，既而笑曰：「胡、越一家，自古未有也！」帝奉觴上壽，曰：「今四夷入臣，皆陛下教誨，非臣智力所及。昔漢高祖亦從太上皇置酒此宮，妄自矜大，臣所不取也。」上皇大悦。殿上皆呼萬歲。高祖自爲上皇，享太宗奉侍之樂亦僅此矣。八年，上屢請上皇避暑九成宮。上皇以隋文帝終於彼，惡之，乃營大明宮以爲上皇清暑之所，未成，而上皇寢疾，不果居。九年，夏，閏四月，太上皇自去秋得風疾，庚子，崩於大安宮之垂拱殿。高祖爲帝，不廢游獵，一歲之中數游幸者有之。及退，爲上皇，乃未聞其游觀馳騁以娱優閑之歲月，而鬱鬱以終於深宮之內。若有所嫌，而不敢率其情暢其意者，高祖固善於自處。太宗於養親之道顧何如耶？是歲，冬，葬高祖於獻陵，以光禄大夫蕭瑀爲特進，復令參預政事。上曰：「武德六年以後，高祖有廢立之心而未定，我不爲兄弟所容，實有功高不賞懼。斯人也，不可以利誘，不可以死脅，真社稷臣也」。因賜瑀詩曰：「疾風知勁草，板蕩識忠臣。」帝於山陵哀痛之際，而猶介介於當日之功高不賞，則上皇之罕行幸非有由與！

太宗慎刑之典史不絶書而怒斬張藴古

唐太宗可謂慎刑矣。貞觀元年，上命吏部尚書長孫無忌等與學士、法官更議定律令，寬絞刑五十條爲斷右趾，上猶嫌其慘，曰：「肉刑廢已久，宜有以易之。」蜀王法曹參軍裴弘獻請改爲加役流，徙三千里，居作三年。詔從之。二年，上命自今大辟皆令中書門下四品已上及尚書議之，庶無冤濫。四年，上讀明堂鍼灸書云「人五藏之系，咸附於背」。詔自今毋笞囚背。五年，上謂侍臣曰：「朕以死刑至重，故令三覆奏，蓋欲思之詳熟故也。而有司須臾之間，三覆已訖。又，古刑人，君爲之徹樂減膳。朕庭無常設之樂，然當爲之不啖酒肉，但未有著令。又，百司斷獄，唯據律文，雖情在可矜，而不敢違法，其間豈能盡無冤乎！」乃制：「決死囚者，二日中五覆奏，下諸州者三覆奏。行刑之日，尚食勿進酒肉，内教坊及太常不舉樂。皆令門下覆視。有據法當死而情可矜者，録狀以聞。」由是全活甚衆。其五覆奏者，以決前一二日，至決日又三覆奏。犯惡逆者一覆奏而已。上嘗與侍臣論獄，魏徵曰：「煬帝時嘗有盜發，帝令於士澄捕之，少涉疑似，皆拷訊取服，凡二千餘人，帝悉令斬之。大理丞張元濟怪其多，試尋其狀，内五人嘗爲盜，餘皆平民。竟不敢執奏，盡殺之。」上曰：「此豈唯煬帝無道，其臣亦不盡忠。君臣如此，何得不亡！公等宜戒之！」太宗慎刑之言若此，宜無失刑矣。五年，八月，河内人李好德得心疾，妄爲妖言，詔按其事。大理丞張蘊古奏：「好德被疾有徵，法不當坐。」治書侍御史權萬紀劾奏：「蘊古貫在相州，好德之兄厚德爲其刺史，情在阿縱，按事不實。」上怒，令斬之於市，既而悔之，因詔：「自今有死罪，雖令即決，仍三覆奏乃行刑。」十一年，自張蘊古之死，法官以出罪爲戒。時有失入者，又不加罪。上嘗問大理卿劉德威曰：「近日刑網稍密，何也？」對曰：「此在主上，不在羣臣，人主好寬則寬，好急則急，律文：失入減三等，失出減五等。今失入無辜，失出更獲大罪，是以吏各自免，競就深文，非有教之使然，畏罪故耳。陛下儻一斷以律，則此風立變矣。」上悦，從之。由是斷獄平允。是歲房玄齡定律五百條，立刑名二十等，比隋律減大辟九十二條，減流入徒者七十一條，凡削煩去蠹，變重爲輕者，不可勝紀。然非聽德威之言，則律雖輕而法固未能平也。可見不徒斬蘊古爲失刑，斬一蘊古而失刑者，尤多矣！人主之喜怒誅賞可不慎哉！

太宗不欲數赦，而赦死囚三百九十人

與其殺不辜，寧失不經，好生之德也。眚災肆赦，怙終賊刑，唐、虞之政也。三代而下，治不古若然令主賢臣多不欲赦，如唐太宗言之詳矣。貞觀二年，上謂侍臣曰：「古語有之：『赦者小人之幸，君子之不幸』。『一歲再赦，善人喑啞』。夫養稂莠者害嘉穀，赦有罪者賊良民，故朕即位以來，不欲數赦，恐小人恃之輕犯憲章故也！」然太宗嘗赦重罪之死囚矣。六年，帝親録繫囚，見應死者，閔之，縱使歸家，期以來秋來就死。仍敕天下死囚，皆縱遣，至期來詣京師。七年，去歲所縱天下死囚凡三百九十人，無人督帥，皆如期自詣朝堂，無一人亡匿者，上皆赦之。太宗是舉，譽者盛稱其仁，毁者重譏其詐，第亦可見貞觀之治矣。死囚三百九十人，豈人人能測太宗必赦之情，而無儌幸以逃者乎？然無一人亡匿者，則太平之世，天下無逋逃，主萃淵藪，尤不似亡秦之法，嚴者其名，而疏者其實。張良大索弗得，英布亡命餘耳，匿名罪人有竄匿之鄉也。帝即位數年之後，史稱其時「海内升平」，「外户不閉」，「路不拾遺」，「商旅野宿」，重罪死囚安得匿所乎！

太宗納諫出於强制

英主之能納諫者，三代下，莫太宗若然，多出於强制。貞觀六年，上謂侍臣曰：「朕比來決事，或不能皆如律令，公輩以爲事小，不復執奏。夫事無不由小而致大，此乃危亡之端也。昔關龍逢忠諫而死，朕每痛之。煬帝驕暴而亡，公輩所親見也。公輩常宜爲朕思煬帝之亡，朕常爲公輩念關龍逢之死，何患君臣不相保乎！」以帝之雄才大略而謙抑若此，俾魏徵等能盡其忠，宜貞觀初年之多善政也。貞觀十二年，上謂徵曰：「朕政事何如往年？」對曰：「陛下貞觀之初，恐人不諫，常導之使言，中間悦而從之。今則不然，雖勉從之，猶有難色，所以異也。」觀於此而知其始勤終怠，不免驕心乘之矣！

太宗用李世勣輔相高宗爲大失計

太宗知李世勣，而實則不知世勣者也。自以爲善用世勣，實則不善用世勣者也。貞觀十七年，廢太子承乾，立晉王治爲太子，以長孫無忌爲太子太師，房玄齡爲太傅，蕭瑀爲太保，李世勣爲詹事。瑀、世勣並同中書門下三品。世勣嘗得暴疾，方云鬚灰可療，上自剪鬚爲之和藥，世勣頓首出血，泣謝。上曰：「爲社稷，非爲卿也，何謝之有！」世勣嘗侍宴，上從容謂曰：「朕求羣臣可託幼孤者，無以踰公，公往不負李密，豈負朕哉！」世勣流涕，辭謝，齧指出血，因飲沈醉，上解御服以覆之。是太子甫立之時，帝已託之世勣矣。何忽於其後而改之。二十三年，上謂太子曰：「李世勣才智有餘，然汝與之無恩，恐不能懷服。我今黜之，若其即行，俟我死，汝於後用爲僕射，親任之。若徘徊顧望，當殺之耳。」乃以同中書門下三品李世勣爲疊州都督。世勣受詔，不至家而去。嗟乎！太宗誠將淵之智矣！伊古以來，幾見有託孤顧命之臣，而上以機數御之者哉！抑以機數御之，而後可用者，又安能爲託孤顧命之臣哉！且託之於先，而忽改之於後，又欲用之於没世以輔後嗣。以遇君子尚罔以盡其心，況若世勣者耶！世勣嘗棄其父於竇建德欲殺其壻以立法託其子於弟不肖則搤殺之忍於其所親不仁之尤者而能託以幼孤乎。是歲，太宗崩，太子即位，以世勣爲特進、檢校洛州刺史、洛陽宮留守，尋以之爲開府儀同三司、同中書門下三品，復以爲左僕射，高宗能用父命矣。高宗永徽元年，長孫無忌、褚遂良同心輔政，上亦尊禮二人恭已以聽之，故永徽之政百姓阜安，貞觀之遺風。則雖不用世勣爲相可也。是歲，李勣固求解職，乃辭左僕射。勣殆不樂與無忌、遂良和衷共濟耳。六年，上將立武氏爲后，召無忌、勣、遂良、于志寧入内殿。遂良曰：「今日之召，多爲中宮，上意既決，逆之必死。太尉元舅，司空功臣，不可使上有殺元舅功臣之名。遂良起於草茅，無汗馬之勞，致位至此，且受顧託，不以死爭之，何以下見先帝！」勣稱疾不入。無忌等至内殿，上果問立武昭儀。遂良叩頭流血以爭，武氏勸上殺遂良。無忌爲解之，于志寧不敢言。韓瑗、來濟皆力諫。上皆不納，然亦未決行也。它日，勣入見，上問之曰：「朕欲立武昭儀爲后，遂良固執以爲不可。遂良既顧命大臣，事當且已乎？」對曰：「此陛下家事，何必更問外人！」上意遂決。武氏既立，遂良等相繼竄死，高宗不永其祚，唐室遽易爲周。一言喪邦，勣之罪大矣！麟德二年，上語及隋煬帝，謂侍臣曰：「煬帝拒諫而亡，朕常以爲戒，虚心求諫，而竟無諫者，何也？」李勣對曰：「陛下所爲盡善，羣臣無得而諫。」斯言也，封德彝、宇文士及之徒所以亡隋者，而勣靦然言之而不恤，非玩高宗於股掌而無一毫忠愛之心乎！固太宗以不誠御勣，勣亦以不誠應之。然非其至不仁之性，亦安肯一再爲喪心之言，以對其君哉？總章元年，勣平高麗，成高宗繼志述事之孝，似未嘗無功。蓋至不仁者，可使任股肱而不可與之共心腹。股肱之任不仁者，尚不足爲害，若與之共心腹，託之以孤，則誤矣！勣可用爲將，而不可用爲相者也！太宗嘗謂勣可託孤，欲高宗用以爲相，是不知人，且不善用人矣！豈非失計之大者哉！

武氏以婦人革命，天下晏然，呂、賈、胡、韋胥不能及

女媧爲女皇之説，荒邈難稽。自書契以來，無以女子而真爲天子者，漢呂后稱制而已，晉之賈后，魏之胡后，唐之韋后。或以中宮預政，或以母后臨朝，皆未嘗革命改步，儼然南面而稱尊。有之，其惟唐之武氏乎！高宗永徽五年，初，王皇后無子，蕭淑妃有寵，王后疾之。上之爲太子也，見才人武氏而悦之。太宗崩，隨衆感業寺爲尼。忌日，上詣寺行香，見之，武氏泣，上亦泣。王后聞之，陰令武氏長髮，勸上内之後宮，欲以間淑妃之寵。武氏巧慧，多權數。初入宫，卑辭屈體以事后。后愛之，數稱其美於上。未幾大幸，后及淑妃寵皆衰，更相與共譖之，上皆不

納。武氏生女，后憐而弄之。武氏潛扼殺之，以誣后。六年，許敬宗等潛布腹心於武氏，立武氏爲皇后，殺王后、蕭淑妃。顯慶四年，后令敬宗譖殺長孫無忌。自是，政歸中宫矣。上初苦風眩，頭重，目不能視。百司奏事，上或使皇后決之。后性明敏，涉獵文史，處事皆稱旨。由是，始委以政，事權與人主侔矣。麟德元年，上欲廢后，后知而自訴，上歸罪於上官儀，殺之。自是，政歸中宫，上拱手而已。中外稱「二聖」。弘道元年，上苦頭重不能視，召侍醫秦鳴鶴診之。鳴鶴請刺頭出血可愈，后在簾中，不欲上疾愈，欲斬之。上崩，遺詔太子即位，軍國大事有決者，兼取后進止。武氏光宅元年，中宗欲以韋后父玄貞爲侍中，又欲授乳母五品官，且曰：「我以天下與韋玄貞，有何不可！」乃廢中宗爲廬陵王，立豫王旦爲皇帝，政決於后。太后常御紫宸殿，施慘紫帳以視朝。諸武用事。武氏處心積慮，漸竊政柄，以成乎篡，真女中之操莽也！當麟德總章之際，威加四裔，太宗親征未克之高麗，卒滅於李勣。其武功有足多者。光宅元年，徐敬業起兵，命李孝逸討平之。垂拱四年，稱「聖母神皇」。潛謀革命，稍除宗室，殺韓王元嘉等，欲發梁、鳳、巴、蜑，自雅州開山通道，出擊生羌，因襲吐蕃，謀興大役。永昌元年，北討突厥，刻石紀功。是無異於秦皇、漢武之所爲。武氏之雄略未可厚非也。天授元年，改用周正，以周、漢之後爲二王後，舜、禹、成湯之後爲三恪，周、隋之嗣同列國。改造「天」「地」等十二字。策貢士於洛城殿，貢士殿試自此始。又嘗作明堂，不采諸儒之議，行母喪三年，遂永爲制。其敢於改創製作之勇一也。時法官競爲深酷，唯司刑丞徐有功、杜景儉獨存平恕。酷吏所誣搆者，有功皆爲直之，前後所活數十百家。嘗廷爭獄事，太后厲色詰之，左右爲戰栗，有功神色不撓，爭之彌切。太后雖好殺，知有功正直，甚敬憚之。司刑丞李日知亦尚平恕，嘗與少卿胡元禮力爭殺一囚事。日知果直，囚得不死。長壽元年，太后引見存撫使所舉人，無問賢愚，悉加擢用，高者試鳳閣舍人、給事中，次試員外郎、侍御史、補闕、拾遺、校書郎。試官自此始。時人爲之語曰：「補闕連車載，拾遺平斗量。欋推侍御史，盌脱校書郎。」有舉人沈全交續之曰：「糊心存撫使，眯目聖神皇。」爲御史紀先知所擒，劾其誹謗朝政，請杖之朝堂，然後付法。太后笑曰：「但使卿輩不濫，何恤人言！宜釋其罪。」先知大慚。史稱武氏嚴刑峻罰，觀此而知其經權之用，非高洋輩專逞淫威者之比。垂拱二年，蘇良嗣爲左相，遇后所幸僧懷義於朝堂，懷義偃蹇不爲禮，良嗣大怒，命左右捽曳，批其頰數十。懷義訴於太后，太后曰：「阿師當於北門出入，南牙宰相所往來，勿犯也。」雖漢文帝之於申屠，何以異是。天授二年，以洛州司馬狄仁傑爲地官侍郎、同平章事。太后謂仁傑曰：「卿在汝南，甚有善政。卿欲知譖卿者名乎？」仁傑謝曰：「陛下以臣爲過，臣請改之；知臣無過，臣之幸也。不願知譖者名。」太后深歎美之。長壽元年，用李昭德同平章事。

二年，以婁師德同平章事。萬歲通天元年，制起狄仁傑爲魏州刺史。時契丹入寇，軍書填委，夏官郎中硤石姚元崇剖析如流，皆有條理，太后奇之，擢爲夏官侍郎。太后思徐有功用法平，擢拜左臺殿中侍御史，聞者無不相賀。久視元年，天官侍郎、同平章事吉頊貶安固尉。太后以頊有幹略，故委以腹心。頊與武懿宗爭功於太后前。頊視懿宗，聲氣凌厲。太后由是不悦。它日，頊奏事，方援古引今，太后怒曰：「卿所言，朕飫聞之，無多言。太宗有馬名師子驄，肥逸，無能調馭者。朕爲宫女侍側，言於太宗曰：『妾能制之，然須三物，一鐵鞭，二鐵檛，三匕首。鐵鞭擊之不服，則以檛檛其首，又不服，則以匕首斷其喉。』太宗壯朕之志。今日卿豈足汙朕匕首耶！」頊惶懼流汗，拜伏求生，乃止。

觀太后所言，與高歡對爾朱榮馭惡人當如是。馬之言無異其志氣才略豈尋常女子輩。惜乎太宗不察而預防之也！狄仁傑薦張柬之爲相，又薦姚元崇、桓彦範、敬暉等數十人，率爲名臣。或謂仁傑曰：「天下桃李，盡在公門矣！」三年，鳳閣舍人宋璟勸張説辨魏元忠冤。璟爲張易之等所積怒，欲中傷之。太后知之，故得免。仁傑固能薦賢，然武氏知人善任，明察善斷，故天下英才樂爲之用。此其所以稱帝二十年而天下晏然也！且開元之治，賢相姚、宋皆曾用於武氏之世，則謂武氏能敷求哲人以遺後嗣，亦無不可也！

通鑑劄記卷十四

玄宗無故練兵

古人有言曰：「兵猶火也，不戢將自焚也。」又曰：「無喪而戚憂，必讎焉；無戎而城讎，必保焉。」又曰：「好兵，猶好色也。傷生之事非一，而好色者，必死。賊民之事非一，而好兵者，必亡。」玄宗繼體守文，而好兵耀武，有亡徵焉。開元元年，講武於驪山之下，徵兵二十萬，旌旗連亘五十餘里。以軍容不整，坐兵部尚書郭元振於纛下，將斬之。劉幽求、張説跪於馬前，諫曰：「元振有大功於社稷，不可殺。」乃流新州。斬給事中知禮儀事唐紹，以其制軍禮不肅故也。上始欲立威，亦無殺紹之意，金吾李邈遽宣敕斬之。上尋罷邈官，廢棄終身。時二大臣得罪，諸軍多震懾失次。惟左軍節度薛訥、朔方道大總管解琬二軍不動，上遣輕騎召之，皆不得入其陳。上深歎美，慰勉之。玄宗正位之初，國家宴安已久，而鋭意講武如此，未始非耀武之漸也。五年，置天兵軍於并州，集兵八萬。六年，徙横野軍於山北，屯兵三萬，然此猶邊兵也。十年，初，諸衛府兵，自成丁從軍，六十而免，其家又不免雜徭，浸以貧弱，逃亡略盡，百姓苦之。張説建議，請召募壯士充宿衛，不問色役，優爲之制，逋逃者爭出應募。上從之。旬日，得精兵十三萬，分隸諸衛，更番上下。兵農之分，從此始矣。上欲耀兵北邊，以秦州都督張守潔等爲諸衛將軍。十三年，更命長從宿衛之士曰「彍騎」，分隸十二衛，總十二萬人爲六番。十六年，改彍騎爲左、右羽林軍飛騎。是帝注意邊兵，亦重視宿衛也。十九年，初，令兩京諸州各置太公廟，以張良配享，選古名將，以備十哲。以二、八月上戊致祭，如孔子禮。司馬光曰：「君子有勇而無義，爲亂；小人有勇而無義，爲盜。若專訓之以勇力，而不使之知禮義，奚所不爲矣！」玄宗崇祀武神，無非重武之意，是即耀武之心也。天寶元年，分平盧别爲節度，以安禄山爲節度使。是時，天下聲教所被之州三百二十一，羈縻之州八百，置十節度、經略使以備邊。安西節度撫寧西域，兵二萬四千人；北庭節度防制突騎施，兵二萬人；河西節度斷隔吐蕃、突厥，兵七萬三千人；朔方節度捍禦突厥，兵六萬四千七百人；河東節度與朔方犄角，以禦突厥，兵五萬五千人；范陽節度臨制奚、契丹，兵九萬一千四百人；平盧節度鎮撫室韋、靺鞨，兵三萬七千五百人；隴石節度備禦吐蕃，兵七萬五千人；劍南節度西抗吐蕃，南撫蠻、獠，兵三萬九百人；嶺南五府經略綏靜夷、獠，兵萬五千四百人。此外又有長樂經略，福州領之，兵千五百人。東萊守捉，萊州領之；東牟守捉，登州領之；兵各千人。凡鎮兵四十九萬人，馬八萬餘匹。開元之前，每歲供邊兵衣糧，費不過二百萬。天寶之後，邊將奏益兵浸多，每歲用衣千二十萬匹，糧百九十萬斛，公私勞費，民始困苦矣！唐室兵威之盛，莫過於此時，然不久即有安禄山之叛，非不戢自焚之明驗乎！

王忠嗣不以人命易官，爲武臣中僅見

名將恒有，賢將不恒有。將之有才勇者，名將也。將之有德器者，賢將也。若唐之王忠嗣，殆可謂賢將矣！玄宗天寶四載，以朔方節度使王忠嗣兼河東節度使。忠嗣鎮方面專以持重、安邊爲務。常曰：「太平之將但當撫循、訓練士卒而已，不可疲中國之力以邀功名。有漆弓百五十斤嘗貯之於橐中，以示不用。軍中日夜思戰，忠嗣多遣諜人伺其間隙，見可勝然後興師。故出必有功。既兼兩道節制，自朔方至雲中，邊陲數千里要害之地，悉列置城堡、斥地各數百里，邊人以爲自張仁亶之後將帥皆不及忠嗣。事玄宗好武之主，當天寶耀兵之時，而不肯生事邀功，其識度已非常人可及。其尤有大過人者，則不肯以人命易官。六載，忠嗣時任河西、隴右節度使，以部將哥舒翰爲大斗軍副使，李光弼爲河西兵馬使、充赤水軍使。翰父祖本突騎施别部酋長。光弼，契丹王楷洛之子也。皆以勇略爲忠嗣所重。忠嗣使翰擊吐蕃，有同列爲之副，倨慢不爲用，翰撾殺之，軍中股慄，累功至隴右節度副使。上欲使忠嗣攻吐蕃石堡城，忠嗣上言「石堡險固，吐蕃舉國守之。今頓兵其下，非殺數萬人不能克；臣恐所得不如所亡，不如且厲兵秣馬，俟其有釁，然後取之」。上意不快。將軍董延光自請將兵取石堡城，上命忠嗣分兵助之。忠嗣不得已奉詔，而不盡副延光所欲，延光怨之。李光弼言於忠嗣曰：「大夫以愛士卒之故，不欲成延光之功，雖迫於制書，實奪其謀也。何以知之？今以數萬衆授之，而不立重賞，士卒安肯爲之盡力乎？然此天子意也，彼無功，必歸罪於大夫。大夫軍府充牣，何愛數萬叚帛不以杜其讒口乎！」忠嗣曰：「今以數萬之衆爭一城，得之未足以制敵，不得亦無害於國，故忠嗣不欲爲之。忠嗣今受責天子，不過以金吾、羽林一將軍歸宿衛，其次不過黔中上佐；忠嗣豈以數萬人之命易一官乎！李將軍，子誠愛我矣！然吾志決矣，子勿復言。」光弼曰：「鄉者恐爲大夫之累，故不敢不言。今大夫能行古人之事，非光弼所及。」遂趨出。延光過期不克，言忠嗣阻撓軍計，上怒。李林甫因使濟陽别駕魏林告「忠嗣嘗自言我幼養宫中，與忠王相愛狎」，欲擁兵以尊奉太子。敕徵忠嗣入朝，委三司鞫之。上曰「吾兒居深宫，安得與外人通，謀此必妄也。但劾忠嗣阻撓軍功」。三司奏，忠嗣罪當死。哥舒翰始遇知於上，力陳忠嗣冤，且請以己官爵贖忠嗣罪。上起，入禁中，翰叩頭隨之，言與淚俱。上感寤，貶忠嗣漢陽太守。忠嗣不惜顯官，而愛數萬人之命，有古仁人儒者之風，豈彼上首功、希厚賞者流所可同日而語哉！然可見史册所稱爲名將而躋顯秩者，殆皆人命易官之類耳。若忠嗣者，誠曠世罕覯者已！

哥舒翰、李光弼受命出師皆以致敗

唐之粃政，莫如中旨督戰也。玄宗末年，朝政壞，兵備弛。可以召亡者不一，而莫甚於潼關之役，促哥舒翰出師，一敗而幾覆其社。天寶十四載，安禄山反陷東都，封常清敗，高仙芝走，以監軍宦者邊令誠之譖而殺之。任哥舒翰守潼關，顔杲卿等反正於河北。初，禄山欲自將攻潼關，至新安，聞河北有變，還洛陽。肅宗至德元載，郭子儀、李光弼等大敗賊將史思明。於是河北數十餘郡皆殺賊守將而降。漁陽路再絶，賊將士家在漁陽者無不摇心。禄山大懼，議棄洛陽，走歸范陽，計未決。是時，天下以楊國忠驕縱召亂，莫不切齒。又禄山起兵以誅國忠爲名，王思禮密説哥舒翰，使抗表請誅國忠，翰不應。思禮又請以三十騎劫取以來，至潼關殺之。翰曰：「如此，乃翰反，非禄山也。」或説國忠：「今朝廷重兵盡在翰手，翰若援旗西指，於公豈不危哉！」國忠大懼，乃奏「潼關大軍雖盛，而後無繼，萬一失利，京師可憂，請選監牧小兒三千於苑中訓練。」上許之，使劍南軍將李德福等領之。又募萬人屯灞上，令所親杜乾運將之，名爲禦賊，實備翰也。翰聞之，亦恐爲國忠所圖，乃表請灞上軍隸潼關。召杜乾運詣關，因事斬之。國忠益懼。會有告崔乾祐在陝，兵不滿四千，皆羸弱無備，上遣使趣哥舒翰進兵，復陝洛。翰奏曰：「禄山久習用兵，今始爲逆，豈肯無備。是必羸師以誘我，若往，正墮其計中。且賊遠來，利在速戰；官軍據險以扼之，利在堅守。況賊殘虐失衆，兵勢日蹙，將有内變，因而乘之，可不戰擒也！要在成功，何必務速！今諸道徵兵尚多未集，請且待之。」郭子儀、李光弼亦上言「請引兵北取范陽，覆其巢穴，質賊黨妻子以招之，賊必内潰。潼關大軍，唯應固守以弊之，不可輕出。」以當時事勢論之，斯言實上策也。乃國忠疑翰謀己，言於上，以「賊方無備，而翰逗留，將失機會。」上以爲然，續遣中使趣之，項背相望。翰不得已，撫膺痛哭。引兵出關，戰，大敗，潼關遂陷。玄宗奔蜀，幾亡宗社，皆中旨促戰爲之，非不幸也。肅宗親見其事，乃不以爲戒，而復效之。上元二年，史思明在洛，或言：「洛中將士皆燕人，久戍思歸，上下離心，擊之，可破也。」陝州觀軍使魚朝恩以爲信然，屢言於上，上勑李光弼等進取東京。光弼奏稱：「賊鋒尚鋭，未可輕進。」朔方節度使僕固懷恩，勇而愎，麾下皆蕃、漢勁卒，恃功，多不法。郭子儀寬厚曲容之，每用兵臨敵，倚以集事。李光弼性嚴，一裁之以法，無所假貸。懷恩憚光弼而心惡之，乃附朝恩言「東都可取」。由是，中使相繼，督光弼使出師，光弼不得已，使鄭陳節度使李抱玉守河陽，與懷恩將兵會朝恩及神策節度使衛伯玉攻洛陽。陳於邙山。光弼命依險而陳，懷恩陳於平原，光弼曰：「依險則可以進，可以退。若平原，戰而不利，則盡矣。思明不可忽也。」命移於險，懷恩復止之。史思明乘其陳未定，進兵薄之，官軍大敗，死者數千人，軍資器械盡棄之。光弼、懷恩度河，走保聞喜，朝恩、伯玉奔還陝，抱玉亦棄河陽走，河陽、懷州皆没於賊。朝廷聞之，大懼，益兵屯陝，是役與相州之敗皆魚朝恩爲之。郭、李兵柄先後俱罷，討賊之權付之僕固懷恩。賊衆雖降，而懷恩留降將，分帥，自爲黨援，河北遂非國有，迄於唐亡。則邙山以促戰而敗，光弼罷，而懷恩得專兵權以遺藩鎮之禍，是役關係之重大亦不在潼關一役下矣！

雷海清以不屈死

禄山之亂，自東京留守李憕、御史中丞盧奕死難外，長安大官貴戚從賊者踵相接，以開元政治之美，太平之久，而當時人士之氣節乃若是，其頹然不振耶！及觀雷海清僅一樂工，而以不屈爲禄山所殺，乃知忠義之氣、羞憤之心固人人秉彝之，良藴於中者有時必發於外。其安然立於僞賊之朝，而無羞耻之色者，乃其人患失之極，致良心之梏亡。少數人之不肖，不可以爲滔滔皆是，誣當時風俗世道之敝也。不然，忠臣義士胡猶出於優伶廝養中耶！唐肅宗至德元載，初，上皇每酺宴，先設太常雅樂坐部、立部，繼以鼓吹、胡樂、教坊、府縣散樂、雜戲。又以山車、陸船載樂往來；又出宮人舞「霓裳羽衣」；又教舞馬百匹，銜杯上壽；又相犀象入場，或拜，或舞。安禄山見而悦之，既克長安，命搜捕樂工，運載樂器、舞衣，驅舞馬、犀、象皆詣洛陽。禄山宴其羣臣於凝碧池，盛奏衆樂；梨園子弟往往欷歔泣下，賊皆露刃睨之。樂工雷海清不勝悲憤，擲樂器於地，西向慟哭。禄山怒，縛於試馬殿前，支解之。海清無一命之貴，而以身事二主爲耻。授命之烈，雖以之媲美留守中丞，亦無媿色。然觀於此而張均兄弟之罪，爲尤不可赦矣！

房琯徒有虚名

趙以趙括知兵而用之，喪師四十萬衆，邯鄲幾亡，晉以殷浩負盛名而用之，北伐挫敗，兵柄移於桓温。甚矣，徒負虚名之誤國也。唐肅宗至德元載，上素聞房琯名，虚心待之。琯見上，言時事，辭情慷慨，上爲之改容。由是軍國事多謀於琯，琯亦以天下爲己任，知無不爲。諸相拱手避之。宜若可以有爲矣。乃琯喜賓客，好談論，多引拔知名之士，而輕鄙庸俗，人多怨之。賀蘭進明與琯有隙，言於上曰：「晉用王衍爲三公，祖尚浮虚，致中原板蕩。今房琯專爲迂闊大言以立虚名，所引用皆浮華之黨，真王衍之比也。陛下用爲宰相，恐非社稷之福。且琯在南朝佐上皇，使陛下與諸王分領諸道節度，仍置陛下於沙塞空虚之地，又布私黨於諸道，使統大權。其意以爲上皇一子得天下，則已不失富貴，此豈忠臣所爲乎？」上由是疏之。進明之言未免出於私憾，然琯之虚浮迂闊於其車戰致敗可以證之。琯上疏請自將兵復兩京，上許之，加持節、招討西京兼防禦蒲潼兩關兵馬節度等使。琯請自選參佐，以御史中丞鄧景山爲副，户部侍郎李揖爲行軍司馬，給事中劉秩爲參謀。既行，又令兵部尚書王思禮副之。琯悉以戎務委李揖、劉秩，二人皆書生，不閑軍旅。琯謂人曰：「賊曳落河雖多，安能敵我劉秩！」琯分爲三軍：使裨將楊希文將南軍，自宜壽入；劉貴哲將中軍，自武功入；李光進將北軍，自奉天入。琯以中軍、北軍爲前鋒，至便橋。二軍遇賊將安守忠於咸陽之陳濤斜。琯效古法，用車戰，以牛車二千乘，馬步夾之；賊順風鼓譟，牛皆震駭。賊縱火焚之，人畜大亂，官軍死傷者四萬餘人，存者數千而已。琯自以南軍戰，又敗，楊希文、劉貴哲皆降於賊。上聞琯敗，大怒。李泌爲之營救，上乃宥之，待琯如初。古人器物難盡施於後世，況戰鬬之事、死生存亡所繫，惡可泥古以行險。覆軍辱國雖正軍法亦其宜也。鄴侯救之，肅宗宥之，猶重琯虚名，失刑甚矣！

廣平王俶拜葉護以全西

利可以動人，禮亦可以御人。然純乎動人以利，或足啟人之貪。固不若御人以禮，可以得人之情，尤可以止人之暴也。肅宗至德二載，郭子儀以回紇兵精，勸上益徵其兵以擊賊。懷仁可汗遣其子葉護及將軍帝德等將精兵四千餘人來至鳳翔。上引見葉護，宴勞賜賚，惟其所欲。是肅宗之用回紇僅以利動之而已。元帥廣平王俶將朔方等軍及回紇西域之衆十五萬，號二十萬，發鳳翔。俶見葉護，約爲兄弟，葉護大喜，謂俶爲兄。廣平蓋以情結之，亦即以禮御之也。郭子儀留宴三日。葉護曰：「國家有急，遠來相助，何以食爲！」宴畢，即日行。是夷狄亦知禮義，不必盡以饕餮之徒待之也。初，上欲速得京師，與回紇約曰：「克城之日，土地士、庶歸唐，金帛、子女皆歸回紇。」肅宗純乎以利餌回紇，幸而回紇此時猶未盡知唐之虚實。設如後之登里可汗輕唐而狡焉。思啟於金帛子女之外，而猶有覬覦唐，亦將應之乎！以是知利之可以動人，而有不可專用以爲餌者。大軍入西京，葉護欲如約。廣平王俶拜於葉護馬前曰：「今始得西京，若遽俘掠，則東京之人皆爲賊固守，不可復取矣，願至東京乃如約。」葉護驚躍下馬答拜，跪捧王足，曰：「當爲殿下徑往東京。」即與僕固懷恩引回紇、西域之兵自城南過，營於滻水之東。百姓、軍士、胡虜見俶拜，皆泣曰：「廣平王真華、夷之主！」上聞之喜曰：「朕不及也！」唐於是役所以御回紇者，廣平王之智略固勝於肅宗。惜乎，猶未得體，致貽後患，不可不察也！廣平既與葉護約爲兄弟，葉護亦喜而謂之爲兄矣。禮無論中外，兄豈有先拜弟者哉。廣平欲止西京之掠，與葉護並騎執手，諭之以情，葉護亦未嘗不聽，何必以中邦元子之尊，而屈體於虜帥，行一時之權，而啟來日侵凌之漸乎！廣平不能守禮，致回紇驚喜於俄頃，傳播於無窮，以爲中國儲君固嘗拜吾葉護者，則後之登里可汗責雍王适不拜，將軍車鼻遂鞭死其官屬，中國受侮莫此爲甚。固當時回紇爲史朝義所誘，有輕唐之心，然亦何嘗非廣平一拜，啟之乎。故君子之用禮不可不慎！

陷賊官六等定罪，爲河朔不復之由

賞以慶君子，刑以威小人，然亦惟其時措之宜耳。國家治平無事，一賞而民勸，一怒而民威，朝廷之勢重也。天下將亂，立法示威，禁人爲非，以遏亂萌也。若夫大亂初定，禍本未除，人將湔滌自拔以去其舊染之污，而國家窮其舊惡，重以法綱繩之，則不特阻人自新之路，且適以爲叢敺雀，爲淵敺魚。如唐之初復兩京，陷賊官六等定罪是也。肅宗至德二載，史思明降，雖相州未下，河北率爲唐有。崔器、吕諲上言：「諸陷賊官，背國從僞，準律皆應處死。」上欲從之。李峴以爲：「賊陷兩京，天子南巡，人自逃生。此屬皆陛下親戚，或勳舊子孫，今一槩以叛法處死，恐乖仁恕之道。且河北未平，羣臣陷賊者尚多，若寬之，足開自新之路；若盡誅，是堅其附賊之心也。書曰『殲厥渠魁，脅從罔理。』諲、器守文，不達大體。惟陛下圖之。」爭之累日，上從峴議，以六等定罪，重者刑之於市，次賜自盡，次重杖一百，次三等流、貶。斬達奚珣等十八人於城西南獨柳樹下，陳希烈等七人賜自盡於大理寺；應受杖者於京兆府門。頃之，有自賊中來者，言「唐羣臣從安慶緒在鄴者，聞廣平王赦陳希烈等，皆自悼，失身賊庭；及聞希烈等誅，乃止。」上甚悔之。蓋即六等定罪，雖死者較少，而法網不爲不密，一著丹書，終身不齒，示人不廣，安得收拾人心於既散之日耶！當是時，思明初降，相州未下，車書非一，人心不寧，正宜弘寬大之恩，開自新之路，俾河北新降者安定，鄴郡從逆者來歸，則慶緒無得而負嵎，思明不至於復叛，統一之基於是乎！奠中興之業於是乎！成再造之功比於少康、光武，豈不偉哉！漢高祖侯雍齒而反側自安，唐肅宗誅陷賊官而自新絕路，刑賞之用其關係詎不重哉！

九節度師潰相州

晉之平吳也，東西諸道並進，凡二十餘萬，而命大都督爲諸軍節度。隋之平陳，八道俱出，凡總管九十，兵五十一萬八千，皆受晉王節度。自古出師致討用衆而成功者，未有不由於用將之專，號令之一，所謂師出以律，師克在和。律者，和者，皆統於一之謂也。反是則凶，唐肅宗乾元元年，命朔方郭子儀、淮西魯炅、興平李奐、滑濮許叔冀、鎮西。北庭李嗣業、鄭蔡季廣琛、河南崔光遠七節度使及平盧兵馬使董秦將步騎二十萬討安慶緒；又命河東李光弼、關內澤潞王思禮二節度使將所部助之。上以子儀、光弼皆元勳，難相統屬，故不置元帥，但以宦官開府儀同三司魚朝恩爲觀軍容宣慰處置等使。觀軍容之名自此始。肅宗昧於用衆之道矣。子儀等敗慶緒，慶緒入城固守，子儀等圍之。慶緒求救於史思明，且請以位讓之。思明發范陽兵十三萬欲救鄴，觀望未敢進，先遣李歸仁將步騎一萬軍於滏陽，遥爲慶緒聲援。可見當時唐之軍威赫濯，苟擇一帥以統之，其成功固可必也。二年，郭子儀等九節度使圍鄴城，築壘再重，穿塹三重，壅漳水灌之。城中井泉皆溢，構棧而居，自冬涉春，安慶緒堅守以待思明，食盡，人皆以爲克在朝夕，而諸軍既無統帥，進退無所稟。城中人欲降者，礙水深，不得出。城久不下，上下解體。斯時也，唐師已有必潰之勢矣。故思明乃自魏州引兵趣鄴，使諸將去城各五十里爲營，每營擊鼓三百面，遥脅之。又每營選精騎五百，日於城下抄掠，官軍出，輒散歸其營。諸軍人馬牛車日有所失，樵採甚難，晝備之則夜至，夜備之則晝至。時天下饑饉，轉餉者南自江、淮，西自并、汾，舟車相繼。思明多遣壯士竊官軍裝號，督趣運者，責其稽緩，妄殺戮人，運者駭懼。舟車所聚，則密縱大焚之。往復聚散，自相辨識，而官軍邏捕不能察也。由是諸軍乏食，人思自潰。思明乃引大軍直抵城下，官軍刻日與之決戰。官軍步騎六十萬陳於安陽河北，思明自將精兵五萬敵之，諸軍望之，以爲遊軍，未介意。思明直前奮擊，李光弼、王思禮、許叔冀、魯炅先與之戰，殺傷相半。魯炅中流矢。郭子儀承其後，未及布陳，大風忽起，吹沙拔木，天地晝晦，咫尺不相辨，兩軍大驚，官軍潰而南，賊潰而北，棄甲仗輜重委積於路。子儀以朔方軍斷河陽橋以保東京。戰馬萬匹，惟存三千。甲仗十萬，遺棄殆盡。東京士民驚駭，奔山谷。留守崔圓、河南尹蘇震等官吏南奔襄、鄧。諸節度各潰歸本鎮。士卒所過剽掠，吏不能止，旬日方定。惟李光弼、王思禮整勒部伍，全軍以歸。子儀至河陽，將謀城守，師人相驚，又奔缺門。諸將繼至，衆及數萬，議捐東京，退保蒲、陝。都虞候張用濟曰：「蒲、陝荐饑，不如守河陽，賊至併力拒之。」子儀從之。使都游奕使韓遊瓌將五百騎前趣河陽，用濟以步卒五千繼之。周摯引兵爭河陽，後至，不得入而去。用濟役所部兵築南、北兩城而守之。段秀實帥將士妻子及公私輜重自野戍渡河，待命於河清之南岸，諸將各上表謝罪，上皆不問。敗潰之由誠肅宗不命統帥爲之，不能罪諸將也。夫郭、李雖皆元勳，而光弼本曾居郭下，使子儀爲帥亦何不可，而其所以不專任子儀者，朝恩惡子儀，殆居中爲之梗耳。則是役之敗朝恩其罪魁矣！

郭子儀處境之難

挾震主之威，有不賞之功，而事雄猜之主，處境已難矣。若遇庸闇者，則處境尤難。唐肅宗、代宗無雄鷙之才，而性質庸闇，易爲讒間所入。郭子儀以元勳上將，立於其朝，安於其位，豈非戛戛乎其難哉！肅宗至德元載，太子至靈武，未幾，郭子儀將兵五萬自河北至，軍威始振，人有興復之望。以子儀爲武部尚書、靈武長史，李光弼爲户部尚書、北都留守，並同平章事，以廣平王俶爲天下兵馬大元帥。二載，上謂李泌曰：「今郭、李已爲宰相，若克兩京，平四海，則無官以賞之，奈何?」是安史未平，子儀已有不賞之懼矣！上以郭子儀爲司空、天下兵馬副元帥，使將兵赴鳳翔。進屯潏西，追賊於清渠爲賊所敗，乃詣闕自貶，以爲左僕射。固因敗而請貶，然可見子儀抑畏之情矣。上勞饗諸將，遣攻長安，謂子儀曰：「事之濟否，在此行也！」對曰：「此行不捷，臣必死之。」遂奉廣平王俶與李嗣業、王思禮等將，朔方等軍及回紇西域之衆十五萬克復兩京。上還西京。俶、子儀自東京來，上勞子儀曰：「吾之國家，由卿再造」加子儀司徒，光弼司空。乾元元年，以殿中監李輔國兼太僕卿，輔國依附張淑妃，判元帥府行軍司馬，勢傾朝野。其於至德二載已譖殺建寧王倓。是時，廣平王俶及李泌皆内懼，泌終求歸衡山矣。以建寧父子之親，李泌帷幄之密，然一不免於死，一自危而去。肅宗其可與共安樂者耶。是歲，以子儀爲中書令，光弼爲侍中。子儀詣行營。尋會諸節度討安慶緒，不置元帥，以魚朝恩爲觀軍容使。二年，九節度潰於相州，子儀雖有守河陽功，以爲東畿、山東、河東諸道元帥。魚朝恩惡之，因其敗短之於上。上召子儀還京師，以李光弼代爲朔方節度使、兵馬元帥。士卒涕泣，遮中使請留子儀。子儀紿之曰：「我餞中使耳！未行也。」因躍馬而去。將士樂子儀之寬，憚光弼之嚴。張用濟謀以精鋭突入東京，逐光弼，請子儀，其士皆被甲上馬，銜枚以待。僕固懷恩曰：「今逐李公而彊請郭公，是反也，其可乎！」康元寶曰：「君以兵請郭公，朝廷必疑公諷君爲之，是破其家也。郭公百口何負於君乎！」乃止。當時危疑之狀，朔方部將亦知之矣。上元元年，李輔國遷上皇於西内，上勞輔國有安社稷功。上皇辟穀，浸以成疾。是肅宗先忍於其子，玆且忍於其父。爲之功臣若子儀者，不尤難哉。或言：「天下未平，不宜置子儀於散地。」命出鎮邠州，党項遁去。又使子儀統諸道兵，自朔方直取范陽，還定河北，發射生英武等禁軍及朔方、鄜坊、邠寧、涇原諸道蕃、漢兵共七萬人，皆受子儀節度。制下旬日，復爲魚朝恩所阻，事遂不行。果其行也，則史思明有内顧之憂，李光弼成夾攻之勢，必無邙山之敗。郭、李成功又無樹置河北諸帥之禍矣。惜乎，肅宗信子儀不如其信朝恩，宜其不行也。上元二年，朝恩勸上促光弼戰，敗於邙山。光弼亦罷兵柄。寶應元年，太原軍亂，絳州諸軍又亂，剽掠不已。朝廷憂其與太原亂兵合從連賊，非新進諸將所能鎮。以子儀爲汾陽王，知朔方、河中、北庭、潞澤節度行營，兼興平定國等軍副元帥，發京師絹四萬匹，布五萬，端米六萬石，以給絳軍。子儀將行，時上不豫，羣臣莫得進見。子儀請曰：「老臣受命，將死於外，不見陛下，目不瞑矣。」上召入卧内，謂曰：「河東一以委卿。」史朝義遣兵圍李抱玉於澤州，子儀發定國軍救之，乃去。初，李國貞治軍嚴，朔方將士不樂，皆思子儀，故王元振因之作亂。子儀至軍，元振自以爲功，子儀曰：「汝臨賊境，輒害主將，若賊乘其釁，無絳州矣。吾爲宰相，豈受一卒之私耶。」收元振及其同謀四十人皆殺之。子儀御下素寬，而懲元振獨嚴，固法不可原，亦其處境不容稍忽也。代宗立，以子儀都知朔方、河東、北庭潞、儀、澤、沁、陳、鄭等節度行營及興平等軍副元帥。子儀自河東入朝。時程元振用事，忌子儀功高任重，數譖之於上。子儀不自安，表請解副元帥、節度使，上慰撫之，子儀遂留京師。於是，河北之收，子儀不與，又以僕固懷恩有平河朔功，請以副元帥讓之。廣德元年，史朝義走死河北，諸州皆降，薛嵩等迎懷恩，拜於馬首，乞行間自效。懷恩亦恐賊平寵衰，故奏留嵩等及李寶臣分帥河北，自爲黨援。朝廷亦厭苦兵革，因而授之，遂成河北藩鎮之禍。使子儀爲帥，安得至此哉！然而子儀不敢爭者，處疑忌之地，有難言之隱也。子儀數上言：「吐蕃党項不可忽，宜早爲之備。」吐蕃入寇，邊將告急，程元振不以聞。及過邠州，上始聞之。吐蕃寇奉天、武功，京師震駭。詔以「雍王适爲關内元帥，郭子儀爲副元帥，出鎮咸陽以禦之。」子儀閑廢日久，部曲離散，至是召募得二十騎而行，至咸陽，寇衆二十餘萬，已自司竹園度渭，循山而東。子儀遣王延昌，請益兵，元振遏之，竟不召見。吐蕃度便橋，上出幸陝州，子儀聞之，遽歸長安。射生將王獻忠挾豐王珙等十王謀廢立。子儀責讓之，以兵援送行在。上至陝，百官稍有至者。子儀引三十騎自御宿川循山而東，命王延昌收六軍將士逃潰者，至商州共得兵四千人，軍勢稍振。子儀乃泣諭將士以共雪國耻，取長安，皆感激受約束。上賜子儀詔，徵詣行在。子儀稱：「臣不收京城無以見陛下。」會叚秀實説白孝德引兵赴難，諸州合勢進擊。子儀使左羽林大將軍長孫全緒將二百騎出藍田，以疑吐蕃，前光禄卿殷仲卿帥二百騎直度滻水，吐蕃懼，百姓又紿之曰：「郭令公自商州將大軍不知其數！」虜以爲然，全緒使王甫入城陰結少年數百，夜擊鼓大呼於朱雀街，吐蕃惶駭，遁去。子儀引三十騎入長安，斬暴横聚衆者，召白孝德與張蘊琦兵入屯，京畿遂安。子儀迎上於滻水東，伏地待罪，上勞之曰：「用卿不早，故及於此。」是役也，子儀以至少之兵，退至衆之虜，可謂奇功，然代宗仍用魚朝恩爲天下觀軍容使，總禁兵，權寵無比，其心從可見矣。二年，以僕固懷恩叛李抱真，請用子儀領朔方以招其將士，上然之，謂子儀曰：「懷恩父子負朕實深，聞朔方將士思公如枯旱之望雨，公爲朕鎮撫河東，汾上之師必不爲變。」以子儀爲關内、河東副元帥、河中節度等使，旋授朔方節度大使。懷恩將士聞之，皆曰：「吾輩從懷恩爲不義，何面目見汾陽王！」子儀至河中。雲南子弟萬人戍河中，將貪卒暴，爲一府患，子儀斬十四人，杖三十人，府中遂安。既誅僕固瑒，傳首詣闕，羣臣入賀，上慘然不悦，曰：「朕信不及人，致勳臣顛越，深用爲愧，又何賀焉！」命優待懷恩之母。代宗何嘗不憾懷恩父子，乃作是言者，仍爲子儀而發。史稱功臣感歎，大有微辭，宜深思之。子儀如汾州，悉收懷恩之衆。子儀以安史昔據洛陽，故諸道置節度使以制其要衝。今大盗已平，而所在聚兵，耗蠹百姓，表請罷之，仍自河中爲始。於是，勅罷河中節度及耀德軍。子儀復請罷關内副元帥，不許。是歲，李光弼卒。光弼與子儀齊名，而晚節擁兵不朝，諸將遂不稟畏，愧恨而卒，猶不及子儀。子儀能忍，而光弼不能忍以致於此，益見唐室中葉功臣之不可爲。僕固懷恩與回紇、吐蕃進逼奉天，京師戒嚴。諸將請戰，子儀不許，以驕之。夜，子儀出陳於乾陵。未明，虜衆大至，忽見大軍，驚愕，遂不戰而退。子儀使裨將李懷光追之，虜遁。加子儀尚書令。子儀以爲：「自太宗爲此官，累聖不復置，近皇太子亦嘗爲之，非微臣所宜當。」固辭不受，還鎮河中。代宗之於子儀，其尊之愈甚也，疑之愈深。苟非子儀小心寅畏，其不爲光弼也幾希。永泰元年，心上女昇平公主嫁子儀之子曖。吐蕃入寇，上召子儀於河中，使屯涇陽。會大雨，虜退。遇回紇，復相與入寇，合兵圍涇陽。子儀堅守，二虜退，尋復至城下。是時，回紇與吐蕃聞懷恩已死，爭長不相睦，分營而居，子儀知之。回紇在城西，子儀使人説回紇共擊吐蕃，回紇不信。子儀在涇陽欲一見爲信子儀即欲挺身往説之，諸將請選鐵騎五百爲衛從，子儀曰：「此適足爲害也。」郭晞扣馬諫曰：「大人，國之元帥，奈何以身爲虜餌！」子儀曰：「今戰，則父子俱死而國家危。往以至誠與之言，或幸而見從，則四海之福也！不然，則身没而家全。」以鞭擊其手曰：「去！」遂與數騎開門而出，使人傳呼曰：「令公來！」回紇大驚。其大帥合胡祿都督藥葛羅，可汗之弟也，執弓注矢立於陣前。子儀免胄釋甲投槍而進，回紇諸酋長相顧曰：「是也！」皆下馬羅拜。子儀亦下馬，前執藥葛羅手，讓之曰：「汝回紇有大功於唐，唐之待汝亦不薄，奈何負約。今吾挺身而來，聽汝殺我。我之將士必致死與汝戰。」藥葛羅曰：「懷恩欺我，我曹豈肯與令公戰乎！」子儀因説之擊吐蕃。藥葛羅諾子儀，乃取酒與其酋長共飲，執酒爲誓，藥葛羅亦曰：「如令公誓！」竟定約而還。吐蕃聞之，夜遁，追擊，大破之。子儀又使人諭党項帥降。子儀攘外之功，莫大於是役。當其挺身而出，雖子儀亦不自謂萬全，惜朝廷不能早納其言，盡從其計，防患於未然，至於二虜深入，臨事危迫，惟有躬蹈險途以解國家之急，其處境不亦大可悲乎！大曆元年，子儀以河中軍食常乏，乃自耕百畝。將校以是爲差，於是士卒皆不勸而耕。是歲河中野無曠土，軍有餘糧。二年，子儀入朝，上命元載、王縉、魚朝恩等互置酒於其第，一會之費至十萬緡。上禮重子儀，常謂之大臣而不名。郭曖常與昇平公主爭言，曖曰：「汝倚乃父爲天子邪？我父薄天子而不爲！」公主恚，奔車奏之。上曰：「此非汝所知。彼誠如是，使彼欲爲天子，天下豈汝家所有邪！」慰諭令歸。子儀聞之，囚曖，入待罪。上曰：「鄙諺有之，『不癡不聾，不作家翁。』兒女子閨房之言，何足聽也！」子儀歸，杖曖數十。代宗天下豈汝家有之言，子儀聞之寧不自危，幸其忠謹誠欵，有以自處耳！是歲，吐蕃入寇，詔子儀自河中帥甲士三萬鎮涇陽，京師戒嚴。子儀移鎮奉天。盜發子儀父冢，捕之，不獲。人以爲魚朝恩素惡子儀，疑其使之。子儀自奉天入朝，朝廷憂其爲變。子儀見上，上語及之，子儀流涕曰：「臣久將兵，不能禁暴，軍士多發人冢。今日及此，乃天譴，非人事也。」朝廷乃安。夫至父冢被發，而不能如氓隸之子追仇獲盜，猶得伸其孝子之情，且不能不爲婉巽之詞，以解朝廷之惑，其艱苦之狀固百倍於恒人所謂

「主憂臣辱」者非與。四年，子儀入朝，魚朝恩邀之游章敬寺。元載恐其相結，密使子儀軍吏告子儀曰：「朝恩謀不利於公。」子儀不聽，吏亦告諸將將士，請衷甲以從者三百人。子儀曰：「我國之大臣，彼無天子之命，安敢害我。若受命而來，汝曹欲何爲。」乃從家僮數人而往，朝恩迎之，驚其從者之約。子儀以所聞告，且曰：「恐煩公經營耳。」朝恩撫膺捧手流涕曰：「非公長者，能無疑乎？」五年，朝恩伏誅，而元載益驕。載亦小人，與子儀非臭味相合者，子儀何能因此而泰然乎！然子儀雖以翹關負米起家，於一切危疑之地處之坦然，深合於君子之道。九年，入朝，上言於諸道各發精卒戍四五萬人以制吐蕃。辭還。時復言邊事，至涕泗交流。十年，子儀嘗奏除州縣官一人，不報，僚佐頗不平。子儀聞之，謂曰：「自兵興以來，方鎮武臣多跋扈，凡有所求，朝廷常委曲從之。此無它，乃疑之也。今子儀所奏事，人主以其不可行而置之，是不以武臣相待而親厚之也。諸君可賀矣，又何怪焉！」聞者皆服。斯言也，子儀非聊以解嘲，乃其幸朝廷之不己疑，出於肺腑之言也。十四年，上有疾，制皇太子監國。上崩，遺詔以子儀攝冢宰。事代宗之主，而履險如夷，轉禍爲福，子儀誠有大過人者矣！德宗尊子儀爲「尚父」。建中二年，子儀薨。子儀爲上將，擁彊兵，程元振、魚朝恩讒毁百端，詔書一紙，徵之無不即日就道，由是讒謗不行，天下以其身爲安危殆三十年，功蓋天下，而主不疑，位極人臣，而衆不疾；窮奢極欲，而人不非之，史氏所稱非溢美也！

通鑑劄記卷十五

劉晏以讒死，而橫取掊克之政以興

三代下善理財者，莫如劉晏，以其富國而不擾民也。德宗爲好利之主，汲汲求財，有晏而不用，且信楊炎之譖而殺之，甚矣，其闇也。建中元年，劉晏與楊炎不相悦。晏久典利權，衆頗疾之，多上言「轉運使可罷」。炎爲相，欲害晏。乃建言：「尚書省，國政之本，比置諸使分奪其權，今宜復舊。」上從之，詔「天下錢穀皆歸金部、倉部」。罷晏轉運、租庸、青苗、鹽鐵等使。又用炎言，貶晏爲忠州刺史。然尚書省職久廢，天下錢穀無所總領，乃復置判度支及轉運使。是炎之變制，特欲去晏而已。荆南節度使庾準希楊炎指，奏「忠州刺史劉晏與朱泚書，求營救」，辭多怨望。又奏「召補州兵，欲爲亂」。炎證成之。上密遣中使就忠州，縊殺之。乃下詔「賜死」。天下冤之。史稱安史之亂數年間，天下户口什亡八九，州縣多爲藩鎮所據，貢賦不入朝廷，府庫耗竭，中國多故，戎狄每歲犯邊，所在宿重兵仰給、縣官所費不資，皆倚辦於晏。晏初爲轉運使，獨領陝東諸道，陝西皆度支領之，末年兼領，未幾而罷。晏有精力，多機智，變通有無，曲盡其妙，常以厚直募善走者，置遞相望，覘報四方物價，雖遠方，不數日皆達使司，食貨輕重之權，悉制在掌握，國家獲利，而天下無甚貴甚賤之憂。常以爲：「辦集衆務，在於得人。故必擇通敏、精悍、廉勤之士而用之；至於勾檢簿書，出納錢穀，必委之士類；吏惟書符牒，不得輕出一言。」常言：「士陷贓賄，則淪棄於時，名重於利，故士多清修；吏雖潔廉，終無顯榮，利重於名，故吏多貪污。」然惟晏能行之，他人效者，終莫能逮。其屬官雖居數千里外，奉教令如在目前，起居語言，無敢欺紿。當時權貴，或以親故屬之者，晏亦應之，使俸給多少，遷次緩速，皆如其志，然無得親職事。其場院要劇之官，必盡一時之選。故晏没後，掌財賦有聲者，多晏之故吏也。晏又以爲户口滋多，則賦税自廣，故其理財以愛民爲先。諸道各置知院官，每旬月，具州縣雨雪豐歉之狀白使司，豐則貴糴，歉則賤糶，或以穀易雜貨供官用，及於豐處賣之。知院官始見不稔之端，先申，至某月須如干蠲免，某月須如干救助，及期，晏不俟州縣申請，即奏行之，應民之急，未嘗失時，不待其困弊、流亡、餓殍，然後賑之也。由是民安其居業，户口蕃息。晏始爲轉運使，時天下見户不過二百萬，其季年乃三百餘萬；在晏所統則增，非晏所統則不增也。其初財賦歲入不過四百萬緡，季年乃千餘萬緡。晏專用榷鹽法充軍國之用。時自許、汝、鄭、鄧之西，皆食河東池鹽，度支主之；汴、滑、唐、蔡之東，皆食海鹽，晏主之。晏以爲官多則民擾，故但於出鹽之鄉置鹽官，收鹽户所賣之鹽轉鬻於商，任其所之，自餘州縣不復置官。其江嶺間去鹽鄉遠者，轉官鹽於彼貯之。或商絶鹽貴，則減價鬻之，謂之常平鹽，官獲其利而民不乏鹽。其始江、淮鹽利不過四十萬緡，季年乃六百餘萬緡，由是國用充足而民不困弊。其河東鹽利，不過八十萬緡，而價復貴於海鹽。先是，運關東穀入長安者，以河流湍悍，率一斛得八斗至者，則爲成勞。受優賞。晏以爲江、汴、河、渭，水力不同，各隨便宜，造運船，教漕卒，江船達揚州，汴船達河陰，河船達渭口，渭船達太倉，其間緣水置倉，轉相受給。自是每歲運穀或至百餘萬斛，無斗升沈覆者。船十艘爲一綱，使軍將領之，十運無失，授優勞，官其人。數運之後，無不斑白者。晏於楊子置十場造船，每艘給錢千緡。或言「所用不及半，虚費太多」。晏曰：「不然，論大計者固不可惜小費，凡事必爲永久之慮。今始置船場，執事者至多，當先使之私用無窘，則官物堅牢矣。若遽與之屑屑較計錙銖，安能久行乎！異日必有患吾所給多而減之者；減半以下猶可也，過此則不能運矣。」其後五十年，有司果減其半。及咸通中，有司計費以給之，無復羨餘，船益脆薄易壞，漕運遂廢矣。晏爲人勤力，事無閑劇，必於一日中決之。不使留宿，後來言財利者皆莫能及之。德宗信讒而殺晏，可謂不知人矣！用人與理財常相表裏，不知人安能理財。二年，以軍興，加商税。三年，復榷天下酒。時兩河用兵，月費百餘萬緡，府庫不支數月。上從太常博士韋都賓、陳京議，詔借商人錢以供軍。令度支條上。判度支杜佑大索長安中商賈所有貨，意其不實，輒加搒捶，人不勝苦，有縊死者，長安囂然如被寇盜。計所得纔八十餘萬緡。又括僦櫃質錢，凡蓄積錢帛粟麥者，皆借四分之一，封其櫃窖；百姓爲之罷市，相帥遮宰相馬自訴，以千萬數。盧杞始慰諭之，勢不可遏，乃疾驅自他道歸。計並借商所得，纔二百萬緡，人已竭矣。四年，復以用兵，月費錢百三十餘萬緡，常賦不能供。判度支趙贊乃奏行税間架、除陌錢法。所謂税間架者，每屋兩架爲間，上屋税錢二千，中税千，下税五百，吏執筆握算，入人室廬計其數。或有宅屋多而無它資者，出錢動數百緡。敢匿一間，杖六十，賞告者錢五十緡。所謂除陌錢者，公私給與及賣買，每緡官留五十錢，給他物及相貿易者，約錢爲率。敢隱錢百，杖六十，罰錢二千，賞告者錢十緡，其賞錢皆出坐事之家。於是愁怨之聲，盈於遠近。是年，涇原兵以無賜而亂，則是仍無補於度支也。賊大呼告百姓曰：「汝曹勿恐，不奪汝商貨僦質矣，不税汝間架陌錢矣。」上出奔，賊入府庫，運金帛。小民亦入宮，盜庫物。

則是掊克横取，徒失民心而召民怨。唐室之不亡者幸耳。使劉晏而在，有善法而理財，軍儲自足，民怨不興，安至此哉！

德宗以私恨盡殺回紇使者之非計

帝王馭夷之道，剛亦不吐，柔亦不茹，以大中至正御之而已。若畏其彊而縱之，或侮其衰而虐之，胥非道也。唐自郭子儀結盟回紇，代宗優容太過。大歷七年，春正月，回紇使者擅出鴻臚寺，掠人子女；所司禁之，毆擊所司，以三百騎犯金光、朱雀門。是日，宮門皆閉，上遣中使諭之，乃止。秋，七月，回紇又擅出鴻臚寺，逐長安令至含光門街，奪其馬；令乘它馬而去，弗敢爭。十年，回紇白晝刺市人腸出，有司執之，擊萬年獄；其酋長赤心馳入縣獄，斫傷獄吏，劫囚而去上。亦不問。回紇之横，由代宗之縱耳。德宗建中元年，登里欲乘代宗喪入寇，其相頓莫賀殺之而自立，願爲藩臣。爲唐計者，此正招徠回紇之時矣。振武留後張光晟殺回紇使者董突等九百餘人。董突者，武義可汗之叔父也。代宗之世，九姓胡常冒回紇之名，雜居京師，殖貨縱暴，與回紇共爲公私之患；上即位，命董突盡帥其徒歸國，輜重甚盛。至振武，留數月，厚求資給，日食肉千斤，它物稱是，縱樵牧者暴踐果稼，振武人苦之。光晟欲殺回紇，取其輜重，而畏其衆彊，未敢發。九姓胡聞其種族爲新可汗所誅，多道亡，董突防之甚急；九姓胡不得亡，又不敢，歸乃密獻策於光晟，請殺回紇。光晟喜其黨自離，許之。上以陝州之辱，心恨回紇；光晟知上旨，乃奏稱：「回紇本種非多，所輔以彊者，羣胡耳。今聞其自相魚肉，頓莫賀新立，移地健有孽子，及國相海録各擁兵數千相攻，國未定。彼無財則不能使其衆，陛下不乘此際除之，乃歸其人，與之財，正所謂借寇兵齎盜糧者也。請殺之。」三奏，上不許。光晟乃使副將過其館門，故不爲禮；董突怒，執而鞭之數十。光晟勒兵掩擊，并羣胡盡殺之，聚爲京觀獨。留一胡使，歸國爲證，曰：「回紇鞭辱大將，且謀襲據振武，故先事誅之。」上徵光晟爲右金吾將軍，遣中使王嘉祥往致信幣。回紇請得專殺者以復讎，上爲之貶光晟爲睦王傅，以慰其意。三年，初，上遂欲絶回紇。久之，乃復遣使往。可汗使人謂之曰：「國人皆欲殺汝以償怨，我則不然。彼此相殺，如以血洗血。今吾以水洗血，不亦善乎！」然竟不見使。德宗憾回紇也深。光晟盡殺回紇，迎合德宗之意耳。幸而回紇可汗新立，内訌未寧，無暇復仇。然其心固離矣，是非唐計之得也。蓋代宗畏回紇之强，而縱之於先；德宗乘回紇之衰，而虐之於後。縱，固足以生强虜之欲；

虐，尤足以失遠人之心。德宗若能不俟李泌之請，於即位之初，早立恩信以收回紇之心，則吐蕃之患固可弭矣。不務出此而多殺人以絶援助，非失計而何。雖曰德宗曾見辱於回紇，不忘舊耻，猶有奮發有爲之氣，然帝王行事，當權其大，惡可小不忍以亂大謀，如匹夫之睚眦必報，取快一時哉！

德宗於兩河藩鎮，始圖振作而終於姑息

河北藩鎮，皆安史餘孽也。代宗即位，大破史朝義，賊將薛嵩以相、衛、洺、邢四州降於李抱玉，張忠志以趙、恒、深定、易五州降於辛雲京。抱玉等已進軍入其營，嵩等均受代，僕固懷恩皆令復位。以張忠志爲成德軍節度，統趙、恒、深、定、易五州，賜姓李，名寶臣。廣德元年，田承嗣以莫州，李懷仙以范陽降。以薛嵩爲相、衛、邢、洺、貝、磁六州節度使，田承嗣为魏、博、德、滄、瀛五州都防禦使。後以爲魏博節度使。李懷仙仍故地，爲幽州盧龍節度使。時河北諸州既已降，嵩等迎僕固懷恩，拜於馬首，乞行間自效；懷恩亦恐賊平寵衰，故奏留嵩等及李寶臣分帥河北，自爲黨援。朝廷亦苟冀無事，因而授之。河北藩鎮之患於是乎始。田承嗣舉管内户口壯者，皆籍爲兵，惟使老弱者耕稼。數年間有衆十萬，又選其驍健者萬人，自衛謂之牙兵，故魏博尤彊。大曆三年，幽州兵馬使朱希彩、經略副使朱泚、泚弟滔共殺李懷仙，希彩自爲留後。李寶臣攻之，敗。朝廷不得已宥之。以王縉領盧龍節度使，希彩領幽州留後。縉至幽州，度終不可制，勞軍，旬餘日而還。希彩遂爲盧龍節度使。七年，希彩爲其下所殺，朱泚爲節度使，幽州、盧龍遂爲朱氏所據。八年，薛嵩卒。嵩子平讓其叔父蕚。十年，田承嗣襲取昭義，蕚奔入朝。昭義裨將薛擇爲相州刺史，薛雄爲衛州刺史，薛堅爲洺州刺史，皆嵩之族。上諭承嗣各守封疆，承嗣不奉詔，承嗣復使盜殺雄，盡據相、衛四州之地。上以華州刺史李承昭知昭義留後，而昭義薛氏之地遂多爲魏博田氏所有。初成德節度使李寶臣與承嗣交惡，淄青節度使李正已亦惡之，寶臣、正已上表請討承嗣，承嗣懼請入朝。已而寶臣、正已兵退，寶臣以中使詬詈之。兵馬使王武俊勸之，釋承嗣以爲己資，又受承嗣紿襲朱滔。是時河北三鎮已自相殘，惜乎代宗不善乘勢用時而除其患也。十二年，平盧節度使李正已擁兵十萬，有淄、青等十五州，雄據東方。田承嗣據魏博相、衛、洺、貝、澶七州，李寶臣據恒、易、趙、定、深、冀、滄七州，各擁衆五萬。與據襄、鄧、均、房、復、郢六州之梁崇義相爲根據蟠結，不用朝廷法令，官爵、甲兵租賦、刑殺皆自專，上寬仁，一聽其所爲。朝廷或完一城，增一兵，

輒有怨言，以爲猜貳，常爲之罷役；而自於境内築壘、繕兵無虚日。以是雖在中國名藩臣，而實如蠻貊異域焉。是時惟幽州貌爲忠順，泚已入朝，滔爲留後。十四年，承嗣卒，姪悦爲留後。德宗建中二年，成德李寶臣卒。子惟岳先匿喪，詐爲父表，求令已繼襲，不許；乃自爲留後，求旌節，不許。初，寶臣與李正己、田承嗣、梁崇義相結，期以土地傳之子孫。故承嗣死，寶臣力爲之請，以田悦嗣。至是悦屢爲惟岳請，不許。於是悦與正己各遣使詣惟岳，謀勒兵拒命。會汴州城隘，廣之，正已聞訛言而懼，發兵萬人屯曹州；田悦亦完聚爲備，與崇義、惟岳遥相應助，河南士民騷然驚駭。朝廷亦爲之備，乃發京西防秋兵萬二千人戍關東。加崇義同平章事以安之，田悦卒與正己、惟岳定計，連兵拒命。時内自關中，西暨蜀漢，南盡江淮、閩越，北至太原，所在出兵，而李正已遣兵扼徐州甬橋、渦口，梁崇義阻兵襄陽，江淮運路遂梗。未幾，河東節度使馬燧、昭義節度使李抱真、神策先鋒都知兵馬使李晟大破田悦。時李正已卒，子納擅領軍務。悦求救於納及惟岳。納請襲位，不許。崇義爲李希烈所敗而死。朱滔使人説降成德將張孝忠，表荐爲節度使，二人爲婚姻深相結。淄青、魏博之兵爲宣武節度使劉洽等破之於徐州，江淮漕運始通。三年，馬燧大破田悦於洹水上，魏州幾下。以燧與李抱真不協，頓兵不進，悦乃入魏州，出財賞士軍，勢復振。旬餘日，燧等諸軍始至，攻之不克。王武俊叛惟岳而殺之。朝廷以張孝忠爲易、定、滄三州節度使，王武俊爲恒、冀都團練觀察使，康日知爲深、趙都團練觀察使。武俊素輕張孝忠，自以手誅李惟岳，功在康日知上，而孝忠爲節度使，已與康日知俱爲都團練使，不悦。田悦聞之，遣判官王侑、許士則説朱滔曰：「魏存，則燕、趙無患。」滔素有異志，許爲之外援，又遣判官王郅、許士則説武俊與已及悦三鎮連兵，武俊亦喜，許諾。滔遣人説張孝忠，孝忠不從。李納求自新而復叛。上遣中使發盧龍朱滔、恒冀王武俊、易定張孝忠兵萬人討悦。武俊執使者送滔，滔欲反，攻馬燧，將士不從。滔引軍還深州，密令諸將訪察唱率者，得二百餘人，悉斬之，餘衆股栗，乃與武俊出兵南犯。大敗於御河。上詔李懷光討悦，拒滔等。滔、武俊至魏州，悦具牛酒出迎，魏人懽呼動地。官軍大敗。馬燧懼，遣使卑辭謝滔，求與諸節度歸本道，奏天子，請以河北事委五郎處之。滔欲許之，王武俊以爲不可；滔不從。燧與諸軍涉水而西，退保魏縣，滔乃謝武俊，武俊由是恨滔。悦德滔，與武俊議奉滔爲主，滔不可。於是議與鄆州李納爲四國，俱稱王，如昔諸侯奉周正朔。滔稱冀王，悦稱魏王，武俊稱趙王，仍請納稱齊王，而滔爲盟主。李希烈常與滔等交通，納亦數遣遊兵度汴以迎希烈。由是東南轉輸皆不敢由汴渠，自蔡水而上。滔等又勸希烈稱帝，希烈自稱天下都元帥、太尉、建興王。四年，滔、武俊、悦、納各遣使詣希烈，上表勸進。上命顔真卿詣許州，宣慰希烈。希烈留真卿不遣，藩鎮之横至此。而極翰林學士陸贄上奏論兩河用兵事，將不戢自焚，請固京師根本。上不能用，然恢復河北尚有雄心，未肯苟安而已也。未幾有涇原兵之亂，上遣中使告難於魏縣行營，諸將相與慟哭。李懷光帥衆赴長安，馬燧歸太原，李芃歸河陽，李抱真退屯臨洺。田悦説王武俊共擊抱真，抱真復遣賈林説武俊北返，林乃説武俊與抱真、燧約爲兄弟，然猶外事滔，禮甚謹。時南方藩鎮各閉境自守，惟曹王臯節度江南西道，數遣使間道貢獻。李希烈攻逼汴、鄭，江、淮路絶，朝貢皆自宣、饒、荆、襄趣武關。臯治郵驛，平道路，由是往來之使，通行無阻。上在奉天，使人説田悦、王武俊、李納，赦其罪，厚賂以官爵；悦等皆密歸款，而猶未敢絶朱滔，各稱王如故。滔要悦共取大梁，武俊遣人説悦止之，且曰：「武俊請伺其隙，連昭義之兵，擊而滅之，與八郎再清河朔，復爲節度使，共事天子。」悦遂紿滔云：「從行。」滔將范陽步騎五萬人，私從者復萬餘人，回紇三千人，發河間而南，輜重首尾四十里。李希烈陷大梁，攻寧陵，江淮大震。陸贄勸上下詔罪己，改元爲興元元年。詔下大赦，雖驕將悍卒聞之無不感激揮涕。王武俊、田悦、李納見赦令，皆去王號，上表謝，罪惟希烈僭稱「楚帝」。滔怒田悦不出，攻之。上以武俊爲恒、冀、深、趙節度使，加悦檢校左僕射，李納爲鄆州刺史、平盧節度使，又加武俊同平章事、兼幽州、盧龍節度使。魏博兵馬使田緒，承嗣之子也，殺其從兄悦，遣使奉表詣行在，城守以俟命。詔以緒爲魏博節度使。抱真自往會武俊，共擊滔。滔敗走，歸幽州，劉怦納之。武俊表讓幽州、盧龍節度使，上許之。朱泚敗死。上還長安。滔爲武俊所攻，殆不能軍，上表待罪，尋病死。將士奉劉怦知軍事，以怦爲幽州、盧龍節度使。二年，李希烈有疾，其大將陳仙奇毒殺之，來降。吴少誠又殺陳仙奇，爲希烈報讎。是時，朝廷幸而克復京師，然内疲於李懷光之叛，外困於吐蕃之擾。德宗亦浸厭兵，而不復論討河北事矣。六年，趙鎬以棣州歸李納。王武俊攻之，不克。田緒爲李納取棣州，王武俊攻緒取四縣。上屢詔納以棣州歸武俊，納百方遷延，請詔武俊先歸田緒四縣。上從之，納始以棣州歸武俊。八年，納卒軍中，推其子師古爲留後。武俊以其年少，輕之，將取棣州蛤垛有鹽利及三汊城，通田緒之路者。師古亦遣將拒之。上遣中使諭止之，武俊乃還。是貞元之際，强藩相攻，德宗亦英氣銷磨，作和事天子矣。九年，上命師古毁三汊城，師古奉詔；然常招聚亡命，有得罪於朝廷者，皆撫而用之。十年，李抱真卒，其子緘亦欲襲職。王武俊不爲助。朝廷以王延貴權知昭義軍事，爲留後，賜名「虔休」。昭義行軍司馬元誼意不平，詔以爲饒州刺史，誼不行。虔休攻之而敗。十一年，以虔休爲昭義節度使，誼詐降，殺虔休裨將及所防二千人。十二年，誼奔魏州，上釋不問，命田緒安撫之。三月，緒暴卒軍中，立其子季安。二十年，昭義節度使李長榮卒，上使中使以手詔授本軍大將，但軍士所附者即授。是無異於空白詔旨矣！蓋上還自興元雖一州一鎮有兵者，皆務姑息，非復建中初政矣！進鋭退速莫此爲甚，故終德宗之世，河北羈縻而已，淮西且公然抗命，謂藩鎮之禍成於德宗可也！

德宗以恨回紇而和吐蕃，卒受其欺

漢之患在匈奴，東北爲重，故通西域非急務。唐之患在吐蕃，西北爲重，故復河隴爲要圖。吐蕃之强，在肅代之際，代宗廣德元年，吐蕃入大震關，陷蘭、廓、河、鄯、洮、岷、秦成、渭等州，盡取河西、隴右之地。唐自武德以來，開拓邊境，地連西域，皆置都督、府、州、縣。開元中，置朔方、隴右、河西、安西、北庭、諸節度使以統之，歲發山東丁壯爲戍卒，繒帛爲軍資，開屯田，供糗糧，設監牧，畜馬牛，軍城戍邏，萬里相望。安禄山反，邊兵精鋭者皆徵發入援，謂之行營，所留兵單弱，胡虜稍蠶食之；數年之間，西北數十州相繼淪没，自鳳翔以西，邠州以北，皆爲左衽矣！是爲唐失河隴，受困吐蕃之始。由是，至於德宗之世時，陷州、邑甚至深入京畿。貞元三年，初，吐蕃尚結贊以羊馬多死，糧運不繼，又聞李晟克摧沙，馬燧、渾瑊等各舉兵臨之，大懼，屢遣使求和，上未之許。乃遣使卑辭厚禮求和於馬燧，且請修清水之盟而歸侵地，使者相繼於路。燧信其言，留屯石州，不復濟河，爲之請於朝。李晟曰：「戎狄無信，不如擊之。」韓遊瓌曰：「吐蕃弱則求盟，彊則入寇，今深入塞内而求盟，此詐也。」韓滉曰：「今兩河無虞，若城原、鄯洮、渭四州，使李晟、劉玄佐之徒將十萬衆戍之，河湟二十餘州可復也。其資糧之費，臣請主辦。」上由是不聽燧計，趣便進兵。燧請與吐蕃使論頰熱俱入朝論之，會滉薨，燧、延賞皆與晟有隙，欲反其謀，爭言和親便。上亦恨回紇，欲與吐蕃和，共擊之，得二人言，正會己意，計遂定。延賞數言「晟不宜久典兵，乃以邢君牙爲鳳翔尹兼團練使，加晟太尉、中書令，勳、封如故；餘悉罷之。」燧入朝。諸軍皆閉壁不戰，尚結贊遽引歸，且要渾瑊與靈州節度使、杜希全涇原節度使，李觀主盟，遂遣瑊與盟於清水。且令先歸鹽、夏二州。瑊將二萬餘人赴盟所。尚結贊又遣人來言「清水非吉地，請盟於原州之土梨樹；既盟而歸鹽、夏二州」。上皆許之。神策將軍馬有麟奏：「土梨樹多阻險，恐吐蕃設伏兵，」遣使追告，改盟於平涼川。渾瑊發長安，李晟深戒之以盟所爲備不可不嚴。張延賞言於上曰：「晟不欲盟好之成，故戒瑊以嚴備。我有疑彼之形，則彼亦疑我矣，盟何由成！」上乃召瑊，切戒以推誠待虜，勿爲猜貳。瑊表奏盟日，延賞集百官，稱詔示之曰：「李太尉謂吐蕃和好必不成，此渾侍中表也，盟日定矣。」晟聞之，泣謂所親曰：「吾生長西陲，備諳虜情，所以論奏，但耻朝廷爲犬羊所侮耳！」上始命駱元光屯潘原，韓遊瓌屯洛口，以爲瑊援。尚結贊伏精騎數萬，瑊入幕，易禮服。虜伐鼓三聲，大譟而至，瑊自幕後出，得它馬乘之，伏鬣入其銜，馳十餘里，銜方及馬口，故矢過其背而不傷。唐將卒皆東走，虜縱兵追擊，或殺或擒之，瑊入元光營，追騎見邠甯軍西馳，乃還。是日，上臨朝，以和吐蕃爲慶，夕得韓遊瓌表，欲出幸以避，大臣諫而止。遣中使齎詔遺尚結贊，至吐蕃境，不納還。尚結贊謂所擒者曰：「吾飾金械，欲械瑊以獻贊普。今虚致公輩。」又謂馬燧之姪弇曰：「胡以馬爲命，吾在河曲，春草未生，馬不能舉足，當是時，侍中度河掩之，吾全軍覆没矣！所以求和，蒙侍中力。」命弇歸上聞之，由是惡燧。燧請和，墮結贊之計，德宗又信結贊之間而惡燧，又墮其計焉。德宗始終不去延賞者，因本有惡回紇之心，先入爲主，非延賞一言之罪也！

德宗驕兵爲患

兵强而不戢者，國必亡。東漢之末，兵强天下，董卓因之而起，漢祚以傾。兵驕而不可制者，國必亂。梁天監十八年，魏羽林、虎賁詬罵尚書省，以瓦石擊省門，毆征西將軍張彝父子，焚其第舍。胡后收其凶彊者八人，斬之，其餘不復窮治。高歡見之，而知國事之非。唐之兵力莫强於玄宗之末，旋有禄山之禍。而驕兵爲患，則始於德宗。德宗未幸奉天以前，鋭意用兵，天下户三百餘萬，兵有七十餘萬之多。既返長安之後，優容悍卒，六軍驕横，府縣不能治，而驕兵壞法之害，尤甚於多兵之糜餉。貞元七年，初，上還長安，以神策等軍有衛從之勞，皆賜名興元元從奉天定難功臣，以官領之，撫恤優厚。禁軍恃恩驕横，侵暴百姓，陵忽府縣，至詬辱官吏，毁裂案牘。縣官有不勝忿而刑之者，朝笞一人，夕貶萬里。由是，府縣雖有公嚴之官，莫得舉其職，市井富民往往行賂寄名軍籍，則府縣不能制。乃詔：「神威、六軍吏士與百姓訟者，委之府縣，小事牒本軍，大事奏聞。若軍士陵忽府縣，禁身以聞，委御史臺推復。縣吏輒敢笞辱，必從貶謫。」政之不綱，莫此爲甚。夫輦轂之下，驕兵且不能制，遑論河北之强藩，宜德宗之終不振也！十四年，閏五月，以神策行營節度使韓全義爲夏、綏、銀、宥節度使。全義時屯長武，詔帥衆赴鎮。士卒以夏州磧鹵，又盛夏，不樂徙居；軍亂，誅首亂者，然後定。七月，初置左、右神策統軍。時禁軍戍邊，稟賜優厚，諸將多請遥隸神策，稱行營，皆統於中尉，其軍遂至十五萬人。按，是時神策軍之横，已至於犯上作亂，德宗猶執迷不悟，其亂而未亡也亦幸耳！然晚唐、五季驕將悍卒皆不出郊關而取天下，其風胥由是啟之，禍亦烈已！

回紇染華風而寖衰，故唐能令之稱臣爲子

德宗建中元年，初，回紇風俗朴厚，君臣之等不甚差異，故衆志專一，勁健無敵。及有功於唐，唐賜遺甚厚，登里可汗始自尊大，築宮殿以居婦人，有粉黛、文繡之飾，中國爲之虛耗而虜俗亦壞。及代宗崩，登里欲入寇，其相頓莫賀殺之，擁兵而自立，願爲藩臣。上命册爲合骨咄禄可汗。是時，回紇已屈服，後因張光晟盡殺其使者，始不見唐使。貞元三年，合骨咄禄可汗屢求和親，且請昏。上未之許，李泌請和回紇以困吐蕃，上猶以陝州之恥、韋少華之死爲憾。泌曰：「害少華者，乃牟羽可汗，陛下即位，舉兵入寇，未出其境，今合骨咄禄可汗殺之。然則今可汗乃有功於陛下，張光晟殺突董九百餘人，合骨咄禄竟不敢殺朝廷使者，然則合骨咄禄固無罪矣。」自是泌凡十五餘對，上終不許。後泌婉解曲譬，李晟、馬燧亦贊其說，泌且言請與回紇約：「稱臣，爲陛下子，每使來不過二百人，印馬不過千匹，無得携中國人及商胡出塞。如此威加北荒，旁讋吐蕃，足以快陛下平昔之心矣！」乃許昏。四年，合骨咄禄遣其妹及大臣來迎可敦，辭禮甚恭，曰：「昔爲兄弟，今爲子婿，半子也。若吐蕃爲患，子當爲父除之！」因詈辱吐蕃使者以絶之。當時唐之威靈遠不若天寶以前，而德宗之於回紇尚能指揮如意，蓋自建中以來，回紇已遠非昔日之比矣！故馭夷之策，貴在乎知己知彼。鄴侯知其情勢馭之，不失機宜，故能尊中國而讋驕虜。自宋以降，當國者多不察敵之虛實情僞，貿然從事，往往折辱，喪失不可勝紀。漢唐威勢陵替不可復睹矣！

中使口宣授官

范蔚宗氏論東漢宦官之横，至於手握王爵，口銜天憲，然猶未若唐德宗令中使口宣授官，重宦官而輕詔命之甚者也。貞元十四年，以神策行營節度使韓全義爲夏、綏、銀、宥節度使，士卒不樂徙居，軍亂，殺大將王栖巖。全義踰城走。全義蓋以憑結宦官致節鉞者也，都虞候高崇文誅首亂者，衆然後定。以崇文爲長武城都知兵馬使，不降敕令，中使口宣授之。後世中使口宣斥責大臣，至於詬詈不堪最爲惡習，蓋濫觴於此！

王伾、王叔文之黨不過躁進之流

君子之仕也，易退而難進。奔競希榮者，君子不取。雖有才技，抑末也。然斥爲姦邪，則過矣。貞元十九年，初，翰林待詔王伾善書，山陰王叔文善碁，俱出入東宮，娛侍太子。伾，杭州人也；叔文，譎詭多計，自言讀書知治道，乘間常爲太子言民間疾苦。太子嘗與諸侍讀及叔文等論及宮市事。太子曰：「寡人方欲極言之。」衆皆稱贊，獨叔文無言。既退，太子自留叔文，謂曰：「向者君獨無言，豈有意邪？」叔文曰：「叔文蒙幸太子，有所見，敢不以聞。太子職當侍膳問安，不宜言外事。陛下在位久，如疑太子收人心，何以自解！」太子大驚，因泣曰：「非先生，寡人無以知此。」遂大愛幸。當是時叔文示異於同僚，殆思有以自見結主知耳。是熱中之變相，無足深論。然以當時事言之，叔文爲太子謀，亦不爲不忠也。叔文與王伾相依附，因爲太子言：「某可爲相，某可爲將，幸異日用之。」密結翰林學士韋執誼及當時朝士有名而求速進者陸淳、吕温、李景儉、韓曄、陳諫、柳宗元、劉禹錫等，定爲死友。而凌準、程異等又因其黨以進，日與遊處，蹤跡詭祕，莫有知其端者。藩鎮或陰進資幣，與之相結。順宗未立，而伾等所望之奢已如此。順宗永貞元年，時上失音，不能決事，常居宮中施簾帷，獨宦者李忠言、昭容牛氏侍左右；百官奏事，自帷中可其奏。自德宗大漸，王伾先入，稱詔召王叔文，坐翰林中使決事。伾以叔文意入言於忠言，稱詔行下，外初無知者。以韋執誼爲尚書左丞、同平章事。王叔文欲掌國政，首引執誼爲相，己用事於中，與相唱和。伾由殿中丞爲左散騎常侍，依前翰林待詔，叔文由蘇州司功爲起居舍人、翰林學士，伾寢陋、吴語，上所褻狎；而叔文頗任事，微知文義，好言事，上以故稍稍敬之，不得如伾出入無阻。叔文入至翰林，而伾入至柿林院，見李忠言、牛昭容計事。大抵叔文依伾，伾依忠言，忠言依牛昭容，轉相交結。每事先下翰林，使叔文可否，然後宣於中書，韋執誼承而行之。外黨則韓泰、柳宗元等主來聽外事。謀議唱和，日夜汲汲如狂，互相推獎，曰伊、曰周、曰管、曰葛，僩然自得，謂天下無人；榮辱進退，生於造次，惟其所欲，不拘程式。士大夫畏之，道路以目。素與往還者，相次拔擢，至一日除數人。其黨或言曰「某可爲某官」，不過一二日，輒已得之。於是叔文及其黨十餘家之門，晝夜如市。客候見叔文、伾者，至宿其坊中餅肆、酒壚下，一人得千錢，乃容之。伾尤闒茸，專以納賄爲事，作大匱貯金帛，夫婦寢其上。未幾，伾擢爲翰林學士。王叔文擢爲度支、鹽鐵轉運副使。先是叔文與其黨謀，得國賦在手，可以結諸用事人，取軍士心，以固其權，又懼驟使重權，人心不服，乃令杜佑主其名，而自除爲副以專之。叔文雖判兩使，不以簿書爲意，日夜與其黨屏人竊語，人莫測其所爲。上疾久不愈，中外危懼，思立太子，而王叔文之黨欲專大權，惡聞之。宦官俱文珍等皆先朝任使舊人，疾叔文、忠言等朋黨專恣，乃啟上立太子純。同平章事賈耽以叔文黨用事，心惡之，稱疾不出，屢乞骸骨。故事，宰相方食，百寮無敢謁見者。叔文至中書，欲與執誼計事，諸宰相方會食，直省以舊事告，叔文怒，叱直省。直省懼，入白。執誼執誼逡巡慚赧，竟起迎叔文，就其閣語良久。杜佑、高郢、鄭珣瑜皆停筯以待，有報者云：「叔文索飯，韋相公已與之同食閣中矣。」佑、郢心知不可，畏叔文、執誼，莫敢出言。珣瑜獨嘆曰：「吾豈可復居此位！」顧左右，取馬徑歸，遂不起。耽、珣瑜二相皆天下重望，相次歸臥，叔文、執誼益無顧忌，遠近大懼。及冊太子，百官睹儀表，退，皆相賀，至有感泣者，中外大喜。而王叔文獨有憂色，口不敢言，但吟杜甫題諸葛祠堂詩曰：「出師未捷身先死，長使英雄淚滿襟。」聞者哂之。史於伾、叔文等貪慕利禄、把持權勢之情形容盡致，然考當時措施，頗多善政未可厚非也。京兆尹道王實殘暴掊斂，詔貶通州卡史，市井讙呼，皆袖瓦礫遮道伺之，實間道獲免。赦天下諸色逋負，一切蠲免，常貢之外，悉罷進奉。貞元之末政事爲人患者如宮市、五坊小兒之類，悉罷之。罷鹽鐵使月進錢。先是，鹽鐵月進羨餘而經入益少，至是，罷之。追陸贄、陽城等赴京師。以右金吾大將軍范希朝爲左右神策京西諸城鎮行營節度使，以度支郎中韓泰爲其行軍司馬，以奪宦官兵權。是興革損益悉當于人心，伾等即不謂有功，固未嘗作姦犯科、憑權爲惡也。其所以敗者，由於當時羣情之不順，伾等資望太淺，登進之途過速，驟居人上，激起反抗。及其貶竄之由，則內有宦官俱文珍惡其專權，實則憾其奪權，外有藩鎮韋皋自恃重臣遠處西蜀，極言其姦，實則皋求都領劍南三川不得，叔文欲斬將意之劉闢，無非私怨之故耳。太子即位，貶伾及叔文，且賜之死。貶韓泰、柳宗元、劉禹錫等，一貶再貶，一若叔文之黨爲巨姦大憝者，而其實不過一時之躁進，妒者、怨者側目而思中傷之，盡去其黨而後快。雖若二韓、劉、柳皆一時之選，韋執誼具有清望，皆以黨敗，無以自全。甚矣！士君子之進身於朝，固不可不持重，而以躁妄出之也。且唐室朋黨之名自此始，風氣一開，前仆後繼，禍中於國至於滅亡而後止，則伾、叔文輩誠唐室之罪人矣！

杜黄裳開憲宗削平藩鎮之略

豪傑之士，一言一動，不猶乎常人，杜黄裳是已。先是，太常卿杜黄裳爲裴延齡所惡，留滯臺閣，十年不遷。順宗永貞元年，其壻韋執誼爲相，裳始遷太常卿，勸執誼帥羣臣請太子監國，執誼驚曰：「丈人甫得一官，奈何啟口議禁中事。」黄裳勃然曰：「黄裳受恩三朝，豈得以一官相買乎？」拂衣起出。執誼若聽黄裳之言，何致掛名姦黨而有崖州之貶哉？其於黄裳所謂「燕雀不知鴻鵠志」者。太子監國，以杜黄裳爲門下侍郎、同平章事。元和元年，西川劉闢爲逆，上欲討之而重於用兵。公卿議者亦以爲蜀險，固難取。杜黄裳獨曰：「闢，狂戇書生，取之如拾芥耳！臣知神策軍使高崇文勇略可用，願陛下專以軍事，委之勿置監軍，闢必可擒。」上從之。上與黄裳論及藩鎮，黄裳曰：「德宗自經憂患，務爲姑息，不生除節帥；有物故者，先遣中使察軍情所與則授之。中使或私受大將賂，歸而譽之，即降旄鉞，未嘗有出朝廷之意者。陛下必欲振舉綱紀，宜稍以法度裁制藩鎮，則天下可得而理也。」上深以爲然。於是始用兵討蜀，以至威行兩河，皆黄裳啟之也。黄裳能見人之所未見，言人之所不敢言，贊機決策卓然爲元和功臣之首，豈非豪傑之士哉！史言黄裳有經濟大略，而不修小節，此其所以爲豪傑之士歟！

憲宗威行藩鎮獨討成德，用人不當所以無功

用兵必先擇將，得將然後有功。憲宗平蜀，用高崇文而不用中人監軍也；平淮西，用裴度且任李愬也。始於討王承宗一役，用中人爲統帥，已蹈肅、代用魚朝恩之故轍，其不大敗也已幸，安能望有功哉？元和四年，成德節度使王士真卒，其子副大使承宗自爲留後。河北三鎮相承，各置副大使，以嫡長爲之。父殁，則代領軍務。承宗叔父士則以承宗擅自立，恐禍及宗，與幕客劉栖楚俱自歸京師。是成德之人未嘗不畏天威，從逆之勢本不堅也。上欲革河北諸鎮世襲之弊，乘王士真死，欲自朝廷除人；不從則興師討之。振舉綱紀，革除弊習，帝之主張亦未嘗誤也。然裴垍一以爲不可，李絳再以爲不可。垍以王武俊有功爲言，絳則重視三鎮連衡之勢。從未有爲上畫策如杜黄裳之荐高崇文者。左軍中尉吐突承璀欲希上意，奪裴垍權，自請將兵討之。中人而爲是言，則當時士大夫之畏縮亦可羞矣！及承宗執薛昌朝而拒命，上乃以吐突承璀爲左右神策、河中、河陽、浙西、宣歙行營兵馬使、招討處置等使。白居易諫不宜專令中使統領天下之兵，諫官、御史論承璀職名太重者相屬，上皆不可。上御延英殿，度支使李元素等羣臣極言其不可，上不得已，削承璀四道兵馬使，改處置爲宣慰而已。獨於討王承宗當務之急，從無一人論及宜置大將以統重兵者。當時朝臣之識與杜黄裳較，有不可以相提並論也已。五年，吐突承璀至行營，威令不振，與承宗戰，屢敗。驍將酈定戰

死。軍中奪氣。諸軍討承宗者久無功。白居易上言，以爲「河北本不當用兵」，而不言無統將。居易亦常人之見耳！承宗遣使自陳爲盧從史所間，乞輸貢賦，置官吏，許其自新。李師道等數上表請雪承宗，朝廷亦以師久無功，下詔赦承宗以爲成德軍節度使，復以德、棣二州與之，悉罷諸道行營。承璀自行營還，裴垍曰：「承璀首唱用兵，疲弊天下，卒無成功，陛下縱以舊恩不加顯戮，豈得全不貶黜以謝天下乎！」給事中段平仲、呂元膺言承璀可斬。李絳奏稱：「陛下不責承璀，它日復有敗軍之將，何以處之？」上罷承璀中尉，中外相賀。諸臣之責承璀是矣，然何以命將之初，無一人請慎選將才者？殆諸臣以王師不跨河者二十五年，舉不敢爲討伐之主張耳！朝臣不敢任此事，而中人任之，帝亦竟任之爲統將，非所以激士夫而愧朝臣乎！至是役之無功，固不足怪魚朝恩爲觀軍容使，而九節度師潰於相州，郭、李在軍尚不能救，況其下者乎？十一年，再討王承宗。十二年，六鎮討承宗者，兵十餘萬，回環數千里，既無統帥，又相去遠，期約難壹。由是歷二年無功，千里饋運，牛驢死者什四五。李逢吉及朝士多言，宜併力先取淮西，俟淮西平，乘其勝勢，取恒、冀如拾芥耳！上猶豫久，乃從之，罷河北行營各使還鎮，則又幾蹈相州之覆轍矣！是歲之平淮蔡，則又以置帥用將之力。諸軍討淮西不克，宰相裴度請往督戰。上悅，以度爲門下侍郎、同平章事兼彰義節度使，仍充淮西宣慰、招討處置使，上御門送之，度雖辭招討名，實行元帥事，至郾城，悉奏去諸道監陣中使，諸將始得專軍事，戰多有功。李愬入蔡州，淮西遂平。古人所云「得人則興」者，非耶！淮蔡既平，承宗納質，及誅李師道，淄、青一下，河南、北藩鎮盡遵朝廷約束。固由於得勝效順之師諸道並進，而亦兵事專任裴度之故耳！

憲宗出宮人二百車，不立郭后

世皆知太宗出宮女三千人，形諸歌詠，稱爲盛德。然太宗猶因李百藥之勸，若憲宗元和八年出宮人二百車，則夏六月，大水。上以爲陰盈之象，不待臣下之請，而自行之。是憲宗自知色荒之戒，尤賢於太宗也！元和元年，高崇文擒劉闢。闢有二妾，皆殊色，監軍請獻之，崇文曰：「天子命我討平凶豎，當以撫百姓爲先，遽獻婦人以求媚，豈天子之意耶！崇文義不爲此。」乃以配將吏之無妻者。崇文固有可稱，然亦可見憲宗之夙不重色矣！不然，如隋之平陳，高熲斬張麗華，晉王廣以爲大憾，至殺之以報怨。崇文不獻殊色，不逢憲宗之怒耶？憲宗出宮人之歲，羣臣累表請立妃郭氏爲皇后。上以妃門宗彊盛，恐正位之後，後宮莫得進，託以歲時禁忌，不許。據史臣所書，似爲廣後宮進御，而不立后。然憲宗非多內寵者，終其世，未聞女寵之盛，則上之不立郭后，特忌其爲汾陽之孫，門宗彊盛，懼後有呂武之禍耳！英主深心豈常人所可測哉！

河朔再失之故

河北三鎮，在憲宗朝，已漸遵朝廷約束矣。成德一鎮，自元和四年王士真卒，子承宗自立，終元和之世，上討之者再，卒於十三年納質獻地，而蒙洗雪。十五年，卒，其子承元請除帥。徙田弘正帥成德，承元帥義成，以李愬帥魏博。蓋穆宗初政也。魏博一鎮，自元和七年田季安卒，軍亂，立田興。李絳勸上授興節度，送季安子懷諫於京師。承嗣帥魏四世四十九年而滅。興奉行朝廷法令，請官吏，輸賦稅，復爲朝廷擊承宗，平李師道，入鄆州。時藩鎮以田弘正爲最爲忠順。宏正，即興也。盧龍一鎮，自元和四年劉濟聽譚忠説，討王承宗，五年濟及長子緄爲次子總所弑而自立，長慶元年總自請爲僧，蓋劉怦得幽州三十年而滅，是穆宗即位之初三鎮節度舉非昔日之舊矣！未幾，盧龍軍亂，囚節度使張弘靖，立朱克融，上從劉悟請，即授克融節鉞。成德軍繼亂，殺田弘正，王庭湊自稱留後，逼監軍宋惟澄求節鉞。惟澄以聞，朝廷震駭。李愬將討庭湊，疾作，不果。以田弘正子布繼之，以裴度爲幽鎮兩道招撫使，翰林學士元稹與樞密魏弘簡從中阻壞度所奏畫軍事。自憲宗征伐四方，國用已虛，上即位，賞賜左右及宿衛諸軍無節，及幽、鎮用兵久無功，府藏空竭，勢不能支。執政乃議：「王庭湊殺田弘正而朱克融全張宏靖，罪有輕重，請赦朱克融，專討庭湊。」上從之。以朱克融爲盧龍節度使。二年，白居易上言：「節將太衆，其心不齊。朝廷賞罰不行，宜改張之。」不省。魏博軍將更起異圖，迫田布，布自殺。史憲誠諭其衆，遵河北故事。衆悦，奉憲誠留後。奏布自殺，以憲誠爲魏博節度。憲誠與幽、鎮接連。官軍乏糧不得已，以庭湊爲成德節度使。於是，三鎮皆歸叛將矣！上之初即位也，兩河略定，蕭俛、段文昌以爲天下已太平，漸宜消兵，請密詔：「天下軍鎮有兵處，每歲百人之中限八人逃、死。」上方荒宴，不以國事爲意，遂可其奏。軍士落籍者衆，皆聚山澤爲盜。及朱克融、王庭湊作亂，而亡卒皆集。詔徵諸道兵討之，諸道兵既少，皆臨時召募，烏合之衆。諸節度既有監軍，其領偏軍者，亦置中使監陳，主將不得專號令。小勝，則飛驛奏捷，自以爲功；不勝，則迫脅主將，以罪歸之。悉擇軍中驍勇以自衛，遣羸懦者就戰，故每戰多敗。又凡用兵，舉動皆自禁中授以方略，朝令夕改，不知所從，不度可否，惟督令速戰。中使道路如織，驛馬不足，掠行人馬以繼之，人不敢由驛路行。故雖以諸道十五萬之衆，裴度元臣宿望，烏重胤、李光顏皆當時名將，討幽鎮萬餘之衆，屯守踰年，竟無成功，財竭力盡。崔植、杜元穎爲相，皆庸才，無遠略。史憲誠既逼殺田布，朝廷不能討，遂并朱克融、王庭湊以節授之。由是再失河朔，迄於唐亡不能復取！

唐自憲宗後，天子多由宦官建立

唐至中葉而後，内而公輔，外而節鉞，可以夤緣宦官得之。易曰「履霜堅冰」。至宦官可以任相，即可以立君。所謂宰相去天子一階耳！順宗永貞元年，宦官俱文珍、劉光琦、薛盈珍皆先朝任使舊人，疾王叔文等朋黨專恣，乃啟上，立太子，遂立太子純。憲宗雖非奄人擁立，然建儲大議發之於文珍之口，已未免爲厲之階矣。憲宗元和十五年，上暴崩。中尉梁守謙與諸宦官馬進潭、劉承偕、韋元素、王守澄等共立太子，殺吐突承璀及澧王惲，賜左、右神策軍士錢人五十緡，六軍、威遠人三十緡，左、右金吾人十五緡。穆宗已居儲位，徒以承璀有立澧王之謀，宦官乘隙以行大事，致憲宗不能善其終，穆宗不得正其始。由是太阿倒持，成爲習慣。穆宗長慶四年，上大漸，命太子監國，宦官欲請郭太后臨朝稱制，后取制書手裂之而罷。敬宗即位，賜神策軍士人絹十匹、錢十千，畿内諸鎮又減五千。非郭后拒之，中人又居擁戴之功矣！敬宗寶曆二年，上被弑。宦官劉克明等矯稱上旨，以絳王悟權勾當軍國事，樞密使王守澄、楊承和、中尉魏從簡、梁守謙定議，以衛兵迎江王涵入宫，克明赴井，出而斬之。絳王爲亂兵所害。涵立，是爲文宗。然當時猶商之於翰林學士韋處厚，以太皇太后令册命也。及甘露之變，宦官愈横。文宗開成四年，立敬宗少子成美爲皇太子。五年，上疾甚，命知樞密劉弘逸、薛季稜引楊嗣復、李珏至禁中，欲奉太子監國。仇士良、魚弘志以太子之立，功不在己，乃言太子幼，且有疾，更議所立。李珏曰：「太子位已定，豈得中變。」士良、弘志遂矯詔立潁王瀍爲皇太弟。將兵詣十六宅迎之至少陽院。上崩。士良説太弟賜皇太子成美等死。武宗即位，是純乎宦官廢立矣。武宗會昌六年，上疾篤，旬日不能言語。諸宦官密於禁中定策，詔：「皇子冲幼，須選賢德，光王怡可立爲皇太叔，更名忱。」上崩，忱即位，是爲宣宗。雖李德裕爲太尉，亦無如之何矣。宣宗大中十年，上命裴休極言時事，休請早建太子。使從休言，未嘗不可革宿弊也。上乃欲立愛子滋，爲其非次，難之。第曰：「若建太子，則朕遂爲閑人。」休不敢復言。十三年，上疽甚，宰相及朝士皆不得見。上密以夔王滋屬樞密使王歸長、馬公儒、宣徽使王居方，使立之。

左軍中尉王宗實素不同心，出爲淮南監軍，左軍副使亓元實勸入見，則上已崩，宗實叱歸長等，責以矯詔。乃迎上長子鄆王温，下詔立爲皇太子，更名漼，即位是爲懿宗。懿宗咸通十四年，上大漸，左軍中尉劉行深、右軍中尉韓文約立少子普王儼，僖宗即位。行深、文約皆封國公。僖宗乾符二年，上時年十四，令政事一委中尉田令孜，呼爲「阿父」。廣明元年，黄巢陷長安。上西幸，不告南司，宰相皆爲賊所屠，獨北司平善其後。左拾遺孟昭圖極言上親北司，與宰相了無關涉，朝臣皆若路人之害，疏入，令孜屏不奏，矯詔貶殺之。聞者氣塞而莫敢言。光啟元年，上還京師，李克用助王重榮請誅令孜，逼京城，上出幸鳳翔。初，黄巢焚宮室，諸道兵入城，縱焚府寺民居什六七，至是復爲亂兵焚掠，無有孑遺。推原禍始皆上寵令孜使然。令孜既去，楊復恭繼之，爲禍益烈。文德元年，上始還京師，疾作，十軍觀軍容使楊復恭請立壽王傑爲皇太弟，監軍國事。右軍中尉劉季述遣兵迎傑於六王宅，入居少陽院，宰相以下就見之。上崩，昭宗即位。龍紀元年，祀圓丘。宦官始服劍佩侍祠。乾甯元年，斬楊復恭。李茂貞獻其書，書云：「吾於荆榛中立壽王，纔得尊位，廢定策國老，有如此負心門生天子！」悖謬之詞爲古今所罕見！光化三年，初，上與崔胤謀盡誅宦官。季述等囚上於少陽院，數上罪數十不止。宦寺之惡至此而極，曾不轉瞬而殲於崔胤之手，而唐祚亦移於朱温矣！司馬光論曰：「東漢之衰，宦官最名驕横，然皆假人主之權，依憑城社以濁亂天下，未有能劫脅天子，如制嬰兒廢置在手，如唐世者也！所以然者，非他，漢不握兵，唐握兵故也！德宗還自興元，以李晟、渾瑊不可信，悉奪其兵權，而以竇文場、霍仙鳴爲中尉，使典宿衛，由是太阿落其掌握矣！其後絳王及文、武、宣、懿、僖、昭六帝皆爲宦官所立，勢益驕横，至自稱『定策國老』，目天子爲門生，根深蒂固，疾成膏肓，不可救藥矣！」

通鑑劄記卷十六

五季顯貴多無人倫

五季之人，非特無廉耻也！當時顯貴尤多無人倫。朱温篡唐，連弑二君、一后，惡固浮於莽、操，然猶得謂之爭天下大利也，其私德之穢，尤爲史册所罕見。梁乾化元年，帝避暑於張宗奭第，亂其婦人殆徧。宗奭子繼祚不勝憤耻，欲弑之，宗奭止之。宗奭固無廉耻，温豈有君臣倫理存於心哉！二年，帝縱意聲色，諸子雖在外，常徵其婦入侍，往往亂之。友文婦王氏色美，帝尤寵之，雖未以友文爲太子，帝意常屬之。友珪心不平。友珪嘗有過，帝撻之，友珪益不自安。帝疾甚，命王氏召友文於東都，欲與之訣，且付以後事。友珪婦張氏亦朝夕侍帝側。知之，密告友珪曰：「大家以傳國寶付王氏懷往東都，吾屬死無日矣。」夫婦相泣，左右或説之曰：「事急計生，何不改圖，時不可失！」帝命敬翔出友珪爲刺史。友珪益恐，乃易服微行謀之。韓勍以牙兵五百人從友珪，入伏禁中，中夜斬關入，至寢殿，遂弑帝，刃出於背。友珪自以敗氈裹之，瘞於寢殿。温之淫而不父，宜其有子禍矣。與温同時而無道相類者，如梁開平元年，盧龍節度使劉仁恭之子守光通於仁恭愛妾羅氏。仁恭杖守光而斥之，不以爲子數。守光乘敗李思安之勢，遂自稱節度使，令人攻其父仁恭。仁恭敗，爲虜以歸，囚於別室。後守光稱帝，而見滅於後唐。後唐莊宗、劉后亦無人倫者也。梁貞明三年，晉王劉夫人最有寵，其父成安人，以醫卜爲業。夫人幼時，晉將袁建豐掠得之，入於王宮，性狡悍淫妬，從王在魏。父聞其貴，詣魏宮上謁，王召袁建豐示之。建豐曰：「始得夫人時，有黄鬚丈人護之，此是也。」王以語夫人，夫人方與諸夫人爭寵，以門地相高，耻其家寒微，大怒曰：「妾去鄉時略可記憶，妾父不幸死亂兵，妾守尸哭之而去，何物田舍翁敢至此！」命笞劉叟於宮門。唐同光二年，立爲皇后，請父事張全義，命翰林學士趙鳳草書謝全義貢獻，鳳奏：「自古無天下之母拜人臣爲父者。」卒行之。后無父子之倫，何有於君臣夫婦之義！天成元年，郭從謙作亂，莊宗中流矢，鷹坊人扶帝至絳霄殿廡下，抽矢，渴懣求水，后不自省視，遣宦者進酪，須臾，帝殂。后囊金寶繫馬鞍，與申王存渥焚殿出，走奔晉陽。后在道與存渥私通，後皆被殺死。蓋不孝，則至不仁，至不仁之人，天下所共棄者也！其不友，而有禽獸行者。同光元年，誅李繼韜、繼遠等，以李繼達充軍城巡檢，召權知軍州事李繼儔詣闕。繼儔先爲繼韜所囚，不得立。至是據有繼韜之室，料簡妓妾，搜校貨財，不時即路。繼達怒曰：「吾家兄弟父子同時誅死者四人，大兄曾無骨肉之情，貪淫如此。吾誠羞之，無面視人，生不如死。」遂攻繼儔，斬之，亦盡殺其妻子而走死。人倫之變至斯極矣！其亂倫滅紀尤可異者，莫如石晉二主。晉天福八年，出帝立吳國夫人馮氏爲皇后。初，高祖愛少弟重胤，養以爲子。愛弟而養以爲子，已古今所罕聞。及留守鄴都，娶副留守安喜馮濛女爲其婦。重胤早卒，馮夫人寡居，有美色，帝見而悅之。高祖崩，梓宮在殯，帝遂納之。羣臣皆賀，帝謂馮道等曰：「皇太后之命，與卿等不任大慶。」羣臣出，帝與夫人酣飲，過梓宮前，酹而告曰：「皇太后之命，與先帝不任大慶。」帝亦自笑，顧左右曰：「我今日作新婿，何如？」夫人與左右皆大笑。太后雖恚，而無如之何。在戚而有嘉容，已大不可，況乎烝淫叔母，誣承母命，戲謔於死父之柩前，其悖逆放誕若此，宜其夫婦俱淪於異域也！晉漢之際，南漢劉晟殺諸弟，盡殺其男，而納其女充後宮，殘同氣而瀆天倫莫此爲甚！夫人之所以異於禽獸者，無他，有人倫、禮教之謂也。五季之君主中原者，後唐、晉、漢出於沙陀，夷也；朱温，盜也；郭氏稍勝，一老兵耳，烏知禮義廉耻爲何物！其他僭竊諸國，高季興之無賴，劉鋹之淫刑肆虐，皆有禽獸之性，則胥夷道也。間嘗論之中國君臣之倫壞於魏晉，於是北朝爲夷，南朝紛亂數百年，以至於唐而天下一定。至父子夫婦之倫，則唐有天下不特未能正其禮，抑且有以隳其綱焉。太宗之殺兄弟、迫父而得位也，嬖元吉妃也，高宗之立武氏也，玄宗之納楊妃也，倫常於是乎隳盡矣！君子是以知宋儒之講學，乃立人禽之界，嚴夷夏之防，其功爲不可没云！

五代相臣用唐舊人世族

白馬清流之禍烈於元魏河陰。唐昭宣帝天祐二年，柳璨疏朝臣中已素所不快者，勸朱温殺之。李振亦勸盡去之。於是貶宰相裴樞、獨孤損等，自餘或門胄高華，或科第自進，居三省臺閣，以名檢自處，聲跡稍著者，皆指爲浮薄，貶逐無虚日，搢紳爲之一空。復敕樞等並所在賜自盡。時温聚樞等及朝士貶官者三十餘人於白馬驛，一夕盡殺之，投尸於河。初，振屢舉進士不第，故深疾搢紳之士，言於温曰：「此輩嘗自謂清流，宜投之黄河，使爲濁流！」温笑而從之。又殺遊客於大柳之下。時士大夫避亂，多不入朝，乃敕州縣督遣，無得稽留。前司勳員外郎李延古，德裕之孫也，去官居平泉莊，詔下未至，責授衛尉寺主簿。是温雖凶暴，於唐之士夫殺者殺，而用者仍用，於故家舊族尤多用之。開平元年，篡唐之後，首以薛貽矩同平章事，即唐之御史大夫，先以臣禮見温者。未幾，以于兢同平章事。兢，琮之兄子。琮爲帝壻，懿宗朝爲相者。三年，以杜曉同平章事。曉，讓能之子。讓能爲相於唐，死國難於昭宗景福二年者。末帝貞明二年，以鄭珏爲中書侍郎、同平章事。珏，綮之姪孫，綮在昭宗朝爲相者。其餘僭竊諸國，蜀雖偏隅，僭號尤重唐之舊人。梁開平元年，蜀王即帝位，以韋莊爲左散騎常侍、判中書門下事。莊，見素之孫也。見素，天寶之末爲相。蜀主雖目不知書，好與書生談論，粗曉其理。是時，唐衣冠之族多避亂在蜀。蜀主禮而用之，使修舉故事。其典章、文物有唐之遺風。二年，蜀以韋莊爲門下侍郎、同平章事。江陵高季昌愛唐進士梁震之才，震耻爲之用。季昌甚重之，以爲謀主，呼曰「先輩」，則白衣府佐也。乾化元年，清海節度使劉巖多延中國士人置於幕府，出爲刺史。是時，方鎮亦喜用唐舊人矣。二年，徐知誥辟用宋齊邱爲推官，齊邱後爲南唐相，亦唐進士也。末帝貞明二年，吴越遣浙西安撫判官皮光業入貢。光業，日休之子也。日休曾仕於唐。光業後爲吴越丞相。龍德元年，晉王將稱帝，求唐舊臣，欲以備百官。唐莊宗同光元年，晉王下教置百官，於四鎮判官中選前朝士族，欲以爲相。盧質爲之首，質固辭，請以豆盧革、盧程爲之。王即召革、程拜左、右丞相，以質爲禮部尚書。既即位，以革、程同平章事，郭崇韜、張居翰爲樞密使，盧質、馮道爲翰林學士，張憲爲工部侍郎、租庸使，又以李德休爲御史中丞。德休，絳之孫也，絳曾相唐憲宗，有直聲者。莊宗自以爲纘承唐緒，益重用唐室舊人、世族以爲己輔。革、程輕淺無它能，上以其衣冠之緒、霸府元僚，故用之。五季之重舊閥，殆以後唐爲最甚。及滅梁，詔貶梁鄭珏等十一人，以其世受唐恩而仕梁貴顯也。劉夫人爲后，不認田舍翁爲父。郭崇韜爲相，謬託汾陽之後，皆當時門第相尚之風氣爲之。議者以崇韜爲相，不能知朝廷典故，當用前朝名家以佐之。或薦薛廷珪、李琪嘗爲太祖册禮使，皆耆宿有文，宜爲相。崇韜奏廷珪浮華，無相業；琪傾險，無士風；趙光胤廉潔方正。自梁未，亡北人皆稱有宰相器。豆盧革薦韋説，諳練朝章。以光胤爲中書侍郎，與説並同平章事。知當時重用舊人，采其物望與其練習朝廷故事而已。則所謂相者，亦不過曹掾史胥之任擴而大之，無所謂燮理陰陽、平章軍國之重任也。五季大臣視易代爲常事，權不在而任又輕，尤非古之所謂相才，安能防患於未萌，應變於已發，扶危定傾，盡彼相之職哉！明宗天成元年，莊宗弑，而豆盧革帥百官上牋於明宗勸進，請其監國，許之。明宗以安重誨爲樞密使，則猶梁之任敬翔，莊宗之任郭崇韜也。即位而後，以鄭珏、任圜並同平章事。重誨忌圜，而於四方奏事，帝令讀之，不能盡通。乃奏「臣徒以忠實之心事陛下，得典樞機，今事粗能通曉，至於古事，非臣所及。願倣前朝侍講、侍讀，近代直崇政、樞密院，選文學之臣與之共事，以備應對。」乃置端明殿學士，以馮道、趙鳳爲之。若二人者，抑亦等而下之矣！二年，安重誨以孔循少侍宮禁，謂其諳練故事，知朝士行能，多聽其言。循短李琪，而譽崔協。上謂：「馮書記多才博學，與物無競，可爲相。」於是，馮道、崔協並同平章事。協，邠之曾孫。循於唐末曾歷宣徽、樞密院，不過劉守光之僚屬，已爲時所重如此。潞王清泰元年，閔帝出，而潞王入，道帥百官班迎上牋再勸進。晉高祖天福元年，潞王自焚，高祖入洛，復以道同平章事。謀主桑維翰兼樞密使，亦嘗以進士及第者也漢高祖天福十二年，百司庶務委蘇逢吉及蘇禹珪，二相決事皆出胸臆，不拘舊制，則去唐末也漸遠，唐之遺臣漸盡，惟馮道在。漢、周雖不親信，猶尊爲太師、中書令。終五季之世，唐之舊人輒爲人主所推許，道爲宰相歷五朝、八姓，至於自稱爲長樂老道之無恥不足論，而世主尊之，則天下國家可從而知矣！

五季驕兵爲患，由於濫賞

唐室中葉，驕兵已爲國之患。然朱温殺魏博牙兵，梁、晉以血戰決勝，驕兵之患少息矣。莊宗，英主也，而復啟之，同光三年，初，帝得魏州銀槍効節都近八千人，以爲親軍，皆勇悍無敵。夾河之戰，實賴其屢立殊功。常許以滅梁之日大加賞賚。既而河南平，雖賞賚非一而士卒恃功驕恣無厭，更成怨望。是歲，大饑，民多流亡，租賦不充，道路塗潦，漕輦艱澀。東都倉廩空竭，無以給軍士，租庸使孔謙日於上東門外望諸州漕運，至者隨以給之。軍士乏食，流言怨嗟，而帝遊畋於伊洛之間，衛兵所過，責其供餉，不得，則壞其什器，撤其室廬以爲薪，甚於寇盜，縣吏皆竄匿山谷。當時軍士驕悍之氣已如火之燎原，不可嚮邇。逾年，魏博兵據鄴叛，遣李嗣源討之，所部軍士作亂，帝自出招撫，從馬直指揮使郭從謙帥所部兵攻宮城，帝即死於是役。雖帝自入汴以後，亡國之政不一，致啟驕兵之患，殃及其身而毒流於後。是年爲明宗天成元年。明宗雖入洛陽，禁焚掠，而他州作亂之兵猶相踵而起。長興四年，上疾久未平，征夏州無功，軍士頗有流言，賜在京諸軍優給有差，賞賚無名，軍士由是益驕。復大赦，在京及諸道將士各等第優給。一月之中再行優給，由是用度益窘。閔帝立，次年，潞王反於鳳翔。閔帝詔諸道兵討之，至城下，楊思權帥諸軍解甲降於潞王，入西門，以幅紙進王曰：「願王克京城日，以臣爲節度使。」潞王即書「可」授之。尹暉大呼曰：「城西軍入城受賞矣。」於是衆多棄甲投兵而降，潞王悉斂城中將吏士民之財以犒軍，至鼎釜皆估直以給之。王整衆而東，西京留守劉遂雍悉出府庫之財於外，軍士前至者即給賞令過，比潞王至，前軍賞遍，皆不入城。王至長安，遂雍迎謁，率民財以充賞。康義誠自請西拒潞王，帝乃召將士慰諭，空府庫以勞之，許以平鳳翔，人更賞二百緡，府庫不足，當以宮中服玩繼之。軍士益驕，無所畏忌，負賜物，揚言於洛曰：「至鳳翔更請一分。」帝親至左藏，給將士金帛。潞王至華州、閿鄉，朝廷前後所發諸軍，遇西軍皆迎降，無一人戰者。義誠軍至新安，所部將士自相結，百什爲羣，棄甲兵，爭先詣陝降。潞王遂入洛陽，稱帝。廢帝之發鳳翔也，許軍士以入洛人賞錢百緡。既至，問三司使王玫以府庫之實，對有數百萬在。既而閲實，金帛不過三萬兩、匹，而賞軍之費計應用五十萬緡。帝怒，玫請率京城民財以足之，數日，僅得數萬緡，帝謂執政曰：「軍不可不賞，人不可不恤，今將奈何？」執政請據屋爲率，無問士庶自居及僦者，預借五月僦直，從之。有司百方歛民財，僅得六萬，帝怒。下軍巡使獄，晝夜督責，囚繫滿獄，至自經、赴井。而軍士游市肆皆有驕色，市人聚詬之曰：「汝曹爲主力戰，立功良苦，反使我輩鞭胷杖背，出財爲賞，汝輩猶揚揚自得，獨不愧天地乎！」是時，竭左藏舊物及諸道貢獻，乃至太后器服簪珥皆出之，纔及二十萬緡，帝患之，李專美夜直，帝讓之曰：「卿名有才，不能爲我謀，留才安所施乎？」專美謝曰：「臣駑劣，陛下擢任過分，然軍賞不給，非臣之責也。竊思自長興之季，賞賚亟行，卒以是驕，繼以山陵及出師，帑藏遂涸，雖有無窮之財，終不能滿驕兵之心，故陛下拱手於危困之中而得天下。夫國之存亡，不專繫於厚賞，亦在修法度，立紀綱。陛下苟不改覆車之轍，臣恐徒困百姓，存亡未可知也。今財力盡於此矣，宜據所有均給之，何必踐初言乎！」帝以爲然。詔禁軍在鳳翔歸命者，自楊思權、尹暉等各賜二馬、一駝、錢七十緡，下至軍人錢二十緡，其在京者各十緡。軍士無厭，猶怨望，爲謡言曰：「除去菩薩，扶立生鐵。」以閔帝仁弱，帝剛嚴，有悔心故也。而失國之機又肇於此。晉高祖天福元年，唐主討石敬瑭。諸軍自鳳翔推戴以來，驕悍不爲用。唐兵之驕，始於同光，甚於長興，而極於清泰。至開運之末，契丹入汴，晉兵有不得食者矣。然禁軍驕恣之風至周而始革。太祖顯德元年，軍士有流言「郊賞薄於唐明宗時」者，帝聞之，召諸將至寢殿讓之曰：「朕自即位以來，惡衣菲食，專以贍軍爲念。府庫蓄積，四方貢獻，贍軍之外，鮮有贏餘。汝輩豈不知之！今乃縱凶徒騰口，不顧人主之勤儉，察國之貧乏，又不思己有何功而受賞，惟知怨望，於汝輩安乎？」皆惶恐謝罪，退，索不逞者戮之，流言乃息。是年，世宗即位。初，宿衛之士，累朝相承，務求姑息，不欲簡閲，恐傷人，情由是羸老者居多。但驕蹇不用命，實不可用，每遇大敵，不走即降，其所以失國，亦多由此。帝因高平之戰，始知其弊，謂侍臣曰：「凡兵務精不務多，今以農夫百未能養甲士一，奈何浚民之膏澤，養此無用之物乎！且健懦不分，衆何所勸！」乃命大簡諸軍，精鋭者升之上軍，羸者斥去之。又以驍勇之士多爲藩鎮所蓄，詔募天下壯士，咸遣詣闕，命趙匡胤選其尤者爲殿前諸班，其騎步諸軍，各命將帥選之。由是士卒精强，征伐四方，所向皆捷，選練之力也。周世宗與唐莊宗皆五季英主，莊宗啟驕兵之患，世宗獨革去之。即此一端，世宗賢於莊宗遠矣！

契丹之驕横，由於中國之爭相崇奉

夷狄之性，虐之則怨，崇之則驕。晉石敬瑭父事契丹，割棄燕、雲而受契丹之册命以爲帝。彼契丹之卑視中國有固然矣！矧當時中國武人崇奉契丹，尤不止敬瑭一人。趙德鈞父、子也，楊光遠也，杜重威也，胥欲契丹立之爲帝，爲敬瑭之所爲，而不可得者也！且尤不止中原之武人爲然也。晉高祖天福二年，吴徐誥用宋齊邱策欲結契丹以取中國，遣使以美女、珍玩泛海修好契丹，契丹主亦遣使報之。自是南唐恒祖其策通好外夷以擾中國。六年，唐求假道以通契丹，不許。及周世宗末年，契丹主遣其舅，使於唐，泰州團練使荆罕儒募客使殺之。唐人夜宴契丹使者於清風驛，酒酣，起更衣，久不返，視之，失其首矣。自是契丹與唐絶。中國之人爭崇奉之，彼何樂而不受，且中國欲倚之，以自相屠滅尤爲彼所輕已！

趙德鈞父子、楊光遠、杜威欲爲石晉而不能

以德行仁而帝者，上也！以力征經營而得者，次也！下焉者，利用軍士擁戴而竊大位，肇於李嗣源，而窮於王從珂，故求援外夷而希冀非分者。自後唐失柄，風起雲湧，其卑陋尤甚於從珂之流，石敬瑭其徼幸成功者耳！所謀與石晉同，不幸而敗者，如晉高祖天福元年，契丹應敬瑭之招入寇，唐主詔盧龍節度使、東北面招討使兼中書令北平王趙德鈞將幽州兵出契丹軍後，遣樞密使、忠武節度使、隨駕諸軍都部署兼侍中趙延壽將兵二萬會之。延壽，德鈞子也。遇於西湯，悉以兵屬焉。初，德鈞陰蓄異志，欲因亂取中原，自請救晉安寨。唐主命自飛狐踵契丹後，鈔其部落，德鈞請將銀鞍契丹直三千騎，由土門西入，帝許之。德鈞過易州，命趙州刺史、北面行營都指揮使劉在明以其衆自隨，至鎮州，以董温琪領招討副使，邀與偕行，又表稱兵少，須合澤潞兵；乃自吴兒谷趣潞州。時范延光受詔屯遼州，德

鈞又請與魏博軍合；延光知德鈞志趣難測，表稱魏博兵已入賊境，無容與合。詔以趙德鈞爲諸道行營都統，德鈞逗留不進，詔書屢趣之，乃引兵北屯團柏谷口。敬瑭已册立爲大晉皇帝即位。契丹主軍柳林，其輜重老弱皆在虎北口，每日暝輒結束，以便倉猝遁逃，而趙德鈞欲倚契丹取中國，至團柏踰月，按兵不戰，去晉安纔百里，聲問不能相通。德鈞累表爲延壽求成德節度使不已。唐主怒曰：「趙氏父子堅欲得鎮州，何意也？苟能却胡寇，雖欲代吾位，吾亦甘心，若玩寇邀君，但恐犬兔俱斃耳。」德鈞聞之不悦。延壽獻契丹主所賜詔及甲馬弓劍，詐云德鈞遣使致書於契丹主，爲唐結好，説令引兵歸國；其實别爲密書，厚以金帛賂契丹主，云：「若立己爲帝，請以見兵南平洛陽，與契丹爲兄弟之國；仍許石氏常鎮河東。」契丹主自以深入敵境，晉安未下，德鈞兵尚彊，欲許其請。帝聞之，大懼，亟使桑維翰見契丹主説之，維翰跪於帳前，自旦至暮，涕泣爭之。契丹主乃從之，指帳前石謂德鈞使者曰：「我已許石郎，此石爛，可改矣。」未幾，楊光遠等殺張敬達，以晉安兵降。德鈞父、子南奔潞州，契丹主及帝至，迎降，契丹主鎖德鈞、延壽送歸其國。述律太后謂德鈞曰：「吾兒將行，吾戒之云：趙大王若引兵北向渝關，亟須引歸，太原不可救也。汝欲爲天子，何不先擊退吾兒，徐圖亦未晚。汝爲人臣，既負其主，不能擊敵，又欲乘亂邀利，所爲如此，何面目復求生乎？」德鈞俛首不能對，遂鬱鬱而死。德鈞失計固在不要擊契丹，然當時無桑維翰之涕泣跪爭，則德鈞與敬瑭之成敗未可知也。延壽入契丹，爲翰林學士。三年，帝患天雄節度使楊光遠跋扈難制，桑維翰請分天雄之衆，加光遠太尉、西京留守兼河陽節度使，光遠由是怨望，密以賂自訴於契丹，養部曲千餘人，常蓄異志。先是，光遠拒軍士推戴，謂「天子豈汝輩販賣之物」，似賢於安重榮所謂「今世天子，兵强馬壯則爲之」者，乃不假手於士卒，而欲乞靈於外夷則尤劣已。七年，帝殂，齊王既位，失歡於契丹。契丹盧龍節度使趙延壽欲代晉帝中國，屢説契丹擊晉，契丹頗然之。次年，楊光遠密告契丹，以晉主負德違盟、境内大饑，公私困竭，乘此際攻之，一舉可取。趙延壽亦勸之，契丹主乃集山後及盧龍兵，合五萬人，使延壽將之，委延壽經略中國，曰：「若得之，當立汝爲帝。」常指延壽謂晉人曰：「此，汝主也。」延壽信之。由是，爲契丹盡力畫取中國之策。開運元年，契丹攻鄭州，以應楊光遠。義成節度使李守貞等攻其壘，拔之，契丹大敗。由是不敢復東，光遠之援絶。詔守貞等討之於青州，圍之經時，城中食盡，餓死者太半。契丹援兵不至，光遠遥稽首於契丹曰：「皇帝，皇帝，誤光遠矣！」其子勸降，冀全其族。光遠不許，曰：「吾昔任代北，嘗以紙錢祭天池而沈，人皆言當爲天子，姑待之。」其子承勳卒刼之降。守貞殺光遠。光遠之圖非分，於諸人爲至拙，抑其至不幸者也！是歲，契丹復大舉入寇，趙延壽引兵先進。二年，攻祁州，延壽招其刺史沈斌降。斌曰：「侍中父子失計，陷身虜庭，忍帥犬羊以殘父母之邦，不自愧耻，更有驕色，何哉？沈斌弓折矢盡，寧爲國家死耳，終不效公所爲。」明日，城陷，斌自殺。順國節度使杜威，久鎮恒州，性貪殘，畏懦，委鎮入朝。桑維翰請因而廢之，帝曰：「威，朕之密親，必無異志。」威來求天雄節鉞，帝許之。三年，有自幽州來者言，趙延壽有意歸國，命威致書於延壽，具述朝旨，啖以厚利，乃遣人齎書潛往遺之。延壽復書言：「久處異域，思歸中國。乞發大軍應接，拔身南去。」辭旨懇密。朝廷欣然，復遣前使詣延壽，與爲期約。晉人之愚知此！契丹使瀛州刺史劉延祚遺書，請舉城内附。威奏瀛、莫乘此可取。馮玉、李崧信之，欲發大兵迎趙延壽及延祚，乃以威爲元帥。趙瑩私謂馮、李曰：「杜令國戚，貴爲將相，而所欲未厭，心常慊慊，豈可復假以兵權！」不從。威屢使其妻宋國長公主入奏，請益兵，由是禁軍皆在其麾下。及契丹大舉入寇，威不敢與戰，夾滹沱而軍。契丹以大軍當晉軍之前，潛遣其將蕭翰等將百騎及羸卒，出晉軍之後，斷晉軍糧道及歸路，復以兵環晉營，内外斷絶。威與李守貞等謀降契丹，威潛遣腹心詣契丹牙帳，邀求重賞。契丹主紿之曰：「趙延壽威望素淺，恐不能帝中國。汝果降者，當以汝爲之。」威喜，遂舉軍降。契丹主遣趙延壽衣赭袍至晉營，慰撫士卒，曰：「彼皆汝物也。」威以下，皆迎謁於馬前，亦以赭袍衣威以示晉軍，其實皆戲之耳。漢高祖天福十二年，契丹主北還見所過城邑邱墟，謂蕃、漢羣臣曰：「致中國如此，皆燕王之罪也。」趙延壽父、子自是陷契丹。杜威之才智未足以企延壽，其墮契丹之計無足怪者！後延壽恨契丹，遂爲兀欲所鎖。威於後漢乾祐元年見誅。覆轍相尋，抑何可笑！然延壽威等皆羡敬瑭之成功，故寧喪心陷身而不顧。劉知遠鄙而不爲，曾諫敬瑭勿父事契丹，勿割棄土地，才識卓然，爲當世之英，此其所以能成一時之業也！

晉出帝亡國，不由於挑釁契丹

石敬瑭父事契丹，割棄燕雲，即其臣下有識者莫不非之。齊王重貴不滿於先，代所爲而欲更張之，不可謂非稍有生人之氣者也！高祖天福七年，帝殂，齊王即位。大臣議奉表稱臣告哀於契丹，景延廣請致書稱孫而不稱臣，李崧曰：「屈身以爲社稷，何耻之有！陛下如此，他日必躬擐甲胄，與契丹戰，於時悔無益矣。」延廣固爭，馮道依違其間。帝卒從延廣議。契丹大怒，遣使來責讓，且言：「何得不先承稟，遽即帝位？」延廣復以不遜語答之。契丹盧龍節度使趙延壽欲代晉帝中國，屢説契丹擊晉，契丹主頗然之。南北之釁於是乎啟。八年，契凡入寇。開運元年，帝發東京，至澶州。契丹圍高行周於戚城，帝自將救之，契丹解去。遣李守貞等拒契丹，敗之於馬家口。契丹自將兵十餘萬陳於澶州城北，東西横掩城之兩隅，登城望之，不見其際。高行周前軍在戚城之南，與契丹戰，自午至晡，互有勝負。契丹主以精兵當中軍而來，帝亦出陳以待之。契丹主望見晉軍之盛，謂左右曰：「楊光遠言晉兵半已餒死，今何其多也！」以精騎左右略陳，晉軍不動，萬弩齊發，飛矢蔽地。契丹稍却，又攻晉陳之東偏，不克。苦戰至暮，兩軍死者不可勝數。契丹引去，是役也，趙延壽爲虜前驅，楊光遠叛晉内應，帝能自將將士，亦能努力應戰，雖誤於景延廣之不追縱敵，而契丹自此始有戒心，知中原未嘗無可戰之將、可用之兵。則開運君臣抗敵之勇，固未嘗在北宋下也。二年，契丹入寇至鄴都境。皇甫遇、慕容彦起將數千騎前覰契丹，遇契丹數萬，且有新兵繼至。二將力戰，曰：「吾屬勢不可走，以死報國耳。」安審琦出安陽救之，契丹引軍退，其衆自相驚曰：「晉軍悉至矣！」時契丹主在邯鄲，聞之，即時北遁。帝疾小愈，河北相繼告急，帝曰：「此非安寢之時！」乃部分諸將爲行計。馬全節等奏：「據降者言，虜衆不多，宜乘其散歸種落，大舉徑襲幽州。」帝以爲然，徵兵諸道，下詔親征，發大梁至澶州，諸軍會於定州攻契丹。泰州刺史晉廷謙舉城降，旋取滿城、遂城。契丹主復擁衆南向，約八萬餘騎，杜威等懼，退，契丹踵之，至陽城，晉軍結陣而南，契丹大至，胡騎四合如山，諸軍力戰拒之。是日，纔行十餘里，人馬飢乏。明日，晉軍至白團衛村，埋鹿角爲行寨。契丹圍之數重，晉兵出寨後斷糧道。是夕，東北風大起，破屋折樹，營中掘井，方及水輒崩，士卒取其泥，帛絞而飲之，人馬俱渴。至曙，風尤甚。契丹主坐大奚車中，令其衆曰：「晉軍止此耳，當盡擒之，然後南取大梁！」鐵鷂四面下馬，拔鹿角而入，奮短兵以擊晉軍，順風縱火揚塵以助其勢。軍士皆憤怒，大呼曰：「都招討使何不用兵，令士卒徒死！」諸將請出戰，杜威曰：「俟風稍緩，徐觀可否。」馬步都監李守貞曰：「彼衆我寡，風沙之内，莫測多少，惟力鬭者勝，此風乃助我也！若俟風止，吾屬無類矣。」即呼曰：「諸軍齊擊賊！」又謂威曰：「令公善守禦守，貞以中軍決死矣！」馬軍左廂都排陣使張彦澤召諸將問計，皆曰：「虜得風勢，宜俟風回與戰。」彦澤亦以爲然。諸將退，馬軍右廂副排陣使太原藥元福獨留，謂彦澤曰：「今軍中飢渴已甚，若俟風回，吾屬已爲虜矣。敵謂我不能逆風以戰，宜出其不意擊之，此兵之詭道也。」馬步左右廂都排陣使符彦卿曰：「與其束手就擒，曷若以身殉國！」乃與彦澤、元福及左廂都排陣使皇甫遇引精騎出西門擊之，諸將繼至。契丹却數百步。彦卿謂守貞曰：「且曳隊往來乎？直前奮擊，以勝爲度乎？」守貞曰：「事勢如此，安可迴鞚！宜長驅取勝耳。」彦卿等躍馬而去，風勢益甚，昏晦如夜。彦卿等擁萬餘騎横擊契丹，呼聲動天地，契丹大敗而走，勢如崩山。李守貞亦令步兵盡拔鹿角出鬭，步騎具進，逐北二十餘里。鐵鷂即下馬，蒼皇不能復上，皆棄馬及鎧仗蔽地。契丹散卒至陽城東南水上，稍復布列。杜威曰：「賊已膽破，不宜更令成列！」遣精騎擊之，皆度水去。契丹主乘奚車走十餘里，追兵急，獲一橐駝，乘之而走。諸將請急追之。杜威揚言「不可」。李守貞亦不欲，乃退保定州。是役也，契丹主狼狽膽落，衆不成行，若乘勝窮追，雖不獲虜，燕雲可復也。乃復誤於杜威之縱敵，蓋威早有降虜之心矣！然晉之必亡固，猶不在此。帝自陽城之捷，謂天下無虞，驕侈益甚。四方貢獻珍奇，皆歸內府；多造器玩，廣宮室，崇飾後庭，近朝莫之及。作織錦樓以織地衣，用工數百，期年乃成。又賞賜優伶無度。桑維翰諫曰：「曏者陛下親禦胡寇，戰士重傷者，賞不過帛數端。今優人一談一笑稱旨，往往賜束帛、萬錢、錦袍、銀帶，彼戰士見之，能不觖望，曰：『我曹冒白刃，絕筋折骨，曾不如一談一笑之功乎！』如此，則士卒解體，陛下誰與衛社稷乎！」帝不聽。馮后弟玉每善承迎帝意，由是益有寵。嘗有疾在家，帝謂諸宰相曰：「自刺史以上，俟馮玉出乃得除。」其倚任如此。玉乘勢弄權，四方賂遺，輻輳其門。由是朝政益壞。晉之亡國職是之由。夫以唐莊宗英主尚以驕逸致敗，況出帝之遠不如莊宗者哉！使帝於陽城大勝以後，益自淬勵，內任桑維翰，外撫劉知遠、符彥卿、高行周、李守貞之徒，之數人者，皆能爲晉効力。即杜威、張彥澤更不敢有異志矣！則雖燕、雲之復未可知也，而晉何自亡哉？後世徒咎景延廣挑釁契丹，而不審帝所以敗亡之故，相傳以失和北虜爲大戒，致成趙宋積弱不振之風，終有靖康臨安之禍，悲夫！

五季貴人多貪以亡身

富者，天之所以福人；財者，人心之所歸向。如周公、汾陽之富，爲載籍所稱美，然而人必有德，世當承平。所謂仁者，以財發身，否則，不仁者，以身發財。多藏厚亡之禍自古有之，而於五季爲益甚。後唐莊宗同光二年，上祀南郊，大赦。孔謙欲聚斂以求媚，凡赦文所蠲者，謙復徵之。自是每有詔令，人皆不信，百姓愁怨。郭崇韜初至汴洛，頗受藩鎮饋遺，所親或諫之。崇韜曰：「吾位兼將相，祿賜巨萬，豈藉外財！吾特爲國家藏之私室耳！」將祀南郊，崇韜首獻勞軍錢十萬緡。先是，宦官勸帝分天下財賦爲內外府，州縣上供者入外府，充經費，方鎮貢獻者入內府，充宴遊及給賜左右。於是外府常虛竭無餘而內府山積。及有司辦郊祀，乏勞軍錢，崇韜言於上曰：「臣已傾家所有以助大禮，願陛下亦出內府之財以助有司。」上默然久之，曰：「吾晉陽自有儲積，可令租庸輦取以相助。」於是取李繼韜私第金帛數十萬以益之，軍士皆不滿望，始有離心矣。薛昭文上疏言：「士卒久從征伐，賞給未豐，貧乏者，多請以四方貢獻，南郊羨餘，更加頒賚。」不從。孔謙重斂急徵，以充帝欲，民不聊生。賜謙號「豐財贍國功臣。」帝，英主也，而不免於好貨。是歲，立劉夫人爲皇后。皇后生於寒微，既貴，專務蓄財。其在魏州薪蘇果茹皆販鬻之，及爲后，四方貢獻皆分爲二，一上天子，一上中宫，以是寶貨山積。明宗天成元年，鄴都軍亂，方用兵。租庸使以倉儲不足，頗朘刻軍糧，軍士流言益甚。宰相懼，帥百官上表：「今租庸已竭，内庫有餘，諸軍室家不能相保，儻不賑救，懼有離心。俟過凶年，其財復集。」上即欲從之。劉后曰：「吾夫婦君臨萬國，雖藉武功，亦由天命。命既在天，人如我何。」宰相又於便殿論之，后屬耳於屏風後，須臾，出粧具及三銀盆、皇幼子三人於外曰：「人言宫中蓄積，多四方貢獻隨以給賜，所餘止此耳，請鬻以贍軍！」宰相惶懼而退。及叛軍勢逼，帝乃出金帛給賜諸軍。樞密宣徽使及供奉内使景進等皆獻金帛以助給賜，軍士負物而詬曰：「吾妻子已殍死，得此何爲？」帝至萬勝鎮，聞李嗣源已據大梁。扈從兵二萬五千，及還，已失萬餘人。過罌子谷，道狹，每遇衛士執兵仗者，輒以善言撫之曰：「適報魏王又進西川金銀五十萬，到京當盡給爾曹。」對曰：「陛下賜已晚矣，人亦不感聖恩！」帝流涕而已。又索袍帶賜從官，内庫使張容哥稱頒給已盡，衛士叱容哥曰：「致吾君失社稷，皆閹豎輩也。」抽刀逐之；容哥曰：「皇后吝財至此，今乃歸咎於吾。」因赴河死。帝爲流矢所中，殂。劉后囊金寶繫馬鞍與申王存渥等出走，而卒被殺。劉后尤貪而鄙吝，爲禍於國，以及其身。郭崇韜、孔謙相繼誅死，貪人之禍如此。其顯足以鑑戒，然五季亂世也，人之爭財、好貨如蛾赴火，死亡相踵而不悟。晉高祖天福元年，初，成德節度使董温琪貪暴，積貨巨萬，以牙内都虞候平山祕瓊爲腹心。温琪與趙德鈞俱没於契丹，瓊盡殺温琪家人，瘞於一坎，而取其貨，自稱留後表稱軍亂。二年，初，天雄節度使兼中書令范延光微時，有術士語之云：「必爲將相。」既貴，信重之。嘗夢蛇自臍入腹，以問之曰：「蛇者，龍也，帝王之兆。」延光由是有非望之志。唐潞王素與延光善，及趙德鈞敗，延光還魏州，雖奉表請降，内不自安，以書潛結祕瓊，欲與之爲亂；瓊受其書不報，延光恨之。瓊將之齊，過魏境，延光欲滅其口，且利其貨，遣兵邀之於夏津，殺之。奏稱捕盜兵誤殺瓊。帝不問。五年，延光既致仕，請歸河陽私第。帝許之。延光重載而行，西京留守楊光遠兼領河陽，利其貨，且慮爲子孫之患，奏延光叛臣，不家河洛，而就外藩，恐其逃逸入敵國，宜早除之。帝不許。光遠請敕延光居西京，從之。光遠使其子承貴以甲士圍其第，逼令自殺。延光以天子賜鐵券許不死爲辭。承貴以白刃驅之，擠於河。奏云「自赴水死。」帝憚光遠之彊，不敢詰。後光遠卒以叛死。世之亂也，財愈多，則累愈大。祕瓊嘗以是滅董温琪之家，范延光復以是殺瓊楊，光遠又以是殺延光，而光遠亦卒不免。天道好還，亦財之累人也。當時君臣上下好貨者多。天福八年，閩楊思恭以善聚斂得幸，增田畝山澤之稅，至於魚鹽蔬果，無不倍征，國人謂之「楊剥皮」。後爲唐所斬。順德節度使杜威檢索民穀得百萬斛，威只奏三十萬斛，餘皆入其家。又稱貸於民，復滿百萬斛，來春糶之得緡錢二百萬。開運二年，威久鎮恒州，性貪殘，每以備邊爲名，歛吏民錢帛以充私藏。富室有珍貨或名姝、駿馬皆虜取之，或誣以罪殺之，籍沒其家。殿中監王欽祚權知恒州事，括糴民粟。威有粟十餘萬斛，祚舉籍以聞。威大怒，表稱：「臣有何罪，欽祚籍沒臣粟！」乃召欽祚還。三年，晉昌節度使兼侍中趙在禮更歷十鎮，所至貪暴家貲爲諸帥之最。帝利其富，爲皇子延煦娶其女。在禮自費緡錢十萬，後受契丹辱，自經死。吐谷渾酋長白承福家太原，甚富，飼馬用銀槽。郭威勸劉知遠誅之，收其貨以贍軍，詔褒賞之，吐谷渾由是遂微。杜威降於契丹。張彥澤入汴，縱兵大掠，貧民乘之亦爭入富室殺人，取其貨，二日方止，都城爲之一空，彥澤所居山積。遷帝於開封府，頃刻不得留，帝悉以內庫金珠自隨，彥澤使人諷而悉取之，擇收其奇貨。天福十二年，契丹主殺彥澤。晉主北去，在塗供饋不繼，至於絶食，舊臣無敢進謁者，獨磁州刺史李穀迎謁，泣下，傾資以獻。穀誠異於當世之人矣。漢高祖即皇帝位，還晉陽，議率晉陽民財。夫人李氏諫曰：「陛下因河東創大業，未有以惠澤其民，而先奪其星星之資，殆非新天子所以救民之意也！今宫中所有悉出之以勞軍，雖復不厚，人無怨言。」帝曰「善」。即罷率民，傾内府蓄積以賜將士，中外聞之大悦。李氏之智異乎後唐劉后遠矣！晉漢之際，人苦契丹之禍，亂極思治已啟一線之機，故李穀異於庸衆，李氏賢於鬚眉也！

周世宗無滅北漢成算，故出師無功

用兵之道，謀不先定者，不克有功。雖英主未之能易也。周顯德元年，初，帝遣符彥卿等北征，但欲耀兵於晉陽城下，未議攻取。既入北漢境，其民爭以食物迎周師，泣訴劉氏賦役之重，願供軍須，助攻晉陽。北漢州縣繼有降者，帝聞之，始有兼併之意，遣使往與諸將議之。諸將皆言，芻糧不足，請且班師以俟再舉。帝不聽。即而諸軍數十萬聚於太原城下，軍士不免剽掠，北漢民失望，稍稍保山谷自固。帝聞之，馳詔禁止剽掠，安撫農民，止徵今歲租稅，及募民入粟拜官有差。仍發澤、潞、晉、絳、慈、隰及山東近便諸州民，運糧以饋軍，遣李穀詣太原計度芻糧。帝至晉陽城下，旗幟環城四十里。時大發兵，夫東自懷孟，西及蒲陝，以攻晉陽不克。會久雨，士卒疲病，乃引還。

芻糧數十萬在城下，悉焚棄之。軍中訛言相驚，或相剽掠軍須，失亡不可勝計。所得北漢州縣周所置刺史皆棄城走。以世宗善於用兵，挾高平戰勝之威，出大軍，竭全力，而不能拔一晉陽，且不免於喪失者，朝無攻取之成謀，將無必克之壯志，改趨向於一朝，具芻糧於倉猝，其志不定，其力不堅，未至於大喪敗者，猶賴世宗之能軍，委藥元福勒兵成列而殿耳！安能望有功哉！

世宗早許南唐行成，可不勞而獲江北

善用兵者，不能無敗；善料事者，不能無誤。高帝困於白登，魏武帝敗於赤壁，諸葛亮挫於街亭，唐太宗頓於安市是也。世宗雖號能軍，其才未踰於前人，故能決策於交綏，而不能收功於不戰。顯德三年，上親征南唐，取滁、揚、光、舒、蘄等州，攻壽春。唐主遣李德明、孫晟言於上，請去帝號，割壽、濠、泗、楚、光、海六州之地，仍歲輸金帛以求罷兵。上以淮南之地已半爲周有，諸將捷奏日至，欲盡得江北之地，不許。德明請歸，白唐主，盡獻江北之地。唐主不許，而斬德明。逾年，始克壽春。固劉仁贍之善守不屈，亦周師之計拙也。五年，唐主奉表稱江南國主，請獻江北四州，歲輸貢物十萬。於是江北悉平。世宗可謂適如所願矣！然李德明奉使之時，所割六州之地，皆長、淮之險，籍使周從南唐之請，不戰而收之，則江北之地不血刃而得，蓄餘力以北伐，契丹不足平也！何至貽患於後世耶！

世宗征遼一役，爲中外盛衰消長之機

世宗可謂英主矣！舍南唐、後蜀、南漢未滅，而先親征契丹，不可謂非知緩急輕重之要者也。彼三僭國者，垂盡之爝火耳，惟東北之外夷，虎狼也！石晉畀以燕、雲，如虎傅翼，引狼入室，中國有岌岌不可保之勢。若僅圖拒守，以盛世尚可有爲，他日將不克保。世宗知之，故於六年，詔以北鄙未復，將幸滄州，命義武節度使孫行友扞西山路，以宣徽南院使吳廷祚權東京留守、判開封府事，三司使張美權大內都部署，命侍衛親軍都虞候韓通等將水陸軍先行。上發大梁至滄州，即日帥步騎數萬幸滄州，直趨契丹之境。河北州縣非車駕所過，民間皆不之知。分命諸將水陸俱下，以韓通爲陸路都督，趙匡胤爲水路都督，上御龍舟沿流而北，舳艫相連數十里，至獨流口，泝流、而西。至益津關，契丹守將終廷輝以城降。自是以西，水隘，不能勝巨艦，乃捨之。上登陸而西，匡胤先至瓦橋關，契丹守將姚内斌舉城降，上入瓦橋關。契丹莫州刺史劉楚信、瀛州刺史高彦暉皆舉城降。於是關南悉平。上自安陽水，命作橋，不豫，乃南歸，逾月而上殂矣！論史者多謂天啟趙宋，而不相周，殊不知世宗未竟北伐之功，乃天之不相中國耳！是役之成敗進退，乃中外盛衰消長之機也！使天假以年，以帝雄才大略，恢復燕、雲，長驅朔、漠，漢唐之盛不難復睹，而何至如趙宋之荏繬柔脆，使中國一辱再辱於外夷，遂啟後世無涯之禍哉！